JN422177

TOURISM
Marketing

관광마케팅

박시사 · 오상훈 공저

(주)백산출판사

머리말

관광마케팅 교정작업을 마치고 서문을 쓰고 있다. 마치 힘들게 얻은 시험관 아기를 받아 안는 기분이다. 오랜만에 느끼는 학문적 엔터테인먼트(academic entertainment)가 주는 성취감을 맛보는 순간이다. 기분이 좋다. 기분이 좋음과 함께 책임감이 들기도 한다. 일전에 다른 책을 쓰면서 책은 "다른 사람들로부터 '책'을 잡히는 것이 아니라 저자 자신에 대한 '책임감'을 갖게 한다"고 말한 적이 있다. 그 의미를 다시 한번 느낀다.

중국 사서삼경 중의 하나인 중용(中庸)에서 공자님이 말씀하신 도(道), 즉 "다른 사람이 한번 할 때 나는 백번하고, 다른 사람들이 열 번 할 때 나는 일천 번하여 터득할 수 있다면 그 자체가 도(道)라고 말씀하시면서, 이런 사람은 아무리 우둔해도 총명해질 수 있고 약해도 강해질 수 있다"고 하신 경구(經口)를 마음속에 품고 살아왔다.

다시 말해 도(道)를 닦으면서 살아왔다. 비록 총명하지는 않았지만 열정(passion), 좋은 습관(good habits), 절제와 규율(self-discipline), 그리고 집요함(persistence)을 가지고 〈관광마케팅〉 졸저를 완성하였다. 그저 "Thank You Everybody"라고 말씀드리고 싶다. 물론 나에게도 "고마워"라고 말하고 싶다.

본서는 관광학, 관광경영학, 호텔경영학, 항공사경영 등을 공부하는 학부생을 위한 책이다. 관광산업에 종사하면서 학문적 갈증이 있는 분들의 지적 호기심과 지적 영역을 넓히는 데 도움이 되는 책이라고 생각한다. 다른 사회과학을 전공한 분들이 관광학에 대해 이해하는 데 약간이라도 도움이 되기를 기대해 본다.

아울러 본서의 특징은 방대한 문헌연구를 바탕으로 저술되어 있어서 대학원 논문을 쓰는데 연구자들의 '논문 공간 메꾸기'에 도움이 되었으면 좋겠다. 본서는 저자가 직접 문헌을 찾아 직접 번역하고 해석과정을 거친 다음 인용하였다. 확실한 것은 저자의 부족함으로 인해 내용 면에서 세련되지 못한 점은 있을지라도 정직하지 못함은 없었다고 생각한다. 물론 이 〈관광마케팅〉은 '생각의 산고'를 통한 창조물이지만, 저자가 100% 만든 것이 아니다. 이 창조물은 동서양 여러 연구자들의 논문, 저서 그리고 인터넷 자료를 참고하여 만든 것임을 밝혀둔다.

끝으로 이 졸저 〈관광마케팅〉 출판을 허락해주신 백산출판사 진욱상 회장님, 자신의 책처럼 교정작업을 해주신 조진호 (전)전무님, 그리고 백산출판사 편집부 가족들에게 고마움을 전합니다.

2018년 8월 무더운 날 저자 씀

차례

제11장 | 관광소비자행동 379

제 1 장

관광의 개념과 관광산업

> People in the modern age go away because they no longer feel happy where they are, where they work, and where they live in. In order to be able to carry on, they urgently need a temporary refuge from the burdens imposed by the everyday work, home and leisure scene.
>
> – Jost Krippendorf –

제1절 관광의 개념화

1. 관광의 개념화

1) 관광의 개념

관광마케팅(tourism marketing)을 이해하기 위해 우선 "관광이란 무엇인가"(what the tourism is)에 대해서 정의내릴 필요가 있다. 관광(觀光)이 무엇인가에 대한 질문(question)에 대해서 답(answer)을 찾으려는 수많은 시도가 다양한 학문과 학자들에 의해서 이루어졌다. 하지만 전 세계적으로 널리 받아들여지는 관광의 정의는 없다고 말할 수 있다. 저자는 독자들의 이해를 돕고자 여러 학자들이 제시한 관광의 정의(definitions of tourism)를 소개하고자 한다.

Nettekoven(1972)은 "관광이란 종합적 현상(phenomena)이며, 종합현상은 공간이동(spacial mobility)을 수반하면서 자발적이고 일시적인 장소의 변화, 삶의 리듬변화, 환경변화 그리고 방문한 지역 사람들과 접촉을 통해서 발생한다"고 하였다. Nettekoven과 같이 관광을 하나의 현상(現象)으로 본 학자로 Hunziker(1951), McIntosh와 Goeldner (1986), Cohen과 Dann(1991), Eadington과 Redman(1991), Stringer(1991), Smith(1989) 등을 들 수 있다(Pearce & Butler, 1993 : 9-11).

구체적으로 코헨과 댄(1991)은 관광을 사회적 현상(social phenomenon), Eadington과 Redman은 관광을 경제적 현상, 스트링거(1991)는 관광을 심리적 현상(psychological phenomena), 그리고 스미스(1989)는 관광을 문화적인 현상으로 정의를 내렸다.

관광이란 업무에 목적을 두지 않고 일상생활 이외의 장소로 여행하는 사람들의 제반 행동과 활동(action & activity)을 일컫는다. 관광(tourism)의 범위는 비즈니스여행과 즐거움을 추구하는 여가 · 휴가여행을 포함한다. Rogers와 Slinn(1993)도 영국관광연구회(UK Tourism Society)의 정의를 바탕으로 "관광이란 일시적이며 단기간의 인간 이동(movement of people)이며, 관광목적지에서 취하는 활동(activities)이다"라고 했다(Rogers & Slinn, 1993 : 4). Page(2009)는 관광은 선택적 · 자발적 활동(discretionary activity)이자 인간의 기본권(basic right)이라고 정의내렸다(Page, 2009 : 4-5).

여가 학자인 Krippendorf(1987)는 관광을 '사회 치유수단'(治癒手段 : social therapy)라 정의하면서, 인간은 관광을 통해서 현대사회에서 소진된 에너지(battery)를 충전시키고, 육체적 · 정신적 활력을 회복한다고 하였다(Krippendorf, 1987 : intro. 3). UN산하 세계관광기구(UNWTO : UN World Tourism Organization)는 관광을 '경제 · 사회적 현상'(Tourism is Economic and Social Phenomenon)이라고 정의하였다.

〈표 1-1〉 관광의 정의

연구자	정의 / 핵심어	성립조건 및 관점
Hunziker(1951)	• 관계(relations) • 현상(phenomena)	⇐ 집에 돌아옴(no resettlement) ⇐ 돈을 받지 않음(no paid work)
Boyer(1972)	• 여가시간 활동(leisure time activity)	⇐ 장소이동(change of place)
Nettekoven(1972)	• 현상(phenomena)	⇐ 공간이동(spacial mobility) ⇐ 자발성(voluntary) ⇐ 일시성(temporary)
Calantone & Mazanec(1972)	• 서비스(service)	⇐ 마케팅 관점(marketing author)
Krippendorf(1987)	• 사회 치유수단(social therapy)	⇐ 일상세계와 관광세계 균형 ⇐ 진자운동(pendulum movement)
Eadington & Redman (1991)	• 산업(industry)	⇐ 경제학 관점(economist)
McIntosh & Goeldner (1986)	• 현상(phenomena) • 관계(relationships) • 활동, 서비스, 산업의 총체(composite of activities, services and industries)	⇐ 상호작용(관광객 + 공급업자 + 정부 + 지역주민)
UK Tourism Society	• 인간 이동(movement of people) • 관광목적지 활동(activity at the destination)	⇐ 일시적(temporary) ⇐ 단기간(short term)
Page(2009)	• 활동(activity) • 인간의 기본권(basic right)	⇐ 선택적 · 자발적(discretionary) ⇐ 선진국(developed countries)
OECD	• 여행 활동(activities of persons travelling) • 일상생활을 벗어나 숙박(staying)	⇐ 1년 미만 ⇐ 관광 · 사업 기타 목적 ⇐ 단 보수를 받는 경제활동 제외
UNWTO (세계관광기구)	• 경제 · 사회적 현상(Tourism is Economic and Social Phenomenon)	⇐ 사회 · 경제발전의 동력 ⇐ 국제교역의 주역

참조 : 본 표에서 제시된 관광 정의(tourism definition)는 참고문헌과 Website를 참고하여 저자가 재구성한 것임. 주로 영어(English)로 쓰인 자료를 참고하여 저자가 '번역' 혹은 '해석'하였다. 위의 표에서 제시된 〈관광〉에 대한 정의는 번역과 해석상의 차이로 인해 원문(original)의 '정의'(definition)와 약간의 차이가 있을 수 있다.

2) 관광의 성립조건

오늘날 현대인이 관광(tourism)을 떠올릴 때 무언가를 보고, 친인척을 방문하며, 휴가를 즐기고, 즐거운 시간을 보내는 사람을 우선 생각하게 된다. 또한 컨벤션에 참가, 사업목적 회의와 각종 행사에 참여하는 것도 관광의 범주에 포함된다(Goeldner, Ritchie & McIntosh, 2000 : 13-14). 관광이란 현재 살고 있는 일상생활의 세계를 떠나려는 인간의 근원적인 행위이다. 타카이 카오루(高井薫)는 관광의 개념이 성립되기 위해서 다음과 같은 4가지 조건이 모두 충족되어야 한다고 하였다(高井薫, 1991 : 43).

첫째, 일상생활을 이탈(떠남)해야 한다.(日常生活からの離脱)

둘째, 돌아올 예정으로 이동해야 한다.(もどってくる予定の移動)

셋째, 영리를 목적으로 하지 않아야 한다.(営利を目的としないで)

넷째, 방문지의 '풍물'을 이해하고 친숙해져야 한다.(風物等に親しむこと)

OECD는 관광을 특정 목적지로 여행하는 활동(activity)이며 일상생활을 벗어난 곳에서의 숙박(staying)이라 정의하였다. OECD는 관광이 성립되기 위해서는 다음과 같은 요건이 충족되어야 함을 명시(明示)하였다.

OECD의 관광 성립조건

- 1년 이내 체류(not more than one consecutive year)
- 관광(여가), 사업 기타 목적(leisure, business and other purposes)
- 보수를 얻는 경제행위는 제외(no activity remunerated)

Davidson(1994)은 관광활동에 참여하는 사람인 관광객(tourist)은 일상생활을 떠나야 하고(away from their own home), 특정 지역의 방문은 일시적(temporary)이며, 단기간(short term)이다. 또한 관광객의 방문목적(purpose)은 관광과 관련이 있어야 한다. 다시 말해서 방문지에서 경제적인 행위를 통해서 금전적 편익을 얻는 자는 관광객의 범주에 포함될 수 없다(Davidson, 1994 : 1-2). 관광 혹은 관광객 성립조건을 종합해보면 다음과 같다.

관광의 성립조건

- 장소와 공간 이동성
- 체류성(滯留性 : staying)
- 단기성 · 일시성
- 자발성
- 일상생활 이탈성
- 회귀성
- 무보수성 · 비영리성
- 목적성(여가 / 사업 등)

3) 관광동기(tourist motivation), 그리고 관광장애요인

(1) 욕구(needs)

인간의 동기는 상품을 구매하는 것 같은 목표지향적 행동(goal-relevant behavior)과 관련이 있기 때문에 마케터들이 동기에 영향을 미치는 요소를 이해하는 것이 중요하다. Hoyer와 Maclinnis(2010)는 인간의 동기에 영향을 미치는 주요한 인자로 다음과 같이 7가지를 제시하였다(Hoyer & Maclinnis, 2010 : 49-62).

- 욕구(needs)
- 개인적 관련성(personal relevance)
- 자아개념과 일치성(consistency with self-concept)
- 가치관(values)
- 목표(goals)
- 인지된 위험(perceived risk)[1)]
- 태도와 불일치성(inconsistency with attitudes)

본서는 관광동기에 영향을 주는 요소(factors) 중 욕구(needs)에 대해서 상세하게 다루었다. 욕구(欲求 : needs)란 동기의 준거틀 관점에서 보면 생리적, 개인적, 그리고 사회적 동기들이 느껴지는 증상으로 해석되며, 실제상태(actual state)와 이상적인 상태(ideal state) 간 불일치 혹은 갈등으로부터 발생한다. 인간의 욕구는 선천적 욕구(innate needs)와 후천적 욕구(acquired needs)로 구분되기도 한다. 선천적 욕구는 생물학적 혹은 생리적 욕

1) Perceived risk. The extent to which the consumer is uncertain about the consequences about of action, e.g., buying, using, or disposing of offering. researchers have identified six types of risk.

- Performance risk
- Financial risk
- Physical risk
- Social risk
- Psychological risk
- Time risk

(출처 : Hoyer & Maconnis(2010), Consumer Behavior 5th. ed., pp.59-60 / 인용함)

구과 관련이 있는 1차적 욕구이다. 반면 후천적 욕구는 사람들과 교류, 관계맺기와 같은 상호작용, 문화와 환경으로부터 생기는 욕구로 인정, 존경, 위상(status), 사랑, 그리고 권력을 향한 욕구를 포함한 2차적 욕구이다(박영봉, 2010 : 231-232).

욕구는 이상적 상태(ideal state or desired state)로부터 불균형(disequilibrium)이 발생했을 때 야기되는 '내적 긴장상태'(internal state of tension)이다(Hoyer & Macinnnis, 2010 : 50). 여기서 말하는 이상적 상태(ideal or desired state)는 바로 소비자의 목표(goal)인데, 소비자의 목표는 동기와 직접적인 관련이 있다. 욕구를 설명하는 대표적인 이론으로 '추동이론'(drive theory)과 기대이론(expectancy theory)을 들 수 있다. 추동이론은 생물학적 욕구에 초점을 둔 이론이며, 인간은 불유쾌한 상태를 깨달으면 바로 이를 줄이려고 하며, 이러한 긴장상태(tension)는 행동을 지배하는 메커니즘(mechanism)이다. 인간의 신체는 '항상성'(homeostasis), 즉 신체적 균형과 조화를 이루려는 성향이 있다. 반면 기대이론은 인간의 행동을 이해하는 데 있어서 영향을 주는 요소는 생물학적 요소(biological factors)보다 오히려 인지적 요소(cognitive factors)가 지배한다는 전제로부터 출발한다. 기대이론은 긍정적인 보상(positive incentives), 혹은 바람직한 결과를 얻으려는 기대감(expectation)이 인간의 행동에 영향을 준다는 이론이다. 따라서 기대이론에 비추어 동기는 특정 욕구(specific needs)를 충족시키게 하는 목표지향적(goal-oriented) 행동이라고 설명될 수 있다(Solomon, 2011 : 154-157).

(2) 관광동기

"인간이 왜 여행 · 관광을 하는가?"(why people travel)라는 질문에 대하여는 다양한 이유가 있다. 이에 대한 답을 얻기 위해 관광 마케터는 인간이 여행을 하는 동기(motivation)가 무엇이가에 대해서 이해할 필요가 있다. 왜냐하면 인간의 여행 · 관광 동기가 없다면 관광산업은 존재할 수도 없기 때문이다.

동기(動機 : motivation)란 "인간이 각성하는 내면적 상태"(an inner state of arousal)로 정의할 수 있다. 인간은 각성된 에너지로 목표를 성취하려고 한다. 또한 동기화된 소비자(motivated consumer)는 활력이 있고, 준비되어 있으며, 목표지향적 행동과 활동(goal-relevant activity)을 하려고 한다(Hoyer & Maclnnis, 2007 : 49). 동기란 인간을 행동으로 유도하는 과정이며, 동기는 소비자가 무언가를 충족시키고 싶은 욕구를 각성(arousal)했을 때 생긴다(Solomon, 2011 : 154).

관광 마케터들은 관광산업이 호황일 때에는 인간의 관광동기 또는 만족에 대해서 관심을 두지 않았다. 하지만 관광산업이 비수기에 접어들거나 경쟁이 치열해짐에 때라 시장점유율을 증대시키고, 경쟁우위를 확보하기 위해서 여행자의 욕구(needs)와 동기(motivation)에 대한 연구의 필요성이 대두되고 있다(Coltman, 1989 : 24). 관광산업이 계속 발전하고 성장하려면 마케팅이 잘 이루어져야 하는데, 성공적인 마케팅에 필수적인 소비자 동기(consumer motivation)를 이해하는데 필요한 다양한 이론이 소개되고 개발되었다(G. Davidoff & S. Davidoff, 1994 : 54).

Thomas는 미국여행업협회(ASTA)의 보고서에 관광목적의 여행객(pleasure travellers)이 여행을 하는 이유(reason)로 18가지를 제시하였다(Bryant, Reynolds, & Poole, 1992 : 6).

인간의 여행 · 관광동기(18 reasons to travel)

- 방문국의 주민생활상 체험(to see how people in other countries live, work, and play)
- 특정 유적지 및 볼거리 관광(to see particular sights)
- 이해의 폭을 넓힘(to gain understanding of what goes on in the news)
- 이벤트 · 축제 등 참가(to attend special events)
- 일상생활로부터 탈출(to get away from everyday routine)
- 즐거운 시간 갖기(to have a good time)
- 성적 체험 혹은 낭만적 경험(to achieve some sort of sexual or romantic experience)
- 자신의 아이덴티티 및 뿌리 찾기(to visit places one's family came from)
- 친인척 방문(to visit places one's family or friends)
- 좋은 날씨(weather / to avoid cold winter)
- 건강 목적(health / sunny, dry climate)
- 스포츠 활동(sports)
- 경제적 목적 / 낮은 생활비(economy)
- 모험추구(adventure)
- 남보다 앞섬(on-upmanship)
- 소속 / 순응(conformity / keep up with the Joneses)
- 고대 역사적 유적지 탐방(to participate in history)
- 세계에 대한 이해(to get to know the world)

Ryan(1991)은 Cohen & Tylor(1976), Crompton(1979), Mathieson & Wall(1982)의 연구를 종합하여 인간의 심리적 관광동기를 다음과 같이 제시하였다(Ryan, 1991 : 25-29).

- 탈출(the escape motivation)
- 이완 · 회복(relaxation & recuperation)
- 놀이 · 퇴행(play and regression)
- 가족간 유대강화(strengthen family bonds)
- 신분상승과 과시(prestige & status enhancement)
- 사회적 교류와 상호작용(social interaction)
- 섹스기회(sexual opportunity)
- 교육기회(educational opportunity)
- 자아실현(self-fulfillment)
- 소원성취와 꿈의 실현(wish fulfillment)
- 쇼핑(shopping)

[그림 1-1] 관광, 만남, 교류 그리고 관광동기

멕시코에서 온 가족여행객, 캐나다 부부, 한국 대표 필자와 아들 재하군. 추운 겨울 어느 날 중국 북경(北京) FIT 여행 중 호텔에서 주관하는 〈북경 1 day tour〉에 참여하여 외국에서 온 여행객들과 함께 찍은 모습. 여행은 모르는 사람들과 만나 교류를 하는 기회를 줌과 동시에 세계인을 알고 세계를 넓은 시각으로 보는 창(window)을 제공해 준다.

Krippendorf는 인간은 균형(balance)을 유지하기 위해서 여행·관광을 한다고 주장하였다. 인간은 항상 상반되는 욕구(conflicting needs) 간에 생성된 긴장감(tension)이 있으며, 긴장감으로부터 해방되길 원한다. 우리는 인간이 갈등과 긴장감으로부터 해방된 걱정이 없는 상태(trouble-free state)를 '행복'(幸福 : happiness)이라 부른다(Krippendorf, 1987 : 15-16). 쉽게 말해서 인간은 행복을 추구하기 위해서 여행·관광을 한다고 이해할 수 있다.

오늘날 관광과 여행을 '인간의 기본권' 즉 인권(human right)의 관점에서 보는 시각도 있다. 가령, 빈곤층(poor), 청소년(youth), 그리고 연금생활자(pensioner) 등은 여행을 향유할 능력이 부족하기 때문에 세금을 내는 부유층(taxpayer)의 지원을 받아야만 여행을 할 수 있다는 주장이다. 유럽 의회 커미셔너(European Commissioner)인 Antonio Tajani(2010)는 〈travelling for tourism today is a right〉라고 주장하면서 관광인권선언을 하였다. Tajani가 주장한 관광을 통한 〈인권추구〉는 Krippendorf의 인간의 행복추구권과 맥락이 같다. 관광을 인권 관점에서 보는 관광유형으로 'Social Tourism'을 들 수 있다.

(3) 인간의 관광장애요인(deterrent to travel)

Middelton 등(2009)은 관광수요(demand)를 억제하는 요소로 다음과 같이 10가지를 제시하였다(Middleton, Fyall, Morgan & Ranchhold, 2009 : 60).

- 경제적 요인(economic factors)
- 송출국 인구통계적 특성(demographic characteristics of tourism generation nations)
- 지리적 요소(geographic factors)
- 관광에 대한 사회·문화적 태도(socio-cultural attitudes to tourism)
- 관광교통 접근성(access to transport)
- 규제인프라(regulatory infrastructure)
- 부정적 미디어 보도(media communications)
- 정보통신기술(information and communication technology)
- 환경문제(environmental concern)
- 국제정치와 테러(international political developments and terrorist actions)

모든 사람이 여행·관광을 향유할 수는 없다. 왜냐하면 여행을 하지 못하도록 하는 여행 장애요인(deterrent to travel)이 있기 때문이다. 미시적 관점에서 보면, 현대인이 직면하는 대표적인 여행 장애요인으로 건강(health), 금전적 문제(finances), 안전과 치안(security),

가처분시간(discretionary time)2), 그리고 가정(family)을 꼽을 수 있다(Hudman & Hawkins, 1989 : 43).

Holloway와 Plant는 두려움(fears)이 관광 장애요인이며, 구체적인 두려움의 예로 비행의 두려움(fear of flying), 외국 음식에 대한 두려움(fear of foreign food), 그리고 외국인을 만나는 두려움(fear of foreigners)을 들고 있다(Holloway & Plant, 1988 : 6-7). Mayo와 Jarvis는 대표적인 관광 장애요인은 시간(time)과 돈(money)이라 하였다.

관광장애요인 종합

- 건강(health)
- 돈(money / finances)
- 안전과 치안(safety & security)
- 시간(time)
- 가정(family) 혹은 가족라이프사이클(family life cycle)
- 두려움(fear)
- 직장(work / job)
- 규제와 사회적 제약요인(regulations & social sanctions)

4) 관광체험단계와 편익

(1) 관광체험 6단계

Nickerson(1996)은 Clawson과 Knetsch(1966)의 '옥외레크리에이션'(outdoor recreation) 단계 모델을 일반적인 관광체험(travel experience)에 적용하여 관광체험 6단계를 [그림 1-2]와 같이 제시하였다(Nickerson, 1996 : 35-37).

첫째, 관광체험의 기대단계(anticipation)이다. 인간은 기대단계에서 여행 · 관광에 대한 즐거운 상상(imagination)을 하고, 가슴이 두근거리는 설레임(enthusiasm)이 생긴다. 또한 여행에 대한 기대감은 인간의 행복감(happiness)을 불러일으킨다. 잠재여행객은 이 단계에서 지도, 브로슈어 그리고 관련 여행기사(articles)를 찾아 공부를 하는데, 이러한 정보수집과 공부는 기대감을 형성하는 데 도움을 준다.

2) Discretionary time is that time away from work and other obligations.

[그림 1-2] 관광체험 6단계

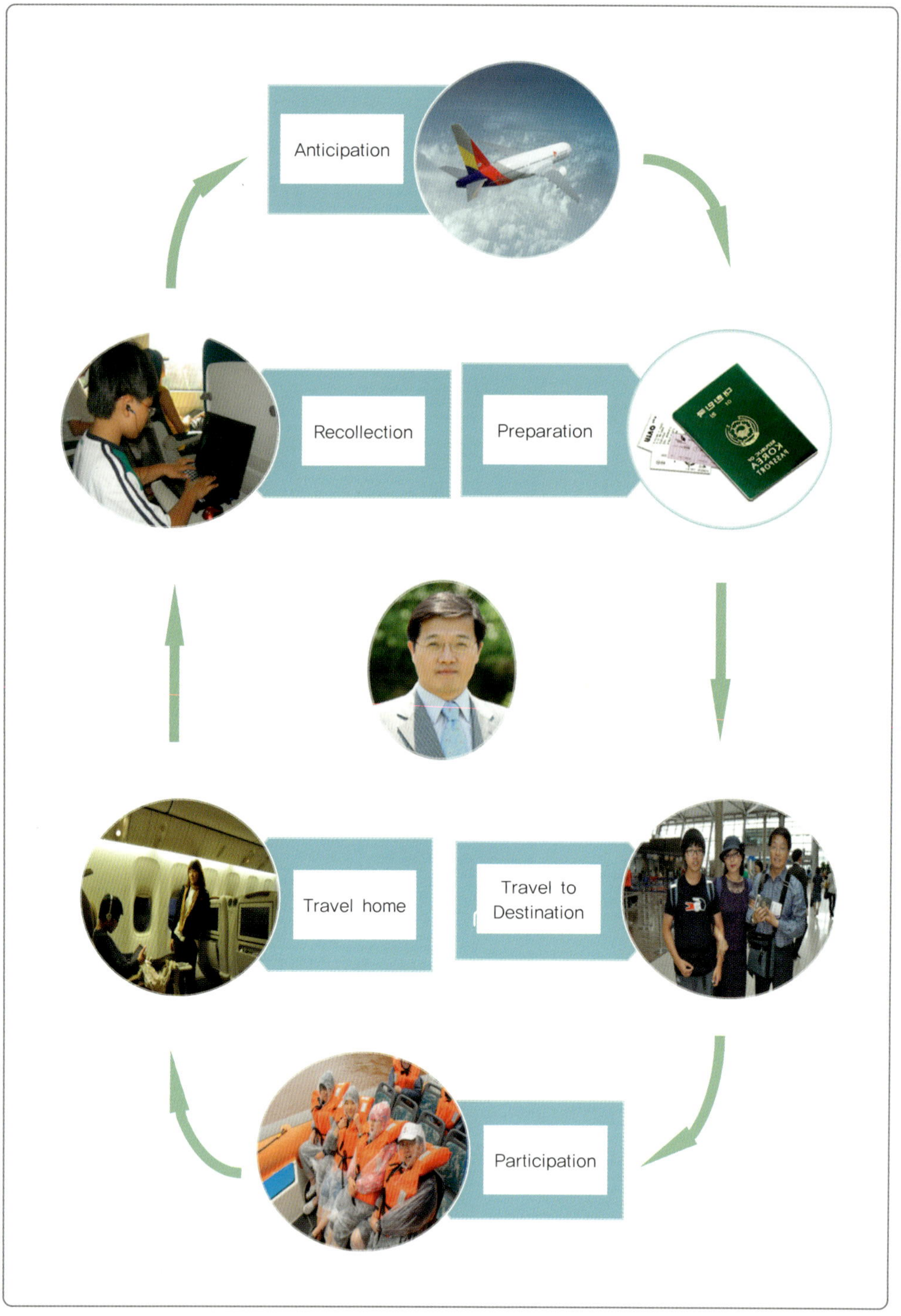

둘째, 관광체험의 준비 · 기획단계(preparation or planning stage)이다. 잠재여행객(would-be tourist)은 항공권 예약 및 발권, 호텔예약, 여권, 여행에 필요한 장비구입, 그리고 여행가방을 꾸리는 등의 실질적인 여행준비를 한다. 관광동기가 스포츠 참여 혹은 모험관광과 같이 육체적인 활동을 하는 것이라면, 이 단계에서 특별한 훈련을 하기도 한다. 잠재여행객은 준비 · 기회단계에서도 기대감과 설레임을 느낀다.

셋째, 최초 목적지로의 이동단계(travel to destination)이다. 관광목적지로 이동 그 자체가 중요한 여행체험이자 즐거움이다. 항공기로 이동하면 신속하기 때문에 주변 경관을 볼 여유가 없어 즐거움이 상대적으로 약하다. 반면에 여행객이 자동차, 기차, 선박으로 이동하면 그 이동이 여행의 일부분이 될 수도 있고, 주변 경관(surroundings)을 관람할 수 있기 때문에 관광체험을 드높일 수 있다.

넷째, 계획된 여행의 참여(participation)단계이다. 참여단계가 여행 · 관광체험의 핵심(core experience)이다. 여행객은 이 단계에서 다양한 활동과 더불어 다른 사람들과 만남(encounter)의 시간을 갖는다. 하지만 이 만남 즉 상호작용의 시간은 상대적으로 짧다.

다섯째, 계획된 여행에서 귀가단계(travel home)이다. 여행객은 귀가단계에 접어들면 다시 일상으로 돌아가 무엇을 할 것인가를 생각하고 마음을 추스르는 단계이다. 귀가단계도 관광목적지로 이동하는 단계처럼 여행체험의 중요한 한 부분이다. 혹자는 여행 · 관광체험을 연장하고자 다른 여행루트를 택하여 체험의 질을 높이려고 한다.

여섯째, 관광체험의 회상단계(recollection)이다. 여행 · 관광체험은 집에 돌아왔다고 해서 완전히 끝나는 것은 아니다. 인간의 여행체험은 관광지에서 찍은 사진, 에피소드 그리고 다양한 추억을 통해서 다시 살아난다. 또한 여행체험을 친구, 가족 그리고 동료들에게 이야기하는 것도 회상단계에서 중요한 부분을 차지한다. 여행객은 자신의 체험과 추억을 다른 사람과 공유하기도 하고 자랑하기도 한다. 이 단계는 다시 다음 여행을 기대하거나 상상해보는 단계이다.

(2) 여행 · 관광의 편익

현대인의 삶(life)은 '일상생활'(everyday life)영역과 '탈일상생활'(counter-everyday life)로 나누어질 수 있고, 전자인 일상생활(日常生活)은 직장생활(work), 가정생활(home), 일상에서 누리는 자유시간(free time)으로 구성되어 있으며, 후자인 탈일상생활(脫日常生活)은 자유시간의 일부이지만 이동을 수반하는 여가활동 즉 관광을 뜻한다. 인간은 일상생활과 탈일상생활 사이를 반복적으로 넘나드는 진자운동(pendulum movement)을 하면서 삶을 영위한다. 현대인의 여행 · 관광욕구는 주로 우리가 사는 사회(society)에 의해서 생기고 일상생활(everyday life)에서 비롯된다. 인간은 현재의 자신의 모습, 일하는 직장 그리고 가정생활에서 더 이상 행복을 느끼지 못하기 때문에 벗어나고 싶은 욕구를 갖는다. 현대인은 삶을 지속하기 위해 일생생활의 어려움, 고통, 의무감, 스트레스 등으로부터 벗어나 일시적인 안식을 찾는 '피난처'(temporary refuge)가 필요하다(Krippendorf, 1987).

관광 · 여행이 인간에게 주는 좋은 점인 편익을 여러 학자들이 제시한 것을 종합하면 다음과 같다(박시사, 2003 : 43-44).

관광 · 여행의 편익

- 스트레스 또는 일상생활의 부담 줄임(reduce stress or burden)
- 미지의 세계 이해(know & understand the unknown world)
- 네트워크 구축(help establish worldwide network)
- 호기심 충족(meet curiosity)
- 즐거움(seek pleasure)
- 위상구축(build prestige)
- 일시적 신분상승 효과(raise temporal social class)
- 인생의 지평을 넓힘(expand the horizon of life)
- 삶의 질 향상(enhance quality of life)
- 균형된 삶 유지(keep balanced life)

2. 관광의 유형(tourism typology)

관광의 유형화는 많은 학자, 업계, 그리고 관련 기구 등이 시도해왔다. 학자들은 자신의 관심과 연구을 바탕으로 자신의 관점에서 관광의 유형화를 했고, 업계 즉 산업체는 산업체의 특성과 상황을 고려하여 관광유형을 제시하였다. 또한 UNWTO, KNTO, OECD, ASTA, PATA 등 전세계적인 관광관련 기구(organization)도 관광의 유형을 제시하였다. 본서는 학계와 산업체가 공통적으로 받아들이는 몇몇 관광의 유형(type)을 소개하였다. 특히 본서의 관광유형은 Swarbooke와 Horner(1999)가 제시한 것을 바탕으로 설명하였다.

1) 비즈니스관광(business tourism)

비즈니스관광은 여가시간에 행해지는 여가목적관광(leisure tourism)과 달리 주로 사업목적으로 업무시간(work time)에 이루어지는 관광이다. 개인의 비즈니스관광 범주에 포함되는 예는 다음과 같다(Swarbrooke & Horner, 1999 : 5).

비즈니스관광

- 통상적 사업목적 여행(individual business trips)
- 기업회의 참석(attendance at meetings)
- 기업의 교육훈련 참가(training courses)
- 국제회의 참가(conference)
- 전시박람회 참가(visiting trade fairs and exhibitions)
- 상품출품 참가(undertaking product launches)
- 인센티브투어(incentive tour)

2) 문화관광(cultural tourism)

문화관광(cultural tourism)이란 관광객이 문화적 욕구를 충족시킬 목적으로 일상생활을 떠나 문화적 매력물 혹은 문화적 관광대상(cultural attraction)으로 이동하는 것을 말한다. 문화관광의 주된 목적은 바로 새로운 정보를 획득하고 색다른 체험을 하는 데 있다(Richards, 1996). 문화관광은 특정 국가와 지역의 문화인 라이프스타일, 예술, 건축, 종교, 그리고 삶의 양식을 형성하는 다른 요소에 초점을 둔 관광의 한 유형이다. 통상 문화관광은 〈cultural tourism〉과 〈culture tourism〉 두 용어로 통용되고 있다.

관광은 문화적 유대를 맺고, 국제 협력을 증진하는 중요한 수단이다. 문화관광(文化觀光)은 인간의 생활방식과 사상에 대해서 배우는 다양한 형태의 여행(travel)을 포함한다. 국가는 문화관광을 통해서 관광객들에게 문화적 요소(cultural factor)를 보여줄 수 있다. 문화적 요소로 엔터테인먼트, 음식, 환대서비스(hospitality), 건축, 수공예품, 생활상(ways of life) 등을 들 수 있다. 문화관광은 국가의 이미지를 높이고, 자국의 상품과 서비스에 대한 우호적 이미지(favourable image)를 구축하는데 기여한다(Goeldner, Ritchie & McIntosh, 2000 : 278).

McKercher와 du Cros(2002)는 홍콩을 방문하는 관광객을 분석하여 5 가지 문화관광객 유형을 제시하였다. 문화관광객을 분류하는데 사용된 변수는 목적지를 선택하는데 문화적 요소의 영향수준(C : centrality), 목적지에서 문화적 체험수준(E : experience/)이다. 문화적 영향수준은 높음(high), 중간(modest), 낮음(low) 세 가지 수준으로 구분되고 있고, 문화적 체험수준은 낮음(shallow)과 깊음(deep)으로 나누어졌다. 이러한 두 변수와 수준을 바탕으로 다음과 같이 5가지 문화관광객 유형이 제시될 수 있다(Richards, 20076 : 26-28).

문화관광객 유형

- 정통형 문화관광객(purposeful cultural tourist)
  (Centrality : high / Experience : deep)
- 견문형 문화관광객(sightseeing cultural tourist)
  (Centrality : high / Experience : shallow)
- 우연형 문화관광객(casual cultural tourist)
  (Centrality : modest / Experience : shallow)
- 피상형 문화관광객(incidental cultural tourist)
  (Centrality : low / Experience : shallow)
- 후발형 문화관광객(serendipitous cultural tourist)3)
  (Centrality : low / Experience : deep)

[그림 1-3] K-pop과 PSY 사진

3) 종교관광(religious tourism)

종교관광은 '믿음관광'(faith tourism)이라 일컬어지는 관광의 한 유형이다. 성지순례여행(pilgrimage)은 대표적인 종교관광의 한 형태이다. 관광객은 성지순례를 통해서 정신적 의미(spiritual significance)를 찾는다. 성지순례는 신전(shrine), 중요한 인물의 탄생지, 성인의 순교지, 종교적 기적(miracle)과 종교적인 증거를 제시할 수 있는 장소(location), 영적인 힘을 보여주는 특별한 지역으로 가는 여행(journey)이다. 세계 최대규모의 종교관광 집회는 사우디아라비아 메카(Mecca)에서 매년 행해지는 〈Haji pilgrimage〉4)이다.

3) The serendipitous cultural tourist(low centrality / deep experience) does not choose a destination in the choice of the destination, but while there gets really involved and has a deep experience.

오늘날 성지순례관광객은 예루살렘(Jerusalem), 메카(Mecca), 바라나시(Varanasi) 같은 성지(holy site)를 찾는다.

[그림 1-4] 세계 최대 규모의 성지순례 의식 Haji

출처 : www.sacredsites.com/

불교 성지순례지(buddhist pilgrimage)

- Lumbini 석가모니 탄생지(네팔)
- Sarnath : 석가모니 최초의 설법(인도)
- Kusinara : 석가모니 열반(인도)[5]

힌두교 성지순례지(Hindu pilgrimage)

- Varanasi : 갠지스강(인도)
- Char Dham : Puri + Rameswaran + Dwarka + Badrinath(인도)

4) The Hajj (Arabic : pilgrimage) is the pilgrimage to Mecca, Saudi Arabia. It is one of the largest pilgrimages in the world, and is the fifth pillar of Islam, a religious duty that must be carried out at least once in their lifetime by every able-bodied Muslim who can afford to do so. The Hajj is a demonstration of the solidarity of the Muslim people, and their submission to Allah. The pilgrimage occurs from the 8th to 12th day of Dhu al-Hijjah, the 12th and last month of the Islamic calenda.

5) Kusinara is the most sacred of all pilgrimage centers for the Buddhists because it is here where Buddha attained Mahaparinirvana. In ancient India this place was known as Kushavati. It was an important center of the Mallas located near Hiranyavati River.

기독교 · 천주교 성지순례지(Christian pilgrimage)

- Bethlehem : 예수 탄생교회(이스라엘)
- Nazareth : 예수의 고향(이스라엘)
- Jerusalem : 예수의 재림(이스라엘)
- Vatican City : 천주교 교황청(바티칸 / 로마)
- Santiago de Compostela : 스페인 까미노(스페인)

이슬람교 성지순례지(Islam pilgrimage)

- Mecca : Haji 성지순례대집회(사우디아라비아)
- Mount Arafat : 모하메드 마지막 설교(사우디아라비아)
- Muzdalifah : 돌 줍는 성지(사우디아라비아)
- Mina : 악마에게 돌 던지는 의식(사우디아라비아)

4) 교육관광(educational tourism)

교육관광(教育觀光)은 고대 그리스 로마시대 귀족층(elite)이 세계에 대한 이해를 증진할 목적으로 시작하였다. 중세 유럽에서 일부 특권계층의 자녀들이 교육목적으로 행해지는 이른바 〈Grand Tour〉는 전형적인 교육관광의 예이다. 오늘날 교육관광은 다양한 형태로 개발되고 발전되었다. 교육관광의 범주로 교환학생 프로그램(student exchanges), 특별목적휴가여행(special interest holiday) 등을 들 수 있다. 관광객은 특별목적휴가여행에 참가하는 목적은 여행을 통해서 무언가 새로운 것을 배우는데 있다(Swarbrooke & Horner, 1999 : 36).

교육관광의 예로 〈Dark Tourism〉을 들 수 있다. Dark Tourism은 전쟁, 죽음(death) 그리고 재난(disaster)과 관련이 있는 장소(site)를 방문하는 관광이다. 관광객은 전쟁터(battlefields), 성역화한 묘지(cemeteries), 자연재난을 겪은 장소 등을 방문한다(Cohen, 2011 : 193-209). Dark Tourism은 죽음, 역사적 비극(tragedy)과 연관된 장소를 방문하는 관광으로 〈black tourism〉 혹은 〈grief tourism〉이라 일컬어지기도 한다. 대표적인 Dark Tourism의 대표적인 예로는 다음과 같다.

Dark Tourism 목적지

- Ground Zero(USA)
- DMZ(Korea)
- Culloden(Scotland)
- Nanjing Massacre Memorial Hall(China)
- Tuel Sleng Genocide Museum(Cambodia)
- Hiroshima(Japan)

5) 친인척방문관광(visiting friends and relatives tourism)

친인척방문관광(VFR : visit friends relatives)은 1990년대 중반 이후부터 관광산업의 중요한 영역으로 발전하기 시작했다. VFR은 이민역사와 관련이 있는 일종의 '민족관광'(ethnic tourism)이다. VFR의 주요한 동기는 소속감(belonging)과 정체성(identification)을 찾는 데 있다. VFR를 사회학적 관점에서 보면 네트워크(social network)를 강화하고 지리적으로 멀리 떨어져 있는 친인척들과 사회적 유대관계를 유지시키는 중요한 수단이다. 친인척방문관광은 다른 관광유형에 비해 방문지에서 지출이 낮은 경향이 있지만, 장기체류(long stay), 반복방문(repeat visit), 계절성이 낮은 성향을 보인다. 또한 VFR은 방문국의 이미지와 정치적 불안정(political instability)에 영향을 상대적으로 적게 받는 관광이다. VFR 관광객은 정보를 탐색하는 데 있어서 여행사와 항공사를 이용하는 경향이 높고, 다른 관광유형에 비해 지출은 낮지만 '누수효과'(leakage effect)가 적은 시장으로 알려져 있다(Shani & Uriety, 421-440).

6) 특별목적관광(SIT : special interest tourism)

특별목적관광은 특정한 관심(interest)을 가지고 구체적인 주제와 관련된 관광지를 방문하는 개인 또는 집단이 수행하는 특별한 형태의 관광이다. 일반적으로 특별목적관광은 신기함(novelty), 정통성(authenticity), 고품질(quality)의 특성이 있어야 가능하며, SIT를 통해서 참여자(participant)는 보상(reward), 풍요로움(enrich), 모험(adventuresome), 학습(learning) 효과를 누릴 수 있다(박시사, 2003 : 53-54). 특히 모험관광(adventure tourism)을 선호하는 관광객은 젊고(young), 교육수준이 높으며(educated), 경제적으로 풍요롭고(affluent), 활동적(active)이며, 상대적으로 목적지에서 소비수준이 높은 성향을 보인다. 또한 모험관광객은 까다롭고, 요구사항이 많은 편이다(Williams & Soutar, 2009).

SIT 유형과 유사개념

- 식도락관광(gourmet tourism)
- 스포츠관전관광(sports tourism)
- 생태관광(eco-tourism)
- 유산관광(heritage tourism)
- 음악관광(music-tourism)
- 녹색관광(green tourism)
- 교육관광(educational tourism)
- 대안관광(alternative tourism)

7) 복지관광(social tourism)

복지관광(福祉觀光 : social tourism)이란 국가가 관광과 휴가를 복지정책(welfare policy)의 영역에 포함시킨 것을 일컫는다. 국가, 자선단체, 비영리기관 혹은 노동조합이 관광에서 소외된 일부 계층에게 재정적 지원과 정책적 뒷받침을 하여 휴가여행을 향유하도록 하는 관광이다(Swarbrooke & Horner, 1999 : 35). 복지관광은 1936년 국제노동기구(ILO :

[그림 1-5] 복지관광과 행복한 관광객

출처 : www.accessibletourism.org / swedentourism.files.wordpress.com + en.deturismoargentica.com)

international labour organization)가 '유급휴가법'(the holiday with pay convention)을 인정하고, 1948년 모든 사람은 쉴 수 있는 권리가 있다는 이른바 '인권선언'(universal declaration of human right)에서 유급휴가법이 제도화되면서 비로소 시작되었다(www.bits-int.org). 복지관광은 초기에 영국, 독일, 스페인, 프랑스 등에서 시작되었으나, 점차 그 범위가 확대되어 전 세계 많은 국가에서 복지관광을 받아들여 시행하고 있다.

8) 쾌락관광(hedonic tourism)

쾌락관광(hedonic tourism)은 성적 쾌감의 욕구에 의해서 동기화되는 관광이며, 이른바 현대 관광객이 선호하는 4S(sea, sand, sun, sex) 중 〈Sex〉와 관련이 있는 관광유형이다. 쾌락관광은 고대 로마시대 리조트온천 · 리조트관광, 영국 빅토리아시대 Brighton에서 만연했던 〈dirty weekend〉, 19세기 프랑스 파리에서 일부 부유층이 누렸던 〈Brothel〉 등 오랜 역사성을 갖고 있다. 쾌락관광은 1960년대 유럽에서 3S(Sea, Sun, Sex)를 결합한 휴가상품이 출시되면서 붐을 이루었다.

[그림 1-6] 쾌락관광과 S. Tourism

출처 : hopejewelry.org / 인터넷자료

9) 의료관광(medical tourism)

의료관광은 치료(treatment and care)목적으로 해외로 여행을 하는 것을 말한다. 의료관광은 중요한 틈새시장(niche market)이며, 의료서비스와 관광패키지를 합친 관광상품이다. 아시아 지역의 의료관광 중추 국가는 태국, 싱가포르, 인도, 말레이시아, 필리핀, 한국 등을 꼽을 수 있다(Yu & Ko, 2012 : 80-88).

유럽의 맥락에서 보면 건강추구관광(health tourism)은 현대관광산업을 발전시키는 견인차(牽引車) 역할을 했다. 건강추구관광은 고대 로마인에 의해서 처음으로 시작되었으며, 초기 건강추구관광은 치료목적으로 온천, 해수와 같은 자연현상(natural phenomena)을 이용하는 것에 지나지 않았으나, 시간이 지나면서 사람들이 모이는 리조트(resort)는 패션과 사교활동의 중심지로 변하기 시작했다. 오늘날 치료를 받기 위해 관광객들이 외국으로 가는 의료관광(medical tourism)이 대표적인 건강추구관광의 예이다(Swarbrooke & Horner, 1999 : 34).

의료관광이란 용어는 여행사와 언론(media)이 건강검진과 치료(health care)를 받을 목적으로 국경을 넘은 관광객을 기술하는 데 사용하기 시작하면서 만들어졌다. 오늘날 의료관광의 급속한 성장을 촉진시킨 요인으로 건강검진과 치료비용, 장시간 대기시간, 해외여행의 편의성, 기술발달 등을 들 수 있다. 전 세계 50여개 국가가 의료관광을 국가의 중요한 산업(national industry)으로 선정하여 지원하고 진흥시키고 있다.

[그림 1-7] 관광산업과 의료관광

출처 : www.thai-sge.org / www.drsharma.ca / 인터넷 자료

10) 여가여행 · 관광(leisure tourism)

여가여행 · 관광은 영국의 산업혁명(Industrial Revolution)과 관련성이 있다. 초기 여가 목적의 관광은 공장 소유주, 부유층, 기계류 생산업자, 그리고 경제력을 갖춘 상인(traders)만 향유할 수 있었다. 1758년에 설립된 세계 최초 여행사 〈Cox & Kings〉는 신중산층(new middle class)을 대상으로 여행서비스를 제공하기 시작했다.

11) 지속가능관광(sustainable tourism)

지속가능관광(sustainable tourism)은 문화적 가치와 원형(cultural integrity), 생물다양성(biological diversity), 생태학적 과정, 그리고 인간의 생활시스템을 유지시키면서 경제적, 사회적, 미학적 욕구를 충족시키는 방향으로 자원을 관리하고 개발하는 관광이다(WTO, 2002).6) 지속가능관광이란 미래세대의 존속과 가능성을 손상시키지 않으면서 작금(昨今)의 관광 이해관계자인 관광객, 관광산업체, 지역사회의 욕구를 충족시키는 관광의 한 유형이다. 또한 지속가능관광은 관광이 미래에 의존해야 하는 자원(resource)을 파괴시키지 않으면서 경제적으로 생명력(viable)을 유지하는 관광을 의미한다. 지속가능관광과 관련성이 있는 관광용어는 다음과 같다(Swarbrooke, 1999 : 13-14).

[그림 1-8] 지속가능관광과 유사 관광유형

출처 : Swarbrooke(1999), Sustainable Tourism Management, p.14.

6) Sustainable tourism is envisaged as leading to management of all resources in such a way that economic, social and aesthetic needs can be fulfilled while maintaining cultural integrity, essential ecological processes, biological diversity and life support systems.

그 외 관광유형으로 동성 · 양성애자관광(LGBT : gay, lesbian, bisexual and trans-gender), 우주관광(space tourism), 〈다크투어리즘(dark tourism)〉[7] 등이 있다.

7) Dark tourism. One emerging area of special interest has been identified by Lennon and Foley (2000) as "dark" tourism. This type of tourism involves visits to "dark" sites, such as battlegrounds, scenes of horrific crimes or acts of genocide, for example : concentration camps. Dark tourism remains a small niche market, driven by varied motivations, such as mourning, remembrance, education, macabre curiosity or even entertainment.

제2절 관광산업

관광산업은 성장하고 있으며, 경제, 사회, 문화, 그리고 기술적 요소들이 산업의 발전과 성장에 영향을 준다. 구체적으로 관광산업의 발전에 기여한 요소로 여가시간의 증대(increased leisure), 도시화(urbanization), 교통수단의 발전(revolution) in transport), 교육기회의 확대(education), 문화욕구증대(culture), 생활수준의 향상(rising standards of living), 촉진과 PR(promotion & PR), 그리고 정부의 관심증가(government interest) 등을 들 수 있다(Seth, 1985 : 15-16).

첫째, 관광산업은 '노동집약적'(labour intensive) 산업이다. 관광산업은 세계 최대산업(the world's largest industry)이며, 전 세계 소비의 11% 정도를 차지하고 있으며, 전 세계 고용(global labour force)된 9명 중 1명은 관광산업에 종사하고 있다(Hanlon, 2007 : 1). 특히 관광의존도가 높은 카리브해 국가(Caribean nations)는 4명 중 1명, 즉 25% 정도가 관광산업에 종사하고 있다. 다음과 같은 관광산업 영역에서 다양한 일자리(job opportunity)를 제공하고 있다.

- 호텔(hotel)
- 레스토랑(restaurant)
- 관광쇼핑(retailing)
- 관광교통(transportation)
- 여행사(travel agencies)
- 관광대상 혹은 매력물(tourist attractions)
- 여가 · 레크리에이션 · 스포츠(leisure, recreation and sport)
- 문화산업(cultural industries)

둘째, 관광산업은 고객지향 산업이다. 관광산업은 관광객의 욕구를 충족시키는 산업이다. 관광산업에 종사하는 사람은 고객과 빈번한 접촉(contact)을 한다. 따라서 관광산업에 직업을 구하고자 하는 자는 고객의 욕구를 충족시키고 문제를 해결하는 능력을 가지고 있어야 하고, 고객과 효과적으로 커뮤니케이션을 할 수 있는 역량(skills)을 구비해야 한다. 또한 관광산업에서 서비스산업의 제반 활동은 고객지향(people-oriented)이며, 조직(기업)의 업무효과성을 결정하는 데 인간노동(labor)이 중요한 자원이다. 관광산업은 특성상 종사자와 고객 간의 상호작용(相互作用; interaction)에 높은 가치를 두고 있으며, 서비스 연출의 질은 종사원의 관심(attention)과 태도(attitude)에 의해서 결정된다(Mullins, 2001 : 24). Go(1988)는 관광산업을 '사람이 사람을 보살피는'("people looking after people business") 것이라 표현했다. 인간의 총체적인 관광 · 휴가체험의 만족도는 관광기업과 관광목적지에서 종사하는 종사자의 '서비스의 질'(quality of service)에 의해서 결정된다.

관광산업은 서비스를 제공받는 고객 대비 종사원의 비율(staff-to-client ratio)이 높은 산업이다. 즉 관광산업은 노동집약성(labour intensity) 산업이라는 뜻이다(Vellas & Becherel, 1999 : 163). 관광산업은 관광객의 욕구를 충족시키고 서비스하는 산업이다. 관광산업 종사자는 대부분 고객과 부단한 접촉을 한다. 이를 직업적 관점에서 살펴보면, 관광산업이 고객지향적 직업(people-oriented profession)임을 증명해주고 있는 것이다. 따라서 관광산업에서 직업을 찾는 '예비종사자'들은 고객과 상호작용하는 법, 문제해결 능력 등을 구비해야 한다. 또한 예비종사자는 사회적 능력(social skills)과 효과적 커뮤니케이션도 갖추면 직업선택과 직무수행에 큰 도움이 된다. 아울러 관광산업 종사자는 다종다양한 문화, 종교, 인종, 민족성 등에 대해서 정보와 지식을 갖추어야 한다(Dittmer, 2002 : 23~24).

셋째, 관광산업은 상호의존성이 높은 산업(interdependent)이다(Nickerson, 1996 : 3, Kotler, Bowen & Makens, 2006 : 13, Olsen, West & Tse, 2008 : 70, Evans, Camp-bell & Stonehouse, 2003 : 35~36). 관관산업은 '연관성'(interconnectedness)이 높은 비즈니스이다. 가령, 패키지여행상품을 판매하는 여행사는 항공사, 렌터카, 기차, 버스회사, 호텔, 레스토랑 등과 유기적인 관계를 맺고 있다. 특정 관광 목적지의 호텔과 레스토랑도 그 지역을 취항하는 항공사와 '공생관계(共生關係 : symbiotic relationships)를 갖고 있다(Lundberg, 1990 : 5~6). 관광상품은 단일 상품으로만 만들어지는 것이 아니라 다양한 보완상품(sub-products)이 결합되어 하나의 '패키지'(package)를 이룬다. 관광상품 구성요소(tourism components)중 특정 요소(상품 혹은 서비스)에 문제가 있으면 소비자에 판매되는 최종상품(final product)에 악영향을 주어 전체적인 품질에 영향을 미친다. 이는 관광상품의 특성 중의 하나인 '보완성'(complementarity)으로 설명될 수 있다(Vellas & Becherel, 1999 : 6). 다음 [그림 1-9]는 여행업, 관광교통업, 환대산업 간 공생관계와 상호의존성을 보여주고 있다.

[그림 1-9] 관광산업의 공생관계와 상호의존성

여행업	관광교통업	환대산업
Travel Expediters	Public Carriers	Food and Lodging
travel agent	air	hotels
incentive travel agent	rail	motels
tour bookers	bus	condominiums
tour operators	ship	restaurants

출처 : Lundberg(1990), Tourist Business, p.6.

관광산업의 상호의존성은 종합산업을 내포하기도 한다. 여행업의 예를 들어보자. 여행업은 식·주·행·유·구·오(食+住+行+遊+購+娛)가 통합된 결제활동이다. 다시 말해서 Dining + Staying + Transporting + Playing + Shopping + Entertaining이 하나로 결합된 종합산업이란 뜻이다(李宝明, 2004 : 27). 여행사에서 판매하는 패키지상품은 ① 관광교통, ② 숙박, ③ 식사, ④ 관광·가이드 서비스, ⑤ 관광대상·입장료, ⑥ 쇼핑 등의 요소로 구성된다. 관광산업을 거시적 관점에서 보면 농업, 수산업, 임업, 공업, 교통업 등 다른 산업과 상호의존적 관계를 통해서 성장·발전한다(강신겸 외 54, 2009 : 287).

넷째, 관광산업은 계절성(seasonality)이 높은 산업이다. 계절성이란 연중 시기에 따라 수요의 편차 혹은 변동(variations)이 크다는 뜻이다. 가령, 지구의 북반부(northern hemisphere)에 위치한 국가의 경우 휴가목적의 관광수요는 여름에 높고, 겨울철에 접어들면 수요가 낮다. 이 지역은 여름이 성수기(peaks 혹은 high season)이고, 겨울이 비수기(valleys 혹은 low season)이다. 수요 관점에서 볼 때 성수기와 비수기의 사이 즉 봄과 겨울을 '평수기'(shoulder period / shoulder season)라 칭한다(Biederman, 2008 : 41). 다음은 〈표 1-2〉는 성수기·평수기·비수기 수요와 공급 가격수준을 보여주고 있다(Fay, 1992 : 34).

〈표 1-2〉 관광산업 계절성 패턴과 수요, 공급 그리고 가격수준

계절성 패턴(seasonality)	수 요 (demand)	공 급 (supply)	가격수준 (price / rate)
비수기(low season)	낮음(低)	낮음(低)	낮은 수준
평수기(shoulder season)	보통(中)	보통(中)	보통 수준
성수기(peak season)	높음(高)	높음(高)	높은 수준

출처 : Fay(1992), Essentials of Tour Management, 34.

계절성은 수요와 수익에 불안전성을 초래하여 관광산업에 악영향을 미친다. 계절성은 잠재종사원(potential employees)들이 관광산업에 갖는 산업매력성(industry attrac-tiveness)을 감소시킨다(박시사, 2009 : 79). 관광산업의 계절성은 수요와 관련이 있다. 통상 수요가 많은 가격이 높이지게 된다.

다섯째, 관광산업은 국제교류를 통해서 세계평화 촉진에 기여하는 평화산업이다(秋場良宣, 1992 : 62). 관광은 국가간 이해를 증진하고 평화를 촉진하며, '지구촌사회' (global community) 건설에 도움을 준다. 아울러 관광은 특정 국가나 목적지의 호의적인 이미지를 구축시키는 데 도움을 주는 평화산업이다(Goeldner, Ritchie & McIntosh, 2000 : 32~33). 관광산업은 세계가 직면한 문제를 처리하는 해결책의 역할도 한다. 가령, 관광(travel and tourism)은 '부'(the haves)와 '빈'(貧 : the have-nots) 사이의 격차를 해소시키는 교량(bridge) 역할을 한다(Buhalis, 2003).

Trump와 김정은

김정은과 Xi Jinping

여섯째, 관광산업은 수요의 가격탄력성(price elasticity of demand)이 높은 산업이다. 탄력성(彈力性; elasticity)이란 수요량이나 공급량이 그 결정변수(determinant)의 변화에 대해 대응하는 정도를 나타내는 지표를 말한다. 수요의 법칙에 의하면 재화(제품)의 가격이 내려감에 따라 제품의 수요량은 증가한다. 수요의 가격탄력성은 가격이 변할 때 수요량의 변화를 보여주는 지표이다. 특정 제품의 수요량이 가격의 높낮이에 대해 민감하게 반응하면 그 제품은 수요 탄력적(elastic)이라 한다. 반면 가격이 변함에도 불구하고 수요량의 변화가 미미하면 이를 수요의 비탄력적(inelastic)이라 한다(김경환 · 김종석, 2006 : 104).

일곱째, 관광산업은 초기에 투자해야 할 고정비용(high fixed cost)이 높은 산업이다.

가령, 항공사, 철도, 호텔 등은 투자가 회수되고 수익이 보장될 수 없음에도 불구하고 초기에 많은 투자비용을 지출해야 한다(Vellas & Becherel, 1999 : 6).

여덟째, 관광산업은 '정보집약산업'(information-intensive industry)이다. 정보기술(IT : information technology)의 도입과 발전은 관광산업의 속도(speed)와 효율성(efficiency)을 증대시켰다. 정보기술은 관광산업에서 정보의 가공처리(processed), 저장(stored), 회수(retrieved), 전파(distributed) 그리고 운영관리(manipulated) 등에 활용되었다(Poon, 1993 : 11). 관광산업은 정보지향산업(information-oriented industry)이며, 인터넷의 편익을 가장 많이 누리는 산업이다. 기술혁신의 대표적인 예인 e-business의 도입은 관광산업에 기회와 위협을 동시에 제공하고 있다(Andreu at al., 2010).

아홉째, 관광산업은 인본주의(人本主義)산업이다. 즉 인간을 중시하는 산업, 인간을 행복하게 하는 산업이라는 뜻이다. Page(2009)는 관광산업은 인간의 기본권(basic right)을 충족시키는 산업으로서 모든 관광기업과 서비스 제공자는 고객만족(customer satisfaction)에 가치를 두고 있다. 기업과 서비스 제공자는 고객을 만족시키기 위해서 전략을 세우고 제반 마케팅활동을 수행한다. 기업적 관점에서 보면 고객만족의 부산물이 바로 수익(profit)이다.

Source : www.superstock.com, www.inmagine.com

최근 '인본주의관광'(humanitarian tourism)의 개념이 도입되었다. 인본주의관광이란 모든 여행(journey)이 빈곤에 처해 있는 사람들을 돕는 활동으로 이루어지는데, 주로 빈곤국의 교육, 사회 그리고 보건에 대해서 관심을 갖고 도움을 주는 프로젝트이다(http://afrikaert.hu/en/humanitarius/mitol).

열째, 관광산업은 미소산업(媚笑産業 : smile business)이다. 관광산업에서 인적 요소(people factor)가 상품판매뿐만 아니라 고객만족, 즉 관광체험에 지대한 영향을 미친다(Seaton & Bennet, 1996 : 201).

열한번째, 관광산업은 환경민감성 산업이다. 환경민감성이란 경제, 사회, 정치, 보건 환경 등에 민감한 산업을 뜻한다. 관광산업에 큰 영향을 미친 예로는 Gulf War, 9 · 11 테러, IMF구제금융, SARS, 후쿠시마 쓰나미(tsunami) 등을 들 수 있다.

국적기 유류할증료 인상 공지안내

국제유가 상승에 따른 국제선 유류할증료 인상에 따라, 2011년 3월 1일 발권일 기준부터 국적기항공의 유류할증료가 인상 조정되오니 이점 양해 부탁드리겠습니다.(추가요금은 각 상품별로 확인 부탁드립니다)

※ 유가변동에 따라 2개월마다 유류할증료의 변동이 예상되오니 참고 바랍니다.
※ 외국항공사를 이용하는 상품은 목적지별 유류할증료 변경금액이 상이하므로 각 상품별로 확인 부탁드립니다.

▼ 도표(왕복기준) • 적용기간 : 2011년 3월 1일~4월 30일 (발권일 기준)

구분	제주, 부산발 후쿠오카	기타 한국발 일본/중국 산동성 (청도,연태,위해,제남)	기타중국/동남아/서남아/괌/사이판	대양주/구주/미주행
변경(2011년 3월 1일 발권분부터)	USD 40.00	USD 44.00	USD 84.00	USD 190.00
현행	USD 28.00	USD 30.00	USD 60.00	USD 136.00

※ 국내선 유류할증료 안내 ※

국내선 전 노선(2011년 3/1~4/30 발권)에 대하여 구간당(왕복) 19,800원(부가가치세 포함)으로 금액이 확정되었음을 알려드립니다. (추가요금은 각 상품별로 확인 부탁 드립니다.)

출처 : www.modetour.com / 이집트, 리비아 등 중동 국가의 정치적 불안정으로 유가가 급격히 상승하여 국적기 유류할증료 인상을 공지하는 여행사. 항공요금의 인상은 여행상품요금의 인상으로 귀결된다. 관광산업이 정치적 환경변화에 민감한 '환경민감성 산업'을 보여주는 예이다.

관광산업의 특성을 요약하면 다음과 같다.

- 관광산업은 노동집약적 산업이다.
- 관광산업은 고객지향적 산업이다.
- 관광산업은 계절성산업이다.
- 관광산업은 상호의존성 산업이다
- 관광산업은 평화산업이다
- 관광산업은 수요의 가격탄력성이 높은 산업이다.
- 관광산업은 초기 투자비용이 높은 산업이다.
- 관광산업은 정보집약적 산업이다.
- 관광산업은 인본주의 산업이다.
- 관광산업은 미소산업이다.
- 관광산업은 환경민감성 산업이다.

참고문헌

강신겸 외 54인(2009), 관광학총론, 백산출판사.
김경환 · 김종석 옮김(2006), 맨큐의 경제학, 교보문고.
김성일 · 진양호 · 박영일(2009), 외식마케팅관리, 백산출판사.
도미경(2003), 관광과 여행의 의미에 관한 연구 : 주역의 괘를 중심으로, 관광학연구 제27권 제2호, 29~47.
박시사(2003), 관광소비자행동론, 대왕사.
박시사(2009), 여행업경영론, 대왕사.
박영봉(2010), 소비자행동론 제2판, 학현사.
정유경외 12인(2012), 한국현대관광사, 백산출판사.

A.V. Seaton and M.M Bennett(1996), The Marketing of Tourism Products : Concepts, Issues and Cases, International Thomson Business Press.
Amir Shani and Natan Uriety(2011), VFR Tourism : The Host Experience, Annals of Tourism Research, Vol. 39(1), pp.421-440.
Auliana Poon(1993), Tourism, Technology and Competitive Strategies, CAB International.
Betsy Fay(1992), Essentials of Tour Management, Prentice Hall.
Carl L. Bryant, Ike Reynolds and Teresa A. Poole(1992), Travel Selling Skills, South- Western Publishing Co.
Charles R. Goeldner, J.R. Brent Ritchie and Robert W. McIntosh(2000), Tourism : Principles, Practices, Philosophies 8th. ed., John Wiley & Sons, Inc.
Chris Ryan(1991), Recreational Tourism : A social science perspective, Routedge.
David Bowie and Francis Buttle(2004), Hospitality Marketing, ElseVier Butterworth Heinemann.
Dimitrios Buhalis(2003), eTourism : Information Technology for Strategic Tourism Management, FT Prentice Hall.
Donald E. Lundberg(1990), Tourist Business 6th ed., Van Nostrand Reinhold.
Douglas G. Pearce and Richard W. Butler(1993), Routedge.
Erik H. Cohen(2011), Educational dark tourism at an in populo site : The Holocaust Museum in Jerusalem, Annals of Tourism Research Vol.38(1), pp.193-209.
Francois Vellas and Lionel Becherel(1999), The International Marketing of Travel and Tourism, Macmillan Press Ltd.
Gary Inkpen(1994), Technology for Travel and Tourism, Pitman Publishing.

Greg Richards(2007), Cultural Tourism, The Haworth Hospitality Press.

J C Holloway and R V Plant(1988), Marketing for Tourism, Pitman.

Ji Yun Yu and Tae Gyou Ko(2012), A cross-cultural study of perceptions of medical tourism among Chinese, Japanese and Korean tourists in Korea, Tourism Management, Vol.33, pp.80-88.

John R. Walker(2006), Introduction to Hospitality 5th ed., Pearson Prentice Hall.

John Swarbrooke and Susan Horner(1999), Consumer Behavior in Tourism, Butterworth Heinemann.

John Swarbrooke(1999), Sustainable Tourism Management, CAB Publishing.

Jost Krippendorf(1987), The Holiday Makers, Heinemann Professional Publishing.

Laurie J. Mullins(2001), Hospitality Management and Organizational Behavior 4th. ed., Longman.

Lloyd E. Hudman and Donald E. Hawkins(1989), Tourism in Contemporary Society, Prentice Hall.

Luisa Andreu, Joaquin Aldas, J. Enrique Bigne, and Anna S. Mattila(2010), Analyis of e-business adoption and its impact on relational quality in travel-supplier relationships, Tourism Management, Vol.31(6), pp.777~787.

Michael D. Olsen, Joseph J. West and Eliza Ching Yick Tse(2008), Strategic Manage- ment in the Hospitality Industry 3rd ed., Pearson Prentice Hall.

Michael R. Solomon(2011), Consumer Behavior 9th. ed., Pearson.

Nigel Evans, David Campbell and George Stonehouse(2003), Strategic Management for Travel and Tourism, Elsevier.

Norma Polovitz Nickerson(1996), Foundations of Tourism, Prentice Hall.

Pat Hanlon(2007), Global Airlines 3th ed., Elsevier Buttlerworth Heinemann.

Paul R. Dittmer(2002), Dimensions of the Hospitality Industry 3rd ed., John Wiley & Sons, Inc.

Paul S. Biederman(2008), Travel and Tourism, Pearson Prentice Hall.

Paul Williams and Geoffrey N. Soutar(2009), Value, satisfaction and behavioral intentions in an adventure tourism context, Annals of Tourism Research Vol 36(3), pp.413-438.

Philip Kotler, John T. Bowen and James C. Makens(2006), Marketing for Hospitality and Tourism 4th ed., Pearson Prentice Hall.

Pran Nath Seth(1985), Successful Tourism Management, Sterling Publishers Pravate Limited.

Rob Davidson(1994), Tourism, Pitman Publishing.

Wayne D. Hoyer and Deborah J. Maclnnis(2010), Consumer Behavior 5th. ed., South-Western Cengage Learning.

高井 薫(1991), 観光の構造, 行路社.

李宝明(2004), 旅业企业管理, 经济科学出版社.

秋場良宣(1992), 旅行業の未来戦略、日本能率協會マネジメントセンター.

제 2 장

관광마케팅

> "Marketing is a social and managerial process by which individuals and groups obtain what they need and want through creating and exchanging products and value with others"
>
> – Kotler, Bowen & Makens –

제1절 마케팅과 관광마케팅

1. 마케팅개념화

1) 마케팅

마케팅(marketing)이란 용어는 현대인이 일상생활에서 정의를 내리지 않고, 뜻에 대해 정확하게 이해를 하지 않은 채 빈번하게 사용되는 학술용어이자 일상용어이다. 이수동 등(2009 : 13)은 마케팅이란 시장(market)에서 일어나는 것 즉 '현재 진행형'(-ing)의 일과 일련의 과정을 합성(合成 : market + ing)한 개념으로 해석하기도 했다. 여기서 일컫는 시장에서 일어나는 일은 바로 교환이다.

마케팅이란 개념은 전 세계 많은 학자와 기관들이 자신들의 관점에서 정의를 내려 제시하였지만, 이 개념이 미국에서 1910년대 등장한 후 대략 70년이 지난 1985년 미국마케팅학회가 제시한 마케팅 정의가 널리 통용되었다. 미국마케팅협회(AMA : American Marketing Association, 1985)는 마케팅이란 "개인과 조직의 목표를 만족시키는 교환을 창조하기 위해 아이디어, 제품, 서비스의 개념 정립, 가격결정, 촉진 및 제반 유통활동을 계획하고 실행하는 과정"이라고 정의하고 있다.

AMA는 2004년과 2007년에 새로운 마케팅 정의를 다음과 같이 제시하였다. 즉 마케팅이란 "조직(기업)의 활동이며, 고객을 위해 가치를 창출하여 이를 고객과 소통하고 고객에게 가치를 전달시키고 고객관계를 관리하는 제반 과정이다. 단, 기업의 활동과 과정은 기업과 이해관계자에게 편익을 제공해야 한다"는 것이다. 2004년 AMA의 정의는 마케팅의 중심에 고객을 위한 가치창조와 이해관계자의 이익 및 기업과 이해관계자들의 지속적인 이익실현을 위해서 고객관계관리(顧客關係管理)의 중요성을 강조하고 있다. 미국마케팅협회는 2007년에 마케팅이란 "고객(customers & clients), 파트너(partner) 및 사회에 가치를 부여하는 제공물(offerings)을 만들어내고, 공유하고 전달하며 교환하는 활동(activity), 제도(institution) 그리고 과정(processes)이다"(www.marketingpower. com)[1]라고 새로운 마케팅 정의를 발표하였다. 2007년의 마케팅 정의는 고객(customers & clients), 기업의 협력업체(partners), 그리고 사회까지 포괄적으로 포함시킨 점이 1985년과 2004년의 정의와 다른 점이다.

[그림 2-1] 유람선과 encounters

출처 : www.hollandamerica.com / Holland America Line

영국마케팅협회(CIM : Chartered Institute of Marketing)는 "마케팅은 고객의 요구사항을 파악하고, 기대 · 예상하며 만족시키는 데 관여하는 경영관리과정이며, 이 경영관리과정은 반드시 수익성이 수반되어야 한다"[2]고 하였다(Palmer, 1994 : 23). CIM의 마케팅 정의는 고객을 의사결정 중심에 둔 마케팅 철학(marketing philosophy)에 뿌리를 둔 정의이다. 하지만 '수익성'(profitably)을 강조하였기 때문에 비영리기관(non-profit-making organization)에는 적용할 수 없다고 비난을 받기도 하였다(Horner & Swarbrooke, 1996 : 6~7). 마케팅은 인간과 사회의 욕구(needs)를 파악하고 충족시키는 것이며, 마케팅 정의를 내릴 때 중요한 핵심은 바로 마케터(marketer)가 수익을 발생시키면서 고객의 욕구를 충족시키는 데 있다(Kotler & Keller, 2009 : 45). CIM, Kotler와 Keller 그리고 AMA(2004)의 마케팅 정의에서 강조하고 있는 것은 바로 '수익성'이다.

한국마케팅학회(2002)는 마케팅이란 "조직이나 개인이 자신의 목적을 달성시키는

1) Marketing is the process of planning and executing the conception, pricing, promotion, and distribution of ideas, goods, and services to create exchanges that satisfy individual and organizational objectives(1985) Marketing is an organizational function and a set of processes for creating, communicating, and delivering value to customers and for managing customer relationships in ways that benefit the organization and its stakeholders(2004). Marketing is the activity, set of institutions, and processes for creating, communicating, delivering, and exchanging offerings that have value for customers, clients, partners, and society at large(2007).

2) Marketing is the management process responsible for identifying, anticipating and customer requirements profitably.

교환을 창출하고 유지할 수 있도록 시장을 정의하고 관리하는 과정"이라 정의하고 있다(www.kma.re.kr). 마케팅은 과정이며, 그 과정(process)은 개인으로부터 시작된다. 마케팅 관점에서 본 개인은 바로 고객(customers)이며, 개인은 단체 혹은 집단도 포함한다(Hsu & Powers, 2002 : 4). 개인과 집단은 제품을 생산하고, 가치를 창출하여 다른 사람과 교환하는 과정을 거친다. 이 과정이 바로 마케팅이다(Kotler, Bowen & Makens, 2006 : 13). 요약하면 AMA(1985), 한국마케팅학회(2002), Hsu 그리고 Kotler, Shoemaker(2008 : 8) 등은 마케팅을 일련의 과정(process)이라고 정의 내리고 있다.

[그림 2-2] 마케팅 대가(guru) Kotler

출처 : www.mgtsolution.com / 인터넷 자료

유필화(2008 : 2)는 국내외 마케팅학회의 공통된 견해를 반영하여 "마케팅이란 제품 · 서비스 · 아이디어를 창출하고 가격을 결정하고 정보를 제공하여 개인 및 조직체의 목표를 만족시키는 교환을 성립하게 하는 일련의 인간활동(人間活動; activities)이다"라고 정의내렸다. 여기서 말하는 조직체는 기업뿐만 아니라 대부분의 비영리기관도 포함된다. 또한 제품뿐만 아니라 서비스 · 아이디어 등 교환가치가 있는 것이면 마케팅 대상이 될 수 있다. 유필화의 마케팅 정의는 활동을 강조하고 있는데, 이는 AMA(2007)의 마케팅 정의와 공통점을 갖는다. 결국 마케팅의 역할은 고객의 욕구를 충족시키면서 기업목표를 달성시키는 데 있다.

그럼 우리는 왜 마케팅(marketing)을 공부해야 하는가? 이에 대한 대답은 다음과 같은 이유에서이다. 마케팅은 우리의 일상생활에 중요한 역할을 수행하고 있으며, 현대인은 상품과 서비스를 구매하는 고객으로서 마케팅 과정에 참여하고 있다. 현대인이 소비하는 돈의 약 50%정도는 마케팅 비용에 지급된다고 할 수 있다. 현대인은 마케팅을 보다 잘 이해하면 정보를 갖춘 고객이 되고, 판매자와 효과적인 협상을 할 수 있으며, 더 나은 욕구충족(demand satisfaction)을 이끌어낼 수 있기 때문이다. Lamb (2009) 등은 마케팅을 공부하는 구체적인 이유로 다음 4가지를 제시했다(Lamb, Hair & McDaniel, 2009 : 13~14).

첫째, 마케팅은 우리 일상생활(everyday life)에 영향을 준다.
둘째, 마케팅은 우리 사회(society)에 중요한 부분이다.
셋째, 마케팅은 사업경영(business)에 중요한 요소이다.
넷째, 마케팅은 다양한 직업기회(career opportunities)를 제공한다.

이를 관광마케팅에 적용하여, 왜 관광마케팅을 연구 혹은 학습해야 하는지에 대한 대답은 다음과 같이 예시할 수 있다. 우선 관광마케팅은 현대인의 일상생활에 영향을 준다. 인간은 관광(觀光 : tourism)을 통해서 일상생활을 떠나 관광목적지에서 상호작용을 통해서 얻은 'feedback'가지고 와 일상생활의 삶을 윤택하게 한다. 즉 인간의 관광행동은 삶의 질(quality of life)을 높이는데 기여한다. 또한 관광마케팅은 우리가 사는 사회에서 중요한 부분을 차지하고 있다. 아울러 관광마케팅은 관광산업 경영에 있어서 중요한 요소이다. 관광산업의 제반 특성과 관광상품의 고유한 특성으로 인해 관광마케팅의 중요성이 부각되고 있다. 끝으로 관광산업은 노동집약적 산업이며, 인적자원 의존도가 높은 산업이기에 다양한 직업을 창출한다. 관광마케팅 영역은 다양한 직업기회를 제공하는 원천(sources)이 될 수 있기 때문이다.

마케팅은 관광·환대산업에서 중요한 역할을 한다. 종래 환대산업 특히 레스토랑과 같은 소규모 산업(mom and pop industry)이 거대한 성장을 하게 되는데, 고객을 유치하기 위한 공격적이고 적극적인 마케팅기법이 있었기에 가능했다. 가령, Accor, Cendant[3], Marriot, Starwood처럼 하나의 조직으로 '통합'(consolidation)되어 거대기업으로 성장한 예도 있다(Kotler, Bowen & Makens, 2006 : 10).

2) 마케팅 접근법(marketing approach)

마케팅은 중요한 학문영역(academic discipline)이 되었다. 마케팅개념과 과정을 배우고 연구하는 사람이 많아졌고, 오늘날 기업은 마케팅부서를 두고 있으며, 마케팅계획을 세우고, 마케팅활동을 관장하는 책임자(marketing director)를 두고 있다(Resnick, 1991 : 5). 전 세계 관광기업은 1978년 도입된 항공규제완화(deregulation of airlines)의 영향으로 이른바 자유경쟁체제로 진입하게 되었다. 항공규제완화는 동종 혹은 이종업종간 경쟁을

3) Cendant is among the leading franchisors of hotels and rental car agencies worldwide and the largest provider of vacation exchange services. The Company's world-famous brand names include Days InnTM, Howard JohnsonTM, RamadaTM, AvisTM and Resort Condominiums International (RCI) timeshare exchange

불러일으켰다. 관광기업은 치열한 경쟁에서 살아남고 경쟁우위(competitive advantage)를 누리기 위해서 마케팅이 필요하게 되었다.

마케팅은 크게 미시마케팅(micro-marketing)과 거시마케팅(macro-marketing) 두 가지 방법에 의해서 접근할 수 있다. 거시적 마케팅 접근은 마케팅활동이 사회에 미치는 영향, 사회가 마케팅활동에 미치는 영향에 관한 연구인데 반하여, 미시적 마케팅은 기본적으로 기업수준에서의 활동을 말하며, 고객의 수요를 이해하여 촉진시키고 만족시키며 유지시키는 것이다. 이러한 기업의 활동으로는 시장조사, 판매촉진, 제품(상품)개발, 유통경로, 그리고 제반 서비스활동을 포함한다. 곧 미시마케팅이란 기업이 소비자들과의 교환을 창출하는 것이라 할 수 있다(박충환 · 오세조, 1993 : 4~5).

마케팅이란 사업철학(business philosophy)임과 동시에 일련의 전략과 기술(techniques)이라는 견해가 있다. 즉 마케팅을 두 가지 수준과 관점에서 해석하는 정의이다. 첫째, 사업철학(事業哲學)으로서 마케팅은 고객을 기업의 중심에 두는 것을 말한다. 마케팅 철학과 사업철학은 새로운 시장을 찾기 위해 고객의 욕구를 파악하여 대응하는데 필요한 기업의 철학, 사명, 기업가치추구(value) 등에 반영된다. 사업철학으로서의 마케팅은 기업을 위해 종사하는 모든 사람(everybody)에게 적용되는 사상(思想)과 기업의 지향성(指向性)으로 해석되기도 한다. 둘째, 전략 및 기술과 관련된 정의는 고객의 욕구를 파악하는 데 활용되는 시장조사(research), 그리고 잠재고객에게 상품의 편익을 전달하는 데 적용하는 광고(advertising)와 관련성이 있다. 또한 전략과 기술로서의 마케팅은 상품개발(new product development), 가격책정(pricing), 유통채널설계(design of channels of distribution) 등에도 활용되고 있다(Palmer, 2009 : 5).

본서는 거시마케팅보다 시장조사, 상품개발, 가격책정, 유통채널설계 등 미시마케팅(micro-marketing)에 중점을 둔 관광마케팅에 대해서 접근했다.

2. 서비스 마케팅과 관광마케팅

1) 서비스 마케팅

서비스마케팅(service marketing)은 서비스(환대산업)의 독특성을 인정하고 반영한 마케팅 개념(concept)이며, 마케팅 개념을 서비스산업에 적용한 마케팅의 한 유형이다

(Morrison, 2002 : 30~31). 서비스마케팅을 논할 때 빈번하게 사용되는 것은 바로 제품(goods)과 서비스(services)의 차이(basic differences)이다. Morrison은 대부분 관광 · 환대산업이 공유하는 독특한 차이를 "본원적 차이" 혹은 "근본적 차이"(generic difference)라 명명하였다. 본원적 차이(本源的 差異)는 관광 · 환대산업 마케팅에 영향을 주는 것으로 상황에 따라 변하지 않는 관광 · 환대산업 혹은 상품의 고유한 특성을 일컫는다. 따라서 관광산업을 포함한 서비스산업 마케터들은 서비스의 고유한 특성(uniqueness) 혹은 차이(differences)의 이해를 바탕으로 마케팅전략을 세우고 실행해야 한다. 다음 〈표 2-1〉은 여러 학자들이 제시한 서비스 특성을 보여주고 있다. 본서는 관광 · 환대산업 혹은 상품이 일반 제조업 혹은 일반제품과 다른 〈본원적 차이〉를 중점적으로 설명하였다.

〈표 2-1〉 관광 · 환대산업 상품과 서비스의 특성

학자 / 연구자	서비스특성	영문 표기
Zeithaml, Bitner & Gremler (2009 : 20~22)	무형성	intangibility
	다양성, 이질성	heterogeneity
	생산 · 소비의 동시성	simultaneous production and consumption
	소멸성	perishability
Rust, Zahorik & Keinigham(1996 : 7~10), Kotler, Bowen & Makens (2006 : 42~45), Weaver & Lawton (2002 : 206~208)	무형성	intangibility
	비분리성	inseparability
	가변성	variability
	소멸성	perishability
Hsu & Powers (2002 : 18~22)	유형성	intangibility
	고객과 종사원도 서비스(상품)의 일부분	people as part of the product
	성수기와 비수기 수요편차가 심함	demand patterns
	소멸성	perishability
	다양한 유통채널	channels of distribution
Lovelock & Wright (2002 : 9~12)	소유권 부재	customers do not obtain ownership
	무형성	service products as intangible performance
	생산과정 고객참여	customer involvement in the production process
	고객도 서비스의 일부분	people as part of the product
	가변성 · 변동성이 큼	greater variability in operational inputs and outputs
	서비스 평가의 어려움	harder for customers to evaluate

학자 / 연구자	서비스특성	영문 표기
Lovelock & Wright (2002 : 9~12)	소멸성	no inventories for services
	적시성이 높음	importance of the time factor
	다양한 유통채널	different distribution channels
Horner & Swarbrooke (1996 : 17~18)	무형성	intangibility
	생산 · 소비의 동시성	inseparability
	다양성, 이질성	heterogeneity
	소멸성	perishability
	소유권 부재	lack of ownership
Seaton & Bennett (1996 : 22~25)	무형성	intangibility
	다양성 · 이질성	heterogeneity
	한시적 소유권	temporary ownership
	소멸성	perishability
	생산 · 소비 동시성	inseparability
Morrison (2002 : 32-38)	무형성	intangible nature of the services
	생산 · 소비의 동시성	production methods
	소멸성	perishability
	유통채널	distribution channels
	비용의 가변성	cost determination
	서비스 제공자와의 관계 및 관련성	relationships of services to providers
이유재(2007 : 15~17)	무형성	intangibility
	비분리성	inseparability
	이질성	heterogeneity
	소멸성	perishability
Bowie & Buttle (2004 : 22-25)	무형성	intangibility
	소멸성	perishability
	생산 · 소비 비동시성	inseparability
	가변성	variability
	상호의존성	interdependence
	공급 〉 수요	supply exceeds demand

참고 : 여러 학자들의 연구를 종합하여 정리한 것임

(1) 무형성(intangibility)

서비스는 유형재와 달리 구매전 이른바 오감(五感), 즉 시각(seen), 미각(tasted), 촉각(felt), 청각(heard), 그리고 후각(smelled)에 의해서 평가될 수 없다(Kotler, 2003 : 446). 이를 서비스의 특성 중의 하나인 무형성(無形性 : intangibility)이라 칭한다. 서비스의 무형성이란 구매 혹은 소비 이전에는 체험될 수 없다는 뜻이다. 서비스의 무형성은 상품 정보원으로 "구전"(word-of-mouth)의 중요성을 부각시킨다. 특히 관광산업에서 구전은 잠재고객에게 이미지를 형성시키는 데 큰 영향을 미친다(Weaver & Lawton, 2002 : 206).

(2) 생산 · 소비의 동시성 / 비분리성(inseparability)

관광상품과 서비스는 생산과 소비가 동일 장소에서 동시에 일어나는 "비분리성"의 특성이 있다. 가령, 항공기 탑승 승객 서비스는 탑승과 동시에 생산되고 소비되며, 호텔 투숙객은 객실을 점유(occupation)하는 시점에 생산과 소비가 동시에 발생한다(Weaver & Lawton, 2002 : 207).

(3) 가변성 · 이질성(variability / heterogeneity)

관광상품과 서비스는 가변성이 높은 특성을 갖고 있다. 가변성이 높은 이유는 바로 생산자와 소비자의 상호작용(interaction)이 하나의 독특한 체험(unique experience)이기 때문이며, 이 체험은 예측불가능한 "인적 요소"(human elements)에 의해서 영향을 받는다.

Hyatt Hotel

가령, 서비스 "엔카운터"가 일어나는 장소와 시간의 분위기와 참여자(participant) 같은 요소가 서비스 품질을 결정할 수 있다(Weaver & Lawton, 2002 : 2007).

서비스는 제품과 달리 input과 output 간의 불일치 혹은 가변성이 있을 수 있다. 관광상품과 같은 서비스는 획일화 · 표준화시키기 힘들다. 관광 · 환대기업은 상품을 표준화하려고 노력한다. 표준화는 고객에게 상품과 서비스에 대한 일관성(consistency)과 신뢰성(reliability)을 갖게 한다. 가령, 고객이 Tokyo, Moscow, 그리고 서울 어디에서 'Big Mac'을 주문하든지 거의 같은 햄버거를 먹을 수 있다. 이는 McDonald의 강점인 일관성(一貫性 : consistency)이 작용하기 때문이다. Pizza Hut과 KFC도 고객에게 표준화를 통해서 일관성있는 메뉴를 제공하고 있다(Lamb, Hair & McDaniel, 2009 : 278).

(4) 소유권 부재(lack of ownership)

관광상품을 구매하는 소비자는 관광상품의 소유권(ownership)을 갖는 것이 아니라 관광상품의 사용권(the right to use)을 확보한다. 고객의 사용권도 영구적이지 않으며 일시적으로 이용하는 권리를 갖는다. 가령, 특정 관광객이 JW Mariot Hotel를 예약하면 명시된 기간 동안 호텔의 객실과 편의시설 등을 이용할 있는 권리를 가질 뿐이다. 항공사의 경우도 예외가 아니다.

JW Mariot Hotel

항공여행을 하는 승객(passenger)은 특정 항공사의 운항편명을 예약하여 발권하면 정해진 항공편을 이용하는 권한을 갖는다. 승객은 항공기에 탑승하여 탑승권(boarding pass)에 명시된 좌석번호(seat.no)에 앉는 권한과 제한된 공간을 이용할 수 있고, 항공사에서 제공하는 서비스를 향유할 수 있을 뿐이다. 승객은 항공기를 소유(所有)하는 것이 아니라 그저 '일시적 사용'할 권리를 가진다. 결론적으로 말해서 고객의 입장에서 보면 소유권이 아니라 사용권이다.

(5) 소멸성(perishability)

관광상품과 서비스는 미래의 소비를 목적으로 생산되므로 저장될 수 없다. 이를 관광상품과 서비스의 소멸성이라 한다. 관광상품의 소멸성은 관광마케터들에게 큰 도전이며 난제이다. 관광마케터의 주요한 역할은 수요(demand)와 공급(supply)을 효과적으로 일치(match)시키는 일이다(Weaver & Lawton, 2002 : 208).

항공사가 만석(fully booked)으로 운항하든 50%만 탑승하든 항공사의 비용지출은 거의 비슷하다. 오늘 판매되지 못한 항공좌석(airline seats)은 바로 소멸되고 만다. 즉 내일 판매하기 위해 저장(inventoried)할 수 없다. 따라서 항공사는 탑승률(load factor)을 높이기 위해 모든 마케팅 노력을 경주한다.

항공기 좌석

만약 항공사가 모든 사람에게 동일하게 적용하는 표준가격(standard price)보다 좌석이나 제한조건(restrictions)에 따라 가격을 충분하게 낮추면 보다 많은 승객이 예약하게 된다. 항공사가 가능한 한 많은 승객의 예약을 받아 운항하려는 과정(process)을 '수익관리'(yield management)라 부른다(Dittmer, 2002 : 78). 항공사의 수익관리(收益管理)는 항공상품이 갖는 소멸성(perishability)을 극복하려는 경영관리기법이자 마케팅활동의 일환이다.

2) 관광마케팅 개념과 특성

Coltman(1989)은 "관광마케팅이란 관광목적지, 관광사업체, 관광공급업자가 추구하는 목적(objectives)과 관광객의 욕구(needs) 간에 균형을 맞추는 '목표지향적 활동'(goal-oriented activity)"이라고 정의하였다. Coltman은 마케팅의 정의를 확대하여 일련의 활동이라기보다 상호의존적인 활동 간의 '결합'(interrelationship) 혹은 시스템이라 정의하기도 했다. 즉 관광마케팅을 하나의 시스템(system)[4]이라고 해석하기도 했다(Coltman, 1989 : 11~12). 관광마케팅이 시스템이라는 것을 보여주는 예로 '여행사'(tour package company)를 들 수 있다. 여행사는 관광교통, 호텔, 현지관광(sightseeing), 식사 등 여행상품 구성요소를 패키지로 만들어 고객에게 판매한다. 즉 개별 여행상품 구성요소를 하나로 결합시켜 부가가치를 높여 판매하는 것이다.

Morrison(2002 : 4)은 관광마케팅은 계속적이고 순차적인 과정(process)이며, 이 과정을 통해서 관광산업 경영관리자는 고객의 욕구와 기업의 목표를 충족시킬 수 있는 일련의 활동(activities)을 기획, 조사, 실행, 통제 그리고 평가한다. 마케팅이 수행해야 할 임무이자 역할(task)을 영어 첫 문자를 따서 마케팅 'PRICE'로 명명하였다.

THE PRICE OF MARKETING

P : Planning(기획)
R : Research(조사)
I : Implementation(실행)
C : Control(통제)
E : Evaluation(평가)

관광 · 환대서비스 마케팅이 다른 서비스 마케팅에서 찾을 수 없는 구체적인 특성은 무엇일까? 모리슨은 그의 저서에서 8가지 차이(특성)를 제시하였다.

4) A system is a collection of interrelated parts that work together to achieve common objectives.

관광 · 환대산업 마케팅의 고유한 8가지 특성

- 서비스노출 시간의 제한성(shorter exposure to service)
- 정서적 구매소구가 높음(more emotional buying appeals)
- 유형화의 중요성(greater importance on managing experience clues)
- 이미지의 중요성(more emphasis on imagery)
- 다양한 유형의 유통채널(more variety and types of distribution channels)
- 관광산업 사업단위간 상호의존성(more dependence on complementary organizations)
- 모방의 용이성(easier coping of services)
- 비수기 촉진 프로그램의 중요성(more emphasis on off-peak promotion)5)

첫째, 서비스노출 시간의 제한성이다. 고객이 환대 · 관광 서비스에 노출되는 시간은 제조업 상품과 비교해서 짧다. 가령, 레스토랑 식사, 단거리 통근항공서비스(short commuter flights), 여행사 방문 등은 모두 단시간에 걸쳐서 이루어지고 서비스된다. 관광서비스를 향유하는 고객은 단시간의 접촉 혹은 상호작용을 바탕으로 상품과 서비스의 질을 평가하게 된다.

둘째, 고객의 정서적 구매소구(buying appeal)가 높은 특성이 있다. 여기서 말하는 정서적(emotional)이란 〈feeling-based〉를 말한다. 환대 · 관광산업의 고객은 사실(fact)과 논리(logical-based)에 바탕을 둔 이성적 소구(rational appeal)와 달리 유대(bond), 느낌(feeling), 상호작용(encounter), 이미지(self-image), 지위(status) 등을 고려하여 구매결정을 한다. 가령, JW Marriot Hotel 투숙자, Ritz-Carlton Hotel 고객, 일등석 승객(first class passengers), 유람선 Suite Room 이용자 등은 기꺼이 많은 비용을 지급하면서 서비스를 향유한다. 왜냐하면 이런 고객의 구매 혹은 체험 그 자체가 자신들이 '성공한 사업가'로 자리매김(mental picture) 해주고, 지위 혹은 신분을 상승시켜주기 때문이다.

5) 관광 · 환대산업은 비수기(low season)에 촉진 프로그램을 활용하는 것이 하나의 '법칙'(rule)이 되었다. 그 이유로는 크게 3가지를 들 수 있다.
첫째, 여행 혹은 휴가는 직장과 일상생활의 책임이나 의무로부터 벗어난 소중한 시간이다. 또한 휴가는 많은 시간과 돈을 투자해야 하며, 대부분의 여행상품 구매는 사전에 이루어진다. 따라서 여행상품과 서비스를 촉진하는 최적의 시점은 고객이 여행을 계획하는 단계(planning stage)이다.
둘째, 여행상품을 구성하고 있는 항공, 호텔, 레스토랑 등은 공급이 고정(fixed)되어 있다. 따라서 성수기에 출발하는 휴가여행객을 위한 상품을 개발하려면 비수기(off-season)에 좌석, 호텔 등을 확보해야 한다.
셋째, 관광 · 환대산업의 상품과 서비스는 추후 사용 혹은 판매를 목적으로 저장할 수 없기 때문이다. 이는 관광상품의 소멸성과 관련이 있다. 항공사는 비수기에 탑승률(load factor)을 높이고, 호텔은 객실점유율(occupancy rate)을 올리기 위해 다양한 촉진전략을 채택한다. 관광기업이 채택하는 대표적인 촉진전략은 〈discounted fare〉 전략이다.

Ritz-Carlton Hotel

셋째, 유형화의 중요성이다. 일반상품은 유형재(tangible objects)이지만, 서비스는 "연출"(performance)이다. 고객은 관광상품 혹은 서비스상품의 고유한 특성인 무형성(intangibility) 때문에 직접 볼 수 없고, 만져볼 수도 없으며, 평가하기가 어렵다. 하지만 관광상품과 서비스상품을 향유하는 고객은 상품 · 서비스와 연관이 있는 다양한 "체험단서"(experience clues)를 볼 수 있음을 느낄 수 있다. 고객은 상품 · 서비스와 관련이 있는 체험 단서를 통합(combined effect)하여 서비스 품질을 평가한다. 모리슨은 관광 · 환대산업이 제공하는 상품과 서비스를 구매하는 고객은 다음과 같은 4 가지 체험단서가 있을 것이라고 했다.

고객의 체험단서의 예(experience clues)

- 물리적 환경(physical evidence)
  - 직원의 유니폼
  - 호텔 · 레스토랑 싸인
  - 호텔 로비

- 고품격 카펫 / 벽지
- 가격(price)
  - 높은 가격 : 고품격 + 고품질
  - 낮은 가격 : 저품격 + 저품질
- 커뮤니케이션(communication)
  - 구전 정보(word-of-mouth information)
  - 전문성(experts)
  - Websites
  - 브로슈어(brochures)
  - 인쇄광고(printed advertisement)
- 고객 프로파일(customer profile)
  - 고객의 연령(청소년, 가족, 노인층)
  - 고객의 경제적 · 사회적 위치
  - 고객의 드레스 코드(dress code) 등

넷째, 이미지의 중요성이다. 관광산업이 제공하는 서비스는 대부분 무형성을 띤다. 고객은 정서적 이유로 서비스를 구매하게 된다. 따라서 관광기업의 마케팅 초점은 고객이 상품과 서비스를 구매하고 체험을 통해서 "정신적 의미"(mental association), 즉 '이미지'(imagery)를 향상시키는 계기가 될 수 있도록 맞추어져야 한다.

다섯째, 다양한 유형의 유통채널이다. 관광산업은 일반 제조업의 유통채널과 달리 물리적 유통시스템(physical distribution system)은 없다. 관광산업은 독특한 "중개인"(intermediary) 체제로 운영되고 있다. 관광산업의 중개인은 관광목적지, 호텔, 레스토랑, 교통, 패키지 투어, 쇼핑 등에 대한 정보를 제공하고, 상담을 해준다. 관광객들은 중개인을 전문가(expert)로 생각하고 중개인들의 추천(recommendation)을 신뢰하고 받아들인다. 구체적인 중개인은 다음과 같다.

전형적인 관광산업 중개인(travel intermediary)

- 여행사(travel agent)
- 온라인 관광기업(online travel company)
- 울세일러(tour wholesalers)
- 인센티브여행 기획자(incentive travel planner)
- 컨벤션 기획자(convention planners)

여섯째, 관광산업의 사업단위 간에 상호의존성이다. 관광산업은 "공급업자"(supplier), 여행업(travel agent), 기반시설(infrastructure), 항공사(carrier), 관광객(visitors), 현지주민(residents), DMO(destination marketing organization)가 서로 보완적인 관계를 유지해야 고객을 만족시키고 이해관계자들이 상호 편익을 누릴 수 있는 산업이다. 관광산업은 "협력"(partnership)이 요구되는 산업이며, 공생적 마케팅(symbiotic marke- ting)이 필요한 산업이다. 그 이유는 바로 관광산업의 상호 의존성, 즉 상호보완성 산업이기 때문이다. Middleton 등(2009)은 관광상품은 상호의존성이 있기 때문에 "협력 마케팅"(collaborative marketing)이 필요하고 하였다(Middleton, Fyall, Morgan & Ranchhod, 2009 : 51-52).

세계적인 온라인 여행사 Priceline(www.priceline.com)은 〈priceline partner sites〉 웹상에 두어 고객들이 협력사에 쉽게 접근(access)할 수 있도록 하였다. 이러한 협력 마케팅은 기업의 수익성을 증대시켜줄 뿐만 아니라 고객의 여행 편의를 제공하고, 기업의 이미지를 향상시키는 효과도 준다. 다음은 Priceline이 파트너십을 하고 있는 사이트이다.

Priceline partner sites

Hotel Room
Cheap Airfares
Agoda.com
Discount Flights
Cheap Rental Cars
Cheap Hotel Rooms
Cheap air travel
Travel Guides
Discount Hotels
Cheap Hotels
Booking.com
Cheap Vacation Packages
Discount Cruises
Cheap tickets
Cheap airplane tickets

일곱째, 모방의 용이성이다. 관광 · 환대서비스는 다른 기업 혹은 경쟁자가 쉽게 모방(copy)하여 제공할 수 있는 특성이 있다. 일반 제품은 특허권(特許權 : patent)이 있고, 생산과정에 대한 상세한 정보나 지식이 없으면 "복제"(replicate)할 수 없으나, 대부분의 관광상품 혹은 서비스는 특허권이 보장되어 있지 않기 때문에 다른 경쟁자들이 쉽게 모방할 수 있다. 관광상품은 모방이 용이하기 때문에 관광산업에서 'Fast Follower'가 등장하기 쉽다.

여덟째, 비수기 촉진 프로그램의 중요성이다. 관광산업은 성수기(peak season)와 비수기(off-peak) 간에 수요의 차이가 심한 산업 즉 계절성(seasonality)이 강한 산업적 특성이 있다. 일반 제품의 마케터는 고객의 수요(demand)가 발생하는 시점에 적극적으로 촉진활동을 한다. 반면 관광산업을 대표하는 여행업 상품기획자는 수요가 발생하기 전인 사전기획단계(planning stage)부터 항공사(권), 호텔과 협력 및 협상(negotiation)하여 상품을 개발, 가격결정, 유통, 그리고 촉진활동을 한다. 즉 소비자 일어나는 시점인 성수기(peak season)가 아닌 비수기(非需期)에 마케팅활동을 전개한다. 관광기업이 비수기 촉진 프로그램을 중시하는 이유로 다음과 같다.

- 호텔, 항공사 등 여행상품 구성요소 공급의 제한성(fixed supply)
- 구매시점과 참여 · 소비간 시간차(lag time)
- 관광 · 여행상품의 비저장성 / 소멸성(no storage)

3. 마케팅의 핵심 요소

마케팅의 기능과 역할을 파악하기 위해 마케팅을 구성하고 있는 마케팅 핵심 요소(core marketing concepts)를 이해할 필요가 있다. 마케팅 핵심 요소는 마케팅 정의를 보다 명확하게 설명하는 필요한 용어(terms)이다.

Kotler와 Keller(2009 : 52~55)는 마케팅 핵심 요소를 다음과 같이 제시하였다.

- 욕구와 욕망(needs and wants)
- 표적시장(target markets)
- 시장세분화(segmentation)
- 브랜드(brand)
- 마케팅 채널(marketing channel)
- 경쟁자(competition)
- 수요(demand)
- 포지셔닝(positioning)
- 상품, 서비스, 정보 그리고 체험(experience)
- 가치와 만족(value and satisfaction)
- 공급 체인(supply chain)
- 마케팅 환경(marketing environment)

이학식은 마케팅을 이해하기 위해서 관련 기본개념을 욕구(needs / wants), 가치(value), 제품(products) 혹은 제공물(offerings), 교환(exchange) 및 시장(market)에 대해서 이해해야 한다고 하였다(이학식, 2009 : 12~17). Kotler와 Bowen 등은 욕구, 욕망, 수요, 상품(제품), 고객가치, 고객만족, 품질, 교환, 거래, 관계 그리고 시장을 관광마케팅 핵심 개념에 포함시켰다(Kotler, Bowen & Makens, 2006 : 13~21). 본서는 여러 연구자들이 제시한 마케팅 핵심 개념을 다음과 같이 간략하게 기술하고 있다. 다음은 Kotler(2006) 등이 제시한 마케팅 핵심 개념(core marketing concepts)이다.

1) 욕구(needs & wants)

인간의 욕구(human needs)는 마케팅 연구와 접근에 필요한 기초적이고 반드시 필요한 개념이다. 인간의 욕구란 '결핍을 감지하는 상태'(state of felt deprivation)라 해석될 수 있다(Kotler, Bowen & Makens, 2006 : 14).

인간의 관광욕구(travel needs)는 우리가 삶을 영위하고 있는 사회(society)와 일상생활(everyday life)로 인해서 생긴다. 인간은 현재의 상태, 일하는 직장, 거주하고 있는 가정(집)에서 더 이상 행복함을 느끼지 못하고 있기 때문에 이 곳으로부터 벗어나려고 한다. 인간은 삶을 유지하기 위해서, 다시 말해서 생존(生存)하기 위해서 직장과 가정(집)의 무거운 의무나 부담으로부터 벗어나는 일시적인 '피난처'(refuge)가 절실히 필요하다. 즉 인간은 생존 목적으로 여행을 한다고 해석할 수 있다(Krippendorf, 1987 : intro. 2).

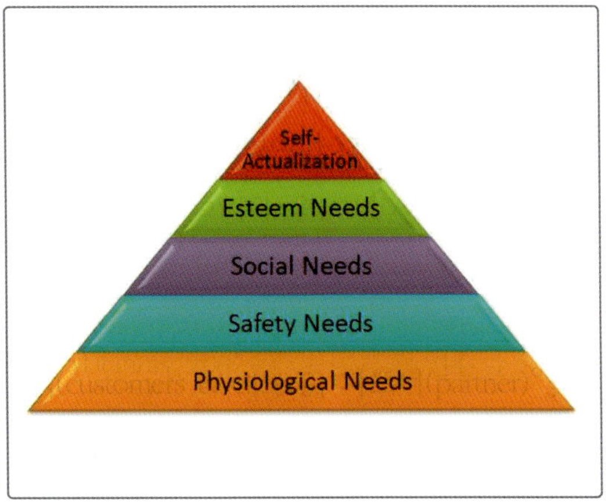

소비자행동 관점에서 보면 욕구(needs)와 동기(motivation)는 상호 관련성이 있으며, 욕구는 동기를 불러일으킨다. 가령, 인간은 생리적 욕구와 심리적 욕구를 충족시키기 위해 여행을 하기도 한다. 대부분의 경우 인간이 관관행동을 하는데 하나의 동기만 작용하는 것이 아니라 여러 동기(multiple)가 복합적으로 작용하는 것으로 알려져 있다(Kozak, 2002).

인간이 욕구를 충족시킬 목적으로 여행을 하는데, 이 욕구충족은 관광동기와 관련이 있다. 관광동기를 설명하는데 있어서 널리 활용되는 모델은 Abraham Maslow (1954)의 욕구발달 5단계이다.

Maslow의 욕구발달 5단계 모델은 "인간이 왜 관광(여행)을 하는가"라는 명제를 설명하는데 광범위하게 활용되는 이론의 하나이다. 아래 〈표 2-2〉는 Maslow의 욕구발달 5단계와 관광동기, 그리고 관련 관광상품 간의 관계를 구체적으로 보여 주고 있다(박시사, 2003 : 230).

〈표 2-2〉 Maslow 욕구발달 5단계와 관광동기 · 관광상품 관련성

욕구유형(needs)	동기(motives / motivators)	관광상품(tourism products)
자아실현욕구 (self-actualization needs)	• 자아발견 • 객관성 찾기 / 직업기회 모색 • 삶의 의미 찾기 • 정체성 찾기	• 성지순례 / 순례여행 • 창업여행 / work holiday • 배낭여행 / 제주도올레여행 • 한국인 백두산 · 금강산 여행
존경욕구 (esteem needs)	• 인정 / 존경 • 높은 평판 / 성공과시 • 과시적 소비 • 배타성 · 희귀성	• 해외골프여행 • 유람선여행 • 쇼핑여행 • 일등석항공여행
사랑 · 소속욕구 (love and belonging needs)	• 뿌리 찾기(root syndrome) • 향수와 그리움 • 결속과 유대감 형성 • 귀소본능	• 성지순례[6] • VFR / 모국(고향)방문여행 • 가족여행 / 인터넷동아리여행 • 참전용사여행
안전욕구 (safety needs)	• 안전과 편안함 추구 • 탈출욕구 • 보호 · 안위 • 여행을 위한 여행	• 패키지여행과 가이드서비스 • 동남아패키지여행(동계) • 호텔패키지(유명호텔) • 명절 때 해외여행(미혼)
생리적 욕구 (physiological needs)	• 휴식과 기분전환 • 건강 추구 • 미각 추구(food) • 쾌락추구	• 리조트여행(Club Med.) • 온천여행 / 휴양지 여행상품 • 식도락여행 / 와인여행 • 섹스관광

출처 : 박시사(2003), 관광소비자행동론, 230쪽, 수정보완 작성

6) 인류학자인 Turnbuul(1981)은 관광객이 추구하는 편익(benefits)을 기준으로 관광객을 유형화하였다.

Maslow의 욕구 이외에 '실용적 욕구'(utilitarian needs)와 쾌락적 욕구(hedonic needs)로 구분하는 학자도 있다. 실용적 욕구(實用的 欲求)는 상품과 서비스로부터 실제적인 편익(benefits)을 추구한다. 가령, 실용적 욕구는 상품의 경제성(economy), 내구성(durability), 따뜻함(warmth)과 같은 상품의 속성과 관련성이 있다. 반면, 쾌락적 욕구(快樂的 欲求)는 우선 상품으로부터 쾌락(pleasure)을 추구한다. 소비자는 이성(rational)에 바탕을 둔 실용적 욕구와 감성(emotional)에 의존하는 쾌락적 욕구를 이용하여 상품과 브랜드를 평가하여 구매의사결정을 한다(Assael, 2004 : 35).

2) 수요(demand)

관광수요는 학자들에 따라 다르게 정의를 내리고 있다. 가령, 경제학자는 소비자가 특정 시점에 구체적인 가격으로 구매하려고 하려는 의향이 있거나 실재로 구매할 수 있는 제품과 서비스의 양(amount)을 수요로 정의한다. 반면, 심리학자는 수요를 동기(motivation)와 행동(behavior)이라고 생각한다. 마지막으로 지리학자들은 관광수요(tourist demand)를 일상생활을 벗어난 곳에서 관광을 하면서 관광시설과 서비스를 이용하는 '사람들의 수'(total number of persons)이라고 한다. 통상 관광수요는 (1) 유효수요, (2) 억제수요, (3) 비수요 3가지 유형으로 나눈다(Cooper, Fletcher et al., 1993 : 15-16).

마케터는 욕구(need)를 창출하는 것이 아니라 수요(demand)를 창출하는 역할을 한다. 수요란 특정 제품 혹은 서비스를 구매하려는 '의향'(willingness)으로 해석될 수 있다.[7] 수요는 욕구(need)와 동기(motive)에 의해서 발생한다(Hawkins, Mothers- baugh & Best, 2007 : 372). 마케터는 소비자의 욕구를 파악하여, 좋은 상품을 개발, 가격을 책정, 그리고 그 상품을 효과적으로 촉진하는 것이다.

마케팅은 고객의 수요(demand)를 관리하는 기술이자 과학으로 보는 시각이 있다. 수요가 다양하듯이 마케팅 임무도 다양하게 거론될 수 있다. Bowie와 Buttle(2004)는 8가지 수요와 이에 대응하는 마케팅 임무를 다음 〈표 2-3〉과 같이 제시하였다(Bowie & Buttle, 2004: 6).

Turnbull에 의하면 성지순례객은 소속욕구(sense of belongings)를 추구하려고 종교 관련 유적지(religious heritage)로 여행을 간다. 반면 순수 관광객(tourist)은 '쾌락적 목적'(hedonistic purposes)을 추구할 목적으로 여행을 한다(Fleisscher, 2000).

7) Demand is the willingness to buy a particular product or service.

〈표 2-3〉 8가지 수요와 마케팅 임무

수요 범주화(category of demand)	마케팅 임무(marketing task)
negative demand (역수요)	encourage demand(수요촉진 및 장려)
no demand (비수요)	create demand(수요창조)
latent demand(잠재수요)	develop demand(수요개발)
falling demand (감축수요)	revitalize demand(수요부활)
irregular demand(불규칙수요)	synchronize demand(수요 동시화)
full demand(최대수요)	maintain demand(수요유지)
overfull demand(과수요)	reduce demand(수요억제)
unwholesome demand(불건전수요)	destroy demand(수요파괴)

인간은 거의 무제한 욕망(wants)을 갖고 있지만 제한된 자원(resources)을 소유하고 있다. 따라서 인간은 지급한 돈에 상응하는 만족을 누리가 위해 상품과 서비스를 선택한다. 인간이 구매력(buying power)을 갖춘 욕망은 수요(需要 : demand)로 전환될 수 있다(Kotler, Bowen & Makens, 2006 : 15).

관광마케터는 공급과 수요(supply & demand)를 '조화'(match) 혹은 '균형'(balance)을 맞추려는 다양한 시도를 한다. 하지만 관광산업은 시간에 따라 수요의 차이(variations)를 보인다.

- 일간 수요차이(daily variations in demand)
- 주간 수요차이(weekly variations in demand)
- 계절별 수요차이(seasonal variations in demand)
- 장기적 수요차이(long-term variations in demand)

대부분의 관광산업 경영관리자 혹은 마케터는 제한된 '수용력'(capacity)의 환경하에서 기업을 운영한다. 즉 공급(supply)은 변동성이 없고(fixed), 공급이 신속하게 늘어날 수 없는 환경에서 상품을 개발하고, 판매해야 한다. 따라서 마케터의 관심사는 바로 수요(demand)를 최적화시키는데 중점을 둔다. 관광마케터가 직면하게 되는 상황은 크게 1) 공급이 수요를 초과하는 경우(when supply exceeds demand), 2) 수요가 공급을 초과하는 경우(when demand exceeds supply)가 있다. 마케터는 수요와 공급간 존재하는 불균형(imbalances)을 해소시키기 위해서 전략을 채택한다. 다음 [그림 2-3]은 Weaver와 Lawton(2002)

이 제시한 관광기업의 수요와 공급의 '조화' 혹은 '균형'전략이다(Weaver & Lawton, 2002 : 209-213).

[그림 2-3] 수요와 공급의 불균형과 기업의 전략

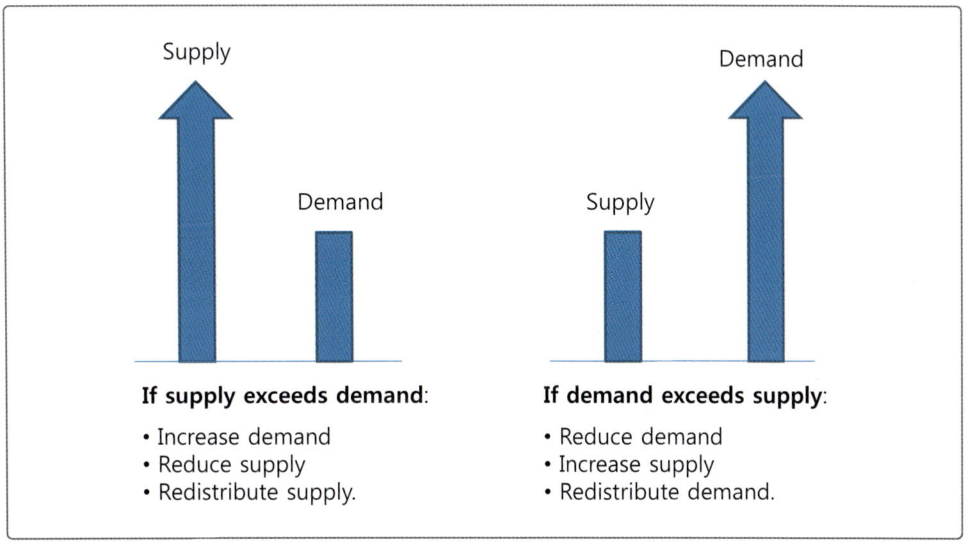

출처 : Weaver & Lawton(2002), Tourism Management, p.212.

인간이 여행에 참가하고 싶은 욕망이 있어도 능력(ability)이 수반되지 않으면 관광수요는 창출되지 않는다. 관광수요에 영향을 미치는 결정인자(determinants)는 다음과 같다(Cooper, Fletcher, Gilbert & Wanhill, 1998: 40-46).

- 소득수준(income)
- 고용상태 및 고용환경(employment)
- 유급휴가 유무(paid holiday entitlement)
- 교육수준(education)
- 이동성 및 교통수단(mobility)
- 인종과 성별(race and gender)
- 생애주기(life cycle)

위의 7가지 요인은 잠재수요(latent demand)를 유효수요(effective demand)로 전화시키는 긍정적인 변수이다. 반면에 고객이 관광을 할 욕구가 있을지라도 다음과 같은 장애요인 즉 수요억제요인이 작용하면 관광객의 잠재수요가 실제수요(actual demand)로 전환되지 못한다. 이를 관광억제요인(travel barriers)이라 말한다.

관광수요억제요인으로 (1) 시간(time), (2) 돈(money), (3) 직장 · 일(job & work), (4) 건강(health limitation) (5) 정부규제(government regulation), (6) 두려움 · 안전(fear & safety), (7) 정보 · 지식(information & Knowledge), (8) 가족규모(family size), (9) 사회적 규제(social sanctions) 등을 들 수 있다(Seth, 1985 : 16)

Ryan(1991)은 관광수요 결정인자(determinants)를 크게 1) 경제적 결정인자, 2) 사회적 결정인자, 3) 심리적 결정인자로 나누어 설명하였다. Ryan이 제시한 관광수요에 영향을 미치는 구체적인 결정인자는 다음과 같다(Ryan, 1991 : 6-29).

경제적 결정인자(economic determinants of demand)

- 총소득(total income)
- 가처분소득(discretionary income)
- 여행비용(cost of travel)
- 관광산업 경제구조(economic structure of tourism industry)
- 출발지 · 목적지 인플레이션(inflation)
- 환율(rates of exchange)

사회적 결정인자(social determinants of demand)

- 관광과 노동시간비율(tourism / work ratio)
- 관광과 여가시간비율(tourism / leisure ratio)
- 보상 · 상쇄(compensation & trade-off)[8)]

심리적 결정인자(psychological determinants of demand)

- 탈출동기(escape motivation)
- 육체적 · 정신적 회복(relaxation)
- 즐거움과 쾌락추구 놀이(play)
- 가족간 결속강화(strengthening family bond)
- 지위 · 사회적 인정(prestige)

8) The compensation hypothesis, where holidays and leisure compensate for the boredom or troubles of everyday life. The compensation hypothesis argues that leisure is the means by which people compensate for the deficiencies in their work and habitat. The trade-off hypothesis, where people choose work and leisure time. From trade-off viewpoint there is an inverse relationship between work and leisure time.

- 사회적 상호작용(social interaction)
- 섹스 기회제공(sexual opportunity)
- 교육기회 제공(educational opportunity)
- 자아실현기회 제공(self-fulfillment)
- 소원 · 꿈 실현(wish fulfillment)
- 쇼핑(shopping)

Page(2001)등은 Bull(1995), Debbage(1998), Mathieson & Wall(1982), Tribe(1995)의 연구를 종합하여 관광수요에 영향을 주는 결정인자(determinant)를 크게 3가지로 나누어 제시하였다(Page, 2001 : 47).

경제적 결정인자(economic determinants)

- 개인 소득수준(personal income)
- 소득분배(distribution of incomes)
- 관광상품 비용 / 원가(cost of tourism products)
- 관광교통비용(cost of transportation)
- 자국의 화폐가치(value of currency / exchange)
- 정부의 세금정책(government tax policies)
- 정부의 관광소비 통제제도(controls of tourist spending)

사회 · 심리적 결정인자(socio-psychological determinants)

- 인구통계적 변수(demographic factors)
- 동기(motivations)
- 선호도(preferences)
- 태도(attitude)
- 여가시간(amount of leisure time)
- 과거 여행경험(past experience)
- 문화적 인식과 이해(cultural awareness)

외생적 결정인자(exogenous determinants)

- 관광상품의 공급상황(supply of products)
- 정치 · 경제적 안정(political / economic stability)
- 기술발전(technological advances)
- 접근성(access)
- 관광개발 수준(level of tourism development)
- 관광장애요인(barrier of travel)

3) 시장(market)

(1) 시장의 개념

시장(市場)이란 특정한 재화나 서비스를 사고파는 사람들의 모임을 말한다. 수요와 공급은 시장에서 사람들이 상호작용하는 행위를 말하며, 소비자들은 집단적으로 재화나 서비스에 대한 수요(demand)를 결정하고 판매자들은 공급을 결정한다(김경환 · 김종석, 2006 : 76). 시장은 유사한 욕구와 욕망이 있고, 욕망과 욕구를 충족시킬 수 있는 돈(money)을 갖고 있는 집단이다(Burke & Resnick, 1991 : 3). 시장이란 시스템(systems), 제도(institutions), 과정 · 절차(procedures), 관계(social relations), 그리고 기반시설(infrastructures)이 결합된 것이며, 시장에서 당사자들이 교환행위(exchange)를 한다. 여기서 말하는 당사자란 판매자와 구매자를 뜻한다.

초기 시장(market)의 개념은 생산자와 구매자가 만나는 장소(meeting place)로부터 비롯되었다. 이러한 개념에 충실한 시장도 오늘날 존재하기는 하지만, 현대사회의 시장은 그 범위가 넓고 크게 확대되었다. 시장의 개념에서 아직도 공통이익(common interest)을 갖고 있는 구매자와 판매자를 함께 연결시키고 묶어주는 핵심 원칙은 변함이 없다. 이는 시장이 수행하는 역할과 관련이 있다. 오늘날 시장개념은 유사한 욕구가 있는 집단(소비자; consumers)과 이들의 욕구를 경쟁자들(competitors)보다 높은 수준으로 충족시키려는 기업(company)에 뿌리는 두고 있다(Bowie & Buttle, 2002 : 4).

(2) 시장의 유형

우리는 특정 상품을 찾는 개별 고객(individual customer)을 통상 '소비자'(consumer)라고 부르며, 소비자집단을 '시장'(market)이라 일컫는다. 시장이란 특정 상품을 찾는 소비자들의 집단(group of consumers)으로 정의될 수 있다. 마케터가 시장을 정확하게 정의하는 것은 소비자행동을 이해하는 데 중요하다. 왜냐하면 마케터는 시장에 대한 올바른 이해를 바탕으로 소비자의 욕구와 욕망을 충족시키는 마케팅 대응(marketing response)을 할 수 있기 때문이다(Holloway & Plant, 1988: 87).

개별시장을 〈consumer market〉이라 칭하기도 하며, 개별시장은 개인의 소비를 목적으로 상품과 서비스를 구매하는 〈individual market〉과 〈household market〉 즉 개인시장과 가계(가족) 시장으로 이루어져 있다. 반면, 기업시장(business market)은 기업이 직접 소비할 목적으로 상품과 서비스를 구매하거나 재판매(reselling) 혹은 대여(renting)할 목적으로 상품과 서비스를 구매하는 기업 혹은 조직을 말한다.

시장이란 구매자와 판매자에게 상품, 서비스 그리고 정보를 교환하게 해주는 공간 혹은 구조이다. 시장이란 어떤 제품·상품에 대한 실제적 혹은 잠재적 구매자의 집합을 말하며, 시장은 유사한 욕구, 욕망, 그리고 화폐를 갖고 있는 일련의 사람들로 구성되어 있다(김성혁, 1994 : 26). 시장은 특정 제품·상품 혹은 서비스 판매자가 구매자를 만날 수 있는 장소이며, 거래(transaction)가 발생하는 장소이다. 구매자는 무언가를 획득하는데, 교환을 통해서 이루어지며, 교환과정을 거래라 한다. 시장을 마케팅 관점에서 보면 아래 [그림 2-4]와 같이 범주화 될 수 있다(www.netmba.com).

[그림 2-4] 시장개념 다이어그램

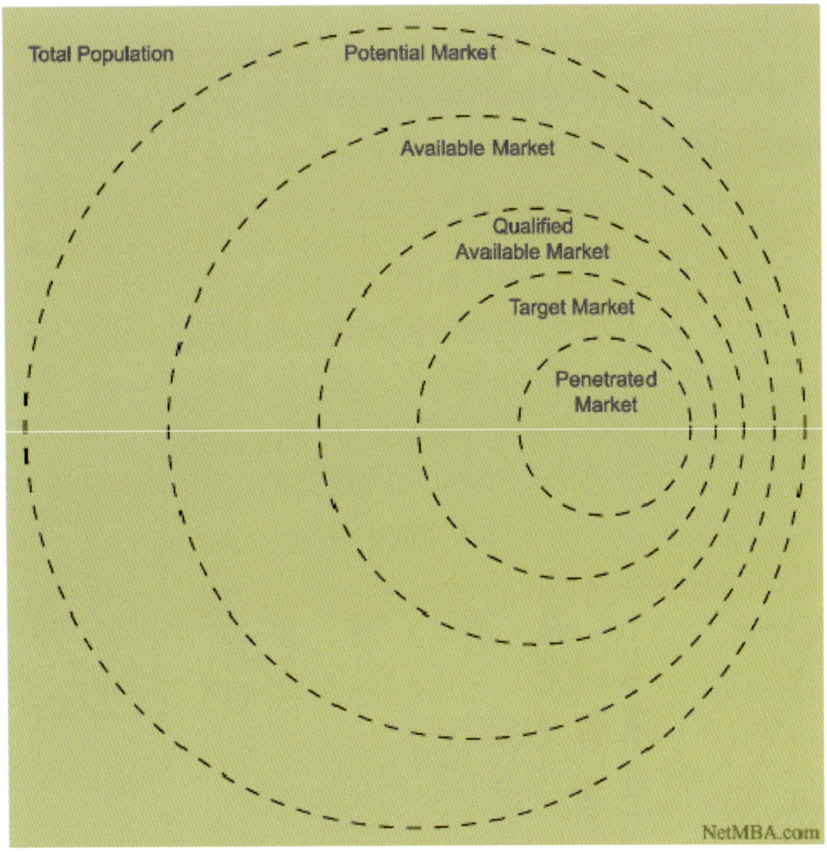

출처 : http://www.netmba.com/market definition conceptual diagram

- 잠재시장(potential market) : 상품획득에 관심을 보이는 사람들.
- 구매가능시장(available market) : 잠재시장에 속하는 사람들로 구성되어 있고 상품을 구매할 수 있는 충분한 돈이 있는 사람들.
- 유자격 구매가능시장(qualified available market) : 구매가능시장에 속하는 집단이면서 상품을 구매하는 데 법적인 제약이나 하자(瑕疵)가 없는 사람들.
- 표적시장(target market) : 기업이 상품과 서비스를 판매하려고 결정한 유자격 구매가능시장의 세분시장.
- 진입 · 침투시장(penetrated market) : 상품을 이미 구매한 경험이 있는 표적시장내에 있는 사람들.

시장이란 거래(transaction)가 발전하면서 등장한 개념이다. 시장은 실구매자와 잠재구매자가 판매자와 거래를 하는 장소 혹은 공간으로 해석할 수 있다. 초기의 시장개념은 구매자와 판매자가 제품을 교환(exchange)하기 위해서 모인 '물리적 공간'(physical location)이었다(Kotler, Bowen & Makens, 2006: 17).

(3) 여행 · 관광시장의 발전요인

Coltman(1989)은 여행 · 관광시장의 성장과 발전을 촉진시킨 요인으로 다음과 같이 제시하였다(Coltman, 1989: 19-24).

- 대중관광의 도래(start of mass travel)
- 교통수단 발달 및 이동성 증대(mobility)
- 인구증가(population trends)
- 가처분소득 증대(increasing disposable income)
- 여성의 사회적 참여증대(working woman)
- 상대적 여행비용의 감소(declining relatives costs of travel)
- 높은 교육수준(higher education levels)
- 생산직 근로자의 높은 여행참여 기회(occupation)
- 인구구조변화(changing demographics)
- 청소년시장 증대(youth market)
- 도시화증대(increasing urbanization of society)
- 사회보장제도(growth of government security programs)
- 라이프스타일 변화(changing lifestyles)
- 국가간 교역 및 사업 늘어남(growth of business)
- 단기 · 다빈도 휴가증대(increase of short holidays)

여행시장의 발전은 해외휴가여행(overseas holidataking)의 대중화와 맥을 같이 하는데, 유럽에서 초기 여행시장이 성장하고 발전하는데 있어서 수요자 요소(demand factors)와 공급자 요소(supply factors)가 영향을 미쳤다(Laws, 1997: 3-4).

수요자 요소(demand factors)

- 생활수준 향상(increase in standards of living the countries of tourist origin)
- 목적지에 대한 인지 및 정보 증대(increased awareness of destinations)
- 라이프스타일 변화(lifestyles change)
- 인구통계적 변화(demographic changes)

공급자 요소(supply factors)

- 관광교통 발달(technological developments in transport)
- 통신기술 발달(development in telecommunications)
- 인터넷과 모바일(infernet & mobile)
- 관광개업창업자의 창의성(tourism entrepreneurs' creativity)
- 관광인프라투자(investment in tourism infrastructure)

(4) 여행 · 관광 수요의 변화와 새로운 시장

여행 · 관광 시장은 변화를 겪고 있으며, 이러한 변화는 1) 새로운 형태의 관광상품 수요, 2) 관광객의 관광상품 구매 방법, 3) 새롭게 등장하는 아웃바운드 시장 등에 나타고 있다. 관광 마케터는 이러한 변화를 받아들여 수요에 대응하고 새로운 세분시장에 맞는 전략

- 새로운 패키지여행(the all-inclusive vacation concept)
- 어린이 휴가여행(children's holidays)
- 허니문 여행(the international wedding market)
- 대중문화 관련 SIT 여행(visiting sites associated with popular culture)
- 저비용 크루즈 여행(budget cruising)
- 저가항공여행(no-frills airline travel)
- 고객직접예약 증가(the direct booking phenomenon)
- 부부여행 증가(the couples-only market)
- 건강목적 여행(travel for one's health)
- 생태, 친환경 여행(the eco-tourist)
- 아시아 아웃바운드 여행(outbound tourism from Asian countries)

을 수립하고 실행해야한다. 다음은 새로운 시장으로 떠오르는 세분시장이다(Swarbrooke & Horner, 1999: 225-235).

(5) 관광시장

관광은 레크리에이션, 여가(관광) 혹은 사업목적으로 여행하는 것을 일컫는다. 관광은 이제 인간이 선호하는 여가활동(leasure activity)이 되었다. 전 세계 관광산업의 지속적인 성장과 다양화(diversification)를 겪으면서 세계경제 여러 분야 중에서 가장 성장속도가 빠른 산업으로 자리매김하였다. 오늘날 관광산업이 창출해내는 사업매출액(business volume)은 석유산업, 식품산업(food products), 자동차산업(automobiles)과 비슷하거나 능가하는 수준이 되었다. 이제 관광산업은 국제통상(international commerce)에서 중요한 한 축을 차지하고 있고, 특히 개발도상국의 중요한 수익원이 되었다. UNWTO의 연구보고서는 2020년에 국제관광객(international arrivals)이 15억명 이상이 될 것으로 예측했다(www.unwto.org).

4) 포지셔닝(positioning)

마케팅에서 포지셔닝은 마케터가 자사의 상품(product), 브랜드(brand), 기업자체(organization)를 표적시장(target market)의 고객의 마음속에 이미지(image)와 '아이덴티티'(identity)를 형성시켜주는 과정(process)이라 정의할 수 있다. 포지셔닝(positioning)은 구매자에게 자사의 상품과 서비스의 '아이덴티티'(identity)를 심어주는데 도움을 준다. 자사의 상품 혹은 서비스를 경쟁자의 상품과 서비스와 차별화시키는 방법은 바로 포지셔닝을 통해서 가능하다.

5) 시장세분화(segmentation)

시장세분화는 기업이 하나의 시장을 서로 다른 둘 또는 그 이상의 하위집단(subgroup)으로 분할시키는 것을 말한다. 이러한 기업이 세분시장으로 분할(分割)을 하는 목적은 고객들과의 효과성(effectiveness)과 효율성(efficiency)을 향상시키기 위해서이다. 기업은 한정된 자원을 이용하여 수익을 극대화시키길 원하기 때문에 시장세분화가 필요하다. 마케터가 시장세분화를 할 때 기업(company)의 자원, 고객(customer)의 변화, 그리고 경쟁자(competition) 이른바 '3C'가 주요한 요소로 고려된다(김충환 · 오세조, 1993 : 254).

시장은 지리적(geographic), 인구통계적(demographic), 사이코그래픽(psychographic) 그리고 행동(behavioral) 변수에 의해서 세분화될 수 있다(Kotler, Bowen & Makens, 2006: 263-276).

Geographic variables

- Region
- Density(population)
- City or metro size
- Climate

호주 New South Wales주를 방문하는 주요 국가별 시장(2010)을 보면 다음과 같다.

- 영국(the United Kingdom) : 12.6%
- 중국(China) : 9.9%
- 한국(Korea) : 5.7%
- 독일(Germany) : 3.6%
- 뉴질랜드(New Zealand) : 13.8%
- 미국(United States of America) : 10.5%
- 일본(Japan) : 5.4%
- 기타(Other) : 38.8%

Demographic variables

- Age
- Race
- Income
- Family life cycle
- Education
- Gender
- Nationality
- Family size
- Occupation

Psychographic variables

- Social class
- Personality
- Lifestyle

Behavioral variables

- Occasions(regular / special)
- Benefits sought(quality / service / economy / speed)
- User status(nonusers, ex-users / potential users / first-time users / regular users)
- Usage rate(light user / medium user / heavy user)
- Loyalty status(none / medium / strong / absolute)
- Readiness stage(unaware / aware / informed / interested / desirous / intending to buy)
- Attitude toward product(enthusiastic / positive / indifferent / negative / hostile)

6) 상품, 서비스, 그리고 정보

(1) 제품·상품

상품(商品 : product)이란 '사고파는 물품', '장사로 파는 물건', '매매를 목적으로 하는 재화(財貨)', '상거래를 목적으로 하는 물건' 등의 사전적 개념이 있다. 혹자는 상품은 욕구(need) 혹은 욕망(want) 충족시키기 위해서 시장(market)에 제공된 제조과정(manufacturing process)을 거친 최종결과물(end results)이라 정의하기도 한다.

관광상품은 패키지투어, 특급호텔, B & B 호텔, 배낭여행 전문 리조트, 시드니 오페라하우스(Sydney Opera House), 축제, 박물관, 수족관, 동물원 등 다양한 형태(shape)와 규모(size)를 보인다. 관광상품은 그 폭이 넓고, 형태가 다양하여 정확하게 정의를 하는 것은 쉽지 않다.

(2) 서비스

사전적 의미의 서비스란 한마디로 '경제활동'(economic activity)으로 정의될 수 있다. 제품과 달리 서비스는 무형성(intangible), 비저장성(not stored), 소유권의 부재(with no ownership), 생산과 소비의 동시성 등의 특성이 있다.

서비스 품질에 대한 고객의 지각은 매우 중요하며, 고객의 지각은 관광기업의 성공과 실패를 결정한다. Parasuraman 등(1985)은 서비스 품질을 결정하는 요인으로 다음과 같이 5가지를 제시하였다(Caro & Garcia, 2008 : 706-720).

- 신뢰성(reliability)
- 대응성 / 반응성(responsiveness)
- 무형성(intangibility)
- 보장성 / 예측가능성(assurance)
- 공감(empathy)

(3) 정보

정보(情報 : information)의 사전적 정의는 "관찰이나 측정을 통하여 수집한 자료를 실제 문제해결에 도움이 될 수 있도록 분류하여 정리한 지식"을 일컫는다. 정보의 개념은 소통(communication), 통제(control), 형태(form), 지시(instruction), 지식(knowledge), 의미(meaning), 지각(perception), 표시(representation) 등의 개념과 상호 관련성이 있다.

이경환(1996)은 정보란 "사용자에게 의미 있게 가공된 데이터로 현재 또는 미래의 행동이나 의사결정에 영향을 미치는 축적된 지식의 체계"라 정의하였다. Gorden(1996)은 정보란 불확실성(uncertainty)의 상대적 개념으로 정의하였다(박시사, 2003 : 253). 인간은 불확실성이 가져오는 위험(risk)을 감소시키기 위해서 정보를 획득한다. 소비자들이 직면하게 되는 위험은 다음과 같다(Hoyer & Macinnis, 2008 : 60-61).

- 금전적 위험(financial risk)
- 사회적 위험(social risk)
- 시간 위험(time risk)
- 신체적 위험(physical risk)
- 심리적 위험(psychological risk)
- 수행결과 위험(performance risk)

출처 : www.travel.com / 오늘날 관광기업 웹사이트는 다양한 여행정보를 제공할 뿐만 아니라 고객은 온라인상에서 직접 예약, 발권 등 거래를 하고 있다.

7) 브랜드(brand)

AMA(American Marketing Association)는 브랜드(brand)란 경쟁자와 차별화하고 다른 상품 · 서비스와 식별시켜주는 〈Name; 상품 및 회사명〉, 〈Sign; 사인〉, 〈Symbol; 상징〉, 〈Design; 디자인〉 혹은 여러 가지 〈Combination; 조합〉이라고 정의하였다. 브랜드는 독특한 개성 · 특성(personality)이 있어야 한다. 현대인은 아른바 브랜드 세계에 살고 있기 때문에 특정 브랜드를 사용하는 것 자체가 자신을 다른 사람에게 인정받게 하고, 심지어 존경받게 한다(Shimp, 2003: 31-33). Kotler 등도 AMA와 유사한 브랜드 정의[9]를 내리면서 브랜드 성립조건을 다음과 같이 5가지를 제시하였다(Kotler, Bowen & Makens, 2003: 313).

- 식별용이성(easy to identify)
- 가격대비 최대의 가치로 지각됨(perceived as the best value for money)
- 품질과 표준 유지(quality and standards)
- 동급·동질 상품과 비교해서 높은 수요(higher demand for general product class)
- 규모의 경제(economies of scale)

브랜드 이름, 로고와 함께 슬로건은 브랜드 아이덴티티를 형성하는 3개 요소이다. 브랜드 이름은 고객에게 상품에 대한 '핵심 아이덴티티'를 제공하고 브랜드 이미지 형성의 '원천'(anchor)이 될 수 있다. 브랜드 이름은 쉽게 바뀔 수 없다. 기업의 로고(logo)는 브랜드 이름, 디자인 등을 형상화한 것으로 고객이 상품 혹은 브랜드에 대한 인식을 빠르게 하기 위한 '시각적 단서'(visual cue)의 역할을 한다. 로고도 쉽게 바뀌지 않지만 상황에 따라 수정되거나 보완되기도 한다. 슬로건은 브랜드 아이덴티티를 형성하는데 큰 역할을 한다(Kohli et al., 2007).

[그림 2-5] 브랜드 아이덴티티 3대 요소

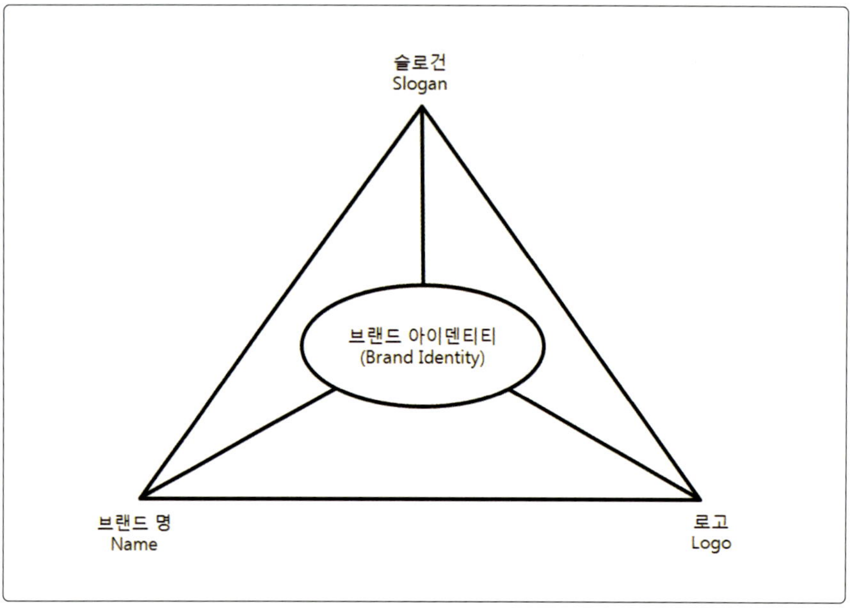

9) A brand is a name, term, sign, symbol, design, or combination of these elements that is intented to identify the goods or services of a seller and differentiate them from those of competitors. A brand name is the part of a brand that can be vocalized. Examples are ⟨Disneyland⟩, ⟨Hilton⟩, ⟨Club Med⟩, ⟨Hana Tour⟩, ⟨Mode Tour⟩.

모두투어 시그니춰

상하조합

모두투어 MODE TOUR　모두투어 MODE TOUR　모두투어　모두투어

세계적인 온라인여행기업인 Orbitz Worldwide는 혁신적인 기술을 이용하여 전세계 관광·비즈니스 여행객에게 다양한 여행상품을 제공하고 있다. Orbitz는 광범위한 브랜드 포트폴리오를 자랑하고 있다. 다음은 Orbitz가 구축한 브랜드이다(www.orbitz.com).

ebookers.com	HotelClub
RatesToGo	away.com
asia-hotels	ORBITZ FOR BUSINESS™

브랜드는 고객의 마음과 연관이 있으며 상품이 표출하는 상품특성(product characteristics)이다. 광고는 고객에게 브랜드의 이미지를 심어주는데 큰 영향을 미친다. 브랜드의 성공에 영향을 미치는 것은 바로 상품에 대한 고객의 체험이다. 특정 상품이 갖는 브랜드의 이점(advantage)은 다음과 같다(Hsu & Powers, 2002: 179-181).

- 이미지 향상(enhancement of image)
- 경쟁으로부터 보호받음(protection from competition)
- 규모의 경제 누림 (economies of scale)
- 시장세분화의 용이성(facilitating market segmentation)
- 신상품 도입이 쉬움(easing introduction of new products)
- 브랜드가치 형성(building brand equity)[10]
- 브랜드충성도 생김(building brand loyalty)

10) Brand equity is the value that gradually builds up in a brand. Brand equity may be thought of as a reward

8) 가치와 만족(value and satisfaction)

(1) 가치의 개념화와 고객인지가치

마케팅에서 가치(價値 : value)란 통상 상품의 가치(value of product)를 지칭하며, 가치는 상품에 대한 소비자의 '정신적 평가'(mental estimation)를 뜻한다. 가치는 소비자가 기능 혹은 효용을 평가한 주관적 가치(subjective value)와, 편익과 비용(benefits & cost)을 토대로 평가하는 '관계적 가치'(relational value)로 대별될 수 있다. 관계적 가치를 방정식으로 표현하면 Value(가치) = Benefits(편익) / Cost(비용) 등식이 성립된다.

Showemaker(2007) 등은 마케터의 역할은 고객이 가능하면 더 많은 소비를 할 수 있도록 상품과 서비스에 대한 '가격가치'(price value)에 대한 지각(perception)을 높이는 데 있으며, 고객은 다음과 같은 가치에 관심을 갖는다고 하였다(Shoemaker, Lewis & Yesawich, 2007 : 383~385).

- 금전적 가치(financial value)
- 시간적 가치(temporal value)
- 체험 · 참여기회 가치(experiential value)
- 효용가치(functional value)11)
- 감정 · 정서적 가치(emotional value)
- 사회적 가치(social value)
- 신뢰가치(trust value)

'고객인지가치'(CPV : customer-perceived value)는 고객이 누리는 편익(benefit)과 소요되는 비용(cost)을 평가하여 생기는 차이(difference)에 의해서 결정된다. 즉 Benefits-Costs= CPV의 관계이다. 고객의 편익에 영향을 미치는 결정인자(determinants)는 상품편익(product benefits), 서비스편익(service benefits), 서비스제공자편익 즉 종사원편익(personnel benefits), 그리고 이미지편익(image benefits)이 있으며, '고객의 총비용'(total customer cost)을 구성하는 결정인자로는 금전적 비용(monetary cost), 시간비용(time cost), 에너지 비용(energy cost), 심리적 비용(psychological cost)을 들 수 있다(Kotler & Kellor, 2009 : 161).

---

that accumulates for a company over time for satisfying customers. Superior advertizing and other marketing communications can help establish brand equity.

11) Functional value pertains to the belief that the product or service does what it is designed to do. The main components of functional value are reliability, assurance, tangibility, empathy, and responsiveness.

(2) 만족(satisfaction)

만족(satisfaction)이란 특정 상품서비스에 대한 기대치(expectation)와 자신이 인지하는 결과 / 연출(perceived performance)을 비교하여 개인의 즐거움(pleasure) 혹은 실망감(disappointment)을 느끼는 정도를 일컫는다. 만약 결과물이 기대치에 미치지 못하면, 고

[그림 2-6] Happy Customers + Happy Tourists

출처 : www.delhinezhu.com / www.davidrossiter.typepad.com / 인터넷 자료

객은 불만족스러워 한다. 반면 성과 즉 결과물(performance)이 고객의 기대에 부응하면, 고객은 만족한다. 또한 결과물이 기대를 초월하면, 고객은 대단이 만족 혹은 감격(delighted)한다(Kotler & Keller, 2009 : 164). 관광객의 만족은 이론적으로 기대수준보다 지각된 체험이 높았을 때 얻어진다. 반면 관광객은 제공된 서비스와 상품수준이 기대수준을 충족시키지 못하면 불만족(不滿足)을 표출한다(박시사, 2003 : 69)

만족(滿足 : satisfaction)이란 사업체(business)에 의해서 제공되는 상품 및 서비스에 대해서 고객이 흡족(happy)해하는 정도(extents)를 일컫는다.

오늘날 관광기업은 고객만족을 위해 전사적 노력을 하고 있다. 전 세계 관광기업이 고객만족을 위한 마케팅활동이 그 예이다.

9) 마케팅 채널(marketing channel)

마케터는 표적시장(target market)에 접근 · 도달하기 위해 크게 3가지 유형의 마케팅채널(marketing channel)을 사용한다. 첫째, 커뮤니케이션채널이다. 기업 혹은 마케터는 커뮤니케이션채널를 활용하여 표적고객으로부터 메시지를 주고받는다. 신문, 잡지, 라디오, TV, 우편, 전화, 게시판, 포스터, CD, 오디오테이프, 그리고 인터넷이 이에 해당한다. 마케터는 유형재(physical product) 또는 서비스를 구매자 혹은 사용자를 위해 전시(display), 판매 그리고 전달하기 위해 유통채널(distribution channel)을 활용한다. 또한 마케터는 잠재고객과 거래를 행하기 위해 서비스채널(service channel)을 이용한다. 서비스채널이란 거래를 하는데 도움이 되는 기업 혹은 기관으로 창고(warehouse), 운송회사(transportation company), 은행(banks), 보험회사 등이다(Kotler & Keller, 2009 : 54).

마케팅채널은 정보, 촉진, 판매, 자금조달 그리고 위험공유(risk taking) 기능 등을 수행하며, 관광기업의 마케팅채널에서 중요한 역할을 하는 '중개업자'(intermediate)는 투어오퍼레이터(tour operator)의 지리적 한계를 극복시켜주고 시장도달범위(market coverage)를 증가시켜준다. 여행업에서 중요한 역할을 하는 마케팅채널은 다음과 같다(www.articlesbase.com).

마케팅채널 유형(marketing channel members)

- 여행도매업자(tour wholesalers)
- 여행소매업자(travel agent)
- 기업내 여행사업부(corporate travel manager)
- 인센티브여행 기획자(incentive travel planner)
- 컨소시엄(consortium)
- 프랜차이즈(franchizing)

관광산업은 다양한 유통채널(경로)을 갖고 있다. 관광산업의 독특한 유통경로를 잘 보여주고 있으며, 아래 [그림 2-7]은 국제관광의 전형적인 유통경로이다.

[그림 2-7] 국제관광의 유통경로

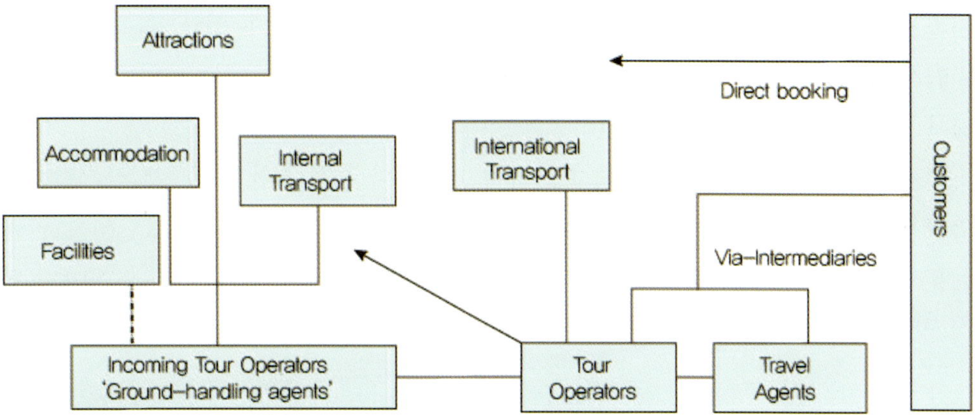

출처 : Meddleton(2009), Marketing in travel and tourism, p.281.

10) 관광공급체인(tourism supply chain)

공급체인(supply chain)이란 용어는 경제학에 기원을 두고 있으며, 상이한 사업들이 서비스(services), 상품과 제품을 공급할 목적으로 상호 계약관계(contractual relationships)를 형성하는 방법을 설명하는 학술용어로 사용되어 왔으며, 공급체인은 다양한 상품구성요소들이 서로 다른 지점에서 결합하여 하나의 상품으로 되는 과정과 방법으로 해석되기도 한다. 관광산업은 다양한 형태의 제품, 서비스 그리고 체험이 결합되어 소비되고 있으며 광범위한 공급업자로 구성되기 때문에 공급체인 개념이 최적으로 적용되는 분야이다(Page, 2009 : 128~130).

11) 경쟁자(competition)

경쟁자는 통상 실재경쟁자, 잠재경쟁자 그리고 대체재(substitute) 혹은 대체상품 제공자까지 포함한다. 가령, 한국의 특정 여행사가 일본 5박 6일 패키지여행(package tour)을 기획한다고 가정해보자. 여행사는 대한항공(KE)과 아시아나항공(OZ), 일본항공(JL), 유나이티드항공(UA) 등 국적항공사(national flags)와 외국항공사에 항공권 예약을 할 수 있다. 이 경우 항공사는 실재경쟁자(actual rival)이다. 만약 여행사가 인터넷을 이용하여 www.travelocity.com 혹은 www.expedia.com과 같은 외국 online 여행사에 항공권 예약을 하여 일본패키지여행을 기획한다면, 인터넷여행사(www)는 항공사의 잠재적 경쟁자가 될 수 있다. 또한 여행사가 항공기를 이용하지 않고 Ferry 혹은 Cruise를 이용하여 패키지상품을 기획한다면, Ferry와 Cruise는 항공사의 경쟁자가 될 수 있다. 여행사가 상품기획시 항공교통수단을 이용하지 않고, 해상교통수단을 이용한다면 Ferry와 Cruise는 항공사의 대체 경쟁자 혹은 대체재(substitute)이다.

마케터는 경쟁자에 관한 정보를 획득하여 평가하여 분석한다. 평가·분석된 정보는 경쟁전략을 수립하는 데 활용된다. 마케터들이 경쟁자분석(competitor analysis)을 위해 이용하는 정보원(source of information)은 다음과 같다(Coltman, 1989 : 164~165). 이 경우의 경쟁자는 협의의 개념이며, 동일업종 내(within trade) 경쟁자에 국한한 것이다.

- 경쟁기업 방문
- 업계지(trade journal)
- 경쟁자 마케팅전략 관찰(브로슈어, 가격정보 등)
- 각종 관련 전시회 및 박람회 참석
- 경쟁기업 담당자와 개인적 접촉(협회 모임)
- 경쟁자와 거래하는 공급업자의 의견
- 경쟁자의 광고를 실은 신문광고
- 경쟁기업에 종사했던 직원 채용
- 경쟁기업과 관계를 맺었던 고객과 대화
- 경쟁기업의 연차보고서(재무제표)

12) 마케팅 환경(marketing environment)

마케팅환경은 과업환경(task environment)과 거시환경(broad environment)으로 구성되어 있다.

과업환경(task environment)

- 공급업자(suppliers)
- 판매대리점(dealers)
- 자사(company)
- 유통업자(distributors)
- 표적고객(target customers)

거시환경(broad environment)

- 경제적 환경(economical environment)
- 인구통계적 환경(demographic environment)
- 물리적 환경(physical environment)
- 기술적 환경(technological environment)
- 정치 · 법률적 환경(political-legal environment)
- 사회 · 문화적 환경(social-cultural environment)

제2절 마케팅 개념의 발전과정

1. 마케팅 발전과정

마케팅의 개념은 생산중심(production-oriented)에서 판매중심의 마케팅으로, 그리고 소비자중심(customer-oriented)의 마케팅으로 발전되었다. 마케팅 개념이 도입된 것은 생산과 소비를 연결시켜주는 교환시장이 형성되면서부터다. 공동생산, 공동분배로 교환활동이 이루어지지 않은 경제적 자급자족 시대에는 마케팅 개념도 존재하지 않았다. 물물교환이 이루어지고 교환의 장소로서 시장(market)이 출현하면서 마케팅 개념이 도입되어 활용되었다. 마케팅 개념은 시대적인 상황과 소비자의 의식변화에 따라 변모되어 왔고, 단순한 판매개념을 넘어 다양한 소비자 욕구충족 활동이라는 개념으로 발전하게 되었다. 오늘날 기업경영의 관점이 과거 생산중심, 판매중심에서 시장중심, 고객중심으로 바뀌고 있다. 또한 마케팅 대상이 대중(mass)을 중심으로 하는 마케팅에서 개인(individual)을 중시하는 마케팅으로 발전하고 있다. 최근에는 정보시스템을 활용한 개별고객과의 신속한 양방향 커뮤니케이션(two-way communication)을 실현하는 데이터베이스마케팅(data base), 인터넷마케팅(internet marketing)으로 진화하고 있다(박시사, 2008 : 204).

[그림 2-8] 마케팅 발전단계

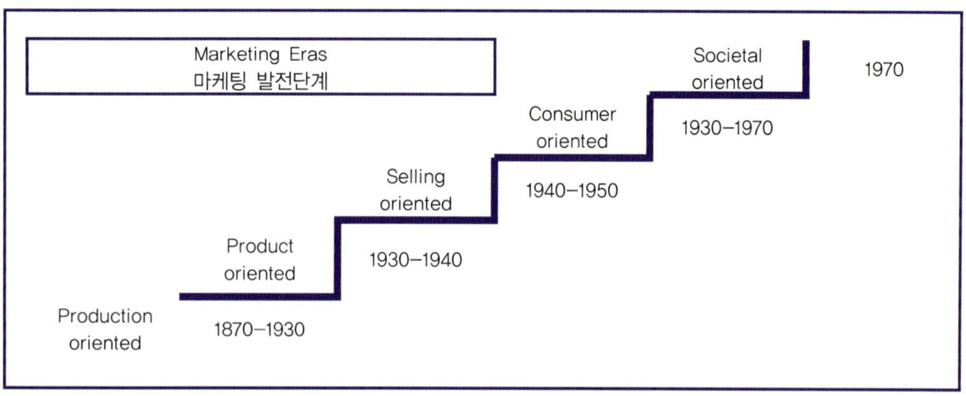

출처 : Tosun, Okumus & Fyall(2008), Tourism Management, 35(1), 재인용

- Production oriented : 미래 고객들이 제품과 서비스의 특성을 면밀하게 평가하기보다는 단순히 가용하며 자신이 감당할 수 있는 가격의 제품이라면 어느 것이든 선호할 것이라고 가정하면서 마케팅 노력을 대량생산을 통한 가격인하와 유통효율성의 개선에 중점을 두는 마케팅 콘셉트이다.
- Societal oriented : 현재 잠재고객들이 원하는 바가 항상 그들의 장기적인 복지나 사회복지와 항상 일치하지는 않으며, 그들은 현재 욕구충족과 장기적인 소비자 및 사회복지를 동시에 고려한다고 가정하여 마케팅 노력의 초점을 현재 소비자의 욕구충족뿐 아니라 장기적인 소비자 및 사회복지를 제공하도록 사회적으로 책임 있는 양식으로 행동하는 데 두는 마케팅 관리이념이다.

일반적으로 현대 마케팅 개념은 5단계를 거쳐서 진화 · 발전했다는 것이 널리 받아들여지고 있다. Vellas와 Becherel(1999)는 관광마케팅 진화 · 발전 단계를 다음과 같이 5단계로 나누어 설명하였다(Vellas & Becherel, 1999 : 25~26).

- 제1단계 : 상품 · 생산지향 마케팅(product-led marketing)
- 제2단계 : 판매지향 마케팅(sales-led marketing)
- 제3단계 : 고객지향 마케팅(consumer-led marketing)
- 제4단계 : 환경 · 사회 · 문화지향 마케팅(consumer-led marketing with environmental, social and cultural concerns)
- 제5단계 : 전략지향 마케팅(consumer-led marketing and strategic thinking)

1) 상품 · 생산지향 마케팅

상품 · 생산지향 마케팅은 시장의 욕구와 욕망충족보다 기업의 내부역량(internal capability)에 중점을 둔 마케팅 접근법이다(Lamb, Hair & McDaniel, 2009 : 5).

관광마케팅은 역사적으로 상품지향(product oriented / production-oriented)이였다. 가령, 호텔기업의 마케팅활동과 노력은 최고의 해변(the best beach), 최고의 객실(the best room), 가장 맛있는 음식(the best cuisine)을 제공하는 데 맞추어져 있다. 즉 마케팅 초점은 오직 상품 자체(product itself)에 맞추어져 있다. 상품지향 마케팅 단계에서 관광기업 혹은 관광목적지(destination)의 마케터는 최고의 상품만 제공하면 고객(tourist)은 자동적으로 상품을 구매하고, 특정 목적지를 방문한다고 가정한다. 하지만 상품지향 기업은 판매가 문제가 없는 조건에서만 성공할 수 있다. 상품지향 마케팅은 단지 'output'을 증대시키는 데 초점을 두고 있다.

[그림 2-9] 상품 · 생산지향마케팅의 전형인 예 Ford 자동차

Henry Ford: 'Any customer can have a car painted any color that he wants so long as it is black.'

출처 : www.my.opera.com / 인터넷 자료

최고의 상품(the best product)은 고객을 반드시 유치할 것이라는 믿음은 바로 상품지향 마케팅에 근간을 둔 접근법이다(G. Davidoff & S. Davidoff, 1994 : 166).

2) 판매지향 마케팅

마케팅의 초점이 상품을 판매하는데 맞추어져 있는 단계이다. 마케터는 관광객이 관광상품과 서비스를 구매하고, 관광목적지를 방문하도록 설득하는데 마케팅 노력을 기울인다. 판매지향 마케팅은 통상 시장에서 수요보다 공급이 많을 때 적용된다. 가령, 대중시장을 표적으로 하고 있는 관광목적지는 생존하기 위해서 '대량의 관광객'(volume)을 필요로 한다. 이러한 경우 관광목적지 마케터는 관광상품을 구매하는 관광객의 욕구를 반영하는 것보다 오히려 공급업자(producer)의 욕구충족에 초점을 맞춘다. 판매지향 마케팅은 공급이 수요를 초과했을 때 적용되는 기법이다.

소멸성(perishability)은 대표적인 관광상품의 고유한 특성 중의 하나이다. 판매되지 못한 호텔객실(room), 예약 · 발권되지 못한 항공좌석(airline tickets)은 저장(inventoried)되어 추후 판매될 수 없다. 즉 특정 시점에 판매되지 못한 관광상품 구성요소(components of tourist product)는 그 가치가 바로 소멸된다. 따라서 호텔과 항공사 마케터는 각각 호텔객실점유율(room occupancy)과 탑승률(load factor)을 높이기 위해 모든 마케팅 노력을 경주한다. 대부분의 관광산업 마케터는 관광상품의 고유 특성인 소멸성을 최소화시키고, 공급이 수요를 초과하는 비수기(low season or off season)를 타개하기 위해서 판매지향 마케팅 활동을 수행한다. 또한 판매지향 마케팅의 전형적인 사례로 패키지투어 'override commission'제도를 들 수 있다. 여행도매업자(tour operator 혹은 tour wholesaler)는 기획된 해외패키지투어의 모객률을 높여 출발하기 위해 소매여행사(travel agent)에게 3~5%의 추가 수수료를 주기도 한다. 이러한 override commission관행과 같은 인센티브제공은 판매를 장려하고, 모객률을 높이기 위한 여행사의 판매지향 마케팅활동이다. 또 다른

[그림 2-10] 판매지향 마케팅과 여행사 광고

자료 : 가격을 최대로 낮추어 패키지여행 모객률을 높이려는 여행사의 마케팅 노력. 북경베스트 할인가 179,000원이 파격적이다. 고객을 유혹하는 Big Sale, 2009 초저가 행진, 특가, 부담없는 가격, 할인상품가 등의 광고 카피(copy)가 눈에 들어온다. 여행사의 전형적인 판매지향 마케팅활동을 보여주고 있다.

예로 여행사는 특정 상품의 가격을 낮추어 모객률을 높이는 노력을 한다. 최근 여행사들은 자사가 개발한 상품을 파격가(discounted fare)로 제시하여 고객을 유치하려고 한다.

3) 고객지향 마케팅

고객지향이란 고객의 욕구와 만족을 기업의 우선순위에 두는 기업의 사고방식 혹은 철학이다. 고객지향과 상호 교환하여 사용되는 용어로 'market focus', 'customer focus', 'marketing focus' 등이 있다. 고객지향 마케팅은 고객의 욕구(needs) 충족에 마케팅의 초점을 두는 단계이다. 이를 마케팅 지향(marketing-oriented)이라 부르기도 한다. 여기서 강조점은 "고객 즉 관광객이 원하는 것을 기업(관광기업)이 제공할 수 있는가"이다. 이 단계에서 고객은 항상 마케팅의 중심에 있고, 마케터는 고객의 욕구와 욕망(needs & wants)을 파악하여 기대에 부응하기 위해서 다양한 기법(techniques)을 활용한다. 고객지향 마케팅의 주안점은 고객과 소통(communication)이며, 고객서비스(customer service)가 중요한 단계이다.

"고객은 왕이다(the customer is king)"라는 말은 상품기획, 상품 생산, 유통, 그리고 제반 마케팅활동이 모두 의사결정권자이며 최종 소비자인 고객에게 초점(focus)이 맞추어져야 함을 뜻한다.

[그림 2-11] Asiana Airlines 고객의 기대와 만족

출처 : flyasiana.com / 아시아나 항공의 고객만족 기업철학

4) 환경 · 사회 · 문화지향 마케팅

1992년 브라질 '리우데자네이루'(Rio de Janeiro)에서 개최된 회의는 지구의 자연자원

(natural resources)의 고갈을 부각시켰고, 미래 환경이 경제발전의 큰 위협으로 자리매김하고 있다고 의견을 모았다. Rio회의는 국가와 기업이 자원의 '지속가능성'(sustainability)을 확보시키는 행동강령과 선언(commitments)을 받아들여야 한다고 강력하게 권고했다. 환경, 사회, 그리고 문화에 대한 소비자주의(consumerism)[12)]가 부각되면서, 소비자들은 환경에 부정적인 영향을 주지 않는 상품을 구매한다. 관광산업은 환경 · 사회 · 문화가 서로 상호작용하는 특성이 있을 뿐만 아니라, 관광객은 생산의 한 과정이며, 생산과 소비가 동시에 이루어지는 상품특성이 있다. 이러한 관광산업의 특성과 관광상품의 특성으로 인해 관광객이 관광목적지에 있으면서 관광상품을 소비하기만 해도 자원과 환경에 악영향을 미칠 수 있다. 따라서 관광마케터는 새로운 소비자의 욕구에 대응하고, 그에 부응하는 상품개발, 이미지창출, 그리고 커뮤니케이션을 해야 한다.

이제 기업은 소비자만족을 넘어 사회복지(社會福祉 : social welfare)까지 고려하는 마케팅활동을 채택하여 실행해야 한다는 '사회적 마케팅'(social marketing)개념을 인식하고 받아들여야 한다. 다음 [그림 2-12]는 사회적 마케팅경영을 보여주고 있는데, 여기서 기업은 소비자만족(consumer satisfaction)을 통해 이윤(profit)을 추구하고, 사회에 기여하는 상품과 서비스를 제공하여 사회복지(social welfare)를 증진시키는 마케팅활동을 하여야 한다는 것이다(유필화 · 김용준 · 한상만, 2008 : 7).

[그림 2-12] 사회적 마케팅 틀

출처 : 유필화 외(2008), 현대 마케팅론 6판, 7쪽.

12) 소비자주의(consumerism)란 소비자의 기본적인 권리를 지키기 위하여 소비자가 전개하는 조직적인 운동의 기초적 이념을 말한다. 이를 바탕으로 소비자들은 조직화된 운동을 통하여 정부에 압력을 가하고 정부도 소비자의 권익을 보호하기 위해 소비자보호 관련법을 만들어 기업에 제약을 가한다. 대표적인 단체로 한국소비자연맹, 녹색소비자연맹, 소비자시민모임, 전국주부교실연합회 등이 있다(강재정, 2009 : 136).

[그림 2-12]에서 보는 바와 같이 사회적 마케팅은 소비자 만족, 회사의 이윤, 사회복지를 동시에 충족시키는 통합적인 마케팅이다. 사회적 마케팅은 기업의 사회적 책임(corporate social responsibility)과 직접적인 관련이 있고 기업의 지속가능한 발전(sustainable development)과 연계가 있다. 기업이 공익과 대중이 복지 및 웰빙(well-being)에 기여하는 사회적 마케팅을 수행하면, 기업은 자사 혹은 상품브랜드와 관련하여 다음과 같은 편익을 누린다(박시사, 2008 : 213~215).

- 브랜드 명성 증대(building brand equity)
- 브랜드 인지도 향상(brand awareness)
- 브랜드 공감 자극(evoking brand feelings)
- 브랜드 신뢰도 구축(establishing brand credibility)
- 브랜드 커뮤니티 형성(creating a sense of brand community)
- 브랜드 구매 유도(eliciting brand engagement)

국내 1위 하나투어는 〈기업의 사회적 가치를 키우고 희망과 꿈을 나누는 기업〉이라는 모토(motto) 아래 사회공헌사업을 하고 있다. 하나투어는 수익의 일정 부분을 "이웃사랑기금"으로 연중 적립하여 불우이웃돕기, 성금기탁, 장학금 등 다양한 사회적 마케팅을 수행한다. 하나투어는 2006년 미래관광산업을 이끌어갈 여행인재 육성사업의 일환으로 대학생 30명을 선발하여 중국 곤명(昆明)에서 상해(上海)에 이르는 배낭여행을 실시하였다. 참가자들은 배낭여행을 통해 더 넓은 세계를 경험하고 여행전문가의 꿈을 실현할 수 있다(www.hanatourcompany.com). 하나투어 사례는 여행사의 사회적 마케팅의 예이며, 기업의 사회적 책임(social responsibility)이자 사회공헌(social contribution)이기도 하다.

5) 전략지향 마케팅(consumer-led marketing and strategic thinking)

세계경제가 점차 글로벌화됨에 따라 관광기업과 관광목적지는 고객인 관광객의 욕구를 충족시키는 것만으로 충분하지 않다. 관광기업은 새로운 기회와 '틈새시장'(niches)을 찾고, 이종업계(other players)와 서로 협력을 해야 생존할 수 있고, 경쟁력을 확보할 수 있다. 즉 관광기업은 전략적 사고를 바탕으로 한 마케팅활동이 필요하다. 관광기업은 세계화된 시장에서 단순히 규모의 경제(economies of scale)보다 범위의 경제(economies of scope)를 추구해야 한다. 또한 관광기업은 새로운 기법과 기술을 이용하는 사고(strategic thinking)와 전략채택이 필요하다. 오늘날 관광마케팅의 핵심은 바로 최첨단 기술을 활용하여 글로벌 시장에서 경쟁력을 갖추는 것이다. 다음은 관광기업의 성공에 기여하는 요소들이다(Vellas & Becherel,1999 : 26)

- 전략적 사고(strategic thinking)
- 국제화(internationalization)
- 전략적 제휴(strategic alliance)
- 새로운 기술의 도입 및 활용(the use of new technologies)

6) 온라인 마케팅

온라인마케팅시대(online marketing era) : 1990년대 중반부터 디지털기술이이 급속하게 도입되어 이용되기 시작했다. 디지털기술은 새로운 마케팅시대를 가져왔다. 즉 인터넷을 이용한 온라인마케팅 시대가 도래했다. 특히 관광산업의 온라인마케팅 채택은 관광객이 정보를 획득하고 예약하는 방법에 있어서 획기적인 변화를 야기시켰다.

온라인 마케팅 기회요인(O : opportunity)

- 고객과 상호작용 증대 및 양방향성 정보유통
- 시장의 확대
- 협력 및 제휴의 증대
- 시간의 제약성 극복
- 지리적 한계를 없앰. 범세계적 판매망 구축 가능
- 일대일 마케팅, 이메일 마케팅 가능
- 비용절감 효과(저비용 거래, 저비용 정도전달)
- 다양한 사업모델 창출(C2B, B2B, M2M)

온라인 마케팅 위협요인(T : threat)

- 여행사의 중개인 역할 축소(탈중개인화 / dis-intermediary)
- 범세계적 무한경쟁에 노출
- 고객 혹은 경쟁자에게 정보 노출 위험
- 다른 업종의 여행업 진입 용이함
- IT 시스템 구축을 위한 투자필요
- on-line과 off-line 마케팅을 병행해야 하는 어려움
- 지나친 internet 이용으로 인한 인적 서비스 부재

[그림 2-13] 중국국제항공(AIR CHINA)의 e-mail 마케팅

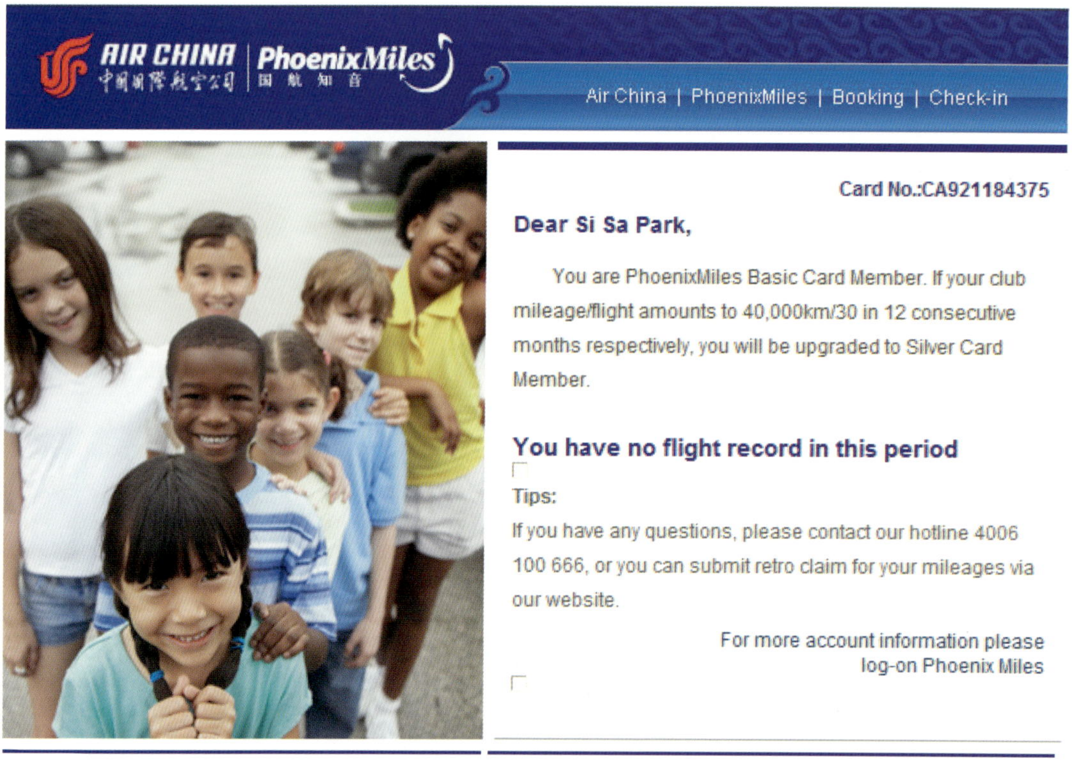

Card No.:CA921184375

Dear Si Sa Park,

You are PhoenixMiles Basic Card Member. If your club mileage/flight amounts to 40,000km/30 in 12 consecutive months respectively, you will be upgraded to Silver Card Member.

You have no flight record in this period

Tips:

If you have any questions, please contact our hotline 4006 100 666, or you can submit retro claim for your mileages via our website.

For more account information please log-on Phoenix Miles

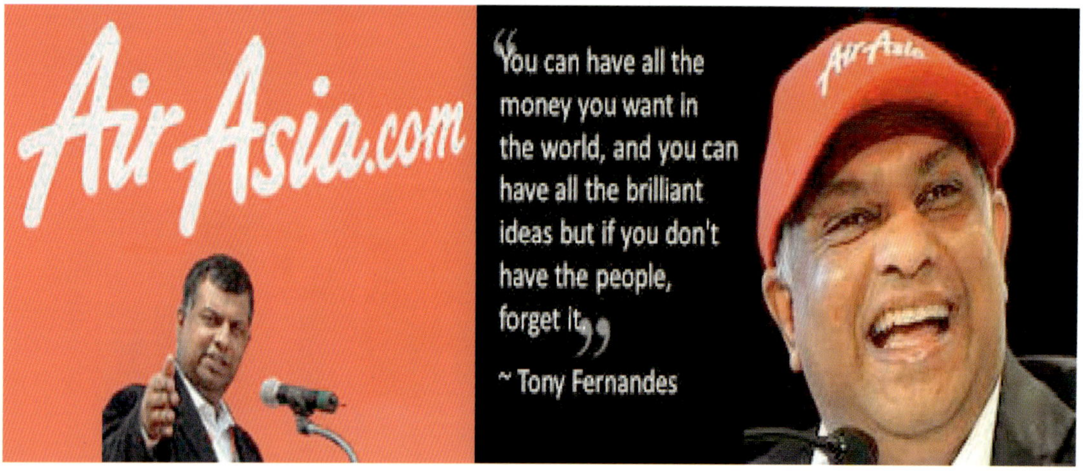

참고문헌

강재정(2009), 그린시대의 경영학, 형설출판사.
김경환 · 김종석 옮김(2006), 맨큐의 경제학, 교보문고.
박시사(2003), 관광소비자행동론, 대왕사.
박시사(2003), 여행업경영, 대왕사.
박시사(2003), 항공관광론, 백산출판사.
박시사(2018), 항공사경영론, 백산출판사.
박충환 · 오세조(1993), 시장지향적 마케팅관리, 박영사.
유필화 · 김용준 · 한상만(2008), 현대마케팅론 6판, 박영사.
이수동 · 박상준 · 김주영 · 이형재(2009), 전사적 관점의 마케팅 제3판, 학현사.
이유재(2007), 서비스 마케팅 제3판, 학현사.
이학식(2009), 마케팅 제2판, 범문사.

Adrian Palmer(1994), Principles of Service Marketing, McGraw-Hill Book Company.
Adrian Palmer(2009), Introduction to Marketing 2nd ed., Oxford University Press.
Alastair M. Morrison(2002), Hospitality and Travel Marketing 3rd ed., Delmar Thomson Learning.
Aliza Fleischer(2000), The tourist behind the pilgrim in the Holy Land, International Journal of Hospitality Management, Vol(19), 311-326. `
Cathy H.C. Hsu and Tom Powers(2002), Marketing Hospitality 3rd ed., John Wiley & Sons, Inc.
Charles R. Goeldner, J.R. Brent Ritchie and Robert W. McIntosh(2000), Tourism : Principles, Practices, Philoso
Charles W. Lamb, Joseph F. Hair and Carl McDaniel(2009), Essential of Marketing 6th ed., South-Western.
Chris Cooper, John Fletcher, David Gilbert and Stephen Wanhill(1993), Tourism : Principles and Practice, Pitman Publishing.
Christopher Lovelock and Lauren Wright(2002), Principles of Service Marketing and Management 2nd ed., Prentice Hall.
Dave Chaffey, Fiona Ellis-Chadwick, Richard Mayer and Kevin Johnston(2009), Internet Marketing 4th, ed., FT Prentice Hall.
David Bowie and Francis Buttle(2004), Hospitality Marketing, Elsevier Buttlerworth Heinemann.
David Weaver and Laura Lawton(2002), Tourism Management, John Wiley & Sons.

Del I. Hawkins, David L. Mothersbaugh and Roger J. Best(2007), Consumer Behavior 10th. ed. McGRaw · Hill International Edition.

Dimitrios Buhalis(2003), eTourism : Information Technology for Strategic Tourism Management, FT Prentice Hall.

Efrain Turban, David King et al.,(2002), Electronic Commerce 2002, Prentice Hall.

Francois Vellas and Lionel Becherel(1999), The International Marketing of Travel and Tourism, Macmillan Press ITD.

Henry Assael(2004), Consumer Behavior : A Strategic Approach, Houghton Mifflin Company.

J. C. Holloway & R.V. Plant(1988), Marketing for Tourism, Pitman.

James E. Burke and Barry P. Resnick(1991), Marketing & Selling the Travel Product, South-Western Publishing Co.

James F. Burke and Barry P. Resnick(1991), Marketing & Selling the Travel Product, South-Western Publishing.

Jost Krippendorf(1987), The Holiday Makers, Heinemann Professional Publishing.

Kark Albrecht and Ron Zemke(1985), Service America, Dow Jones-Irwin.

Laura Martinez Caro and Jose Antonio Martinez Garcia(2008), Developing a multidimentional and hierarchical service quality model for the travel agency, Tourism Management, Vol.29, 706-720.

Metik Kozak(2002), Comparative analysis of tourist motivations by nationality and destinations, Tourism Management, Vol.23, 221~232.

Michael M. Coltman(1989), Tourism Marketing, Van Nostrand Reinhold.

Norma Polovitz Nickerson(1996), Foundations of Tourism, Prentice Hall.

Paul. R. Dittmer(2002), Dimensions of the Hospitality Industry 3rd ed., John Wiley & Sons, Inc.

phies, 8th. ed., John Wiley & Sons, Inc.

Philip G. Davidoff and Doris S. Davidoff(1994), Sales and Marketing for Travel and Tourism 2nd ed., Prentice Hall Career & Technology.

Philip Kotler and Kevin Lane Keller(2009), Marketing Management 13th. ed., Pearson International Edition.

Philip Kotler(2003), Marketing Management 11th ed., Prentice Hall.

Philip Kotler, John T. Bowen and James C. Makens(2006), Marketing for Hospitality and Tourism 4th ed., Pearson Prentice Hall.

Pran Nath Seth(1985), Successful Tourism Management, Sterling Publishers Private Limited.

Roland T. Rust, Anthony J. Zahorik and Timothy L. Keiningham(1996), Servce Marketing, Harper Collins College Publishers.

Stephen J. Page(2009), Tourism Management 3rd ed., Elsevier Buttlerworth- Heinemann.

Stephen J. Page, Paul Brunt, Graham Busby and Jo Connell(2001), Tourism : A modern synthesis, Thomson Learning.

Stowe Shoemaker and Margaret Shaw(2008), Marketing Essentials in Hospitality and Tourism, Pearson Prentice Hall.

Stowe Shoemaker, Robert C. Lewis and Peter C. Yesawich(2007), Marketing Leadership in Hospitality and Tourism 4th ed. Pearson Prentice Hall.

Susan Horner and John Swarbrooke(1996), Marketing, Tourism, Hospitality and Leisure in Europe, International Thomson Business Press.

Valarie A Zeithaml, Mary Jo Bitner and Dwayne D. Gremler(2009), Service Marketing 5th ed., , Mcgraw Hill International.

Victor T. C. Middleto, Alan Fyall, Michael Morgan and Ashok Ranchhod(2009), Marketing in travel and tourism 4th. ed., Elsvier.

Wayne D. Hoyer and Doborah J. MacInnis(2008), Consumer Behavior 5th. ed., South-Western Cengage Learning.

Zheng Yi Shon, Fang Yuan Chen and Yu Hern Chang(2003), Airline e-commerce : the revolution in ticketing channels, Journal of Air Transport Management, Vol.9, 325-331.

제 3 장

관광마케팅 유형화

> Middle class equates money with stress.
> World class equates money with peace of mind.
>
> – Steve Siebold –

제1절 관광마케팅 유형화

1. 거래마케팅

사전적 의미의 거래(去來)란 주고받음 또는 사고파는 것을 뜻한다. 위키피디아 백과사전은 거래(transaction)를 합의, 커뮤니케이션 또는 이동으로 정의하고 있다. 이를 구체적으로 설명하면 거래는 동일하지 않은 대상과 객체간 정보, 제품, 서비스, 돈과 같은 항목의 가치교환을 포함한 합의, 커뮤니케이션 또는 이동이다.[1] 또한 "거래(transaction)란 판매자와 구매자 간의 가치교환이 일어나는 동안의 일시적인 사건(event)이다"라고 정의되기도 한다.

거래마케팅을 채택한 기업의 주요 관심사는 다음과 같다.

- 1회성 판매지향(focus on single sale)
- 상품의 속성을 중시(orientation product features)
- 단기적 안목(short timescale)
- 고객서비스 중요도 낮음(little emphasis on customer service)
- 고객기대 충족에 제한적 책임(limited customer commitment)
- 고객과 제한점 접촉(moderate customer contact)
- 품질은 생산직(자)의 관심사(quality is a primary concern of production)

2. 관계마케팅

1) 관계마케팅 개념화

Kerin(2007)은 관계마케팅은 "이해하기 쉽지만 실천하기 어렵다"고 하면서, 관계마케팅이란 기업(organization)이 개별고객, 종사자, 공급자(suppliers), 그리고 다른 협력자들과 상호간 편익을 위해 지속적이고 장기간 '연결고리' 혹은 유대(link)를 맺는 것이라 정

1) A transaction is an agreement, communication, or movement carried out between separate entities or objects, often involving the exchange of items of value, such as information, goods, services and money (http://en.wikipedia.org/wiki/Transaction)

의하였다(Kerin, Hartley & Rudelius, 2007 : 14).

마케터 혹은 기업이 시장점유율(market share)을 증진시키는 방법은 3가지가 있다. 첫째, 새로운 고객(new customers)을 유치하는 방법, 둘째, 기존 고객(existing customers)과의 판매를 증대시키는 방법, 셋째, 현재 고객(current customers)을 계속 유지시키는 방법이다. 관계마케팅(relationship marketing)은 현재의 고객과 관계를 유지하고 관계를 증진시키는데 중점을 둔 전략이다. 관계마케팅은 "고객은 새로운 가치 혹은 상품과 서비스를 찾아서 변환(變換 : switch)하는 것보다 현재의 관계를 계속 유지하길 원한다"는 전제에서부터 출발한다. 기업이 성공적인 관계마케팅 전략수행에 필요한 요소는 다음과 같다(Lamb, Hair & McDaniel, 2009 : 9).

- 고객지향 종사자(customer oriented personnel)
- 효과적인 훈련프로그램(effective training programs)
- 권한위임(empowerment : delegation of authority)
- 종사자의 문제해결권한(authority to solve problems)
- 팀워크(teamwork)[2)]

관계마케팅은 고객을 자산(assets)으로 여긴다. 관계마케팅의 기능은 바로 고객을 유치하고, 고객과의 관계를 유지시킴과 동시에 고객과의 관계를 증진시키는 데 있다. 관계마케팅은 '충성도마케팅'(loyalty marketing)이라 칭하기도 한다(Showemaker & Shaw, 2008 : 89).

독자서비스 The ways to win customer Loyalty

- Focus on understanding customer needs
- Formalized process or plan.
- Exercise leadership
- Customer and employee feedback systems.
- Responding with action on feedback.
- Sales and service synergy.
- Customer-retention motivational and promotional programs.
- Reading the marketplace and competition and responding appropriately.
- Practicing innovation through research and development and through suggestion implementation.
- Prominent recognition of the importance of point-of-encounter employees and giving them full support.

출처 : Nykiel(2005), Hospitality Management Strategies, Pearson Prentice Hall, p.211.

2) Teamwork. Teamwork entails collaborative efforts of people to accomplish common objectives. Job performance, company performance, product value, and customer satisfaction all improve when people in the same department or work group begin supporting and assisting each other and emphasize cooperation instead of competition. Performance is also enhanced when cross-functional teams align theirs with customer needs(Southwest Airlines, Walt Disney World).

관계마케팅의 궁극적인 목표는 고객충성도(customer loyalty)를 증진시키고, 현재 고객을 유지 · 지속(retention)시키는 데 있다. 여기서 말하는 고객충성도란 서비스제공자(supplier)와 오랫동안 관계를 맺고자 하는 고객의 의향 혹은 열망(desire)을 말한다. 고객충성도는 정서적 충성도(emotional loyalty)와 '행위적 충성도'(behavioral loyalty)로 구분할 수 있는데, 정서적 충성도는 고객이 특정 기업, 브랜드, 서비스 등에 호의적인 지각(perception), 의견(opinion) 혹은 추천(recommendation)을 나타내 보이는 것을 일컫는다. 반면 행위적 충성도는 고객이 재구매(repeat purchase)를 하거나 기업의 마케팅캠페인(marketing campaigns)이 적극적이고 호의적인 반응을 보이는 것을 말한다(Chaffey, Ellis-Chadwick, Mayer & Johnston, 2009 : 333-336).

2) 관계마케팅 유형과 편익

관계마케팅 프로그램은 크게 ① 사회적 관계마케팅 프로그램, ② 구조적 관계마케팅 프로그램, ③ 금전적 관계마케팅 프로그램으로 나누어질 수 있다(박시사, 2008 : 209). 또한 관계마케팅은 판매자 혹은 서비스제공자에게 주는 편익도 다양하다. 학회와 업계가 공통적으로 인정하는 편익 혹은 장점은 다음과 같다(Skarmeas, 2007).

- 신뢰증진(enhanced trust)
- 몰입 · 헌신(commitment)
- 만족도 향상(satisfaction)
- 고객과 기업간 협력증진(cooperation)
- 장기적 거래유지(long-term orientation)
- 원활한 커뮤니케이션(communication)
- 의사결정 불확실성 해소(reduced decision making uncertainty)
- 갈등해소(reduced conflict)
- 고객의 '기회주의' 줄임(reduced opportunism)

3) 관광산업 관계마케팅 프로그램

전 세계 관광사업체들은 고객충성도(loyalty)를 증진시키는 관계마케팅 프로그램을 도입하여 활용하고 있다. 다음은 관광산업체들이 채택하고 있는 대표적인 멤버십 프로그램이다. 본서는 크루즈, 호텔, 항공사 등 최근 관광산업에서 이용하고 있는 프로그램을 제시하였다.

〈표 3-1〉 관광산업체 관계마케팅 멤버십 프로그램

관광산업 영역	회사명	프로그램
크루즈(Cruises)	RoyalCaribbean(www.royalcaribbean.com)	Crown & Anchor Society
호텔업(Hotels)	Le Meridien / Westin / Pour & Points / Sheraton (www.starwoodhotels.com)	Starwood Preferred Guest
	Shangri-La Hotel & Resort (www.goldencircle.shangri-la com)	Golden Circle
	Marriot Hotel & Resort(www.marriot.com)	Marriot Rewards
항공사(Airlines)	대한항공(www.koreanair.com)	Sky Pass
	아시아나항공(www.flyasianclub.com)	Asiana Club
	American Airlines(www.AA.com)	AAdvantage

Shoemaker(2007) 등은 거래마케팅과 관계마케팅의 특징을 아래 〈표 3-2〉와 같이 비교하여 제시하였다.

〈표 3-2〉 거래마케팅과 관계마케팅 특징 비교

거래마케팅(transactional marketing)	관계마케팅(relationship marketing)
• 단일판매지향(1회판매 / single sale)	• 고객유지지향
• 불연속적 고객접촉	• 연속적 고객접촉
• 상품속성에 중점	• 고객가치에 중점
• 단기적 안목	• 장기적 안목
• 고객서비스 중요도 낮음	• 고객서비스 중요도 높음
• 고객기대 충족에 제한적 책임	• 고객기대 충족에 높은 책임감
• 품질은 생산직(자)의 관심사	• 품질은 전사적 관심사

출처 : Shoemaker, Lewis & Yesawich(2007), Marketing Leadership in Hospitality and Tourism 4th ed., p.92.

3. 내부마케팅(internal marketing)

관광산업을 포함한 서비스산업의 종사자들은 대부분 마케팅 기능을 수행한다. 내부마케팅은 기업의 내부고객(internal customers) 즉 종사원(employees)을 대상으로 하는 마케팅을 뜻한다(Kotler, Bowen & Makens, 2006 : 356). 내부마케팅(internal marketing)이란 기업이 필요한 최적의 종사원을 고용 · 유지하고, 종사원이 자신들의 역량을 최고로 발휘할 수 있도록 외부고객(external customer)을 서비스하는 종사원(employee)에게 적용되는 기업철학이자 기업활동(philosophy & practices)이다. 내부마케팅의 주요 관심사항은 기업 내부고객을 파악하고, 기업이 목표를 달성하는데 있어서 종사원의 지지와 도움을 확보하는 '마케팅 어프로치'(marketing approach)를 할 필요성을 깨닫는 데 있다. 내부마케팅은 종사원에게 동기를 부여하고 사기를 진작(振作)시키는 데 활용된다. 관광산업의 종사자는 고객과 부단한 접촉을 하고, 종사자와 고객이 상품의 일부이기에 내부마케팅이 더욱 중요하다(Hsu & Powers, 2002 : 13). 미국의 저가항공사인 Southwest Airlines(www.southwest.com)의 CEO Gary Kelly는 "Our people are our single greatest strength and our most enduring longterm competitive advantage"라 주창하면서, 인적자원과 내부마케팅의 중요성을 강조하였다. 아래 [그림 3-1]은 Southwest Airlines 종사원들이 향유할 수 있는 〈8가지 자유〉이다.

[그림 3-1] Benefits-The Eight Freedoms

The Freedom to Pursue Good Health

The Freedom to Create Financial Security

The Freedom to Travel

The Freedom to Make a Positive Difference

The Freedom to Learn and Grow

The Freedom to Create and Innovate

The Freedom to Work Hard and Have Fun

The Freedom to Stay Connected

출처 : www.southwest.com / 웹사이트 인용

내부마케팅이란 조직이 고객에게 만족스런 서비스를 제공하려면 마케팅활동의 우선순위(priority)를 종사원에게 두는 기업철학이자 과정이다. 구체적으로 종사원에게 권한을 위임하고 동기를 부여하는 것을 뜻한다. 내부마케팅이 주는 편익은 다음과 같다(박시사, 2008 : 217~218).

내부마케팅 편익

- 종사원의 업무능력 향상
- 종사원 책임감 증대
- 고객서비스 향상
- 고객유지(고객충성도 향상)
- 고객만족 증대
- 기업의 수익증대로 연결됨
- 종사원의 권한 향상과 자존감 증대
- 종사원의 기업 이해도 증진
- 마케팅부서 이외의 종사원도 마케팅에 관심
- 종사원 개인능력 개발
- 부서간 협력과 협조가 잘됨

내부마케팅은 기업과 종사자 간에 행해지는 마케팅 유형이며, 기업과 고객 간에 이루어지는 외부마케팅(external marketing) 및 종사자와 고객 간에 행해지는 '상호작용마케팅'(interactive marketing)과 차이가 있다(Kotler, Bowen & Makens, 2006 : 47).

4. 사회마케팅

기업의 존재이유는 고객의 욕구를 충족시키고, 기업의 목표를 실현하며, 개인과 사회의 장기적인 이익을 유지시켜주고 높여주는데 가치를 두어야 한다는 것이며 이것이 곧 사회마케팅이다(Lamb, Hair & McDaniel, 2009 : 7). 사회마케팅(societal marketing)은 기업이 마케팅활동을 하는데 있어서 고객의 욕구, 기업의 목표 그리고 사회의 장기적 이익(interest)을 반영하는 철학을 담은 발전된 마케팅컨셉트이다. 사회마케팅은 기업의 사회적 책임(corporate social responsibility)과 지속가능한 발전(sustainable development)에 초점을 둔다(www.en.wikipedia.org). 즉 기업의 마케팅의사결정은 고객의 욕구, 기업의 목표 그리고 고객과 사회의 장기적 이익이 고려되어 이루어진다.

기업의 사회마케팅은 특히 브랜드 아이덴티티의 형성에 도움을 주며, 사회마케팅은 브랜드 자산 형성, 브랜드 인지도 높임, 브랜드 식별 도움, 브랜드 신뢰 구축, 브랜드 커뮤니티, 그리고 브랜드 구매유도 등에 긍정적인 영향을 미친다(박시사, 2009 : 424).

대한항공(Korean Air)은 경제, 환경, 사회가 균형 있게 발전할 수 있도록 지속가능경영을 적극 추진하고 있다. 대한항공(www.koreanair.com)은 지속가능경영 실천을 통해서 고객, 주주, 비즈니스파트너, 지역사회 모두의 가치를 향상시키면서 지속적인 성장의 기반을 마련하고 있다.

국내외 관광기업은 기업의 이미지 제고, 기업의 사회적 책임과 소비자의 복지증진을 위해 사회마케팅 활동을 하고 있다. 다음은 몇몇 기업의 사회마케팅 사례이다. 가령, 호텔신라는 'Social Responsibilty'의 일환으로 〈호텔신라의 기품 있고 세심한 서비스 정신은 지역사회의 어려운 이웃과 함께할 때 더욱 빛을 발합니다〉라는 기치 아래 다음과 같은 경영이념을 실현하기 위해 사회적 마케팅을 수행하고 있다.

신라호텔은 '고객과 함께 미래를 꿈꾸며, 인재와 기술을 바탕으로 최고의 제품과 서비스를 창출하여 인류사회에 공헌한다'.

〈표 3-3〉 관광기업의 사회마케팅 사례

기업명	사회마케팅 사례
아시아나항공 (www.ethnics.kumho.net)	• 유니세프와 함께하는 기내모금운동 • 아시아나바자회 • 음성 꽃동네 봉사 • 장애인 고용확대

기업명	사회마케팅 사례
	• 색동놀이터 • 1사 1촌 재매결연
웨스틴조선호텔 (www.echosunhotel.com)	• 희망 배달 캠페인 • food bank • 헌혈 캠페인 활동 • 유니세프 기부 • 사랑 나눔 장터 • 친환경경영을 위한 1사 1촌 자매결연 • 복지관 봉사 활동
호텔신라 (www.hotelshilla.net)	• 신라장학생 제도 • 밥짓는 사랑방(조리사) • 행복더하기(주민센터) • 돌하루방 봉사팀(소아암 환우) • 샘터봉사단 • 코지봉사단(목욕봉사)
모두투어 (www.modetournetwork.com)	• 동전모으기(유니세프) • 직원 우수리제도3) • 컴퓨터 기증
하나투어 (www.hanatourcompany.com)	• 투어챌린저(Tour Challenger)4) • 희망여행 프로젝트(다문화가정, 탈북자, 저소득층)
한국관광공사(공기업) (www.visitkorea.or.kr)	• 다문화가족 행복캠프 • 소외계층 문화체험 • 문화재 지킴이 활동 • 입양아 지원사업 • 국제구호활동 • 구석구석 나누미(사회봉사단)
강원랜드 (www.high1.com)	• 하이원 해피스쿨 • 희망의 운동화 나눔축제 • 사회적 기업 지원사업 • 희망 · 나눔 디딤돌 • 장애인활력지원사업 • 겨울나기 연탄나눔운동 • 재난 및 소외계층지원 • 장애인 스키팀
미국 Southwest Airlines (www.southwest.com)	• To safe haven program • Share the spirit
www.orbitz.com / 5)미국 인터넷 여행사	• The Protect Planet Earth Campaign • The United Ways America 자원봉사지원 프로그램

3) 직원의 건의로 시작되어 직원들의 자발적 참여로 매년 시행되고 있는 급여 우수리제도는 직원들의 급여중 우수리를 매월 기금으로 조성하여 자연재해로 인한 이재민 등을 돕는 활동에 쓰이고 있다.

4) 하나투어는 미래관광산업을 이끌어 갈 여행인재육성에 작은 밑거름이 되고자 2006년부터 매년 전국 대학생을 대상으로 Tour Challenger를 선발하고 있다. Tour Challenger는 넓은 세계를 직접 다녀보면서 미래의 관광산업의 중심이 될 대학생들에게 글로벌 투어리즘의 비전을 제시한다는 취지 아래 대학생들의 신선한 아이디어와 하나투어의 배낭여행 노하우를 결합한 배낭여행을 체험하는 해외탐방 장학 프로그램이다.
- 2006년 Tour Challenger → 중국 운남성 / 계림 / 상해 탐방
- 2007년 Tour Challenger → 중국 사천성 성도 / 황룡 / 중경 탐방

국내 1위 여행사 하나투어는 '2010 하나투어 희망여행-아주 특별한 허니문'이라는 프로젝트를 진행했다. 하나투어, 서울 사회복지공동모금회, 서울시 건강가정지원센터가 공동으로 주최하고 이스타항공이 후원한 이 프로젝트는 다문화 가정을 비롯해 경제적 이유 및 병환과 장애 등 어려운 가정 형편상 신혼여행을 가지 못한 35쌍의 부부가 함께 했다.

[그림 3-2] 하나투어 희망여행 프로젝트와 기업의 사회적 책임

출처 : sportsworldi.segye.com / 인터넷 자료

- 2008년 Tour Challenger → 인도차이나 3개국 베트남 / 라오스 / 캄보디아 탐방
- 2009년 Tour Challenger → 인도차이나 2개국 태국북부 / 라오스 탐방

5) Orbitz Worldwide (NYSE : OWW) is a leading global online travel company that uses innovative technology to enable leisure and business travelers to research, plan and book a broad range of travel products. Orbitz Worldwide owns a strong global portfolio of consumer travel brands that includes Orbitz, CheapTickets, ebookers, HotelClub, RatesToGo, the Away Network, Asia hotels, and corporate travel brand Orbitz for Business (출처 : www.orbitz.com / 인터넷 자료)

5. E-마케팅(E-marketing)

E-marketing은 Internet marketing과 서로 통용되는 용어이다. E-marketing은 디지털 매체(digital media)인 web, e-mail, wireless media, e-CRM 시스템 등을 활용하여 마케팅 활동을 수행한다. E-marketing의 기능은 마케팅을 지원하는 데 있다. 여기서 말하는 마케팅이란 고객의 욕구를 파악하고, 고객의 요구사항을 예견하여 만족시키는 경영관리과정(management process)이다. 단, 마케팅은 반드시 기업의 수익(profitable)에 긍정적인 영향을 주어야 한다는 대전제를 충족시켜야 한다(Chaffey, Ellis-Chadwick, Mayer & Johnston, 2009 : 9~10).

최근 인터넷이 TV, 신문 그리고 잡지와 경쟁할 수 있는 중요한 매체(media)로 등장하였다. 인터넷은 촉진수단이자 유통채널로 널리 이용되고 있다(Weaver & Lawton, 2002 : 230).

[그림 3-3] Air China의 e-mail 마케팅 사례

Card No. : CA921184375

Dear Si Sa Park,

You are Air China Companion Common Card Member. If your club mileage / flight amounts to 40,000km / 30 in 12 consecutive months respectively, you will be upgraded to Silver Card Member.
You have no flight record in this period
If you have any questions, please contact our hotline 4006 100 666, or you can submit retro claim for your mileages via our website.

출처 : ffp.airchina.com.cn / 인터넷 자료

관광상품의 무형성(intangible) 특성으로 인해 고객이 구매하기 전인 판매시점에 상품이 전시(displayed)될 수 없고 테스트(inspected)될 수도 없다. 관광소비자는 관광상품을

통상 사용 이전에 소비하는 장소와 다른 곳에서 구매한다. 이러한 이유로 구매자는 설명서, 안내서, 웹사이트 등과 같은 시청각 정보(information)에 전적으로 의존하여 구매결정을 한다. 따라서 커뮤니케이션과 정보전달수단(information transmission tools)은 관광산업의 글로벌 마케팅(global marketing)에서 필수불가결한 요소가 되었다(Buhalis, 2003 : 76).

출처 : www.qualitynetworkers.com / 인터넷마케팅 이미지

Chaffey(2009) 등은 E-marketing이 기업에 미치는 긍정적인 영향 즉 편익(benefits)으로 "5S"를 제시하였다(Chaffey et al., 2009 : 17~18).

e-marketing의 5S 편익

- 판매증대(Sell-Grow sales)
- 가치증대(Serve-Add value)
- 고객과 상호작용(Speak-get closer to customers)
- 비용절감(Save-Save costs)
- 브랜드확장(Sizzle-Extend the brand online)

첫째, 판매증대이다. E-marketing은 기존의 전통적인 offline 마케팅에 비해 광범위한 유통경로를 확보할 수 있고, 지리적 · 시간적 제약이 상대적으로 적어 판매증대를 할 수 있다. 또한 다른 유통경로에 비해 낮은 가격으로 판매를 할 수 있어서 판매증대로 이어진다.

둘째, 부가가치의 증대이다. 온라인을 통해서 고객에게 부가적인 편익을 제공할 수 있고, 상품개발 정보를 제공하고, 고객과 상호작용(feedback)을 할 수 있다.

셋째, 고객과의 상호작용이다. e-marketing은 온라인 조사(online research)를 활용하여 forum, survey같은 '양자간대화'(two-way dialogue)를 가능하게 한다. 기업은 e-marketing을 활용하면 고객을 쉽게 모니터할 수 있을 뿐만 아니라 고객에 대한 정보를 많이 획득할 수 있다.

넷째, 비용절감이다. E-marketing은 고객과 커뮤니케이션 하는데 필요한 인적자원(staff)을 줄일 수 있고, 촉진예산(communication budget)을 절감시킨다. 비용절감은 결국 기업의 성과(performance)와 경쟁력으로 연결된다.

[그림 3-4] Travelocity.com 창업자

다섯째, 브랜드확장이다. 온라인을 통해서 기업은 고객에게 새로운 상품제공과 새로운 체험을 하게 할 수 있다. 이러한 시도는 브랜드 인지(brand awareness), 브랜드 도달(reach), 브랜드 선호도(favourability), 그리고 구매의도(purchase intent)를 향상시키고 브랜드확장으로 발전한다.

6. 관광산업 NTO 마케팅

관광산업은 세계 최대 산업의 하나로 성장하였다. 관광산업은 특정 국가에 경제적 편익을 제공할 뿐만 아니라 사회문화적인 측면에서도 긍정적인 영향을 미치는 산업이다. 특히 관광산업은 목적지(destination)에 다음과 같은 편익(benefits)을 제공한다(Goeldner, Ritchie & McIntosh, 2000 : 32-33). 아래와 같은 관광산업 혹은 관광산업의 발전이 목적지에 많은 편익을 제공하므로 국가와 지방자치단체들이 관광산업을 정책의 우선순위에 두고 있다.

관광산업의 편익

- 고용창출(employment opportunity / a labour-intensive industry)
- 외화획득(generate a foreign exchange)
- 수익증대(increase incomes)
- GNP 창출(create grow national product)
- 기반시설 확충(can be build on existing infrastructure)
- 경제의 다양화(diversify the economy)
- 정부세수 증대(increase government revenues)
- 교육 및 문화 영역 확대(broaden educational and cultural horizons)
- 주민의 자존감 증대(improve feeling of self-worth)
- 생활수준 향상(improve standard of living)
- 삶의 질 향상(enhance the quality of life)
- 유산과 전통의 보존에 기여(reinforce preservation of heritage and tradition)
- 환경보호 및 개선 정당화(justify environmental protection and improvement)
- 정치, 사회, 문화, 언어, 종교 등 장벽 없앰(break down barriers)
- 목적지의 이미지 개선(create a favourable worldwide image for a destination)
- 지구촌 · 세계화 촉진(promote a global community)
- 국가간 이해와 평화 증진(promote international understanding and peace)

NTO 마케팅(National Tourism Organization)이란 국가 혹은 지방자체단체 기관이 관광 목적지 촉진(destination)을 담당하고 책임지는 마케팅을 일컫는다. NTO의 주요한 마케팅 역할은 촉진에 초점을 두었으나, 오늘날 NTO의 역할이 촉진(promotion), 연구·조사(research), 관광산업 조정, 교육 및 지원(coordination of tourism industry), 정보제공(information for tourists) 등으로 넓혀지고 있다(Weaver & Lawton, 2002 : 217).

7. 관광산업 '3D' 마케팅

1) 데이터베이스 마케팅(data base marketing)

1980년대 중반 이후 항공사가 사용하기 시작한 상용고객프로그램(Frequent Flyer Programs : FFP)은 고객정보를 바탕으로 한 마케팅의 한 전형이다. FFP를 위한 고객으로부터 획득된 데이터베이스(database)는 항공사의 관계마케팅(relational marketing)과 CRM(customer relationship management)에 중요한 요소가 되었다. 이러한 데이터베이스는 e-commerce에도 필요한 요소이다(Shon, Chen & Chang, 2003). 다음 〈표 3-4〉는 전 세계 항공사들이 채택하고 있는 FFP의 예이다(www.flyaow.com).

〈표 3-4〉 데이터베이스 마케팅과 항공사 FFP

항공사	FFP	항공사	FFP
Korean Air	SkyPass	Asiana Airlines	Asiana Bonus Club
British Airways	Executive Club	Air China	Companion
Air Canada	Aeroplan	American Airlines	AAdvantage
Cathay Pacific	Asia Miles	China Southern Airlines	Sky Pearl Club
Continental Airlines	OnePass	JAL	Mileage Plus
KLM	Flying Dutchman	Northwest Airlines	WorldPerks
Southwest Airlines	Rapid Reward	SAS	EuroBonus
Swissair	Qualiflyer	Thai Airways	Royal Orchid Plus
United Airlines	Mileage Plus	Varig	Smiles
Singapore Airlines	KrisFlyer	Malaysia Airlines	Enrich
Olympic Airways	Icarus	Emirates	Skywards
Delta	Skymiles	Lufthansa	Miles and More

출처 : www.flyaow.com / 인터넷 자료

2) 다이렉트 마케팅(direct marketing)

다이렉트 마케팅은 '마케팅중개인'(marketing middlemen)을 거치지 않고 상품과 서비스를 고객에게 도달 · 전달하기 위해 CM(customer direct)경로를 활용하는 것이다. 이 경우 마케터는 고객에게 도달하기 위해 DM(direct mail), 카탈로그, 텔레마케팅, 쌍방향 TV(interactive TV), 키오스크(kiosk), 웹사이트(web sites), 모바일 기기(mobile devices)를 이용한다(Kotler & Keller, 2009 : 572).

다이렉트 마케팅은 고객관계관리(CRM : customer relationship management)를 하는데 중요한 수단이다. CRM은 충성도 혹은 관계마케팅 프로그램을 활용되며, 주로 기술(technology)이 이용된다. 오늘날 항공사, 호텔, 여행사, 레스토랑, 렌터카 등과 같은 관광관련 기업이 경쟁이 심한 환경에서 적응하고 경쟁우위를 누리기 위해 다이렉트 마케팅을 도입한다. 다이렉트 마케팅은 기업이 고객과 강한 유대관계를 유지시키는데 도움을 줄 뿐만 아니라, 고객이 경쟁자에게 전환(switching)되는 것을 저지하기도 한다(Kotler, Bowen & Makens, 2006 : 713).

항공사는 인터넷을 통해서 많은 전자항공권(electronic tickets)을 판매한다. 항공사는 다이렉트 마케팅 기법(direct marketing techniques)을 활용하여 고객정보를 구축할 수 있고, 이 정보를 바탕으로 특정 고객집단을 표적시장으로 선정하여 고객의 욕구와 요구사항에 부합하는 마케팅활동을 할 수 있다. 항공사가 웹상에 제시하는 〈specials〉 혹은 〈cyber offers〉 등은 다이렉트 마케팅의 전형적인 항목이다(Turban, King et al., 2002 : 395).

전자상거래(EC : electronic commerce)는 여행사와 관광공급업자 간 경쟁을 심화시켰다. 이로 인해서 여행상품 가격이 내려갔고, 커미션이 대폭 낮추어졌다. 관광산업은 다이렉트 마케팅(direct marketing)으로 전환되고 있다. 항공사와 호텔과 같은 관광상품공급업자가 인터넷을 이용해서 관광객과 직접 거래가 늘어남에 따라 여행사의 역할이 변화하고 있다. 부가가치 서비스를 제공하지 못한 여행사들은 변화하는 환경에 적응하지 못하고 사라졌으며, 미래에는 더 많은 여행사들이 사라질 것이다. 이는 항공사-관광객, 호텔-고객 그리고 유람선-고객간 거래가 중개인(intermediary)인 여행사를 거치지 않고 이루어졌기 때문이다. 즉 관광객(travellers)과 관광상품공급업자(supplier) 간 다이렉트 마케팅이 가져온 결과이다(Turban, King et al., 2002 : 427).

[그림 3-5] 아시아나항공의 e-mail 마케팅

출처 : www.asianaarlines / 인터넷 특별할인 항공권을 알리는 항공사의 다이렉트 마케팅 사례

3) 디지털 마케팅(digital marketing)

디지털 마케팅이란 전통적인 마케팅활동에서 장해요인으로 작용했던 시간, 공간의 장벽이 허물어지고 기업과 고객이 상호 연결되어 가치를 만들어 가는 통합형 네트워크 마케팅(integrated network marketing)을 말한다. 구체적으로 디지털 쿠폰, 팩스, 무선전화기, 인터넷, e-메일 등 디지털 기술(digital technology)을 응용한 제품이 이용되는 모든 상업적 활동이 이에 속한다. 이에 비해 인터넷 마케팅(internet marketing)은 인터넷을 기반으로 하는 상업적 활동을 가리키는 것으로 디지털 마케팅보다 협의의 의미로 사용된다.

최근 서양를 중심으로 Blog Twitter,[6] Facebook, Youtube 등이 새로운 디지털마케팅 도구로 활용되고 있다. 특히 관광기업은 정보제공, 판매활동, 고객서비스 등에 Twitter를 활용하고 있다.

Twitter = "Share and discover what's happening right now, anywhere in the world"

6) Twitter is a social networking and microblogging service that enables its users to send and read messages. Twitter is described as an instant and efficient way of interacting with customer. Twitter is the first, true two-way marketing communication channel.

바이럴 마케팅(viral marketing)은 인터넷 혹은 mobile 이용자들이 이메일이나 다른 전파 가능한 매체를 통해 자발적으로 어떤 기업이나 기업의 브랜드를 홍보하기 위해 널리 퍼뜨리는 마케팅 기법으로, 컴퓨터 바이러스처럼 확산된다고 해서 이러한 이름이 붙었다. 바이럴 마케팅은 2000년 말부터 확산되면서 새로운 인터넷 광고기법으로 주목받기 시작하였다.

바이럴 마케팅은 특정인이 친구나 지인에게 마케팅 촉진 프로그램 혹은 메시지를 권하거나 추천하도록 하는 제반 활동(activities)을 일컫는다. 기업들은 웹사이트에 "친구에게 보내세요"(send-to-a friend) 버튼을 두어 바이럴 마케팅을 유도하고 있다. 바이럴 마케팅은 기업에 의해서 메시지가 전달되는 것이 아니라 지인(known) 혹은 신뢰할 수 있는 사람(trusted friend)이 전달하기 때문에 "스팸"(spam) 문제를 극복할 수 있는 수단이 되었다(Middleton et al., 2009 : 270).

Jobber(2007)에 의하면 디지털 기술(digital technology)은 마케팅믹스를 재편시켰다. 디지털 기술의 도입은 이른바 마케팅믹스 4P에 다음과 같은 변화를 가져왔다(Middleton, Fyall & Morgan, 2009 : 260).

Digital Marketing과 마케팅믹스

- 상품믹스(product)
  - 디지털화(digital)
  - 고객우선(customized)
  - 개인화(individual)
- 가격믹스(price)
  - 가격변동성(dynamic)
  - 가격투명성(transparent)
  - 가격유연성(flexible)
- 유통믹스(place)
  - 새로운 유통채널 등장(new channel)
  - 공간의 제약성 없음(global)
  - 가상공간 유통(virtual)
- 촉진믹스(promotion)
  - 고객의 동의(permission-based)
  - 고객과 상호작용 / 쌍방성(interactive)
  - 즉시성(instantaneous)

참고문헌

강재정(2009), 그린시대의 경영학, 형설출판사.
김경환 · 김종석 옮김(2006), 맨큐의 경제학, 교보문고.
박시사(2003), 관광소비자행동론, 대왕사.
박시사(2003), 항공관광론, 백산출판사.
박시사(2018), 항공사경영론, 백산출판사.
박충환 · 오세조(1993), 시장지향적 마케팅관리, 박영사.
유필화 · 김용준 · 한상만(2008), 현대마케팅론 6판, 박영사.
이수동 · 박상준 · 김주영 · 이형재(2009), 전사적 관점의 마케팅 제3판, 학현사.
이유재(2007), 서비스 마케팅 제3판, 학현사.
이학식(2009), 마케팅 제2판, 범문사.

Adrian Palmer(1994), Principles of Service Marketing, McGraw-Hill Book Company.
Adrian Palmer(2009), Introduction to Marketing 2nd ed., Oxford University Press.
Alastair M. Morrison(2002), Hospitality and Travel Marketing 3rd ed., Delmar Thomson Learning.
Aliza Fleischer(2000), The tourist behind the pilgrim in the Holy Land, International Journal of Hospitality Management, Vol(19), 311-326.
Auliana Poon(1993), Tourism, Technoligy and Competitive Strategies, C.A.B Inter- national.
Cathy H.C. Hsu and Tom Powers(2002), Marketing Hospitality 3rd ed., John Wiley & Sons, Inc.
Charles R. Goeldner, J.R. Brent Ritchie and Robert W. McIntosh(2000), Tourism : Principles, Practices, Philoso
Charles W. Lamb, Joseph F. Hair and Carl McDaniel(2009), Essential of Marketing 6th ed., South-Western.
Chris Cooper, John Fletcher, David Gilbert and Stephen Wanhill(1993), Tourism : Principles and Practice, Pitman Publishing.
Christopher Lovelock and Lauren Wright(2002), Principles of Service Marketing and Management 2nd ed., Prentice Hall.
Dave Chaffey, Fiona Ellis-Chadwick, Richard Mayer and Kevin Johnston(2009), Internet Marketing 4th, ed., FT Prentice Hall.
David Bowie and Francis Buttle(2004), Hospitality Marketing, Elsevier Buttlerworth Heinemann.
David Weaver and Laura Lawton(2002), Tourism Management, John Wiley & Sons.

Del I. Hawkins, David L. Mothersbaugh and Roger J. Best(2007), Consumer Behavior 10th. ed., McGRaw · Hill International Edition.

Dimitrios Buhalis(2003), eTourism : Information Technology for Strategic Tourism Management, FT Prentice Hall.

Efrain Turban, David King et al.,(2002), Electronic Commerce 2002, Prentice Hall.

Francois Vellas and Lionel Becherel(1999), The International Marketing of Travel and Tourism, Macmillan Press ITD.

Henry Assael(2004), Consumer Behavior : A Strategic Approach, Houghton Mifflin Company.

J. C. Holloway & R.V. Plant(1988), Marketing for Tourism, Pitman.

James E. Burke and Barry P. Resnick(1991), Marketing & Selling the Travel Product, South-Western Publishing Co.

James F. Burke and Barry P. Resnick(1991), Marketing & Selling the Travel Product, South-Western Publishing.

Jost Krippendorf(1987), The Holiday Makers, Heinemann Professional Publishing.

Kark Albrecht and Ron Zemke(1985), Service America, Dow Jones-Irwin.

Metik Kozak(2002), Comparative analysis of tourist motivations by nationality and destinations, Tourism Management, Vol.23, 221~232.

Michael M. Coltman(1989), Tourism Marketing, Van Nostrand Reinhold.

Norma Polovitz Nickerson(1996), Foundations of Tourism, Prentice Hall.

Paul. R. Dittmer(2002), Dimensions of the Hospitality Industry 3rd ed., John Wiley & Sons, Inc.

phies, 8th. ed., John Wiley & Sons, Inc.

Philip G. davidoff and Doris S. Davidoff(1994), Sales and Marketing for Travel and Tourism 2nd ed., Prentice Hall Career & Technology.

Philip Kotler and Kevin Lane Keller(2009), Marketing Management 13th. ed., Pearson International Edition.

Philip Kotler(2003), Marketing Management 11th ed., Prentice Hall.

Philip Kotler, John T. Bowen and James C. Makens(2006), Marketing for Hospitality and Tourism 4th ed., Pearson Prentice Hall.

Roger A. Kerin, Steven W. Hartley and William Rudelius(2007), Marketing : The core 2nd. ed., McGraw-Hill Irwin.

Roland T. Rust, Anthony J. Zahorik and Timothy L. Keiningham(1996), Servce Marketing, Harper Collins College Publishers.

Stephen J. Page(2009), Tourism Management 3rd ed., Elsevier Buttlerworth- Heinemann.

Stowe Shoemaker and Margaret Shaw(2008), Marketing Essentials in Hospitality and Tourism, Pearson Prentice Hall.

Stowe Shoemaker, Robert C. Lewis and Peter C. Yesawich(2007), Marketing Leadership in Hospitality and Tourism 4th ed., Pearson Prentice Hall.

Susan Horner and John Swarbrooke(1996), Marketing, Tourism, Hospitality and Leisure in Europe, International Thomson Business Press.

Valarie A Zeithaml, Mary Jo Bitner and Dwayne D. Gremler(2009), Service Marketing 5th ed., , Mcgraw Hill International.

Victor T. C. Middleto, Alan Fyall, Michael Morgan and Ashok Ranchhod(2009), Marketing in travel and tourism 4th. ed., Elsvier.

Zheng Yi Shon, Fang Yuan Chen and Yu Hern Chang(2003), Airline e-commerce : the revolution in ticketing channels, Journal of Air Transport Management, Vol.9, 325-331.

Online Resources

제 4 장

관광마케팅의 이해관계자와 관광객

"Customers are usually not interested in whether you are trying harder. They only want solutions to their own problems. The customer is self- centered"

– Karl Albrecht & Ron Zemke –

제1절 관광마케팅의 이해관계자

1. 이해관계자(stakeholders)

사업(business)의 출발점은 바로 이해관계자를 명확하게 정의하고, 이해관자들의 욕구(needs)를 파악하는 데서 시작된다. 오늘날 기업은 이해관계자의 중요성을 인식하고 있고, 이해관계자에게 충분한 이익이 돌아가도록 하기 위해 노력을 하고 있다. 이해관계자 집단으로는 고객(customers), 종사원(employees), 공급업자(suppliers), 유통업자(distributors) 등을 들 수 있다(Kotler, Bowen & Makens, 2006 : 76).

이해관계자란 마케팅 프로그램을 포함한 기업의 활동에 영향을 주거나 영향을 받는 개인, 단체, 기업 그리고 시스템을 일컫는다. 이해관계자 관리(stakeholder management)는 기업 성공의 관건이다. 마케터는 기업을 경영관리하는데 있어서 이해관계자의 의견수렴, 지지, 그리고 빈번한 커뮤니케이션은 필수적이다. 다음 [그림 4-1]은 광의의 기업 이해관계자 집단이다.

[그림 4-1] 광의의 기업 이해관계자 집단

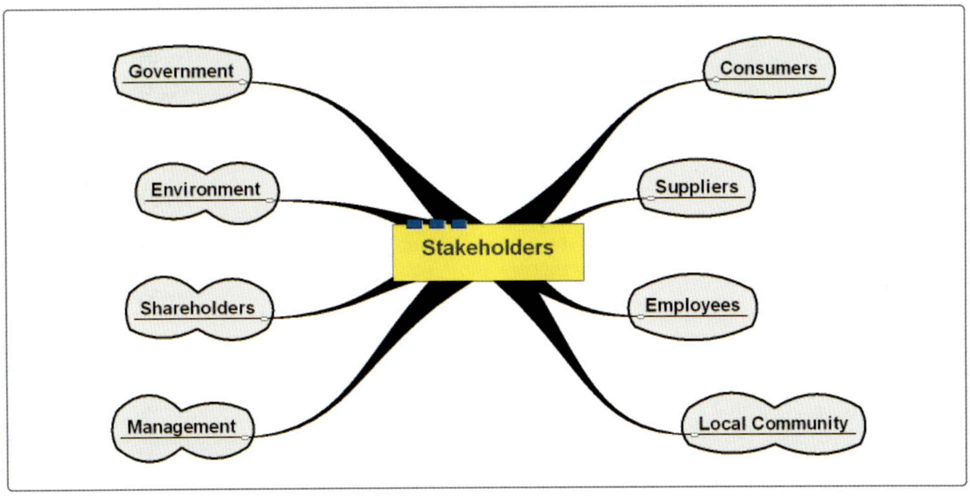

출처 : www.bized.co.uk / 인터넷 자료

광의의 이해관계자 집단

- 정부(government)
- 주주(shareholders)
- 지역사회(local community)
- 공급업자(suppliers)
- 환경(environment)
- 경영관리자(management)
- 종사원(employees)
- 소비자(consumers)

이해관계자란 기업이 추구하는 목표에 영향을 주거나 받는 개인 혹은 집단이다. 세계관계기구(UNWTO)는 관광산업(관광기업)에 영향을 주는 주요한 이해관계자 집단을 다음과 같이 제시하였다(Hall & Brown, 2006 : 14).

- 중앙 · 지방 정부(national, regional and local administrations)
- 관광기업과 협회(enterprises and business associations)
- 업계종사자(workers in the sector)
- 비정부기구(non-government organizations)
- 관광기구(bodies of all kinds belonging to the tourism industry)
- 지역사회주민(host communities)
- 언론매체(the media)
- 관광객(tourist themselves)

세계관광기구(UNWTO)의 역할

UNWTO

World Tourism Organization

The World Tourism Organization (UNWTO / OMT) is a specialized agency of the United Nations and the leading international organization in the field of tourism. It serves as a global forum for tourism policy issues and a practical source of tourism know-how.

UNWTO plays a central and decisive role in promoting the development of responsible, sustainable and universally accessible tourism, paying particular attention to the interests of developing countries.

The Organization encourages the implementation of the Global Code of Ethics for Tourism, with a view to ensuring that member countries, tourist destinations and businesses maximize the positive economic, social and cultural effects of tourism and fully reap its benefits, while minimizing its negative social and environmental impacts.

출처 : www.unwto.org / 인터넷 자료

2. 관광마케팅과 정부(government)

관광산업은 노동집약적 산업(labor-intensive industry)이기 때문에 다양한 일자리를 만들어 낸다. 전 세계 많은 국가들이 관광을 전략산업으로 여겨 관광산업을 발전시키고 진흥시키려고 한다. 왜냐하면 관광은 세수증대, GDP 창출, 지역주민의 수입증대, 그리고 필요한 외환을 확보하는데 기여하기 때문이다. 또한 정치인은 관광을 지역경제에서 부를 창출하는 요소라고 생각한다.

3. 관광마케팅과 지역사회(local community)

지역사회(local or host community)란 관광객이 방문하는 지역을 일컫는다. 관광목적지 현지주민은 관광을 문화적 요소(cultural factor)뿐만 아니라 고용을 창출하는 요소로 간주한다. 또한 현지주민, 관광객 간의 상호작용(interaction)이 이루어지는 장(場)이 바로 지역사회이다. 관광의 효과는 긍정적일 수도 있고, 부정적일 수도 있다(Goeldner, Ritchie & McIntosh, 2000 : 14).

4. 관광마케팅과 경쟁자(competitor)

사전적 의미의 경쟁자(competitors)란 같은 목적을 달성하기 위해 다투는 사람 또는 그런 상대를 말한다. 환대 · 관광산업은 다양한 유형의 경쟁자가 있다. 경쟁자(競爭者)는 크게 거시적 경쟁자(macro-competition)와 미시적 경쟁자(micro-competition)로 나눌 수 있다(Bowie & Buttle, 2004 : 92~98).

1) 거시적 경쟁자(macro-competition)

거시적 경쟁자(macro-competition)는 소비자의 가처분소득(disposal income)을 획득할 목적으로 경쟁하는 모든 산업을 말한다. 관광산업의 거시적 경쟁자는 간접적 경쟁자(indirect competitors)를 포함한다. 가령, 유람선과 호텔의 거시적 경쟁자로 자동차(motorcar), 골프, 고가의 귀금속 산업을 들 수 있다.

관광산업은 이른바 〈PESTE〉[1] 외부환경에 영향을 받는다. 또한 정치적 환경(P), 경제적 환경(E), 사회 · 문화적 환경(S), 기술 환경(T), 생태 환경(E)이 모든 경쟁업체에 영향을 준다. Porter는 경쟁에 영향을 미치는 5가지 거시적 요소(macro factors)를 다음 [그림 4-2]와 같이 제시하였다.

[그림 4-2] Porter의 경쟁력 모델

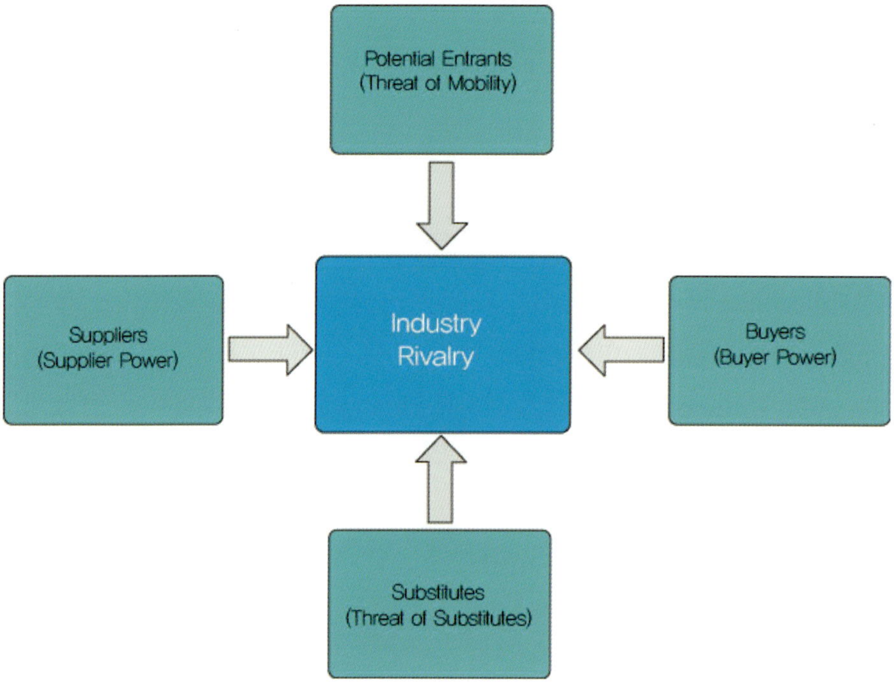

2) 미시적 경쟁자(micro-competition)

미시적 경쟁자(micro-competition)는 유사한 상품, 가격으로 동일의 고객을 표적시장으로 직접 경쟁하는 동종의 관광기업이다.

1) P : Political Environment
E : Economic Environment
S : Socio-cultural Environment
T : Technological Environment
E : Ecological Environment

5. 관광공급업자(suppliers)

관광공급업자(suppliers)란 관광상품을 구성하는데 필수적인 요소를 공급하는 사업단위(business units)를 일컫는다. 구체적으로 관광이 성립되기 위해서 관광의 주체인 관광객의 '이동성'(mobility)이 수반되어야 한다. 관광객의 이동을 가능하게 해주는 사업단위인 항공사(airlines), 기차, 유람선을 포함한 선박, 지상교통 등이 이에 해당한다. 또한 관광객들이 관광목적지(destination) 혹은 중간 경유지(en route) 체류를 하는데, 이들에게 잠자리와 음식을 제공하는 숙박시설인 호텔, 리조트, 로지(lodge), 펜션(pension) 등이 관광공급업자에 속한다. 관광공급업자를 '원도매업자' 혹은 '프린시펄'(principals)이라 하기도 한다.

제주 신라호텔 야외수영장

6. 주주(shareholders)

주주(株主)란 주식(stock)을 가지고 직접 또는 간접적으로 회사경영에 참여하고 있는 개인이나 법인을 일컫는다. 주주는 회사에 대해 권리를 가지고 있는데, 이를 주주권(株主權 : stockholders' right)이라 한다. 주주는 주주총회에서 의결권, 이익배당청구권, 잔여재산 분배청구권, 투자 자본의 회수를 위한 권리 등을 행사할 수 있다. 우리나라 대표적인 관광기업인 호텔신라(Hotel Shilla)의 대주주는 다음과 같다.(단순 참조)

- 삼성생명보험 외 4인 : 17.24% 지분보유
- 국민연금공당 : 9.32% 지분보유
- 삼성자산운용 : 7.27% 지분보유
- 한국투자신탁 : 6.14% 지분보유

7. 관광마케팅과 자사(自社 : company)

1) SWOT 분석

SWOT 분석은 기업을 둘러싼 외부환경을 분석하여 기회(opportunities), 위협(threats) 요인과 기업의 내부능력을 분석하여 경쟁자에 비해 자사가 가지는 강점(strengths)과 약점(weakness) 요인분석을 통해서 전략대안을 개발하는 경영도구이다. SWOT는 Strengths, Weaknesses, Opportunities, Threats의 약자(略字)에서 비롯되었다. SWOT 분석은 기본적으로 상황분석(situation analysis) 혹은 미시 · 거시환경 분석을 토대로 이루어진다.

SWOT분석의 두 축은 바로 내부역량(internal force)과 외부환경(external environment)이다. 기업은 내부역량 분석을 통해서 강점과 약점을 파악하고, 외부환경을 분석하여 기회 · 위협을 찾아낸다. 기회(機會)란 외부환경이 자사에게 이롭게 작용하는 것을 말한다. 다시 말해서 자사에 긍정적(+) 영향을 주는 요인으로 구성되어 있다. 위협(威脅)이란 외부환경요인이 자사에게 불리하게 즉 부정적(−) 영향을 주는 것을 일컫는다. 기업은 경쟁사 혹은 잠재경쟁자와 비교해서 자사가 갖고 있는 강점과 약점을 분석한다. 강점은 경쟁사와 비교해서 자사가 갖고 있는 좋은 점 즉 비교우위를 확보하는 것이고, 약점은 자사의 부족한 부분을 말한다(박시사, 2003: 141-143).

내부역량(internal force)

- 강점(strength)
  - 좋은 기업 이미지(good image)
  - 탁월한 마케팅 수행능력(excellent marketing)
  - 양질의 인적자원(good staff)
  - 브랜드 포트폴리오(strong portfolio of brands)
  - 인터넷 네트워크(good internet network) 등등
- 약점(weakness)
  - 낮은 이익(low profit margin)
  - 건강하지 못한 노사관계(poor labour relations)
  - 높은 운영비용(high cost operation)
  - 관료주의 기업문화(bureaucratic organization culture)
  - IT 역량의 부족(poor IT competency) 등등

외부환경

- 기회(opportunity)
  - 성장추세 시장과 성장산업(growing market & industry)
  - 규제완화(deregulation)
  - 정책변화(change of policy)
  - 대중관심 증대(growth of public interest)
  - 시장진입의 용이성(easy market entry)
- 위협(threat)
  - 정치적 불확실성(unpredictable political environment)
  - 대중관심 상실(loss of public interest)
  - 테러리즘(terrorism)
  - 안전과 치안문제(safety & security matters)
  - 경기침체(sluggish economy)

2) 기업문화

기업은 기업문화 혹은 조직문화를 갖고 있다. 개인이 독특한 성격(personality)을 갖고 있는 것처럼 기업은 창업자의 철학, 사업의 속성(nature)을 반영하고, 산업의 특성을 보여주는 기업문화를 갖는다. 기업문화는 기업의 성과(performance)에 영향을 미치기 때문에 관광기업 경영관리자는 기업문화를 이해해야 하며, 문화가 기업에 긍정적인 영향을 미치도록 다양한 프로그램을 도입하고 실행해야 한다(Evans, Campbell & Stonehouse,

2005 : 79~80). 통상 기업문화는 다음과 같은 영역에 영향을 미치는 것으로 나타났다.

- 종사원의 동기(employee motivation)
- 기업의 매력(attractiveness of the organization as an employee)
- 이직률(rate of turnover)
- 종사원 사기(employee morale)
- 생산성과 효율성(productivity and efficiency)
- 종사원 태도(attitude of employee)
- 종사원의 품성과 성향(the nature of employees)
- 기업의 혁신과 창의성(innovation and creativity)
- 직장의 품격(the quality of work)

출처 : www.marriot.com/

제2절 관광소비자, 관광객

1. 개별여행객 · 개별관광객(individual customers / individual travelers)

개별여행상품(FIT, Foreign Independent Travel)이란 FIT여행객을 대상으로 기획되어 판매되는 상품을 말한다. FIT는 개인이 직접 여행사직원과 상담하면서 일정을 수립하고 자유롭게 여행을 즐길 수 있는 상품이다. 개별여행객은 단체여행객의 상대적 개념으로 사용되는 용어이다. 개별여행객의 전형적인 예로 비즈니스여행객(business traveler), 배낭여행객(backpackers), 신혼여행객(honeymoon tourists), 탐구여행객(explorers), 특별주제 탐구여행객(special interest travelers) 등을 들 수 있다(박시사, 2009 : 238).

개별여행객(FIT, Free Independent Travelers)이란 호울셀러 여행사에서 기획하여 판매하는 패키지여행을 구매하지 않고, 자체적으로 교통수단, 숙박시설 등을 예약하여 이용하는 여행객을 의미한다. 개별여행객들은 표준화된 패키지여행보다 새로운 관광지와 색다른 관광상품을 선호하며, 단체여행객과 다른 행동특성을 보이기도 한다. 가령, 개별여행객은 단체여행객에 비해 관광지내 체류기간이 길며, 현지식(local cuisine)이나 목적지의 특성을 반영한 호텔, 그리고 현지 교통수단(local transportation)을 적극적으로 활용하고 받아들인다. 또한 단체여행객에 비해 상대적으로 지출성향이 높다(유승우 · 장준호 · 황영현, 2010).

국내 최대여행사인 하나투어는 개별여행(個別旅行)이 확산되는 트랜드를 반영하여 기존 현지여행 브랜드였던 '팝콘'을 개별여행(FIT, Free Individual Travel) 브랜드로 런칭하였다. 한국의 개별여행은 한국관광공사 국민해외여행 실태조사에 따르면 2009년 기준으로 57.2%를 차지하였다. 팝콘에는 현지투어를 비롯하여 에어텔(air + hotel), 배낭, 항공, 호텔, 패스 / 입장권, 렌터카 등이 모두 포함된다.

1) 상용 · 비즈니스관광객(business travelers)

고대 비즈니스여행은 이집트 · 페르시아 · 그리스 · 로마제국이 융성하고 제국간 교역이 증대되면서 발전하기 시작하였다. 그 당시 여행은 교역목적이 주를 이루었고, 중세유럽중심의 무역박람회, 동양과 서양을 잇는 비단길(silk road) 등은 상용여행을 촉진시키는 데 큰 공헌을 했다. 또한 포교목적의 성직자, 다른 나라 전투에 참가하는 군인, 그리고 일과 직업을 찾아 떠나는 노동자도 비즈니스여행객의 범주에 속한다(Swarbrooke & Horner, 1999 : 14~19).

비즈니스여행은 직무(work)와 관련된 여행이다. 사업여행 혹은 상용여행이라 하기도 한다. 여가 · 휴가여행 혹은 관광여행의 상대적 개념이다. 인간은 오래 전부터 교역을 목적으로 여행을 해 왔기 때문에 비즈니스여행은 역사성이 있는 유형의 하나이다. 상용여행은 여가 · 휴가여행의 그늘에 가려 그 시장성과 중요성이 올바르게 평가되지 못한 경향이 있다(David, 1994 : 1). 제2차 세계대전 이후 비즈니스여행은 붐(boom)을 이루기 시작했으며, 비즈니스여행의 급속한 성장을 촉진시킨 요인은 다음과 같다(Swarbrooke & Horner, 1999 : 31).

- 교통수단의 발전과 진보
- 세계경제의 글로벌화
- 국가간 블록화(EU / ASEAN)
- 국가간 · 대륙간 자유무역협정(FTA : Free Trade Agreement)
- 정보교환 · 학술교류 목적의 컨벤션 참가자 증가
- 신상품 출시와 전시회 늘어남
- 고부가가치 비즈니스여행을 유치 · 촉진하려는 정부정책
- 인센티브여행과 같은 새로운 비즈니스여행 등장

항공사 · 호텔 · 렌터카 등은 비즈니스여행에 크게 의존하고 있다. 전 세계에 비즈니스 전용 호텔이 있고, 이들을 유치하려는 컨벤션센터가 건립되며, 공항에서 비즈니스여행자를 대상으로 하는 렌터카사업이 등장하였고, 레스토랑도 비즈니스 고객을 확보하기 위해서 노력하고 있다. 비즈니스여행은 여가 · 휴가여행에 비해 수요가 비탄력적(inelastic)이다. 여기서 말하는 수요의 비탄력성이란 가격이 인상되는 것에 비례해서 수요가 급격하게 감소되지 않는다는 말이다. 다시 말해서 가격의 변화에 따라 수요(demand)가 동조(同調)하지 않는다는 뜻이다(박시사, 2003 : 28).

business traveler

관광산업 관점에서 보면 인센티브여행은 대표적인 비즈니스여행 중의 하나이다. 인센티브여행은 종사원을 포상(reward)하고, 종사원들 어려운 목표를 달성할 수 있도록 격려(encourage)하기 위해 기업이 활용하는 경영기법이다. 기업은 종사원의 마케팅(marketing), 생산성(productivity) 그리고 판매실적(sales performance)을 증진시킬 목적으로 여행을 빈번하게 이용한다. 기업의 고용주(employer)는 인센티브여행을 기획하고, 조직하며 촉진한다. 물론 사용자는 여행비용도 책임진다. 하지만 인센티브여행은 여가 및 휴가여행처럼 보인다. 이로 인해서 인센티브여행은 '눈에 보이지 않는 상용여행'(invisible sector of business tourism)이다. 인센티브여행은 정확한 통계자료가 없어서 정량화(定量化 : quantify)하기 힘들다. 따라서 관광산업 마케터들은 인센티브여행의 그 규모와 산업에서 차지하는 위치 혹은 중요성을 파악하는 데 어려움이 있다(Davidson, 1994 : 70).

Swarbrooke와 Horner는 비즈니스여행의 대표적인 예를 다음과 같이 제시했다(Swarbrooke & Horner, 2001: 4-5).

- 국제회의(major international conventions)
- 전시회 · 박람회(exhibitions and trade fairs)
- 신상품 촉진활동(products launches)
- 인센티브 여행(incentive travel)
- 단기취업목적 이주(short-term migration for employment)
- 학생 · 선생 교환프로그램(student and teacher exchanges)
- 학회참가(local, regional and national conference)
- 자선단체 및 NGO활동(aid charities) / NGO working on projects away from main base

[그림 4-3] 중국 상하이(上海)세계박람회 대한민국관 전경

2) 여가 · 휴가관광객(pleasure travelers / leisure travelers)

여가 · 휴가여행(pleasure travel / leisure travel)은 상용여행과 달리 주로 즐거움을 추구할 목적으로 하는 여행이다. 이 유형의 관광객은 아래와 같은 이유로 여행을 한다(박시사, 2009 : 26).

- 새롭고 상이한 환경체험(experience new and different surroundings)
- 이문화체험(experience other cultures)
- 휴식과 안정 취함(rest and relax)
- 친 · 인척 방문(VFR : visit friends and relatives)
- 스포츠 관람 · 참가(view or participate in sports)
- 레크리에이션 활동 참가(participate in recreational activities)

여가 · 휴가관광객

여가 · 휴가관광객은 비사업목적(nonbusiness purposes)으로 개인, 가족 혹은 소집단으로 호텔, 레스토랑 등을 찾는 사람들이다. 이들은 대부분 휴가차(on vacation) 여행을 하지만, 다른 목적으로 왔다가 여행을 하기도 한다(Shoemaker & Shaw, 2008 : 246). 여가 · 휴가여행은 가처분시간, 가처분소득 그리고 가족생애주기(家族生涯週期 : family life cycle)에 의해서 영향을 받는다. 가처분시간(discretionary time)이란 일과 의무로부터 벗어나 자유롭게 활용할 수 있는 시간을 말하며, 휴가(vacation)가 여기에 잘 맞는 용어이다. 가처분소득(discretionary income)이란 개인의 욕망에 따라 자유로이 쓸 수 있는 소득을 가리킨다.

친 · 인척 방문(VFR)은 휴가여행(holiday) 다음으로 중요한 여행목적 중의 하나이다. 휴가여행과 달리 VFR는 사전에 목적지가 결정되는 경우가 대부분이다. VFR은 이주 혹은 이민역사와 관련이 있다. 호주를 방문하는 영국인의 50%정도는 VFR 목적과 관련이 있는 관광객이다(Weaver & Lawton, 2000: 29-30). VFR 여행은 친구와 친 · 인척을 방문할 목적으로 수행된 여행이며, 광의의 관점에서 보면 휴가여행(leisure travel)의 한 유형이다. VFR여행자는 제한적인 여행사 서비스를 원한다. 따라서 여행사의 관점에서 보면 다른 유형의 여행객에 비해 상대적으로 서비스하기 용이한 유형 중의 하나이다(Trooboff et al., 1995: 27~28).

그 외에 Macneill(1995) 등은 여행목적에 따라 여행을 〈leisure travel〉, 〈business or corporate travel〉, 〈meeting & incentive travel〉, 〈VFR travel〉로 분류하기도 하였다.

3) 비즈니스여행과 여가 · 휴가여행 비교

본서는 Inkpen(1998 : 4~5)과 Page(2009 : 329~330) 등의 연구를 참고하여 비즈니스여행과 휴가 · 여가여행의 특성을 아래 〈표 4-1〉과 같이 비교하여 제시하였다. 본서의 비교는 여행사(기업)와 고객 관점에서 본 차이와 특성을 토대로 기술되었다.

〈표 4-1〉 비즈니스여행과 휴가 · 여가여행

여행구분	특 성	영문표기
비즈니스여행	높은 항공권 비율	high volume of air sales
	낮은 이윤	low margin
	원거리 고객접촉	remote customer contact
	직원의 스트레스 많음	high pressure
	법과 제도가 필요함(취소 / 변경)	travel policy(cancellation)
	낮은 현금유동성	negative cash flow
	기격민감도 높음[2]	price sensitive
	고객이 까다로움	repetitive itineraries
	동일 장소 · 일정 빈도 높음	sophisticated travellers
	단시간 내 예약	booking at short notices
여가 · 휴가여행	계절성이 높음	highly seasonal
	높은 이윤	higher margins
	폭넓은 상품선택 범위	wide product range
	예약방법(채널)의 다양성	variety of booking
	높은 현금유동성	positive cash flow
	출발 전 늦은 예약성향	late booking trend
	시간소비형 의사결정	long booking time
	고객이 덜 까다로움(상대적)	unsophisticated travellers
	고객정보관리의 중요성(DB)	management information
	가격민감도 낮음(상대적)	price insensitive

2. 기업고객 · 기업여행(organizational customers / corporate travel)

1) 기업고객과 기업여행

기업고객을 대상으로 하는 기업여행 관리(corporate travel management)는 성장산업이 되었다. 기업여행은 통상 구매과, 인사과, 혹은 특별 전담부서 혹은 비서(secretary)가 담

2) 비즈니스관광객은 본인이 지급하지 않은 경우 가격에 민감하지 않는다는 연구도 있음. 비즈니스관광객은 시간을 절략하려는 성향이 높아서 소요되는 시간에 대해서 민감하고, 여가 · 휴가관광객에 비해 제공되는 서비스에 관심이 많다.

당하였으나, 기업이 지출해야 할 여행비용이 증대됨에 따라 기업여행을 전담할 부서의 필요성이 인식되기 시작했다. 이제 기업여행 전담부서와 기업여행 관리는 기업의 목표를 실현하는 데 필요한 수단 중의 하나로 인정되고 있다. 기업은 효과적인 기업여행 관리를 통해서 각 부서가 지출해야 할 비용을 줄이고, 동시에 수익을 창출(profit center)하기도 한다. 또한 기업여행 전문가는 안전과 치안과 관련된 정보를 제공하는 자문(adviser) 역할도 수행한다(Rubin, 1992 : 47~48).

출처 : www.orbitzforbusiness.com / 세계적인 온라인 관광기업(online portal)인 Orbitz는 기업의 포트폴리오(portfolio) 일환으로 기업고객을 대상으로 웹사이트 〈ORBITZ FOR BUSINESS〉를 운영하고 있다.

항공사, 여행사, 호텔 등의 기업고객은 최종사용자 혹은 최종소비자(end users), 의사결정자 그리고 구매자로 볼 수 있다. 가령, 특정 부서의 직원이 외국에서 개최되는 전시회(exhibition)에 참가하는 경우, 기업여행 전담부서 직원이 항공과 호텔예약 등과 같은 제반 '여행수배'(travel arrangements)를 하여, 항공권을 구매하고, 투숙호텔을 예약하고 비용을 지출한다. 물론 기업여행 전문 부서 담당자는 출장을 가는 직원의 취향과 선호도를 반영하여 제반 의사결정을 하기도 한다. 하지만 기업고객을 대상으로 하는 관광기업의 '제1고객'은 전담부서 담당자라 할 수 있다.

항공사와 호텔의 기업고객으로 중요한 부분은 다음과 같은 중개인(intermediary)이다 (Nykiel, 1989 : 200).

- 미팅기획자(the meeting planner)
- 여행사(the travel agent)
- 기업의 여행부서(traffic department of major corporation)
- 비서(secretaries)
- VIP 클럽(VIP clubs)
- 도매업자(wholesalers)
- 렌터카(car rental companies)
- 예약전문회사(reservation services)

2) 기업의 인센티브여행

인센티브여행은 기업의 목표를 달성하는 대가로 참가자 위주로 종사원들이 받는 보답(reward)이며, 기업여행의 한 유형이다. 기업은 개인 혹은 팀별로 상(award)을 주는데, 참가자에게 여행기회를 제공한다(Kotler, Bowens & Makens, 2006 : 246). 인센티브여행(incentive travel)은 보상여행(報償旅行) 혹은 포상여행(褒賞旅行)이라고 하며, 기업관점에서 보면 사업목적을 달성시키기 위해서 여행 · 관광을 활용하는 현대적인 경영수단이다. 일반적으로 기업은 구성원들이 회사의 목표나 영업실적에 부응하는 결과를 냈을 때 동기를 부여하고 사기를 앙양(昂揚)시킬 목적으로 일부 종사원(구성원)들에게 특별한 여행기회를 제공한다. 회사 · 기관 · 협회 등이 인센티브여행을 실시하는 목적은 (1) 사업목표 달성, (2) 의사소통 용이성과 네트워크 기획 확대, (3) 기업문화창달과 구성원간 상호작용 증진, (4) 특정 프로젝트에 대한 몰입 유도, (5) 회사에 대한 충성심 고취, (6) 구성원 복지 증진 등을 들 수 있다. 우리나라의 경우 많은 회사들이 위에서 제시한 목적을 달성하기 위해서 인센티브여행을 실시하고 있다. 가령, 모범사원, 영업실적 우수자, 특별 프로젝트팀, 은퇴자, 신입사원, 노동대표와 노조임원, 대학의 경우 학생회 임원 등에게 여행기회를 제공하고 있다(박시사, 2003 : 56~57).

인센티브여행 프로그램은 다음과 같은 편익을 기업에 제공하기도 한다 (www.heminggroup.com).

- 전문성 향상(professional development)
- 종사원 충성도 증가(employee loyalty)
- 종사원 사기(morale)
- 수익성 증대(increased profits)
- 결속강화(team building and staff commitment)
- 동기부여(motivate suppliers to sell your product off the shelves)

통상 인센티브여행은 기업이 여행경비를 일부 혹은 전부를 부담하는 것을 원칙으로 한다. 대기업 혹은 큰 조직체는 인센티브여행을 전담하는 부서(in-house agency)를 두기도 한다.

[그림 4-4] Incentive travel과 참가자

인센티브투어(incentive tour) 참가자들이 즐거운 시간을 공유하고 있다. 참가자들은 여행기간 동안 결속력(bond)이 강화되고, 회사에 대한 애사심(loyalty) & commitment)이 높아지고, 사기(morale)가 고양되었을 것이다.

3. 관광객의 개념과 유형화

1) 관광객 개념

관광객은 한자로 觀光 + 客 즉 관광을 하는 손님(客)이란 뜻이다. '객'이란 영어로 표현한 Guest에 가깝다. 관광객이란 관광서비스 제공자(service provider) 입장에서 보면 서비스를 제공하여 할 대상(對象)이다. 다시 말해서 사업의 대상이다.

여기서 관광객(觀光客)과 관광자(觀光者)가 동의어(同義語)이지만 보는 관점에 따라 서로 다르게 해석할 수 있다는 일부 학자의 견해가 있다. 곧, 관광객은 관광하는 사람을 경영 · 경제적 대상으로 바라보는 견해이고, 관광자는 관광을 하는 주체로서 인간의 행위를 연구과제로 하는 관광사회심리학적 관점에서 보는 견해이다. 그러나 본서에서는 본래의 의미를 유지하는 관점에서 관광객으로 통일하여 사용하고자 한다.

따라서 관광객의 개념을 규정하면 "관광객이란 일상생활(everday life)을 떠나 다시 돌아올 예정으로 이동 및 체재(stay)를 하면서 정신적 · 육체적 즐거움을 추구하는 관광소비자"라고 정의할 수 있다. 물론 이동을 할지라도 거주 또는 직업(영리추구)을 목적으로 이동하는 사람은 관광객의 범주에서 제외된다(박시사, 2003: 40).

관광객이란 용어는 영문(英文)으로는 여러 가지로 표현되고 있는데, 빈번하게 접할 수 있는 용어로는 Traveler, Tourist, Vacationer, Holiday maker, Excursionist 등이다. 여행자란 1박 이상 특정 국가에서 체류하는 방문자(visitor)이다. 여행목적은 주로 관광(pleasure)과 비즈니스(business)이다. 그 외 가족, 건강, 트랜지트(transit) 등의 목적으로 방문하는 경우도 여행자의 범주에 포함된다(Goeldner, Ritchie & McIntosh, 2000: 17).

[그림 4-5] 중국관광객= 游客

2) 관광객의 유형화

(1) Biedermann의 관광객 유형

Plog의 모델을 적용하여 Biedermann(2008)은 관광객유형을 '모험형 관광객'(冒險型觀光客 : venturer)과 '의존형 관광객'(依存型觀光客)으로 나누었다(Biedermann, 2008 : 81). 다음은 모험형 관광객과 의존형 관광객의 제반 특성이다.

모험형 관광객 : Venturer

- Travel more than average
- Take longer trips
- Per diem spending above average
- Spending more a travel each year
- Prefer air travel but also do auto trips
- Travel as a couple or in a small group
- Will accept less-adequate accommodations especially
- if hotel is historic or fits into environment
- Prefer less-developed destinations
- Participate in local customs; eat local cuisines
- Most trips are independent travel(FITS), not tours
- Active and exploring on trips
- Demanding, sophisticated traveler
- Buy authentic native gifts and cards
- Prefer new destinations each year

의존형 관광객 : Dependable

- Travel less frequently
- Take shorter trips
- Per diem spending below average
- Spend well below average on travel
- Prefer family car or camper
- Like the comfort of groups on trips
- Want standard accommodations, such as budget hotels
- Prefer highly developed, crowded spots
- Feel uncomfortable when included in native ceremonies
- Like escorted tours when traveling to exotic places especially internationally
- Like to sit on the beach, relax on trips
- Nondemanding, naive as a traveler
- Tend to purchase trinkets, souvenirs
- Like to return to familiar places

3) Poon과 Shaffer의 관광객 유형

Shaffer(2004)는 1993년 Poon[3]이 제시한 〈Old Tourist〉와 〈New Tourist〉에 〈eTourist〉를 추가하여 각 유형별 관광객 행동특성을 설명하였다. 구체적으로 관광객 행동, 관광객 동기, 관광객 태도 그리고 관광객 관심에 대해서 특성을 비교하였다(Shaffer, 2004 : 116).

〈표 4-2〉 Shaffer의 관광객 행동특성 비교

특성 / 관광객 유형	구관광객 old tourist(70년대)	신관광객 new tourist(90년대)	온라인관광객 eTourist(21세기[4])
관광객 행동 (the tourist)	• 동질성 • 예측가능성 • 단체여행 / 안전추구 • 여행경비 선지불 • 사전 예약과 수배	• 자발성 / 개방성 • 돌발성과 즉시성 • 배타성 / 독특성 • 자율성	• 다양성 / 이질성 • 자발성 / 개방성 • 독특성
관광객 동기 (motivations)	• 신기성 / 색다름 추구 • 목적지선택 중요도 낮음 • 해변, 태양 찾음 • 서비스품질인식 낮음 • 일상(직업 / 가정)탈출 • 남에게 보여주고 싶음	• 여행이 하나의 이벤트 • 목적지선택 중요도 높음 • 품질과 가치 중심 • 색다른 체험 원함 • 즐거움 / 재미 추구	• 여행은 생활의 일부 • 여행 자체에 의미부여 • 품질과 편리성 중시 • 휴가는 생활의 연장선 • 자기발견과 자아실현
관광객 태도 (attitudes)	• 책임감 결여 • 서구 중심적 사고와 행동 • 우월성 • 서구가치를 현지에 적용하는 무모함	• 즐기되 파괴하지 않음 • 다양성 / 다름 인정 • 겸손과 이해 • 높은 정보수준 • 예의바른 관광행동	• 즐기되 파괴하지 않음 • 적극적 특이함 탐색 • 높은 정보수준 • 개방적 태도 • 방문지 적응의향 높음
관광객 관심 (interests)	• 해변에서 쉼 • 선탠(정적인 여행) • 유명 관광대상 • 특별한 관심사 없음 • 호텔 내 식사 선호	• 참여 / 활동 즐김 • 목적지 내 이동 • 대중 스포츠활동 • 특별한 관심사 있음 • 현지음식 먹어봄	• 참여 / 활동 즐김 • 현지문화에 관심 • 새로운 스포츠활동 • 특별한 관심사 있음 • 독특하고 모험적인 활동 참여

출처 : Shaffer(2004), The Role of Trust on the Internet, p.116.

3) Poon(1993)은 Family island 방문객을 대상으로 한 연구에서 신관광객(new tourist)의 특성을 다음과 같이 6가지를 제시하였는데, 푼이 제시한 신관광객의 동기와 특성은 카리브해 바하마(Bahamas) 방문객을 대상으로 한 연구에서 잘 입증되었다.
- 스포츠 지향적(sports-oriented)
- 독립성이 강함(independent)
- 교육수준이 높음(more educated)
- 부유한 계층임(wealthier)
- 만족도 높음(more satisfied)
- 충성도가 있음(loyal)

(출처 : 박시사(2009), 여행업경영론, pp.48~49)

4) 본서의 70년대 '구관광객', 90년대 '신관광객', 그리고 21세기 '온라인관광객' 등 시대적 구분은 영국과 독일의 관광객 행동을 기준으로 명명(命名 : 이름 짖기)되었다. 본서 저자가 이전에 발간한 책인 관광소비자행동론

4) 관광객의 체류기간에 의한 유형화

관광객은 체류기간에 따라 ① 장기체류관광객(long-stay traveler), ② 단기체류관광객(short-stay traveler)으로 나누어진다. 장기체류관광객과 단기체류관광객을 구분하는 물리적 시간(physical time)은 명확하게 정해져 있지 않다. 일반적으로 한정된 기간에 여러 목적지를 주유(tour)하는 관광객을 단기체류관광객이라 할 수 있다. 반면 특정 목적지(destination)를 방문하여 오래 머무르는 관광객을 장기체류관광객이라 할 수 있다.

〈표 4-3〉 장·단기체류관광객 유형화 및 제특성

단기체류관광객(short-stay traveler)	장기체류관광객(long-stay traveler)
① 단체패키지관광객 ② Psychocentric 관광객 ③ 유명관광목적지 찾는 sightseers ④ 구 관광객(old tourist)	① 개별관광객(individual tourist) ② Allocentric 관광객 ③ Resort 관광객(cruise tourist 포함) ④ 신 관광객(new tourist)[5]
• 수동적 관광활동(passive) • 피상적 관광체험(superficial experience) • 현지주민과 상호작용 낮음 • 물질적 가치 중시(having / 소유 중시) • 현지주민에 대한 우월감(superiority) • 동질성 강함(homogeneous) • 모험심 약함 • 책임감 낮음(환경, 관광지, 유물 등)	• 적극적 관광활동(active) • 본원적 관광체험(integral experience) • 현지주민과 상호작용 높음 • 정신적 가치 중시(being / 존재 중시) • 현지주민 이해 가치관(understanding) • 이질성 강함(hybrid) • 모험심 강함 • 책임감 높음(환경, 관광지, 유물 등)

출처 : Poon(1993), Hawkins(1989), Lundberg(1990) 참고 재구성

(대왕사, 2000 : 135~136), 여행업경영론(대왕사, 2009 : 47~49)에서 〈Old Tourist〉와 〈New Tourist〉를 〈20세기형 관광객〉, 〈21세기형 관광객〉으로 명명하였는데, 이는 한국관광객의 특성을 기준으로 각각 '20세기형 관광객'과 '21세기형 관광객'으로 명명되었음을 밝힌다. 한국은 1989년 해외여행이 자유화되었지만, 영국과 독일은 우리보다 훨씬 이전에 해외여행을 자유롭게 할 수 있는 환경이 조성되어 있었다. 저자는 한국과 유럽간 여행자유화 시차(時差 : time gap)를 고려하였다. 본서는 이전의 저서에서 명명한 관광객 유형을 각각 20세기형 관광객을 '구관광객', 21세기형 관광객을 '신관광객', 그리고 '온라인관광객'으로 수정하여 '이름짓기' 하였음.

5) New tourist attribute

① New tourists are sports-oriented
② New tourists are independent
③ New tourists are more educated
④ New tourists are wealthier
⑤ New tourists are more satisfied
⑥ New tourists are loyal

출처 : www.southpacific-vacations.com/

5) Cohen(1979)의 관광객 유형화

사회학자인 코헨(Cohen은 관광객을 크게 '관광기업 의존형과 '관광기업 탈의존형'으로 나누었다. 관광기업 의존형(institutionalized travellers)은 단체패키지관광객(the organized mass tourist)과 개별패키지관광객(the individual mass tourist)으로 구성되고 있고, 관광기업 탈의존형은 '탐험형 관광객'(the explorer)과 현지 토착형 관광객(the drifter)로 나누어 진다(Horner & Swarbrooke, 1996 : 46).

Cohen's tourist typology

- The organized mass tourist is the tourist who buys a package holiday to a popular destination, largely goes around with a group of fellow tourists and may spend most of time in the hotel or in its immediate environments.
- The individual mass tourists are the people who buy a looser package that allows them more freedom, such as a fly-drive holiday. They tend to stick to the beaten track but may occasionally do something more adventurous.
- The explorer makes his or her own travel arrangement and deliberately sets out to avoid contact with other tourists, while trying to meet local people. Nevertheless, they do want to have a certain level of comfort and security.
- The drifter tries to become part of a local community, albeit temporarily. This tourist has no planned itinerary and tries to totally distance themselves from tourism in every form.

4. 관광산업 고객의 변화

관광산업은 지난 반세기 동안 경제성장과 경쟁적인 사업환경에서 지속가능하기 위해서 요구가 많고 까다로운 고객의 기대에 부응해왔고, 특히 관광산업이 제공하는 서비스

체험을 끊임없이 개발하고 발전시켜왔다. 왜냐하면 21세기 고객은 다음과 같은 특성을 보이기 때문이다(Middleton, Fyall, Morgan & Ranchhod, 2009 : 58~59).

21세기 고객·관광객의 변화된 특성

- 소득수준 향상(more affluent, measured in disposable income)
- 교육수준 향상(better educated)
- 평생교육 관심증대(more interested in continuing education)
- 적극적이고 취미활동(interested in more active pursuit)
- 평균수명 늘어남(life expectancy rises)
- 법정휴가일수와 여가증대(more leisured in terms of holiday entitlement)
- 여행기회확대(more travel for business and holiday)
- 미디어와 정보에 노출빈도 늘어남(more exposed to the media and information)
- 인터넷 접속 증대(more access to the Internet)
- 수요의 다양화(more heterogeneous in demand)
- 수요의 개성화 / 개인화(more individualistic in demand)
- 문화의 다양성(more culturally diverse in terms of ethnic origin, cultural back- ground and lifestyles).

5. 관광객의 행동적 특성

관광객은 단기간 일상생활을 벗어나 목적지(destination)에 도착하면 자신과 익숙한 일상생활(everyday life)과 다른 독특한 행동적 특성을 보인다. 본서는 여러 학자들이 제시한 관광객의 공통된 특성을 몇 가지 소개하였다(박시사, 20009 : 402-405, 재인용).

관광객의 독특한 특성

- 일시성(temporality)
- 익명성(anonymity)
- 무책임성(no responsibility)
- 동질성(homogeneity)
- 우월성과 과시성(superiority & conspicuousness)
- 자기중심성(self-centeredness)
- 퇴행성(regression)
- 수동성(passiveness)

첫째, 일시성(temporality)이다. 관광객은 특정 목적지에 일시적으로 머물러야 한다. 이론적으로 정해진 체류기간이 있는 것은 아니지만 UNWTO의 기준에 의하면 〈outbound tourist〉은 최대 1년을 초과해서는 안되며, 〈domestic tourist〉는 6개월 이내가 적정 체류기간으로 통용되고 있다. 이를 초과하면 관광객의 범주에 포함되기보다 〈temporary resident〉 혹은 〈migrant〉라 부른다(Weaver & Lawton, 2000 : 27-28). 관광객은 단기간 일상생활을 떠나 다시 돌아와야 한다. 관광·여행은 일상생활로 돌아올 수 있기 때문에 의미가 있고, 가치가 있다. 이러한 일시성(temporality), 다시 말해서 시간의 제약성으로 인해 관광객은 자신에게 주어진 시간과 자원을 최대한 활용하려는 성향이 있다. 혹자는 관광객이 향유할 수 있는 제한된 시간을 '성스러운 시간'(holy period)이라 부르기도 한다. 관광객과 현지주민의 만남·접촉(encounter)은 일시성(Sutton, 1967), 비균형성(Fridgen, 1991), 피상성(Cohen & Cooper), 비자발성(Fidgen, 1991)의 특성을 보인다(Reisinger & Turner, 2003 : 44).

둘째, 익명성(anonymity)이다. 익명성(匿名性)이란 이름을 밝히지 않는다는 의미이다. 관광객은 본인의 이름, 신분 등을 밝히지 않음으로써 훨씬 자유롭게 행동할 수 있고, 일상생활로부터 터부시해 왔던 '일탈행동'도 관광지에서는 할 수 있다(박시사, 2003: 52). Tourist 의미가 〈No Name〉으로 통용되기도 한다. 즉 관광객(tourist)이란 용어는 본질적으로 익명성을 내포하고 있다.

셋째, 책임감이 없다. 관광객은 방문한 국가, 사회, 시설 등에 어떤 일이 일어나더라도 개인적으로 책임감을 느끼지 않는다(MacCannell, 1976 : 102). 특히 관광객은 방문한 목적지에 일시적으로 체류하기 때문에 현지 주민과 다르게 행동한다(McKercher & Du Cros, 2002 : 116). 관광객은 일반적으로 'Here Today, Gone Tomorrow'라는 의식을 갖고 있기 때문에 관광지에서 무책임한 행동과 부적절한 행동을 하는 경우가 많다. 여기서 말하는 책임감이란 환경에 대한 책임, 현지 문화와 관습에 대한 책임, 관광대상에 대한 책임, 사용하는 편의시설 및 장비에 대한 책임 등 다양하다. 관광객은 상대적으로 이러한 모든 것에 대해서 책임감이 적다는 뜻이다. 최근에 〈Eco-tourist〉, 〈Green tourist〉, 〈Responsible tourist〉, 〈Alternative tourist〉, 〈Ethical tourist〉 등의 개념이 등장하면서 책임감 있는 관광객 행동의 필요성이 대두되고 있고, 어느 정도 책임감 없는 관광객 행동을 상쇄(trade-off)시키고 있다.

넷째, 동질성(homogeneity)이다. 동질성을 유사성으로 해석하는 학자도 있다. 일단 관광객 신분이 되면 일상생활에서 누렸던 사회적 지위 · 역할 · 신분이 일시적으로 없어지고, 관광에 참여한 모든 관광객이 평등해지고 동질성 성향을 보인다. 관광객의 동질성이 '평등성'(equality)으로 해석될 수도 있다. 관광객의 익명성(anonymity)이 관광객 간에 평등성 · 동질성을 강화시켜주기도 한다. 여행사의 기획여행상품, 즉 패키지투어에 합류한 관광객(packagers)의 행동과 단체여행 때 구성원의 역학관계(dynamics)는 관광객의 동질성을 잘 표출해주고 있다.

다섯째, 우월성(superiority))과 과시성(conspicuousness)이다. 관광객은 어느 정도 특권의식을 갖는다. 또한 일시적이지만 관광객이 되면 마치 자신이 부자(the rich)인 것처럼 행동을 하게 된다. 관광객은 일시적이지만 사회적 신분이 상승된다고 느끼기 때문에 자신의 경제력이나 지출능력을 고려하지 않고 과시적 소비(conspicuous consumption)를 보인다. 관광객은 관광목적지의 현지주민(locals / host) 혹은 관광활동에 참여하지 않은 사람들에 대해 우월감을 갖기도 하고, 행동을 보여주기도 한다. 관광객은 현지문화를 경시하거나, 현지주민을 무시하는 성향을 보이기도 하는데, 그 기저(基底)에 우월성(superiority)

이 깔려 있다. MacCannell(1976)은 그의 저서 〈The Tourist〉에서 여가나 관광은 '사회적 지위의 상징'(symbol of social status)으로 작용하기 때문에 과시적 소비와 관련이 있다고 주장하였다(MacCannell, 1976 : 11).

여섯째, 자기중심성(self-centeredness)이다. 관광객이 되면 더욱 인간적이고 남을 배려하는 측면도 있다. 여가학자 Krippendorf(1987)는 관광객은 관광목적지에서 일상생활과 달리 공동체의식(community), 관용과 너그러움(tolerance), 겸손과 부드러움(modesty & moderation), 그리고 정직함(honey)과 같은 가치를 바탕으로 행동한다. 이는 일상생활의 '소유의 가치'(value of having)와 대조를 이루는 '존재의 가치'(value of being)에 기반을 두고 있기 때문이다(Krippendorf, 1987 : 4). 하지만 관광객은 기본적으로 자신의 안위(comfort)를 우선시하고, 남을 배려하지 않은 성향이 있다. 이러한 특성 때문에 관광객은 사소한 문제에 대해서 불평(complaints)을 하기도 한다. 자기중심성의 상대적 개념은 '집단지향성'(group-oriented)인데, 다른 사람들과의 관계를 통해서 자신을 규정하고 바라보는 것을 말한다. 개인은 집단이 없으면 존재할 수 없고, 집단간 서로 의존하며 상호간 의무, 책임감, 그리고 충성도 등을 강조한다(Reisinger & Turner, 2003 : 100).

일곱째, 퇴행성(退行性; regression)이다. 퇴행이란 '미숙하고 때때로 유치한 상태로 돌아가는 것'이라고 정의할 수 있다. 관광객들은 일상생활을 벗어나 '관광세계'(tourist destination)에 들어서면 어린애 같은 행동을 반복하거나 쉽게 짜증을 내기도 한다. 이는 인간의 퇴행성과 관련이 있다. 또한 관광객의 퇴행적 행동은 일상생활에서 금기된 행동을 관광지에서 체험해보기도 하는데, 이는 보상심리(compensation)와 관련이 있다고 해석하는 학자도 있다. 여가와 휴가(leisure & holiday)는 일상생활과 직장이 불러일으키는 따분함과 지루함(boredom), 제반 골칫거리(troubles)를 보상시키는 효과가 있다(Page, Brunt, Busby & Connell, 2001 : 66).

여덟째, 관광객은 수동적(passive)이다. 일반적으로 관광객(tourist)은 '쾌락 추구자'(pleasure seeker)이며, 수동적이기 때문에 모험(adventure)을 추구하거나 색다른 체험(experience)을 하려고 하지 않는다. 관광객은 자신들에게 흥미로운 일이 일어나기를 기대하거나 모든 것이 자신들을 위해 행해지기를 기대하는 수동적 성향을 보인다. 또한 관광객은 피상적(superficial)이고, 억지로 만들어진(contrived) 체험(experience)을 한다. 여기서 말하는 '만들어진 체험'은 '진정성'(authenticity)의 상대적인 개념이다(MacCannell, 1976 : 104).

The basic rules for more considerate travel
- Code of Ethics for Travelers -

1. Travel in a spirit of humility and with the a genuine desire to learn more about the people of host people.
2. Be sensitively aware of the feelings of other people, thus preventing what might be offensive behavior on your part. This applies very much to photography.
3. Cultivate the habit of listening and observing, rather than merely hearing and seeing.
4. Realize that often the people in the country you visit have time concepts and thought patterns different from your own; this does not make them inferior, only different.
5. Acquaint yourself with local customs–people will be happy to help you.
6. Remember that you are only one of the thousands of tourists visiting this country and do not expect special privileges.
7. If you really want your experience to be 'a home away from home', it is foolish to waste money on travelling.
8. When you are shopping, remember that the 'bargain' you obtained was only possible because of the low wages paid to the maker.
9. Do not make promises to people in your host country unless you are certain you can carry them through.
10. Spend time reflecting on your daily experiences in an attempt to deepen your under– standing. It has been said that what enriches you may rob and violate others.

출처 : Krippendorf(1987), The Holiday Makers, pp.133-134. 발췌인용.

참고문헌

박시사(2003), 관광소비자행동론, 대왕사.
박시사(2009), 여행업경영론, 대왕사.
어윤대 · 방호열(1996), 전략경영, 학현사.
이승주(1999), 경영전략 실천 매뉴얼, Sigma Insight Group.
전인수 옮김(1996), 마케팅전략 : 전략적 시장관리, 도서출판 석정.
추승우 · 장준호 · 환영현(2010), 부산방문 일본인 개별자유여행객(FIT)의 여행형태, 관광학연구, 제34권 제5호, 77-91.

Charles R. Goeldner, J.R. Rrent Ritchie and Robert W. McIntosh(2000), Tourism : Principles, Practices, Philosophies 8th. ed., John Wiley & Sons, Inc.
David Bowie and Francis Buttle(2004), Hospitality Marketing, Elsevier.
Dean MacCannel(1976), The Tourist, Schocken Books.
Dean MacCannell(1976), The Tourist, Schocken Books.
Gary Inkpen(1998), Information technology for Travel and Tourism 2nd ed., Longman.
John Swarbrooke and Susan Horner(1999), Consumer Behavior in Tourism, Butterworth Heinemann.
Jost Krippendorf(1987), The Holiday Makers : Understanding the impact of leisure and travel, Heinemann Professional Publishing.
Karen Rubin(1992), Flying High in Travel, John Wiley & Sons, Inc.
Mckercher Bob and Hilary Du Cros(2002), Cultural Tourism, The Haworth Hospitality Press.
Nigel Evans, David Campbell and George Stonehouse(2005), Strategic Management for Travel and Tourism, Elsevier Butterworth Heinemann.
Norma Polovitz Nickerson(1996), Foundations of Tourism, Prentice Hall.
Paul S. Biedermann(2008), Travel and Tourism, Pearson Prentice Hall.
Philip Kotler, John T. Bowen and James C. Makens(2006), Marketing for Hospitality and Tourism 4th ed., Pearson International Edition.
Reisinger, Yvettee and Lindsay W. Turner(2003), Cross-Cultural Behavior in Tourism : Concepts and Analysis, Butterworth Heinemann.
Rob Davidson(1994), Business Travel, Pitman Publishing.
Ronald A. Nykiel(1989), Marketing in the Hospitality Industry, Van Nostrand Reinhold.

Sabine Schaffer(2004), The Role of Trust on the Internet : The Development of an Online Trust Creation Model for eTravel Agent, LIT.

Stephen J Page, Paul Brunt, Graham Busby and Jo Connell, Tourism : A Modern Synthesis, Thomson Learning.

Stephen J. Page(2009), Tourism Management 3rd ed., Elsvier.

Stowe Shoemaker and Margaret Shaw(2008), Marketing Essentials in Hospitality and Tourism, Pearson Prentice Hall.

Susan Horner and John Swarbrooke(1996), Marketing Tourism, Hospitality and Leisure in Europe, International Thomson Business Press.

Weaver, David and Laura Lawton(2003), Tourism Management, John Wiley & Sons, Australia, Ltd.

제 5 장

관광마케팅계획 · 환경분석 · 마케팅조사

Success requires no explanations.
Failure permits no alibis.

– Napoleon Hill –

제1절 관광마케팅계획

1. 마케팅계획 개념

마케팅계획(marketing plan)이란 기업의 마케팅목표를 명시한 문서화된 기록물(written statement)이며, 마케팅계획은 상품 포트폴리오, 판매대상, 시장점유율, 수익, 촉진전략, 가격정책, 유통채널 등을 포함시킨다(Horner & Swarbrooke, 1996 : 232). 마케팅계획은 마케터(marketing managers)들이 제반 마케팅활동을 수행하는데 '지침서'(guidebook) 역할을 하는 문서화된 기록물(written document)[1)]이다(Lamb, Hair & McDaniel, 2009 : 34).

마케팅계획은 기업의 '로드맵'(road map)이며, 이 로드맵은 기업이 마케팅목표를 향해 도달하게 하는 방법과 방향을 알려주는 상세하고 문서화된 계획서(proposal)이다. 마케팅계획의 편익 기업이 좋은 마케팅계획을 세움으로써 누릴 수 있는 이점은 다음과 같다(Resnick, 1991 : 76).

- 기업의 시간과 에너지 절약
- 예산낭비 방지
- 방향성 유지에 도움
- 기업내 관련된 사람들 간 커뮤니케이션
- 기업목표와 마케팅활동을 일치시킴
- 기업의 성공을 평가하는데 도움
- 기업운영의 일관성과 연속성(continuity) 유지

관광기업은 마케팅계획을 세우고, 전반적인 마케팅활동을 점검하는 마케팅부서와 책임자(marketing director)를 두고 있다. 성공적인 기업은 계획을 세웠기 때문에 어느 시장을 표적시장(target market)으로 해야 하는지, 기업목표가 무엇인지를 사전에 파악할 수 있어서, 시장에 진입하여 방향성을 잃지 않는다. 관광기업은 체계적인 마케팅계획이 필

1) The marketing plan. The marketing plan is a written document that acts as a guidebook of marketing activities for the marketing managers.

요하다. 왜냐하면 오늘날 관광기업은 치열한 경쟁상황에 노출되어 있기 때문이다(Resnick, 1991 : 5).

[그림 5-1] 관광마케팅계획, 나침반 그리고 19세기 Old Inn

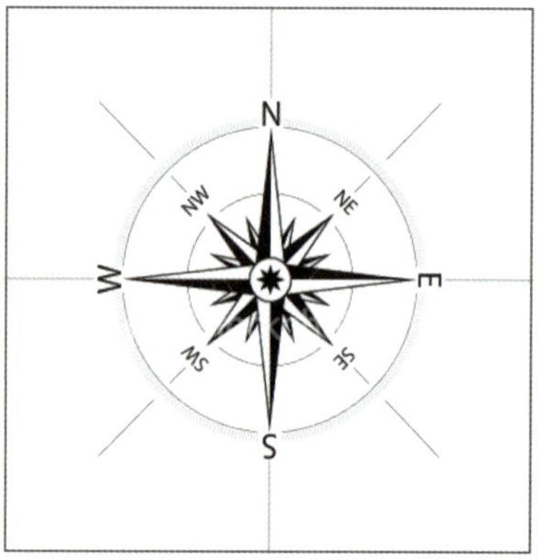

출처 : francais.istockphoto.com / www.old-inn.co.uk / 마케팅계획은 기업의 마케팅목표에 도달하기 위해 필요한 〈road map〉이다. 19세기 여행자들은 긴 여정을 위해 나침반(Compass)을 준비했을 것이다. 나침반은 여행자의 길동무이자 목적지로 가는 방법과 방향을 안내해주었다. 19세기 〈Old Inn〉의 모습, 나침반 그리고 관광마케팅계획

Morrison은 마케팅계획이 기업 혹은 마케터에게 주는 편익을 다음 같이 5가지를 제시하였다(Morrison, 2010 : 293~293).

마케팅계획의 편익

- 표적시장에 맞는 마케팅활동(activities matched with target market)
- 기업목표와 표적시장 우선순위 일치(consistency of objectives and target-market priorities)
- 이해관계자 참고자료(common terms of reference)
- 마케팅성공 평가에 도움(assistance in measuring marketing success)
- 장기적 기획의 영속성 유지(continuity in long-term planning)

2. 마케팅계획 필수요건

Morrison(2010)은 마케팅계획은 2년 이내 기업의 마케팅활동에 도움을 주는 "문서화된 계획"(written plan)이라고 정의하면서, 마케팅계획은 단기적인 "기술적 계획"(tactical plan),

장기적인 "전략적 계획"(strategic plan)으로 이루어졌다고 하였다. 마케팅계획은 건물을 짓는데 필요한 청사진(blueprint)과 유사하며, 마케팅계획의 다음과 같은 기준(criteria)을 충족시켜야 한다. 다음 [그림 5-2]는 Morrison이 제시한 효과적 마케팅계획의 필수요건이다.

[그림 5-2] 효과적 마케팅계획의 필수요건

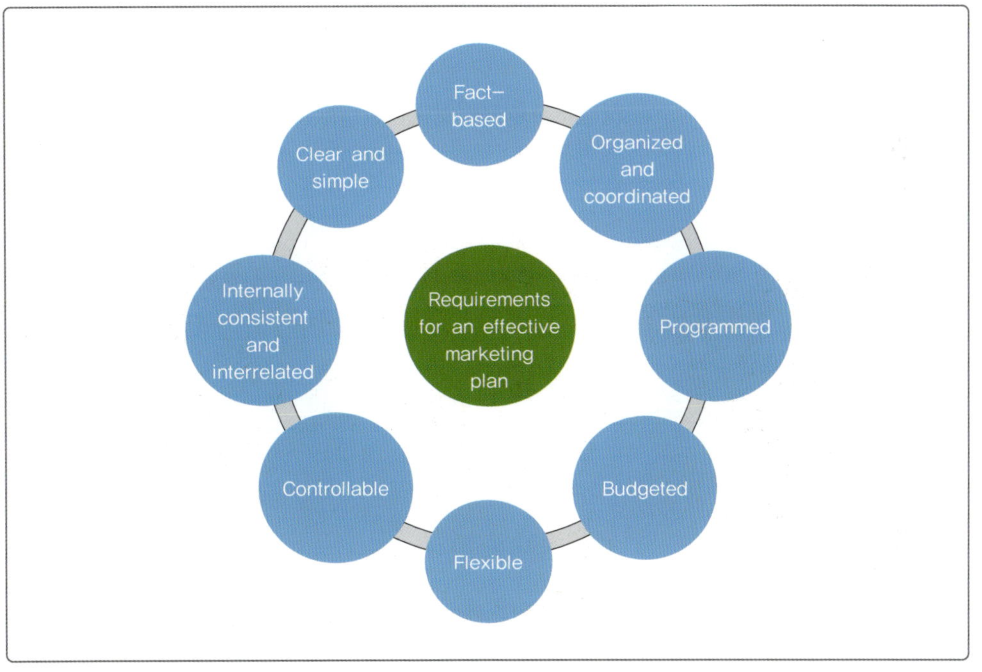

출처 : Morrison(2010), Hospitality & Travel Marketing, p.291.

(1) 사실기반성(fact-based) : 마케팅계획은 선행연구(research)와 분석(analysis)과 사실에 바탕(fact-based)을 두고 세워져야 한다.

(2) 명확성과 단순성(clear and simple) : 마케팅계획은 어렵지 않아야 하며, 누구나 쉽게 이해랄 수 있어야 한다. 책임자 혹은 담당자만 이해할 수 있는 마케팅계획은 무의미하다. 또한 마케팅목표와 과업(task)은 명확하게 구성원에게 전달되어야 한다.

(3) 일관성과 상호관련성(internally consistent and interrelated) : 마케팅계획은 상호관련성이 있어야 하고, 일관성이 필요하다. 가령, 광고, 인터넷 마케팅, 기타 촉진

활동이 통합적 마케팅커뮤니케이션(IMC : integrated marketing communication)으로 작용할 때 효과가 높다.

(4) **통제가능성(controllable)** : 마케팅계획은 측정가능해야 한다. 또한 진행과정을 평가하는 담당자 혹은 책임자가 있어야 하며, 기업 혹은 마케터가 지향하는 원래의 목표(objectives)를 충족시키고 있는지 진행과정이 평가될 수 있어야 한다.

(5) **융통성(flexible)** : 마케팅계획은 환경변화에 따라 적절하게 수정되거나 변경될 수 있다. 만약 계획이 성취되지 않거나 예기치 않은 경쟁자가 나타날 경우 수정될 수 있다.

(6) **예산의 정량성(budgeted)** : 마케터는 마케팅계획의 목표, 판매량, 수익성 등을 정량화하는데 신중해야 한다. 기업이 최종 숫자(final figure)를 결정하기 앞서 다양한 시도를 해보아야 한다.

(7) **상세성과 순차성(programmed)** : 모든 마케팅계획은 마케팅활동들이 순차적으로 이루어지도록 세워져야 한다. 특히 마케팅계획의 시의적절성(timing)은 무엇보다도 중요하다. 따라서 마케팅계획은 상세성(detailed)과 순차성(staged timetable)이 수반되어야 한다.

(8) **구체성과 협력성(organized and coordinated)** : 마케팅계획은 구체성(specific)을 띠어야 하고, 업무를 책임지는 담당자와 부서가 명확하게 명시되어야 한다. 또한 관련된 모든 사람들의 활동과 서비스 수준, 과업량 등이 분명하게 제시되어야 한다.

3. 마케팅계획 고려요소

마케팅이 효과적으로 실행되려면 조직적이고 통합적으로 기획되어야 하는데, 이를 위해서 마케팅계획 수립이 이루어져야 한다. 마케팅전략(marketing strategies)은 마케팅계획과정을 수립하는 기업을 위해 개발되고 채택된다. 마케팅계획과정(marketing planning process)은 마케팅을 조직과 통합시키는 체계적인 방법이다(Horner & Swarbrooke, 1996 : 233).

마케터가 성공적인 마케팅계획을 수립하기 위해서 다음과 같은 조건이 구비되어 한다. 첫째, 마케팅계획은 실천가능(workable)해야 한다. 둘째, 마케팅계획은 현실적(realistic)이고 융통성(flexible)이 있어야 한다. 셋째, 마케팅계획은 측정가능(measurable)하고 성취가능(achievable)한 목표(goals)가 있어야 한다(Shoemaker & Shaw, 2008 : 126-127).

마케팅계획은 단순(simple)하고 실행하기 쉬워(easy)야 한다. 가령, 100여 가지의 실천단계(action steps)를 포함하고 있는 200여 페이지의 마케팅계획은 보기에 좋을지 모르나, 실천하기 어렵다. 과도한 사업활동은 생산성의 저하를 초래하고, 마케터와 이해관계자들을 실망시킨다. 마케팅계획을 수립할 때 가장 중요한 것은 계획이 단순해야 한다는 것이다.

또한 마케팅계획은 현실적이고 융통성이 있어야 한다. 물론 로드맵(road map)은 필요하고, 유용하다. 하지만 로드맵은 길을 잃었을 때 필요한 것이다. 오늘날 관광산업은 급속하게 변화고 있다. 이러한 급변하는 환경에 대처하기 위해 마케팅계획은 고객의 변화와 시장의 변화에 적절하게 대응할 수 있도록 충분한 융통성이 있어야 한다. 아울러 마케팅계획은 변화를 수용하기 위해 끊임없이 검토 · 평가 그리고 재평가되어야 한다. 마케팅계획은 가용 시간(time)과 자원(resources)에 맞게 세워져야 한다.

마케팅 담당자는 소유자의 욕구, 기업의 필요, 경영자의 목표로 인해서 실천이 불가능한 즉 성공가능성이 낮은 마케팅계획은 세우기도 한다. 가령, "호텔의 경우 객실점유율 30%증대"(raise the numbers)같은 현실성이 없는 계획이 그 예이다. 마케팅계획은 측정가능한 목표를 가져한다. 마케팅계획은 조직 내의 개인 혹은 부서가 특정 시간(times)과 날짜에 달성해야하는 책임이 주어져야 한다. 가령, "4% 객실점유증대"(raise occupancy four points)같은 구체적인 목표치를 명시함과 동시에 성공유무에 따라 책임과 보상이 동시에 이루어져야 한다.

제2절 관광마케팅 환경분석과 마케팅기회

1. 환경분석과 마케팅기회

마케팅기회(marketing opportunity)와 문제점(problems)의 분석은 사업의 출발점의 근원이자 지속적인 성공의 관건이다. 시장분석 또는 타당성분석을 수행하지 않고 새로운 사업(new venture)이 시작될 수 없듯이, 상황 혹은 환경분석을 거치지 않고 기업(organization)이 탄생할 수는 없다(Morrison, 2010 : 134). 마케팅기회분석의 목적은 고객의 욕구를 파악하여 충족시키는 데 있다. 다시 말해서 마케터가 자사의 상품을 현재와 미래고객의 욕구에 부합시키는 것이다.

마케팅기회분석은 크게 3가지 분석으로 나누어질 수 있다.

- 상황분석(the situation analysis)
- 시장분석(the market analysis)
- 타당성분석 / 실현가능성분석(the feasibility analysis)

2. 마케팅기회분석 유형

1) 상황분석

상황분석은 기업의 마케팅 강점, 약점, 기회 그리고 위협요인을 분석하는 것을 일컫는다. 관광마케팅을 수립하기 위해서 가장 먼저 수행되어야 할 단계가 상황분석이다. 마케터는 상황분석을 통해서 현재 기업의 현황과 상태를 파악할 수 있다. 기업은 상황분석을 하여 자사의 강점과 약점에 대해서 관심을 갖는다. 또한 상황분석은 장기계획(long-term planning)을 세우고 마케팅계획을 개발하는 데 도움을 준다. 상황분석은 마케팅조사의 우선순위(priority)를 결정하게 해준다. 마지막으로 상황분석은 "파생편익"(spin-off benefit)을 기업에 제공하기도 한다. 기업 혹은 마케터는 상황분석을 〈marketing audit〉 혹은 〈SWOT analysis〉용어로 대치해 사용하기도 한다(Morrison, 2010 : 135-136).

Morrison(2010)은 환대 · 환대산업을 둘러싼 환경(marketing environment)을 다음과 같이 제시하였다.

마케팅환경 / 거시환경(marketing environment)

- 경제(economy)
- 사회(society)
- 문화(culture)
- 정부(government)
- 기술(technology)
- 인구통계적 요인(population / demographics)

내부환경 / 미시환경(internal environment)

- 경쟁자(competitor)
- 고객(customers)
- 공급업자(suppliers)
- 유통경로(distribution channel)
- 투자자 · 채권자(creditors)

2) 시장분석(the market analysis)

기업이 시장분석(market analysis)을 하는 이유는 다양하다. 기업이 신사업을 고려할 때 개발자와 투자자와 같은 이해관계자들이 시장분석을 요구한다. 특히 투자자는 돈이 적절하게 투자되어 활용되고 있는가를 확인하려고 한다. 통상 시장분석은 다음과 같은 6단계를 거친다.

- 마케팅환경분석(marketing environment analysis)
- 시장잠재력분석(market potential analysis)
- 주경쟁자분석(primary competitor analysis)
- 입지와 지역분석(location and community analysis)
- 서비스분석(service analysis)
- 마케팅포지션분석(marketing position analysis)

3) 타당성분석(feasibility analysis)

타당성분석이란 특정 사업을 시작하기 전에 성공가능성의 여부를 다양한 도구를 통해서 파악하는 것을 말한다. 마케터는 사업타당성분석을 하여 실패가능성을 줄이고, 사전에 예견되는 문제점이나 애로사항을 분석하여 미래에 닥칠 수 있는 위험에 대비한다. 타당성분석은 주어진 환경에서 특정 사업(project)의 성공가능성을 파악하기 위해 행해진다. 타당성분석은 다양한 대안(alternatives)을 제시하고, 의사결정의 지침(guideline)을 제공해준다. 또한 기업이 타당성분석을 하는 목적은 기업의 강점과 약점을 객관적으로 파악하고, 환경(environment)과 가용자원(resources)으로 인해서 기업이 직면하는 기회와 위협(opportunity & threat)을 정확하게 찾아내는 데 있다. 결국, 타당성분석은 SWOT분석과도 맥을 같이한다.

기업이 타당성분석을 할 때 고려하는 사항은 다음과 같다(Morrison, 2010 : 161).

- 마케팅환경분석(marketing environment analysis)
- 시장잠재력분석(market potential analysis)
- 주경쟁자분석(primary competitor analysis)
- 입지와 지역분석(location and community analysis)
- 서비스분석(service analysis)
- 마케팅포지션분석(marketing position analysis)
- 가격분석(pricing analysis)
- 소득과 지출분석(income and expense analysis)
- 개발비용분석(development cost analysis)
- 투자대비 회수율 분석(analysis of return on investment)
- 경제적 타당성분석(analysis of economic feasibility)

3. 거시환경분석

관광산업 마케터는 사업환경의 변화를 파악한 후 변화에 적응해야 하기 때문에 마케팅을 수행하는데 영향을 미치는 거시환경 요소를 이해할 필요가 있다. 대표적인 거시환경 요소로 1) 정치적 환경, 2) 경제적 환경, 3) 사회 · 문화적 환경, 4) 기술발전 환경, 5) 자연, 생태환경을 들 수 있다(Bowie & Buttle, 2004 : 16~20). 관광산업을 둘러싸고 있는 외부환경(external environment) 즉 거시환경(巨視環境; macro-environment) 특성은 '4D'로 나누어 질 수 있다(Tribe, 1997: 54).

- 역동성(dynamic)
- 다양성(diverse)
- 위험성(dangerous)
- '비용이성'(非容易性; difficult)

다음은 관광산업이 외부환경, 즉 거시환경에 의해서 부정적 영향을 받았던 일련의 역사적 사건들이다. 관광산업은 외부환경으로 인해 부침(ups & downs)를 겪었다.

- The Oil Crisis(1973)
- The Second Oil Crisis(1979)
- The Persian Gulf War(1990~1991)
- The Asian Financial Crisis(1997~1998)
- September. 11 Attack(9 / 11. 2001)
- SARS(Severe Acute Respiratory Syndrome / 2002~2003)
- U/S Financial Crisis / Subprime Mortgage Crisis(2007~present)
- Tsunami in Japan(2011)

1) 정치적 환경(political environment)

고객과 사업에 영향을 주는 지방정부, 주정부, 중앙정부 수준의 활동(movements)과 자세(positions)를 정치적 환경이라 말한다. 가령, 페미니즘, 인종차별정책, 관광기금제도(funding of tourism), 국경통과절차, 기업소유권(business ownership) 등을 들 수 있다(Shoemaker & Shaw, 2008 : 196~197). 특정 국가의 정책이 관광산업 발전에 긍정적인 영향을 주기도하고, 관광발전을 저해하기도 한다. 미국의 경우 연방정부가 국제관광객을 유치할 목적으로 제한된 예산을 할당하여, 주(州) 혹은 민간기업이 국제관광을 발전시키는 데 어려움을 겪었다. 이와 반대로 싱가포르, 버뮤다, 필리핀은 정부차원에서 관광산업 발전에 관심이 있고, 많은 투자를 하고 있다. 이로 인해서 관광산업 발전에 큰 도움이 되고 있다.

다음은 제도와 정책을 포함한 정치적 환경이 이롭게(favourable) 작용하여 관광산업이 발전한 지역의 예이다.

- 미국, Nevada Las Vegas → Casino
- 미국, San Francisco → Gay & lesbian festivals
- 중국, Macao → Casino
- 네덜란드, Amsterdam → Hedonistic Industry
- 호주, Melbourne → Casino
- 대한민국, 제주도 제주시 → JDC 내국인 면세점
- 대한민국, 제주도 → 중국인 No Visa 제도
- 대한민국, 강원도 정선 → 강원랜드 Casino
- 대한민국, 경기도 고양시 → 전시컨벤션센터

독재정부 · 권위주의정부와 과거 사회주의 국가정책과 같은 정치시스템은 관광산업 발전에 부정적 영향을 미쳤다. 통일 전의 동독(East Germany)은 사회주의 체제를 유지하기 위해서 정부가 Inbound와 Outbound를 통제하였다. 동독과 같은 사회주의 국가는 "누가(Who), 무엇을(What), 어디서(Where), 언제(When), 왜(Why) 여행을 하는가"를 고객이 결정하지 않고, 정부에 의해서 결정되었다. 그 당시 동독의 정치적 불확실성과 예측 불가능한 정치환경은 동독을 방문하고 싶은 많은 사람들을 불안하게 했고, 동독을 위험한 국가로 생각하게 하였다(Nickerson, 1996 : 9). 동독의 예는 정치시스템이 관광산업 발전을 저해했던 전형적인 국가 사례이다. 북한(North Korea), 쿠바(Cuba), 리비아도 예외는 아니다.

[그림 5-3] 정치지도자와 관광산업

세계관광산업과 대한민국 관광산업에 지대한 영향을 미친 정치지도자. 김대중 대통령, 부시 미국대통령, 오사마 빈라덴, 덩샤오핑 주석

국가, 지역 그리고 국제정치 상황은 관광 공급과 수요에 지대한 영향을 미친다. 특정 국가의 정치적 불안정, 전쟁발생, 테러 등은 관광산업에 악영향을 주었다. 전쟁, 정치적 불안정 테러 등 정치적 환경이 관광산업에 악영향을 미친 대표적인 예로 1970년대 레바논 내전, 1980년대 유고슬라비아 인종분규, 1991년 걸프전쟁(Gulf War), 1993년 미국 마이애미 관광객 테러(Seaton & Bennett, 1996 : 11), 2000년대 미얀마(Burma) 국제관광객 접근 제한 정책(Bowie & Buttle, 2004 : 17), 인도네시아 Bali 리조트 폭탄테러(2002, 2005), 뉴욕 9 · 11 테러(2001) 등이 있다. 국제관광은 앞서 예시한 테러와 같은 비우호적인 정치적 환경요인으로 인해 해당 정부가 공항검색(airport security)을 강화하고, 비자정책(visa rules)을 엄격하게 적용함에 따라 부정적인 영향을 받는다(Biederman, 2008 : 47-49).

[그림 5-4] 정치환경과 관광산업

발리, 9 · 11, 미얀마 독재자, 오사마 빈 라덴 등

2) 경제적 환경(economic environment)

경제적 환경이란 관광산업에 영향을 미치는 경제적 상황 및 요소(economic realities)를 일컬으며, 구체적으로 불경기(recessions), 인플레이션, 고용수준, 가처분소득, 환율 등이 경제적 환경 요소에 포함된다. 특히 관광산업의 경우 화폐가치(currency value)가 국제관광에 지대한 영향을 미친다(Shoemaker & Shaw, 2008 : 199). 가령, 중국 위엔화(元)가 한국 원화(won)에 비해 강세(strong)를 보일 때 한국인 관광객에게 중국은 매력적인 목적지가 될 수 없고, 한국인 관광객의 구매력은 떨어진다. 반면, 중국인 관광객은 중국 위엔화(元) 화폐가치가 높아 구매력이 높고, 한국이 상대적으로 매력적인 방문지로 떠오를 수 있다.

중국 관광객

경제적 환경은 국민 혹은 고객의 부의 축적과 소득에 영향을 미치는 모든 활동(activities)을 일컫는다. 관광산업에 영향을 미치는 대표적인 경제적 환경 예는 다음과 같다(Tribe, 1997 : 63, Bowie & Buttle, 2004 : 17~18, Shoemaker & Shaw, 2008 : 199~206).

- 경제상황(the state of economy)
- 고용구조 · 형태(the structure of employment)
- 실업수준(the level of unemployment)
- 인플레이션(inflation)
- 환율(foreign exchange rates)
- 개인 가처분소득(personal discretionary incomes)
- 주식시장(stock market)
- 정부지출(government expenditure)
- 소비자지출(consumers' expenditure)
- 조세정책 및 세금(taxation)
- 투자환경(investments)
- 유가(gas prices)
- 부동산 · 주택시장 상황(housing markets)

환율과 호텔 특수

국내 주요 백화점과 호텔이 '엔고 특수'로 불황 속 호황을 누리고 있다. 원·엔 환율이 100엔당 1600원대를 오르내리면서 일본인 쇼핑 관광객이 밀려들어와 국내 백화점과 호텔을 먹여살리고 있는 것이다.

롯데백화점은 지난달 외국인에게 구매 금액에서 세금을 환급해준 내역을 분석한 결과, 서울 소공동 본점에서만 일본인 구매액이 91억원으로 본점 매출의 7%를 차지했다고 22일 밝혔다. 지난해 같은 기간 구매액보다 12배 많고, 구매 건수로는 8배 늘었다. 전체 외국인 구매액 중 일본인 비중은 67%에 달했다.

일본인이 쓴 91억원 가운데 65억원은 명품을 사는 데 들어갔으며 나머지 26억원은 수입 화장품과 식품 구매 등에 사용됐다. 신세계백화점 명동 본점도 상황은 비슷하다. 신세계측은 일본인 구매액이 전체 매출의 6.3%에 달한다고 밝혔다. 지난달 명동과 소공동 일대의 백화점 2곳에서만 일본인 관광객이 100억원 이상을 뿌린 셈이다.

이 같은 '큰 손'을 맞아 백화점의 일본인 상대 마케팅도 강화됐다. 전문 통역사를 안내 데스크에 상주시키거나 전화 통역(피커폰) 서비스를 제공하고 있다. 롯데백화점 관계자는 "관광 필수 코스로 백화점을 찾아오는 일본인을 위해 통역사 배치와 같은 서비스를 확충하고 있다"고 말했다.

주요 호텔의 엔고 특수도 백화점 못지 않다. 객실이 가장 많은 롯데호텔에선 일본인 점유율이 최근 3개월간 60%를 웃돌고 있다. 웨스틴조선호텔도 지난해 중반 10%에 불과했던 일본인 점유율이 연말 20%로 늘더니 이달 들어 40%로 치솟았다. 밀레니엄 서울힐튼호텔 역시 일본인 점유율이 지난해의 배가 넘는 36%로 집계됐다.

호텔업계 관계자는 "일본인 덕분에 현재 주요 호텔 투숙률이 90%를 웃돈다"면서 "하지만 비즈니스 고객이 아닌 개별 관광객은 엔고 현상이 잦아들면 썰물처럼 빠질 것"이라고 말했다.

출처 : 국민일보

3) 사회 · 문화적 환경(socio-cultural environment)

사회 · 문화적 환경변화는 관광기업에게 기회와 위협(opportunity & threat)이다. 관광기업이 마케팅 활동을 하는데 고려해야 할 주요한 사회적 환경변화요소는 다음과 같다(Health & Wall, 1992 : 34~35).

- 가족구조의 변화
- 연령구조의 변화
- 단순함 추구 라이프스타일
- 삶의 질 추구
- 일상탈출 욕구 증대
- 학습욕구 증대
- DIY(do-it-yourself) 라이프스타일
- 정보력 + 교육수준 높은 관광객 증대

항공여행(해외여행)은 전세계 사람 간의 관계에 변화를 이끌었으며, 많은 사람들이 여행(관광)을 통해서 다른 문화를 이해하고 생활양식을 공유하게 하였다. 이로 인해서 세계인들은 싫든 좋든 비슷한 행동패턴과 생활양식을 갖게 되었다(Nickerson, 1996 : 9).

문화는 관광기업의 마케팅활동에 영향을 미칠 수 있기 때문에 중요하다. 문화는 관광기업의 다음과 같은 부분에 영향을 준다(Evans, Campbell & Stonehous, 2003 : 80).

- 종사자 동기(employee motivation)
- 산업(기업) 매력성(the attractiveness of the organization)
- 종사자 사기와 '호의감정'(employee morale and goodwill)
- 생산성과 효율성(productivity and efficiency)
- 직장생활의 질(the quality of work)
- 종사자 본성(the nature of employee)
- 직장내 종사자 태도(employee attitude in the workplace)
- 혁신과 창의성(innovation and creativity)

4) 기술적 환경(technological environment)

관광산업은 정보 집약적 산업(information-intensive industry)이며, 정보기술(IT : information technology)의 급속한 발달은 산업의 효율성을 증대시켰을 뿐만 아니라, 신속한 서비스를 가능하게 했다. 정보기술은 관광산업과 동업자(partnership)관계를 맺으면서 서로 발전을 한다. 정보기술은 여행사, 호텔, 항공사 등 산업영역에 활용된다. 가령, 항공사는 정보기술을 항공노선계획, 항공기운항, 예약, 판매, 수익관리(yield management) 등에 활용한다(Poon, 1993 : 11~12). 관광산업은 정보기술(IT) 혹은 정보통신기술(ICT : information communication technology) 같은 새로운 비즈니스 환경에 의해서 영향을 받는다. 기술발달은 관광산업 혁신을 촉진시켰고, 역으로 관광산업 발전은 기술발달에 기여했다(Buhalis, 2003 : 76).

관광교통 발달의 예를 들어보자. 자전거(wheel)로부터 시작해서 증기기관차(steam engine), 자동차(automobile) 그리고 제트기(jet plane)에 이르는 관광교통 기술발달은 속도와 안락감 증진시켰고, 여행비용을 줄였으며, 사회 · 국가 간의 관계에 변화를 가져왔다(Nickerson, 1996 : 9). 항공기의 등장은 관광산업에 지대한 영향을 미쳤다. 관광객은 항공교통을 이용하여 장거리 목적지(long haul)로 가장 신속하고 편안하게 이동하게 됨에 따라 예전에 멀리 떨어져 있거나 접근이 불가능했던 목적지(inaccessible destination)가 유명 관광목적지로 부상하였다. 제2차 세계대전 동안 프로펠러 비행기(jet-propeller)가 등장하였고, 그 이후 비약적인 기술의 발달로 신속성과 대량수송 능력이 있는 Jumbo비행기 보잉747(Boeing 747)이 출현하면서 획기적인 변화가 일어났다. 신속성과 대량수송을 가능케 한 점보기의 등장은 이른바 대중관광(大衆觀光 : mass tourism)을 촉진시키는 계기가 되었다(박시사, 2008 : 19).

항공기

2000년대 들어와서 정보기술의 이해와 사용에 능통한 세대가 주요 소비계층으로 자리를 잡음에 따라 온라인(online)으로 모든 항공·관광 상품을 일괄구매(one-stop)하려는 욕구와 소비자 욕구가 많아졌다. 최첨단 기술과 소비자 인터페이스 기술을 갖춘 온라인 여행사(online travel agency)가 관광시장에서 큰 호응을 얻게 되었다. 이러한 기술환경의 변화로 생긴 온라인 여행사는 다양한 형태로 사업을 함에 따라 시장에 미치는 파급효과가 크다. 향후 이러한 기술과 산업의 융합(convergence)은 가속되고 심화될 것이다(윤덕영·윤문길, 2004 : 10~11).

[그림 5-5] iPhone과 관광산업

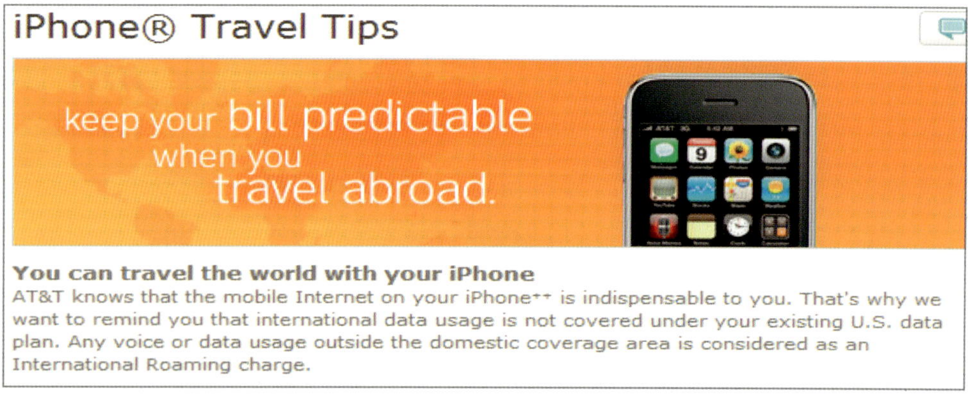

출처 : www.wireless.att.com / 인터넷 자료

21세기에 접어들면서 인터넷과 더불어 이동전화(mobile phone), Facebook, Twitter 등은 관광산업 지도를 바꾸고 있다. 특히 Apple사의 iPhone과 같은 〈Smart phone〉의 등장으로 고객들은 스마트폰을 통해서 여행 · 관광정보를 획득 및 교환, 여행 동호회(travel community)활동, 관광상품의 거래(transaction), 그리고 다른 사람들에게 전파(word of mouth)까지 하고 있다.

5) 자연환경(natural & ecological environment)

자연환경이란 지구상 혹은 특정 지역에서 자연적으로 생성하는 모든 생물, 무생물을 포함한다. 또한 자연환경은 모든 생물간 상호작용을 포함한 환경(environment)이다. 자연환경의 상대적 개념은 '인공환경'(built environment)이다.

[그림 5-6] 관광산업과 거시환경

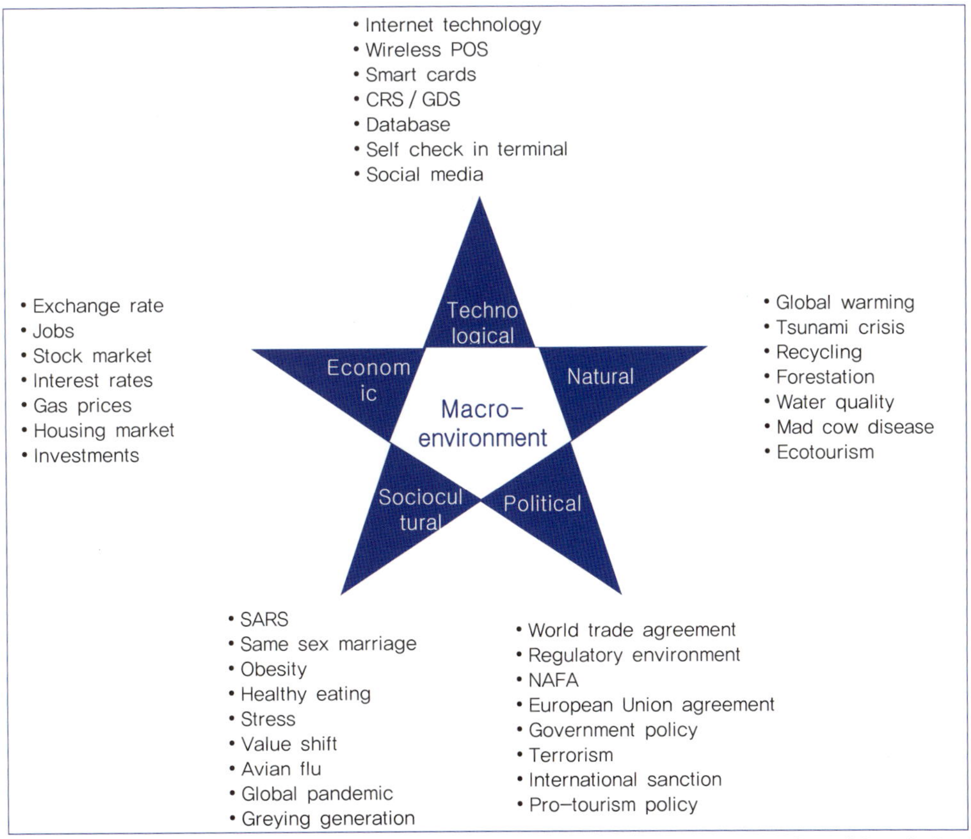

출처 : Shoemaker & Shaw(2008), Marketing Essentials in Hospitality and Tourism, p.206 참고, 저자 보완 재구성

자연환경의 변화는 관광산업에 지대한 영향을 미친다. 가령, 지구온난화(global warming), 기후변화(climate change), 공기오염(air pollution), 쓰나미(tsunami), 화산폭발(volcano eruption) 등과 같은 자연환경의 변화는 관광산업에 긍정적 혹은 부정적 영향을 미친다.

4. 미시환경분석

1) 관광산업 미시환경

관광산업 미시환경(微視環境)이란 관광기업의 내부환경을 일컫는다. 대표적인 미시환경으로 경쟁자, 고객, 공급업자, 유통채널, 투자자 등을 들 수 있다.

[그림 5-7] 관광기업 미시환경

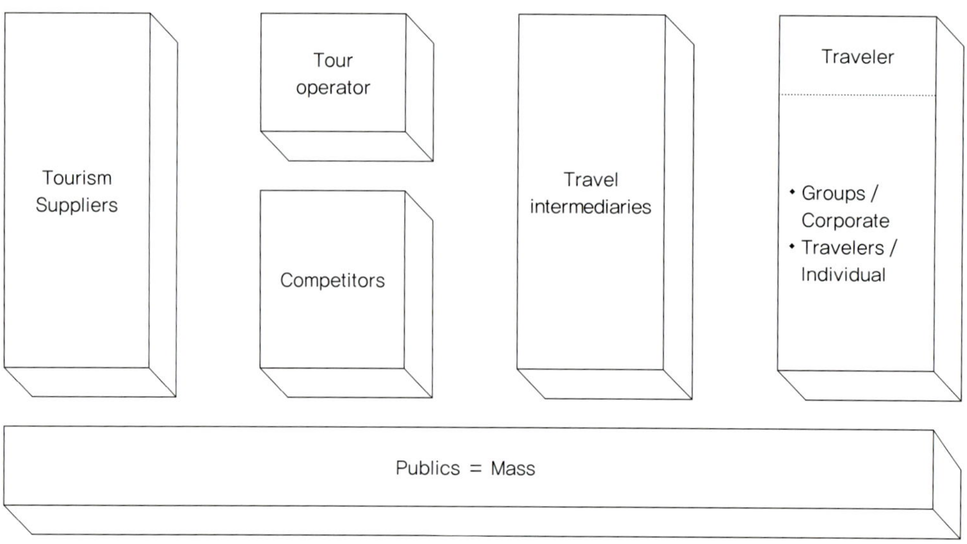

위의 [그림 5-7]에서 보는 바와 같이 관광기업 미시환경은 (1) 공급업자(tourism suppliers), (2) 투어오퍼레이터(tour operator), (3) 경쟁자(competitors), (4) 중개업자(travel intermediary) 등으로 구성되어 있다.

공급업자(suppliers)는 관광기업이 상품을 생산하기 위해서 필요로 하는 자원(resources)을 제공하는 조직체 혹은 개인이다. 공급업자는 관광기업의 마케팅계획에 지대한 영향을 미친다. 가령, 항공사, 호텔, 렌터카, 레스토랑과 같은 관광공급업자는 여행사(tour operator)

의 마케팅계획에 큰 영향을 준다.

투어오퍼레이터 혹은 마케터(tour operator / marketer)는 자사의 각 부서와 경영자와 긴밀하게 업무를 협조해야 한다. 가령, 재무부서, 회계부서, 기획부서, 판매 · 마케팅부서는 기업의 공통의 목표를 성취하기 위해서 하나의 시스템이 되어야 한다. 기업내 모든 부서는 고객에게 최고의 가치를 제공하고, 고객을 만족시키는데 힘을 합쳐야 한다. 모든 부서의 노력과 협력은 마케팅 부서의 계획과 활동에 영향을 준다.

경쟁자(competitors)의 문제이다. 성공한 관광기업은 경쟁자보다 고객의 욕구와 욕망을 충족시킨다. 특히 경쟁력있는 관광기업은 고객의 마음에 자사의 상품을 강력하게 포지셔닝하여 전략적 우위(strategic advantage)를 확보해야 한다.

중개업자 즉 마케팅중개업자(marketing intermediary)는 관광기업이 상품을 최종소비자에게 촉진, 판매, 유통시키는데 도움을 주는 조직이다. 중개업자는 관광기업이 고객을 찾고, 판매를 종결시키는데 도움을 준다. 가령, 여행사, 호텔 GSA, 광고회사(advertising agency), PR회사(public relation agency) 등이 중개업자의 범주에 포함된다.

2) 관광산업 미시환경 특성

Morrison(2002)은 시스템이란 공동의 목표를 달성하기 위해서 서로 작용하는 관련된 부분의 결합이라 정의하면서, 마케팅을 이해하기 위해서는 시스템의 특성을 이해할 필요성을 강조하였다. 관광 · 환대산업의 주요한 미시시스템(microsystem) 특성은 다음과 같다(Morrison, 2002 : 57).

관광 · 환대산업 미시시스템의 특성

- 종합성과 다양성(complexity and variety)
- 경쟁성(competitiveness)
- 상호의존성(interdependency)
- 갈등 · 충돌과 부조화(friction and disharmony)

첫째, 종합성과 다양성이다. 종합성이란 관광산업에 영향을 미치는 다양한 변수가 존재한다는 의미이다(Olsen, West & Tse, 2008 : 70). 가령, 관광산업에 영향을 미치는 변수로는 다음과 같다.

- 수많은 공급업자(number and variety of suppliers)
- 공급업자의 지역적 집중현상(geographic concentration of suppliers)
- 노동력 분포(dispersion of the labor forces)
- 다양한 브랜드(brands in competition)
- 시장에 영향을 주는 정치조직(political bodies affecting market)
- 위기초래하는 경제적 변수(economic variables creating risk)
- 고객 집중화현상(concentration of customers)
- 다양한 잠재적 표적시장(number of potential target markets)[2)]
- 사회 · 문화적 다양성(degree of social / cultural diversity)
- 대체상품 / 대체서비스(potential substitutes for products / services)
- 서비스 전달과정(number of steps in the service delivery process)
- 동종 · 이종 업종간 상호의존성(interdependence among firms)

둘째, 경쟁성(competitiveness)이다. 관광기업은 진입장벽이 상대적으로 적고, 소자본으로 시작할 수 있는 산업적 특성을 갖고 있다. 또한 업종(trade)간 사업영역이 불투명하여 경쟁이 심하다. 가령, 고객은 항공권을 항공사, 호텔, 여행사, 통신판매업 등에서 구매할 수 있다. 따라서 관광산업은 동종업체 뿐만 아니라 유사 혹은 이종(異種)업체와 경쟁을 해야 한다. 또한 최근 온라인 환경에서 관광기업은 더욱 심한 경쟁에 노출되어 있다.

셋째, 상호의존성(interdependency)이다. 상호의존성이란 상호보완성과 상통한다. 여행사와 같은 관광기업은 관광상품 구성요소 즉 항공권, 호텔, 현지여행사, 레스토랑, 가이드 등을 결합하여 패키지여행상품을 구성하는데 이 모든 요소들이 하나의 시스템으로 작용하지 못하면 고객은 만족하지 않는다.

넷째, 갈등 · 충돌과 부조화(friction and disharmony)이다. 관광산업은 항공사, 호텔, 렌터카, 레스토랑과 같은 〈Supplier〉와 여행사, MICE 기획자 등 〈Intermediary〉, 그리고 기업고객, 개별고객인 〈Tourists〉간 유기적인 상호작용을 통해서 성장하고 발전한다. 하지만 관광산업은 다양한 유통채널을 거쳐 상품과 서비스가 최종소비자(end-users)에게 제공된다. 이때 Supplier와 〈Intermediary〉[3)]는 필연적으로 최종고객을 유치하기 위해 경쟁을 하게 된다. 이러한 경쟁과정에서 상호간 갈등 · 충돌과 부조화는 발생한다.

---

2) Gender has also become a defining feature in the identification of the gay and lesbian market. In the USA this niche market comprises about 10% of the tourism market and they are now wooed as a high spending group. In the USA, the top destination for gay in order of preference are New York, Dan Francisco, Hawaii, Palm Springs, Fort Lauderdale, West Hollywood, Miami / South Beach and Key West. Lesbians traveled to San Francisco, Provincetown, New York, Hawaii, Key West, West Hollywood, Miami / South Beach, Fort Lauderdale and Palm Springs(Page, 2009 : 102~103).

3) Intermediaries : Conference and Meeting planners, Travel agents, Wholesalers, Tour operators, Incentive travel houses.

제3절 마케팅조사

1. 마케팅조사

마케팅조사(marketing research)란 기업과 마케터의 의사결정 문제를 파악하여 중요한 의사결정에 필요한 정보를 구체화하여, 체계적이고 과학적인 방법에 의하여 자료 · 정보를 수집 · 분석함으로써 마케터의 의사결정에 도움이 되도록 지원하는 것을 말한다(유필화 · 김용준 · 한상만, 2008 : 80). 코틀러 등(2006)은 "마케팅조사(marketing research)란 시장을 파악하여 마케팅 기회(opportunity)와 문제점(problems)을 찾아내고, 마케팅활동과 성과를 점검 · 평가하여 그 조사결과(findings)가 내포하고 있는 '함의' 혹은 '내면의 뜻'(implications)을 경영자 혹은 의사결정권자에게 전달하는 과정(process)"[4]이라고 정의했다(Kotler, Bowen & Makens, 2006 : 164~165).

[그림 5-8] 마케팅조사, 정보 그리고 서베이

출처 : www.ethicsconsultation.net / www.alanstratford.co.uk 인터넷자료

4) Marketing research. Marketing research is a process that identifies and defines marketing opportunities and problems, monitors and evaluates marketing action and performance, and communicates the findings and implications to management.

마케팅조사는 기업 혹은 마케터가 의사결정에 필요한 정보를 제공하기 위하여 자료(data)를 수집하고 분석하는 것이며, 통상 마케팅조사는 기업내 마케팅부서가 담당할 수 있고, 외부 전문기관에 의뢰하여 수행할 수 있다(이학식, 2009 : 127).

마케팅조사는 불확실성(uncertainty)을 최소화시키는 정보(information)를 제공하여, 기업이 의사결정을 함에 있어서 도움을 주는 데 초점을 맞추고 있다(Zukmund & Babin, 2007 : 41). 미국 Marriot호텔은 마케팅조사에 다음과 같은 항목을 포함시켰다.

Marriot Hotel 마케팅조사 항목

- 시장세분화(market segmentation)
- 시장규모(market size)
- 상품컨셉트 개발(concept development)
- 상품테스트(product test)
- 가격민감도 평가(price-sensitivity assessment)
- 광고평가(advertising assessment)
- 촉진전략 평가(promotions assessment)
- 시장경로(market tracking)
- 고객만족(customer satisfaction)

결국 마케팅조사란 정보(information)와 관련성이 있다. 여기서 말하는 정보는 고객과 경쟁자에 대한 정보가 주류를 이룬다. 기업은 고객과 경쟁자에 대해 수집한 정보를 가공, 처리, 분석하여 이를 기업의 의사결정에 활용하는 것이 중요한데, 마케팅조사 능력은 기업의 경쟁력과 비교우위를 확보시켜주어, 결국 시장에서 성공하게 하는 척도로 작용하기도 한다.

마케팅조사는 기업과 경영자에게 (1) 의사결정능력 향상, (2) 문제파악, (3) 기존고객 유지, (4) 급변하는 시장을 이해하는 데 도움을 준다(Lamb, Hair & McDaniel, 2009 : 240~242). 이는 기업과 마케터가 마케팅조사를 하는 근본적인 이유이다.

Why marketing research?	• improve quality of decision making • trace problems • focus on keeping existing customers • understand changes in the marketplace

기업 혹은 마케터는 마케팅조사(marketing research)를 통해서 우선 상품과 브랜드와 연관성이 있는 '어휘'(vocabulary)를 파악한다. 마케팅조사는 심층면접과 초점집단면접(depth and focus group interview)을 기반으로 행해지며, 이를 통해서 상품과 브랜드의 속성(attributes)과 상품과 브랜드가 제공하는 편익(benefits)이 파악된다. 마케터는 마케팅조사를 하여 자사의 강점(strength)과 약점(weakness)을 찾아 이를 마케팅전략에 활용한다.

마케팅조사는 소비자와 일반대중(public)을 마케터와 연결(links)시키는 기능(function)을 하는데, 이 기능은 바로 정보(information)활용을 통해서 발현된다. 마케팅조사에 활용하기에 좋은 정보는 다음과 같은 속성을 갖추어야 한다(Morrison, 2010 : 174).

- 효용성(utility)
- 시의적절성(timeliness)
- 비용효과성(cost effectiveness)
- 정확성(accuracy)
- 신뢰성(reliability)

3) Morrison의 마케팅조사

마케팅조사는 기업이 효과적인 마케팅 의사결정을 하는데 도움을 주며, 좋은 마케팅 의사결정은 좋은 정보로부터 나오며, 아울러 마케팅조사에 필요한 정보를 제공하기도 한다. Morrison(2010)은 기업이 마케팅조사를 하는 5가지 이유와 마케팅조사를 하지 않는 5가지 이유를 제시하였다(Morrison, 2010 : 168~169).

마케팅조사(reasons for doing marketing research) 요인

- 고객(customers)
- 경쟁자(competitors)
- 확신(confidence)
- 신뢰성(credibility)
- 변화대응(change)

마케팅조사 제약요인(reasons for not doing marketing research)

- 시간(timing)
- 비용(cost)
- 믿음(reliability)
- 경쟁자에 정보 노출(competitive intelligence)
- 경영의사결정에 도움이 되지 않음(management decision)

2. 마케팅조사단계

마케팅조사는 조직화된 정보처리과정(organized information process)이다. 정보처리과정이란 정보수집(gathering), 정보가공(processing), 정보분석(analysing), 정보저장(storage), 그리고 정보를 공유하고 소통(communication)을 하는 일련의 과정을 말한다. 마케팅조사의 주요 목적은 바로 마케팅의사결정(marketing decision making)을 돕는데 있다(Middleton et al., 2009 : 162).

마케팅조사(marketing research)는 통상 5단계인 조사문제 정의와 조사목적 설정, 조사계획 수립, 자료수집, 자료분석과 해석, 그리고 조사결과 보고단계를 거친다. [그림 5-9]는 마케팅조사의 단계를 보여주고 있다.

[그림 5-9] 마케팅조사 단계

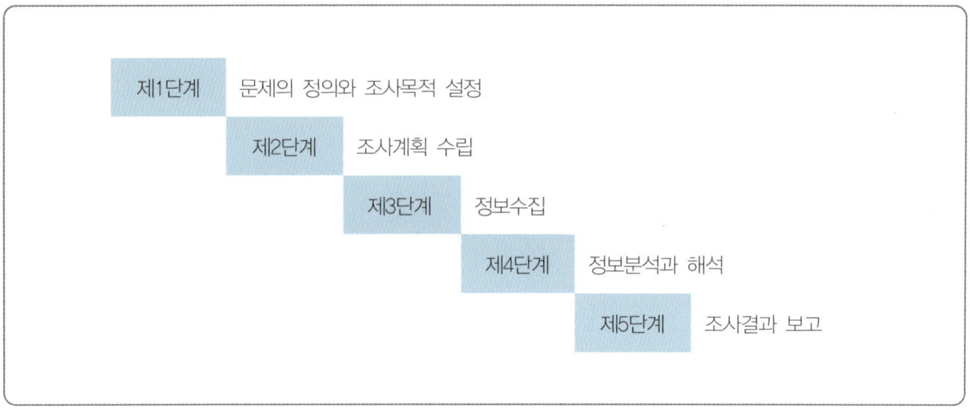

1) 문제의 정의와 조사목적

(1) 문제의 정의(defining the problem)

기업 혹은 마케터는 마케팅조사를 수행하기 위해서 우선적으로 조사문제(research problem)를 정의해야 한다. 마케팅조사는 특정 의사결정을 위하여 수행되는 것이므로 의사결정문제로부터 조사문제가 결정된다(이학식, 2009 : 129).

문제의 정의는 상황분석에서 출발한다. 구체적으로 시장, 자사, 경쟁사, 소비자 등을 파악한다. 조사자는 상황분석을 위해 기업의 의사결정자와 면접, 심층면접, 표적집단면접, 그리고 가용 자료를 활용한다. 그 다음 단계는 바로 규명된 문제를 마케팅 조사문제로 전환이다. 마지막으로 기업 혹은 마케터가 필요로 하는 정보를 구체화하는 작업이다(유필화 · 김용준 · 한상만, 2006 : 82~83).

(2) 조사목적(research objectives)

먼저 문제가 규명되면 마케터와 조사책임자(researcher)는 조사목적(research objectives)을 세운다. 조사목적은 연구 · 조사를 통해서 얻어질 수 있는 요약 · 축약물(summarize)이다. 조사목적은 문제의 제기(statement of problem)와 관련성이 있어야 한다. 조사목적은 크게 일반적 목적(general objective)과 구체적 목적(specific objective)으로 나눌 수 있다.

2) 조사계획 수립

(1) 마케팅조사계획

마케팅조사계획의 수립이다. 조사목표는 필요한 정보로 전환된다. 마케팅조사는 구체적인 정보를 필요로 한다. 가령, 호텔의 예를 들면, 호텔이 제공하는 상품과 상품특성(features), 가격(price), 입지(location), 판매(sales), 수익(profits) 등에 대한 구체적인 정보가 필요하다.

마케팅조사 혹은 연구는 정량적 조사(quantitative)와 정성적 조사(qualitative)로 크게 나눈다. 정량적 조사는 데이터를 가공하여 정량화를 시도하는 조사이며, 정성적 조사는 고객의 태도와 행동 등을 관찰하여 고객을 파악하여 분석하는 것을 말한다. 다음 [그림 5-11]은 주요한 마케팅조사의 영역이다(Nykiel, 2005 : 126). 정량적 마케팅조사(quantitative marketing research)는 실증적 평가(empirical assessments)를 적용하여 조사목적에 도달하는 방법이며, 수리적 측정과 분석방법이 주로 사용되는 마케팅조사이다. 정성적 마케팅조사는 조사자(연구자)가 개량화 측정(numerical measurement)에 의존하지 않고 시장현상을 해석하는 기법이다. 정성적 조사는 새로운 의미(meaning)와 지혜 · 직관(insight)을 찾는데 중점을 둔 조사기법이다(Zikmund & Babin, 2007 : 82~83).

(2) 마케팅조사 유형 및 영역(types of marketing research)

다음 [그림 5-10]은 주요한 마케팅조사의 영역이다(Nykiel, 2005 : 126).

[그림 5-10] 마케팅조사의 영역(research focal points)

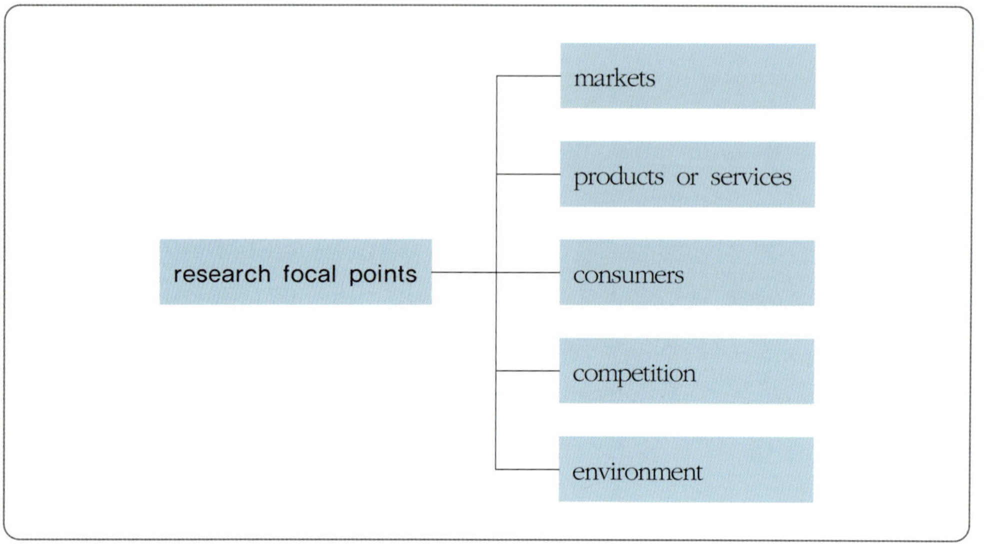

출처 : Nykiel(2005), Hospitality Management Strategies, p.126.

① 시장조사(market research)

시장조사는 수요를 정량화(定量化)하여 세분화(細分化)하는 데 목적을 둔다. 시장조사의 주요 영역과 세부 사항은 다음과 같다.

- 시장점유율(market share)
- 판매추세(sales trends)
- 시장유형(market segments)
  - 제1 표적시장(primary target market)
  - 제2 표적시장(secondary target market)
  - 틈새시장 · 전문시장(niche / special markets)
- 유통경로(distribution channels)
  - 판매대리점(outlets)
  - 특정 회사 혹은 상품의 시장점유율(penetration)[5]
  - 유통범위 및 도달영역(coverage)
- 미디어시장(media markets)
  - 텔레비전(TV)
  - 라디오(radio)
  - 인터넷(internet)
  - DM(direct mail)
  - 옥외광고(outdoor)

② 상품 · 서비스 조사(product or service research)

상품 · 서비스 조사는 경쟁사와 비교해서 자사(自社) 상품과 서비스의 강점(strength)과 약점(weakness)에 초점이 맞추어진다. 상품 · 서비스 조사의 주요 영역은 다음과 같다.

- 상품 · 서비스(products / service)
  - 강점(strength)
  - 약점(weakness)
  - 상품개발(product development)
  - 상품생애주기(product life cycle)[6]
- 상품 · 서비스 포지셔닝(positioning)
- 브랜드(branding)
- 패키징(packaging)[7]
- 가격책정전략(pricing strategies)

③ 소비자 조사(consumer research)

소비자(consumer)란 제품과 서비스를 실질적으로 구매하거나 구매의도를 가지고 있는 사람을 의미한다. 소비자는 기업이 생산한 제품이나 서비스를 구매할 의도를 갖고 있거나 구매하는 개인(individual)이나, 기업 그리고 기관(organization)과 같은 소비주체를 말한다. 소비자가 없으면 기업은 존재가치가 없다. 기업은 소비자 또는 고객의 욕구를 충족시키기 위해 제품과 서비스를 생산하고 판매하는 존재이다. 소비자의 욕구변화를 효과적으로 대응하는 기업은 경쟁력을 갖게 된다(강재정, 2009 : 135).

소비자는 다양한 유형이 있으며, 그 범위가 넓다. 소비자 조사는 정략적 조사와 정성적 조사를 모두 포함한다. 소비자 조사의 주요 항목은 다음과 같다.

- 인구통계 요인(demographics)
- 지리적 요인(geographics)
- 사이코그래픽 요인(psychographics)
- 소비자행동패턴(behavioral patterns)
- 태도(social attitudes)
- 구매습관(habits)
- 편익과 욕구(benefits and needs) 등

5) Penetration. The degree of market share held by a given firm or product.

6) Product Life Cycle. The stages a product goes through, from starting out as a new product, to perhaps being adopted only by innovators, to increased adoption and acceptance by more customers, to maturity, to sales decline. The four stages of the life cycle are : introduction, growth, maturity, and decline.

7) Packaging. The combination of more than one hospitality product or service into a single purchase item for a single price.

㉠ 개인소비자(individual consumer)

고객을 이해하고 고객의 기대를 충족시키면 기업은 고객을 더욱 만족시킬 수 있다. 고객의 만족은 기업의 수익과 생산성 향상에 도움이 된다는 것은 '진부한 표현'(cliche)이 되었다. 관광산업 마케터는 개인 소비자의 사회 · 문화적 요인, 개인의 차이, 개인의 상황 등을 조사해야 한다(Bowie & Buttle, 2004 : 54-60).

- 사회 · 문화적 요인(socio-cultural)
  - 문화(culture)
  - 준거집단(reference groups)
  - 가족상황(family)
  - 사회계층(social class)
- 개인의 차이(individual difference)
  - 성격(personality)
  - 라이프스타일(lifestyle)
  - 성별(gender)
  - 연령(age)
  - 소득수준(income)
  - 교육수준(education)
- 개인의 상황(contextual circumstances)
  - 위험지각의 정도(perception of risk)
  - 관여도(involvement)

㉡ 기업 · 기관 소비자(organization consumer)

관광산업은 기업여행, 기업미팅, 전문가 협회, 컨벤션, 전시회, 박람회, 승무원(aircrew)과 같은 사업목적의 기업시장(organizational market)도 중요한 부분을 차지한다. 오늘날 관광산업에 MICE시장(MICE market)이 부각되고 있는데, 기업 · 기관 소비자는 개인소비자(individual consumer)와 다른 구매결정과정을 보인다. 기업 · 기관 소비자는 다음과 같은 특성을 보인다(Bowie & Buttle, 2004 : 62-63).

- 기업 · 기관 소비자(organizational consumer)
  - 구매결정과정에 참여자가 많음(many participants involved)
  - 사용자와 구매자의 불일치 가능성 많음(users not equals buyers)
  - 수배의 복잡성(complexity of the arrangements)
  - 기술적 지원과 요구사항이 높음(technical requirements)

기업시장을 표적시장으로 하는 마케터 혹은 조사자(researcher)는 구매결정과정의 역할(role)을 파악할 필요가 있다.

- 의사결정과정 역할(roles)
  - 사용자(users)
  - 의사결정자(deciders)
  - 정보수집 / 정보통제자(gatekeeper)[9]
  - 영향력 행사자(influencers)[8]
  - 구매자(buyers)

④ 경쟁자 조사(competition research)

경쟁자란 어떤 목적을 두고 이기거나 앞서려고 서로 다투는 상대자(counterpart)이다. 우선 경쟁자의 식별이 선행되어야 한다. 경쟁자는 크게 (1) 가격경쟁자(price competitor), (2) 전략경쟁자(strategy competitor)로 식별될 수 있다. 또한 경자의 유형은 통상 (1) 직접경쟁자(direct competitor), (2) 간접경쟁자(indirect competitor)로 나눌 수 있다.

마케팅전략의 성공은 자사의 상품과 서비스를 주요 경쟁자와 비교하고 파악하는데서 출발한다. 경쟁자 조사는 경쟁사의 상품과 서비스를 비교하여, 소비자들이 자사의 상품과 서비스를 어떻게 지각하고 체험하고 있는지를 찾아내는 것이다. 경쟁자 조사의 항목은 다음과 같다(Nykiel, 2005 : 128).

- 요금책정 및 가격정책(pricing)
- 가치(value)
- 품질(quality)
- 구매의 편의성(convenience of purchase)
- 고객만족(customer satisfaction)
- 상품과 서비스 전달(delivery)

⑤ 환경조사(environment research)

기업 혹은 마케터가 마케팅조사를 할 때 고려해야 할 환경은 크게 다섯 가지로 나누어진다(Olsen, West & Tse, 2008 : 73).

8) Influencers are people who are close to the decision-makers and can influence any part of the decision, such as location, hotel, and food service.

9) Gatekeepers are people who control the flow of other decision-making unit. For example secretaries or personal assistants often play a key role as gatekeepers in their orgainzations.

- 거시환경(remote environment)
  - 경제환경(economic)
  - 정치환경(political)
  - 사회 · 문화환경(socio-cultural)
  - 기술환경(technological)
  - 생태환경(ecological)
- 과업환경(task environment)
  - 고객(customer)
  - 공급업자(supplier)
  - 경쟁자(competitor)
  - 규제자(regulator)
- 산업 · 시장환경(industry environment / segment)
  - 최고가시장(luxury)
  - 고가시장(upscale)
  - 중가시장(mid-price)
  - 염가시장(budget)
  - 최저가시장(economy)
- 기업환경(firm)
  - 주요 경쟁자(major competitors)
- 기업의 부서환경(functional environment)
  - 재무(finance)
  - 마케팅(marketing)
  - 인적자원관리(human resources)
  - 행정 · 관리(administration)
  - 운영(operation)
  - 연구개발(research & development)

마케팅조사의 영역은 조사의 초점(focus)에 따라 아래와 같은 집단으로 나눌 수 있다(Masterson & Pickton, 2010 : 167).

- 마케팅조사의 영역(areas of marketing research)
  - 마케팅환경조사(marketing environment research)
  - 경쟁자조사(competitor research)
  - 상품조사(product research)
  - 고객조사(customer and consumer research)
  - 광고와 촉진수단조사(advertising and promotions research)
  - 판매와 유통조사(sales and distribution research)
  - B2B조사(business to business research)

3) 정보수집(collect the information)

마케팅조사 자료 · 정부수집단계는 비용이 많이 소요되고, 조사자들이 오류를 범할 수 있는 가능성이 높은 과정이다. 컴퓨터, IT기술은 조사자들이 정보수집을 하는 데 있어서 신속성과 효율성을 증대시켰다(Kotler & Keller, 2009 : 141).

인터넷을 통하여 수집하려는 2차 자료는 크게 거시적 시장에 관한 정보와 미시적인 브랜드, 상품에 대한 정보 등으로 구분된다. 거시적인 정보로 인구의 변화, 사회적 · 문화적 트랜드의 변동, 경제적 · 법률적 환경의 변화와 경쟁기업 등이 있다. 이러한 정보도 인터넷을 통해서 검색할 수 있다(김재일, 2001 : 106).

관광산업의 경우 다양한 기관에서 신뢰할 수 있는 정보를 제공하고 있다. 다음 〈표 5-1〉은 국내 · 외 관광관련 통계자료를 얻을 수 있는 정보원(information sources)이다.

〈표 5-1〉 관광산업 정보제공 정보원

명 칭	웹사이트	비 고
유엔세계관광기구	www.unwto.org	연구서, 보고서, 통계
한국관광공사	www.visitkorea.or.kr	관광통계, 관광시장정보, 출입국 / 관광수지
한국여행업협회	www.kata.or.kr	외국인 유치실적, 내국인 송출실적, 항공권 판매실적
한국관광협회중앙회	www.koreatravel.or.kr	사업체현황, 관광사업체실적통계, 국제관광통계

제4절 마케팅 조사방법

일반적인 사회과학의 조사방법 혹은 연구방법은 크게 정성적(定性的 : qualitative) 조사와 정략적(定量的 : quantitative) 조사로 구분할 수 있다. 정성적 조사란 개인 심층면접이나 초점집단인터뷰(focus group interview)와 같이 계량화할 수 없는 자료를 수집하는 기법을 일컫는다. 반면 설문조사나 실험과 같이 수량화하여 분석할 수 있는 자료수집 방법을 정량적 조사라 한다. 또한 조사를 탐색조사, 서술조사 혹은 기술적 조사, 인과조사로 나누기도 한다. 탐색조사(exploratory research)란 당면한 문제를 정의하거나 가정을 수립할 의도로 기본적인 정보를 수집하는 기법을 일컫는다. 서술조사(descriptive research)는 시장의 잠재력을 측정하거나 고객의 태도 등을 알아보기 위해 시장의 전반적인 상황을 묘사하는데 중점을 둔다. 인과조사(casual research)는 인과관계(因果關係 : cause & effect relationship)를 검증하기 위해 실시되는 조사를 말한다(김재일, 2001 : 102).

1) 설문지법(questionnaires)

설문지법은 가장 빈번하게 사용되는 1차자료 수집방법이다. 조사자는 응답자의 답변을 필요로 하는 다양한 질문들로 이루어진 설문지를 이용하여 조사하는 방법이다. 설문지법은 조사자가 다양한 방법으로 질문을 구성할 수 있기 때문에 융통성과 객관성이 높은 자료수집방법으로 알려져 있다. 설문지법은 조사과정에서 융통성을 발휘할 수 있고, 자료처리와 결과를 해석하고 분석하는데 객관적이며, 다른 조사방법에 비해 용이하다. 단, 설문지법은 설문지가 잘못 설계되면 분석이 힘들고, 의사결정에 도움을 주지 못할 뿐만 아니라 옳지 않은 정보를 제공하는 위험성이 있다.

2) 서베이법(surveys)

서술 혹은 기술적 조사(연구)는 대체적인 현황파악과 변수간 관계를 분석하는데 적합한 조사로서, 가장 널리 이용되는 것은 '서베이'(survey)가 여기에 속한다. 서베이법은 조사에서 가장 많이 활용되는 방법으로 우편조사, 전화조사, 대인조사 혹은 면접조사, 인터넷조사 등을 이용하여 응답자들에게 연구주제와 관련된 질문에 응답하도록 함으로써 자료를 체계적으로 수집하고 분석하는 조사방법이다(이훈영, 2008 : 116).

- 우편조사 : 응답자가 설문지를 우편으로 받아서, 응답한 후 조사자에게 발송하는 방법
- 전화조사 : 조사자가 전화를 이용하여 응답자로부터 직접 자료를 수집하는 방법
- 면접조사 : 조사자가 응답자를 직접 만나 조사하여 자료를 수집하는 방법
- 인터넷 조사 : 인터넷을 이용하여 온라인으로 조사하는 방법

〈표 5-2〉 설문조사방법의 비교

항 목	우편조사	전화조사	면접조사(대인조사)	인터넷조사
조사의 유연성	낮음	약간 높음	매우 높음	약간 높음
데이터의 질	약간 낮음	보통임	매우 높음	약간 높음
조사원의 영향	거의 없음	보통임	매우 높음	보통임
데이터 수집속도	매우 느림	매우 빠름	약간 빠름	매우 빠름
응답률	보통임	약간 높음	약간 높음	약간 높음
조사비용	약간 낮음	보통임	매우 높음	매우 낮음

출처 : 김재일(2001), 인터넷 마케팅, 105쪽.

위의 〈표 5-2〉에서 보는 바와 같이 각각의 조사방법은 장점과 단점이 있다. 따라서 조사자(연구자)는 가용한 시간과 예산, 그리고 기타 조건을 고려하여 최적의 조사방법을 선택하여 조사해야 한다.

3) 관찰법(observation)

연구자가 조사대상자를 현장에서 일정한 기간 동안 관찰함으로써 필요한 정보를 획득하고자 하는 사회조사 방법을 말한다. 이러한 관찰법은 직접 관찰을 통해 정보를 수집하기 때문에 정확한 정보를 수집할 수 있다는 장점을 지니나, 정보수집 과정에 많은 시간과 비용이 소요되며, 관찰대상자가 관찰을 의식해 평소와 다른 반응을 보이거나 불안을 느끼게 되는 등의 단점을 지닌다.

4) 면접법

면접법은 조사의 목적을 공개하면서 자료를 수집하는 방법으로 응답자의 자유로운 의사표현을 조사자가 기술하는 방법이다. 면접법은 크게 (1) 심층면접법, (2) 초점집단면접법으로 나눈다.

(1) 심층면접법

심층면접법(深層面接法)이란 조사자가 주어진 질문이나 주제에 대해서 한 명의 응답자와 자유롭게 대화하면서 심도 있게 조사하는 방법이다. 심층면접법은 응답자의 의견을 반영하여 문제점을 잘 파악할 수 있으며, 그 결과를 반영하여 설문지 설계에 이용할 수 있는 장점이 있다. 반면에 심층면접법은 비용과 시간이 많이 소요되고, 조사자의 능력 혹은 개인차에 따라 결과가 상이하게 나올 수 있는 단점도 있다.

(2) 초점집단면접법

초점집단면접법은 마케팅조사에서 광범위하게 이용되고 있다. 초점집단면접법은 6~10명의 소집단과 자유롭고 형식을 갖추지 않은 방법으로 훈련받은 사회자(moderator)[10]

가 초점집단(focus group)을 대상으로 하는 소비자 조사방법이다. 사회자는 자유롭고 융통성있는 형식을 취하여 조사대상자들의 대화를 유도한다. 초점집단면접법은 다음과 같은 장점(advantages)이 있다(Zikmund & Babin, 2007 : 89~90).

- 신속성(relatively fast)
- 실행 용이성(easy to execute)
- 의견의 다양성(piggybacking and multiple perspective)
- 융통성(flexibility)
- 상세성(scrutiny)

초점집단법이란 구조화된 일련의 질문으로 집단토론(group discussion)형식으로 개인들의 의견을 도출해내는 마케팅조사 방법이다. 집단토론 과정에 '중재자' 혹은 '전문가'(moderator)가 토론을 주재하여 초점집단 구성원들로부터 의견을 이끌어낸다. 초점집단법은 소비자의 태도와 행위가 관련된 정성적 결과물(findings)을 찾는데 도움을 주며, 그 결과물은 서베이나 설문조사를 하는데 활용될 수 있다. 초점집단면접(focus group interview)은 정성적 조사(qualitative research)이다. 연구자 혹은 마케터는 주로 특정 상품, 서비스, 광고 등에 대한 지각(perception), 의견(opinion), 생각(beliefs) 그리고 태도(attitudes) 등을 파악하고 싶을 때 초점집단법을 활용한다. 초점집단법의 장점과 단점은 다음과 같다(www.ag.ohio-state.edu).

장점(advantages)

- 신속하고 경제적임(fast and relatively cheap)
- 가설을 세우는데 도움이 됨(great for generating hypothese when little is known)
- 소비자와 마케터간 차이 혹은 간격 줄임(reduce distance between the respondent and the stake-holders)
- 융통성(flexibility)
- 다양한 의견수렴(great ability to handle contingencies)
- 쉽게 이해할 수 있는 결과물(findings emerge in a form that most users fully understand)

단점(disadvantages)

- 잘못 활용될 수 있음(very easily misused)
- 초점집단법의 결과물의 대표성 문제(모집단)
- 진단 간의 차이점(groups vary considerably)

10) A person who leads a focus group interview and ensures that everyone gets a chance to speak and contribute to the discussion.

5) E-marketing 조사

오늘날 인터넷을 비롯한 정보통신기술(ICT : information communication technology)의 발달은 TV, 잡지, 신문 등 전통적인 미디어를 중시한 기업에서 소셜네트워크, 블로그, 위키 등 소셜미디어로 힘의 '권력이동'(power shift)이 이루어졌다(Straus & Frost, 2009 : 15-16). 기업의 마케팅조사도 예외는 아니다. 아래 [그림 5-11]은 ICT 등장 이후 기업(company)에서 개인(individuals)으로 권력이동을 보여주고 있다.

[그림 5-11] 인터넷 환경, 마케팅 조사 그리고 권력이동

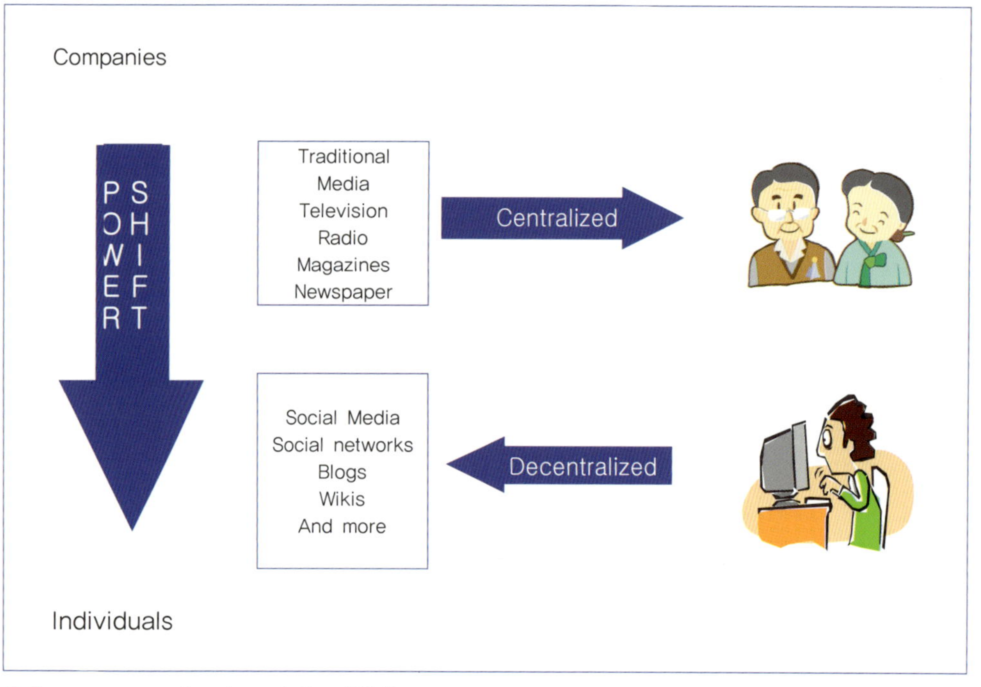

출처 : Straus & Frost(2009), p.16 참고 재구성)

본서는 최근 인터넷 환경에서 널리 활용되고 있는 인터넷 서베이(internet-based survey)에 대해서 간략하게 다루었다. 인터넷 서베이란 현실세계의 설문조사를 인터넷이라는 가상공간으로 옮겨서 수행하는 설문조사방식을 말한다. 인터넷은 커뮤니케이션 수단으로서 많은 장점과 단점을 갖고 있다. 인터넷 서베이도 이러한 장·단점을 내포하고 있다. 김재일(2001)은 인터넷 서베이의 장점과 단점을 다음과 같이 제시하였다(김재일, 2001 : 119-121).

인터넷 서베이 장점

- 시간절약
- 비용절감
- 멀티미디어 활용
- 개별적인 설문조사 가능(customized)
- 민감한 주제에 대한 설문조사가 용이함

인터넷 서베이 단점

- 표본의 대표성 문제
- 모집단 특성의 불확실성
- 자가선택오류(self-selection bias)[11]
- 프라이버시 문제(privacy)

11) 자가선택에 의한 오류란 응답자들이 자신이 관심 있는 항목 혹은 주제에 대해서만 응답하기 때문에 발생하는 오류이다. 인터넷 서베이의 경우 응답자들이 쉽게 설문조사에 참여할 수 있기 때문에 이러한 오류가 생길 수 있다. 연구자 혹은 조사자는 자가선택 오류를 최소화시키기 위해서 패널조사를 도입하거나 응답자들에게 인센티브를 제공하여 오류를 최소화시키는 노력을 해야 한다.

참고문헌

강재정(2009), 그린시대의 경영학, 형설출판사.

김재일(2001), 인터넷 마케팅, 법문사.

박시사(2018), 항공사경영론, 백산출판사.

유필화 · 김용준 · 한상판(2008), 현대마케팅론 제6판, 박영사.

윤덕영 · 윤문길(2004), 항공 · 관광 e-비즈니스, 홍릉과학출판사.

이학식(2009), 마케팅 제2판, 법문사.

이훈영(2008), 연구조사방법론, 도서출판 청람.

A.V. Seaton and M.M. Bennett(1996), The Marketign of Tourism Products : Concepts, Issues and Cases, International Thomson Business Press.

Alastair M. Morrison(2002), Hospitality and Travel Marketing, 3rd. ed., Delmar Thomson Learning.

Alastair M. Morrison(2010), Hospitality and Travel Marketing, 4rd. ed., Delmar Cengage Learning.

Auliana Poon(1993), Tourism, Technology and Competitive Strategies, CAB International.

Charles W. Lamb, Joseph F. Hair and Carl McDaniel(2009), Essentials of Marketing 6th ed., South-Western.

Dave Chaffey, Fiona Ellis-Chadwick, Richard Mayer and Kevin Johnston(2009), Internet Marketing 4th. ed., FT Prentice Hall.

David Bowie and Francis Buttle(2004), Hospitality Marketing, Elsevier Buttlerworth Heinemann.

Dereck Hall and Frances Brown(2006), Tourism and Welfare, CAB International.

Ernie Health and Geofferey Wall(1992), Marketing Tourism Destinations, John Wiley & Sons, Inc.

James F. Burke and Barry P. Resnick(1991), Marketing & Selling the Travel Product, South-Western Publishing Co.

John Tribe(1997), Corporate Strategy For Tourism, Thomson Business Press.

Judy Straus and Raymond frost(2009), E-marketing 5th. ed., Pearson International Edition.

Michael D. Olsen, Joseph J. West and Eliza Ching Yick Tse(2008), Strategic Management in the Hospitality Industry 3rd ed., Pearson Prentice Hall.

Nigel Evans, David Campbell and George Stonehouse(2003), Strategic Management for Travel and Tourism, Elsevier.

Norma Polovitz Nickerson(1996), Foundations of Tourism, Prentice Hall.

Paul S. Biederman(2008), Travel and Tourism, Pearson Prentice Hall.

Philip Kotler and Kevin Lane Keller(2009), Marketing Management 13th. ed., Pearson Prentice Hall.

Philip Kotler, John T. Bowen and James C. Makens(2006), Marketing for Hospitality and Tourism, Pearson Prentice Hall.

Ronald A. Nykiel(2005), Hospitality Management Strategies, Pearson Prentice Hall.

Rosalind Masterson and David Pickton(2010), Marketing 2nd. ed., SAGE Publications.

Stephen J. Page(2009), Tourism Management 3rd ed., Elsevier.

Stowe Shoemaker and Margaret Shaw(2008), Marketing Essentials in Hospitality and Tourism, Pearson Prentice Hall.

Susan Horner and John Swarbrooke(1996), Marketing Tourism, Hospitality and Leisure in Europe, International Thomson Business Press.

Victor T. C. Middleton, Alan Fyall, Michael Morgan and Ashok Ranchhod(2009), Marketing in Travel and Tourism 4th. ed., Elsevier.

Ward A. Hanson and Kirthi Kalyanam(2007), Internet Marketing & e-Commerce, Thomson South-Western.

William G. Zikmund and Barry J. Babin(2007), Essentials of Marketing Research 3rd ed., Thomson South-Western.

제 6 장

관광기업의 전략과 관광마케팅전략

Strategy is the determination of the basic long-term goals and the objectives of an enterprise, and the adoption of courses of action and the allocation of resources necessary for carrying out these goals."

– Chandler, 1962 –

제1절 관광기업 전략

1. 전략의 개념

Webster사전에 의하면 전략(戰略)은 그리스어 strategos[1]에 그 어원을 두고 있는 용어이며, 전쟁에서 적을 속이는 술책(術策)이라는 뜻이 있다. 전략이란 개념이 전 세계에 최초로 제시된 것은 프로이센(Prussian) 장수인 〈Carl von Clausewitz〉에 의해서였다고 알려져 있다. 그 당시 전략의 개념은 '전쟁을 위한 자원을 투입 · 활용'이었다(Olsen et al., 2008: 2).

[그림 6-1] 장기, 축구 그리고 전략

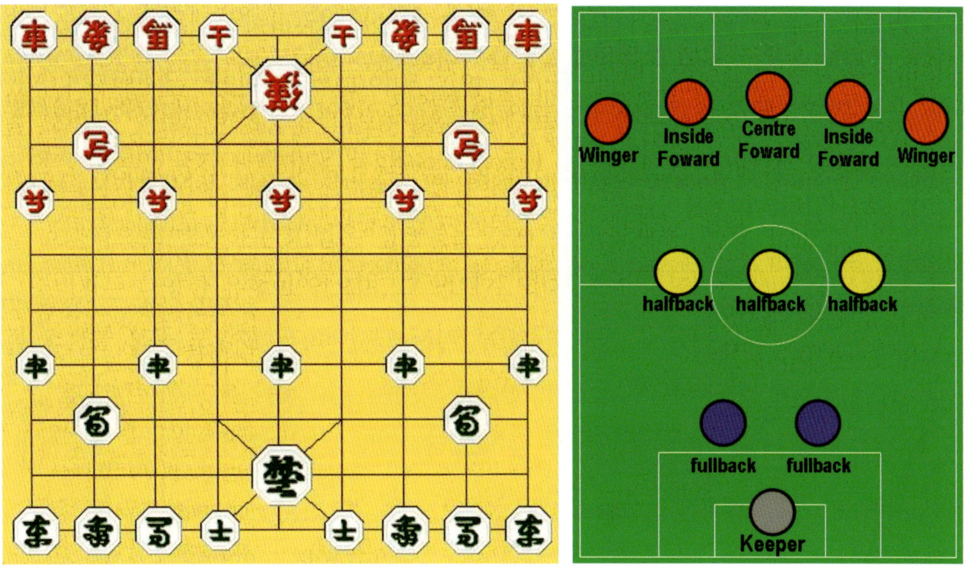

장기, 축구게임에서 승자가 되기 위해서 가용자원을 적절하게 배치하고 활용하는 전략이 요구된다. 전략 = 승리란 공식이 장기와 축구에서 적용된다.

1) Strategy is an ancient concept that has eluded precise definition. The word derives from the Greek strategos, a civil-military official elected by the citizens of Athens to assume leadership in time of war
(출처 : www.answer.com / topic / strategy)

Chandler(1962)가 정의한 전략(strategy)란 기업이 지향하는 장기적인 기업목표와 목적을 결정(determination)하여, 목표를 수행 · 달성하는데 필요한 여러 활동을 선택 · 채택(adoption)하고, 가용자원을 적절하게 배분 · 할당(allocation)하는 것이다. 기업전략은 기업의 내부역량(internal capability)과 외부환경(external environment)을 통합 또는 조화시키는데 목적을 둔다(박시사, 2008 : 232).

전략이란 전쟁 혹은 평화로운 시기에 채택된 정책으로부터 최대한의 지원(support)을 얻기 위해 특정 국가 또는 집단이 정치, 경제, 심리, 군사적 힘을 활용하는 기술(art)이자 과학(science)이다. 전략은 목표(goals)를 향한 신중하고 잘 고안된 계획이라고도 정의된다(www.merrian-webster.com). 전략은 전술(戰術)보다 상위의 개념이다. 전술(tactics)은 전쟁터(battle)에서 승리하는 수단이고, 전략(strategies)은 전쟁(war)을 승리로 이끄는 방법이자 시스템이다(Shoemake, Lewis & Yesawich, 2007: 124).

Mintzberg는 전략을 다음과 같이 5P(five ps)로 정의하였다.

Mintzberg의 전략 5P

- 계획(plan)
- 계책 · 술책(ploy)
- 행동패턴(pattern of behavior)
- 경쟁자와 관계에서 위치(position in respect to others)
- 관점 · 전망(perspective)

마케터들은 목표(objective), 전략, 전술을 빈번하게 사용하는데, 목표는 수익 혹은 매출을 증대시키는데 강조점을 두고 있다. 전략은 고객을 찾고 계속 유지하는 방법과 관련이 있으며, 전술은 전략을 수행하는데 필요한 단계별(step-by-step) 과정이자 절차이다. 다음은 ㅇㅇ호텔 가상 목표, 전략, 전술이다.

- 목표(objective) : 매출 10퍼센트 증대, 30 퍼센트 시장점유율 달성
- 전략(strategy) : 고객에게 항상 보다 나은 가치(value) 제공
- 전술(tactics) : 고객의 이름을 부름. 모닝콜 확인, 맛있는 커피 제공, 인터넷 무료이용

2. 관광기업의 전략의 유형

기업전략은 기업이 어떻게 경쟁해야 하는가를 알려주는 토대가 된다. 특정 기업의 전략은 3가지 수준 · 차원(level)에서 적용이 가능하며, 3가지 전략은 기업이 중점을 두고 있는 초점(focus)과 책임(responsibility)에 차이를 보인다(Olsen, West & Tse, 2008: 40-43). 통상 기업은 전략을 세우고 실행하는데 관련된 책임과 영향력의 범위를 고려하여 전략을 3가지 수준(level) 즉 (1) 기업수준전략, (2) 사업수준전략, (3) 기능, 부서수준전략으로 구분하기도 한다.

[그림 6-2] 기업의 수준별 전략유형

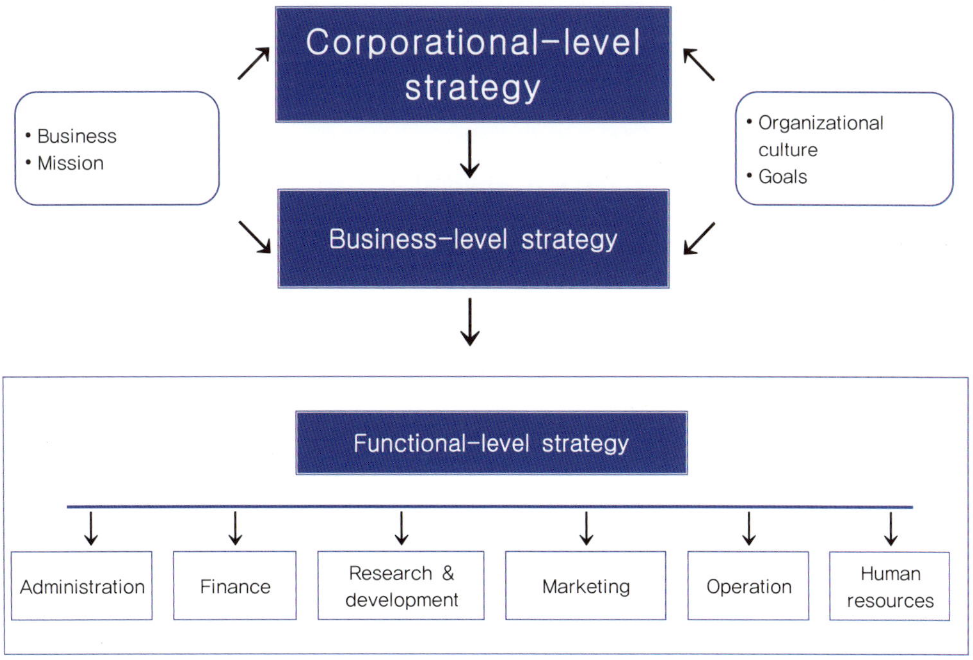

1) 기업수준전략(corporate-level strategy)

기업주준의 전략은 시장을 규명하고 정의(market definition)하는데 초점을 둔 전략이다. 기업이 제공해야 하는 상품과 서비스를 정의하고, 제공해야 하는 지역을 선정하고, 자금조달(cash), 인원충원(staffing), 자원배분 등 기업 전체의 '큰그림'(big picture)을 그리는 전략이다. 기업수준전략은 기업을 경영 · 관리하는데 필요한 설계도 혹은 청사진과 같다. 기업수준전략은 기업이 관여해야 하는 산업, 세분시장, 상품과 서비스를 결정하는 데 도움을 준다.

(1) Poon의 관광기업 기업수준전략

Poon은 관광산업은 다음과 같은 특성을 갖고 있기 때문에 Porter가 주창한 모델을 바로 적용시키는데 어려움이 있다고 하였다. Poon은 관광기업의 특성을 다음과 같이 제시하였다.

- 서비스지향산업(service orientation industry)
- 품질이 중요함(focus on quality)
- 인적자원 개발이 성공의 핵심(development of human resources)
- 고객이 까다로움(sophistication of traveler)
- IT의 확산과 이용이 많음(wide diffusion of IT)
- 끊임없는 혁신이 요구됨(continuous innovation)

Poon(1991)은 위의 관광산업의 특성을 고려하여 Porter의 '본원적 전략'은 관광기업에 적용하는 데 어려움이 있어서, 다음과 같이 관광기업이 적용할 수 있는 4가지 전략의 원칙을 제시하였다(238-243).

[그림 6-3] Poon의 관광산업의 기업수준전략

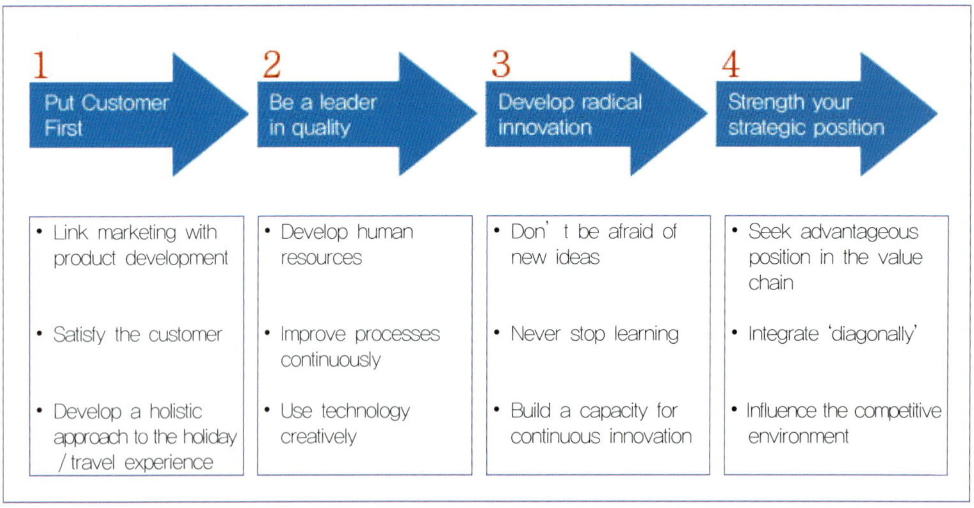

출처 : Poon(1993), Tourism, Technology and Competitive Strategies, p.241.

Poon의 관광기업 기업수준 전략

- 고객우선(put consumers first)
- 품질우위 / 품질 1위 기업(be a leader in quality)
- 변화와 혁신 추구(develop radical innovations)
- 전략적 위치를 강화(strengthen your strategic position)

(2) 계열화전략

기업수준전략은 기업의 장기적 생명력(viability)을 최대화하기 위해서 기업이 취할 전략이다. 구체적으로 기업수준전략은 포지션(position), 기업의 적합성(fit), 그리고 자원의 최적활용 등을 포함한다. 계열화(vertical / horizontal integration)는 기업수준전략의 하나이다. 프랑스의 여행사인 〈Vouvelles Frontieres〉는 항공사와 호텔을 인수하였다. 항공사와 호텔의 인수는 투어패키지를 판매하는 여행사들과 배타적 여행알선 및 수배(exclusive arrangements)를 할 수 있도록 했다(Shoemaker et al., 2007: 129). 이는 수직적 계열화의 예이다. 반면 기업의 수평적 계열화는 동종업종간 집단화와 관련이 있다. 관광산업의 수평적 계열화의 목적은 공급업자에 대해서 구매력(buying power)을 증대시키고 시장에서 상품의 판매와 유통을 통제 혹은 지배하는 데 있다. 관광산업에서 이루어지는 수평적 계열화는 '집중화'(concentration)를 낳고, 집중화는 인수, 합병 그리고 통합으로 결부되어 소수의 '대형회사'(mega-company)로 출현을 가능하게 한다(Poon, 1993 : 218-222).

오늘날 정보기술은 새로운 형태의 계열화를 가능하게 했다. 정보기술이 낳은 계열화는 바로 '대각선 / 사행적 계열화'(diagonal integration)이다. 수직적 계열화는 생산지향적(production-oriented)이며, 수평적 계열화는 공급지향적(supply-oriented)이다. 반면에 아래 [그림 6-4]에서 보는 바와 같이 대각선 / 사행적 계열화의 주요한 목적은 고객에 가깝게 접근하고 비용을 줄이는데 있다. 대각선 / 사행적 계열화는 규모의 경제, 시스템 편익(systeme gains)[2]과 시너지(synergies)를 통해서 이루어질 수 있다(Poon, 1993 : 224).

2) Systems gains refer to the benefits or economies derived from creating and engineering linkages among different activities. Examples of systems gains are networked activities, where each activity can share a common database or pool of knowledge. Systems benefits can occur, for example, when banks use their extensive client information and mailing lists to market different services, such as travel, insurance and real estate to their client.

[그림 6-4] 관광산업 '대각선 / 사행적 계열화'의 예

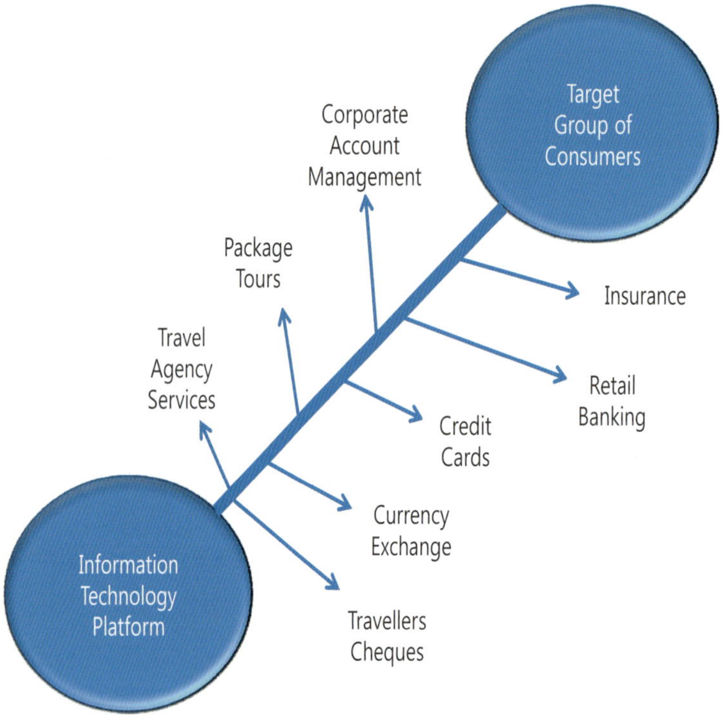

출처 : Poon(1993), Tourism, Technology and Competitive Strategies, 225.

국내 제1위 여행사인 하나투어는 12개 자회사를 두어 계열화를 하였다. 하나투어는 12개 자회사를 통해 아웃바운드 여행사뿐만 아니라 인바운드 여행사업, 국내여행, 크루즈여행 등 특화된 여행서비스를 제공하고 있다(www.hanatourcompnay.com).

[그림 6-5] 하나투어 계열화

(주)고려여행사 NETWORK 기독교 성지순례 전문여행사	help your travel HTSHOP.com 여행상품 전문 쇼핑몰
H&t Marketing 광고&마케팅 대행사	HNT 하나비즈니스트래블 법인 및 인센티브 전문 여행사

HNT 제주하나투어 제주여행 전문 여행사	web TOUR 웹투어 온라인 전문 판매여행사
TMK TourMarketing KOREA 크루즈, 해외렌트카, 철도, 버스패스 GSA	하나티앤미디어 HANA t&MEDIA 여행전문 출판, 미디어사
HNT 하나투어인터내셔날 인바운드 전문여행사	CJ 월디스 홈쇼핑 방송상품 및 자유여행 전문 여행사
HNT 하나유스 배낭여행 및 어학연수 전문 여행사	하나투어 HANATOUR

(3) 기업인수와 합병전략(acquisition & mergers)

흔히 M&A라는 약자로 불리는 기업간 인수와 합병은 전 세계적으로 광범위하게 일어나는 현상이다. 기업이 인수와 합병을 하는 근본적인 이유는 경쟁에서 살아남기 위한 방법이자 전략의 하나로 추진되고 있다. 인수와 합병은 약간의 어의(語意)차이가 있다. 인수는 주도권자(dominant party)가 있어서 작은 회사가 흡수되는 형태이고, 합병은 양자간 동등한 위치에서 결합하는 형태이다. 인수와 합병은 기업이 성장을 추구할 때 적합한 전략이다(박시사, 2000). 인수는 특정 기업이 표적기업의 주식(share)과 자산(asset)을 매수하여 통제 혹은 관리하는 것을 말한다. 합병은 두 개의 기업이 결합하여 하나의 큰 기업으로 되는 것을 의미하는데, 주로 주식교환(stock swap) 혹은 현금지급(cash payment)을 통해서 합병이 이루어진다(en.wikipedia.org).

기업이 M&A를 하는 이유는 외적성장전략이라고 알려져 있다. 다음은 기업이 M&A를 하는 구체적인 동기이다(Evans et al., 2005: 245-246).

- 시장점유율을 높임(to increase market share)
- 새로운 시장에 진입(to enter a new market)
- 경쟁을 완화시킴(to reduce competition)
- 가치 있는 브랜드 혹은 특허권 통제(to gain control of valuable brand names)
- 유통채널 확보(to gain preferential access to distribution channels)
- 상품의 다양성 확대(to broaden product range)
- 신상품 개발(to develop new product)
- IT 확보(to gain access to information technology)
- 규모의 경제 누림(to gain economies of scale)
- 자원 활용의 효율화 실현(to make productive use of spare or underused resources)
- 기업평판 향상(to enhance corporate reputation)

(4) 전략적 제휴(strategic alliance)

관광산업의 전략적 제휴는 주로 항공사,[3] 호텔산업에서 일어났으며 제휴의 주요 동기는 세계경제의 부침과 불확실성, 규모와 범위의 경제, 비용절감, 경쟁의 글로벌화, 기술발전과 상품과 시장의 급속한 변화 등을 들 수 있다(Evans et al., 2005: 250-253). 전략적 제휴의 가장 근본적인 원리는 호혜성(互惠性; reciprocity)이다. 즉 제휴사간 상호이익을 위해서 경영자원 공유, 교환, 통합하는 조직적 접근을 의미한다. 성공적 전략적 제휴를 맺는 기업은 핵심역량(core competence)이 강화된다(박시사, 2008: 73).

오늘날 치열한 경쟁환경에 노출된 관광·환대산업 기업은 전략적 동반자(strategic partner)가 필요하다. 다국적 거대 관광·환대산업 기업인 〈Accor〉, 〈British Airways〉, 〈Harrah's Casinos〉, 〈Fairfield〉도 국내외 기업들과 전략적 제휴를 맺지 않고서는 산업에서 '주도권'(leadership)을 누릴 수 없다. 전략적 제휴(strategic alliance)란 기업간 '협력 협정'(cooperative agreement)이며, 이를 통해 제휴업체는 상대방의 강점을 이용하여 편익을 누릴 수 있다(Kotler, Bowen & Makens, 2006: 98). 일반적으로 기업의 전략적 제휴의 동기는 다음과 같은 목적을 위해서이다(이승주, 2000: 244).

3) 항공사는 전략적 제휴를 통해서 (1) 시장 확보, (2) 경쟁자 견제, (3) 수익성 증대, (4) 비용절감, (5) 수요창출, (6) 마케팅 능력 강화, (7) 재원조달 등의 효과를 누린다. 항공사의 제휴 형태는 (1) 전략적 마케팅 제휴, (2) 노선 제휴, (3) 지역 제휴, (4) 글로벌 제휴가 있다. 항공사 글로벌 제휴의 대표적인 예로 〈Skyteam〉, 〈Star Alliance〉, 〈Oneworld〉 등을 들 수 있다.

- 제휴 기업간 협력을 통한 신속한 시장진입
- 새로운 기술의 확보 및 내부역량의 강화
- 자원공유를 통한 규모의 경제 달성 및 위험분산
- 새로운 산업표준의 개선
- 수직적 거래관계의 개선
- 유연성 확보를 통한 인수·합병 준비

종합여행 도매업체인 모두투어는 〈홈페이지 제휴〉, 〈온라인 Best Partner 제휴〉, 〈대형 포탈, 쇼핑몰 등 온라인 제휴〉를 통해서 on-line과 off-line제휴를 하고 있다. 모두투어를 이를 통해서 Wholesale을 실현하고 있다. 구체적으로 모두투어는 하나로텔레콤, 인터파크투어, 삼호관광(미국), 하이마트 등과 전략적 제휴를 맺고 있다. 반면 국내 최대 여행기업인 하나투어는 일본 최대 여행기업인 (주)JTB 규수, KB카드, 경남은행 등과 제휴를 맺고 있다.

(5) 구조조정(restructuring)

'리스트럭처링'은 〈사업의 재구축〉, 〈구조조정〉을 가리키는 용어이다. 개혁, 개편이란 용어로 불리기도 한다. 일반적으로 사업구조의 기본적인 개혁에 의한 경영혁신 수법을 뜻한다. 기존 사업의 무게를 주리고, 경량화(輕量化; slim)하여 경영자원을 강화·분산한다.

[그림 6-6] 구조조정과 사선대(射線臺)에 선 종사원 그리고 주사위

출처 : http://e4u.ybmsisa.com/www.standardgroupinc.com

수익이 나지 않는 부분에서 철수하고 사업소를 통합 혹은 폐쇄하기도 한다. 오늘날 리스트럭처링의 용어가 변형되어 〈경영의 합리화〉, 〈사업의 축소나 철수〉, 〈인원감축〉 등의 의미로 사용되고 있다. 경쟁력이 떨어지는 부분은 정리하고 고부가가치를 창출하는 부분을 집중 육성해서 기업이나 정부의 고도화(高度化)를 꾀하는 것이 구조조정의 의도이다.

미국발 금융위기의 영향으로 세계경제가 불황(recession)에 접어들었다. 이러한 경제적 침체는 여행수요에 직접적인 영향을 주고 있다. 특히 미국 달러, 중국 위엔화, 일본 엔화 대비 원(Won)의 평가절하는 해외 여행수요에 지대한 부정적 영향을 끼치고 있다. 한국을 대표하는 여행사들도 고정비용과 변동비용을 줄이면서 생존하기 위한 전략을 구사하고 있다. 그의 일환으로 구조조정 전략을 채택하고 있다. 구체적으로 한국의 여행사들이 취하는 구조조정 전략은 다음과 같다.

- 사업부 통폐합
- 지방지사 통합
- 해외직영 지사 통합
- 인원감축 · 해고(downsizing / layoff)
- 무급휴가제 도입 / 순환근무제

호텔신라의 기업수준의 전략

호텔신라의 대대적인 업그레이드 작업에 돌입해 사업의 중심을 호텔에서 면세점으로 바꿨다. 서비스 품질 향상에도 힘을 쏟아 호텔에서 수익이 나지 않기로 유명한 식음, 연회사업 부문에서 24개월 연속 시장점유율 1위라는 실적을 올리기도 했다.
2005년부터 2006년까지 호텔신라를 리뉴얼해 '럭셔리 라이프스타일 호텔'로 탈바꿈시켰다. 신라면세점을 리모델링해 샤넬 등 명품 브랜드 매장을 확대하고, 호텔 지하 아케이드에 국내에 소개되지 않았던 최고급 브랜드를 유치해 고급화를 꾀했다. 그 덕분에 2002년 4157억원에 불과하던 호텔신라의 매출액은 2009년 1조원을 돌파했다.
(호텔신라 변화의 중심에 선 이부진(좌) 신라호텔 대표이사. 전 세계 최초로 공항면세점에 루이비통 브랜드를 입점시켰고, 신라호텔을 호텔기업에서 면세점기업으로 전환시켜 기업의 실적과 이미지를 높였다)
호텔신라는 인천공항에 이어 김포공항 면세점까지 접수하며 호텔업계의 거인 롯데호텔을 압도하기 시작했다. 호텔신라는 롯데호텔과 면세점 시장점유율에서 두 배 이상 격차가 났지만, 인천공항 면세점에 루이비통 매장을 최초로 입점시키는데 성공했다. 루이비통을 유치하기 위해 이 사장은 2008년부터 아르노 루이비통 회장을 직접 만나는 등 오랜 기간 공을 들인 것으로 알려졌다.

출처 : 조선일보 2011년 4월 25일 / 신문기사 일부 발췌 인용

2) 사업부수준전략(business level strategy)

기업전략이 결정되면, 다음 단계로 사업전략으로 진전된다. 사업전략의 초점은 특정 산업 내에서 전략적 우위(strategic advantage)를 확보하는 방법에 맞추어져 있다. 사업부수준 전략은 특정 사업 범주에서 경쟁할 방법 · 수단과 기업의 핵심역량과 관련이 있다.

사업부수준전략의 초점은 기업전체에 맞추어져 있는 것이 아니라 전략적 사업단위(strategic business units; SBUs)에 맞추어져 있다. 사업부수준전략은 주로 경쟁전략, 전략방향 그리고 전략수단으로 구성되어 있다. 다음 [그림 6-7]은 사업부수준전략의 3가지 영역을 부여주고 있다(Evans et al., 2005: 206-207).

[그림 6-7] 사업부수준전략 모형

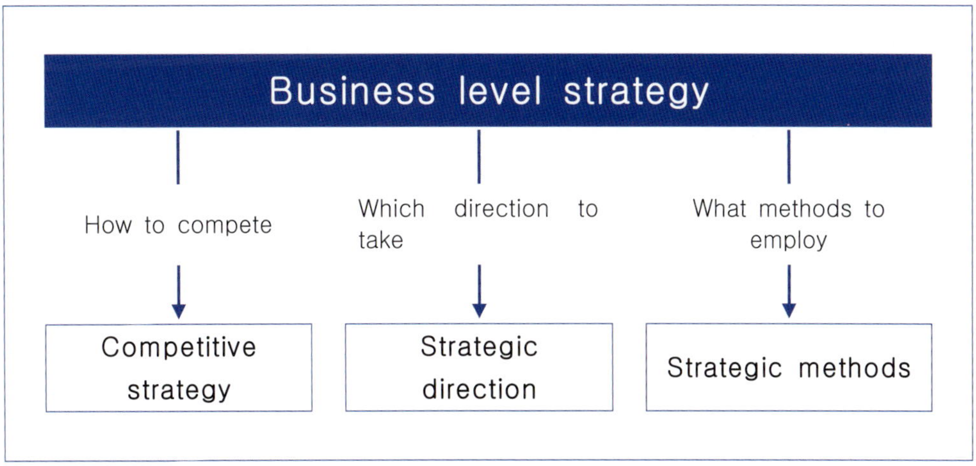

출처 : Evans et al.(2005), Strategic Management for Travel and Tourism, 207.

(1) 경쟁전략

경쟁전략(competitive strategy)이란 고객에게 저가, 높은 편익, 그리고 높은 가격에 부응하는 서비스를 통해서 소비자에게 가치(value)를 제공하여 경쟁자에 비해 경쟁우위를 확보하는 것을 말한다. 기업이 경쟁전략을 채택하기 위해서는 고객(customer), 내부요소(internal factors), 협력업자와 공급자(partners & suppliers), 경쟁자(competitors & others in the market)를 파악하고 분석해야 한다.

[그림 6-8] 경쟁전략과 고려사항

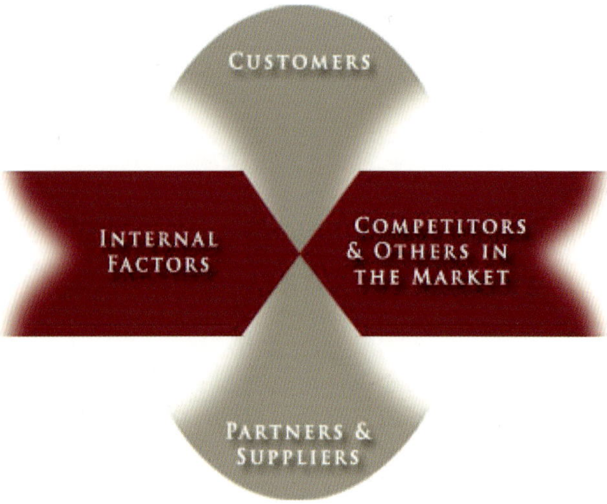

출처 : www.ictstrategicservice.com.au / 인터넷 자료

1980년 Porter는 경쟁우위를 확보하기 위해 기업이 채택할 수 있는 기업수준의 세 가지 '본원적 전략'(generic strategy)을 제시하였다. Porter의 전략 핵심은 다음과 같다.

- 원가우위(cost leadership)
- 차별화(differentiation)
- 집중화(focus)

[그림 6-9] Porter의 기업수준 전략

첫째, 원가우위 전략이다. 원가우위전략(cost leadership)은 산업에서 가장 낮은 비용으로 동일 혹은 유사상품을 제공하는 기업전략이다. 기업은 표준화, 대량생산, 부가 상품·서비스 줄임(no-frill product or service)을 통해서 원가우위를 확보할 수 있다. 특히 원가우위를 유지하는데 있어서 규모의 경제(economics of scale)가 중요한 요소이다(Tribe, 1997 : 110). 대표적인 예가 무인호텔(humanless hotel)과 저가항공사(low cost airlines)이다.

[그림 6-10] 관광기업차별화 전략과 LGBT

출처 : www.gogayfortlauderdale.com / 인터넷 자료

둘째, 차별화전략이다. 차별화전략은 기업이 '상품의 독특성'(product uniqueness)을 추구하는 전략이다. 차별화란 산업전반에 걸쳐 독특하다고 여겨지는 무언가(something)를 창출해내는 것을 말한다. 기업이 차별화를 할 수 있는 영역으로 디자인(design), 운영시스템(operation system), 브랜드이미지(brand image), 상품과 서비스특성(product and service features), 유통망(distribution networks) 등이 있다(Poon, 1993 : 238-239). 대표적인 예가 온라인 여행사(online travel agency), 배낭여행 전문여행사, 오지탐험여행사(혜초), LGBT[4] 전용호텔, 채식주의자 레스토랑 등이 있다.

셋째, 집중화전략이다. 기업의 집중화전략(focus strategy)은 시장세분화를 토대로 특정시장, 즉 특정 소비자집단, 일부 품목, 특정지역 등을 집중적으로 공략하는 전략을 말한다. 원가우위 전략과 차별화전략은 전체시장(whole market)을 대상으로 한다. 반면에 집중화전략은 특정시장에만 기업의 자원을 집중하고 마케팅활동을 한다. 따라서 집중화전략은 경쟁자와의 전면적 경쟁이 불리한 기업이나, 보유하고 있는 자원 또는 역량이 부족한 기업에게 적합한 전략이라 할 수 있다. 대표적인 예가 Ryn air, Southwest airlines, 소양여행사(골프), 내일여행(배낭여행), 블루여행사(배낭여행), 대승투어(불교성지순례) 등이 있다.

(2) 전략적 방향설정

기업의 현재 위치를 알면 마케터와 경영관리자가 기업의 전략적 방향을 설정하고, 그 방향에 맞추어 자원을 배분시키는데 도움이 된다. 대표적인 예가 BCG(Boston Consulting Group)의 비즈니스 포트폴리오 분석(business portfolio analysis)이다(Kerin, Hartley & Rudelius, 2007 : 29).

1970년대 초 Bruce Henderson은 성장률-점유율 매트릭스(growth-share matrix)를 개발하여 기업의 상품 포트폴리오 분석을 했다. 특정 기업은 경쟁기업과 비교해서 시장성장률(market growth)과 시장점유율(market share)을 토대로 아래 [그림 6-11]과 같이 4개 범주로 나누어질 수 있다.

4) LGBT는 레즈비언(Lesbian), 게이(Gay), 양성애자(Bisexual), 성전환자(Transgender)를 집합적으로 지칭하는 축약어이다.

[그림 6-11] BCG Growth-Share Matrix

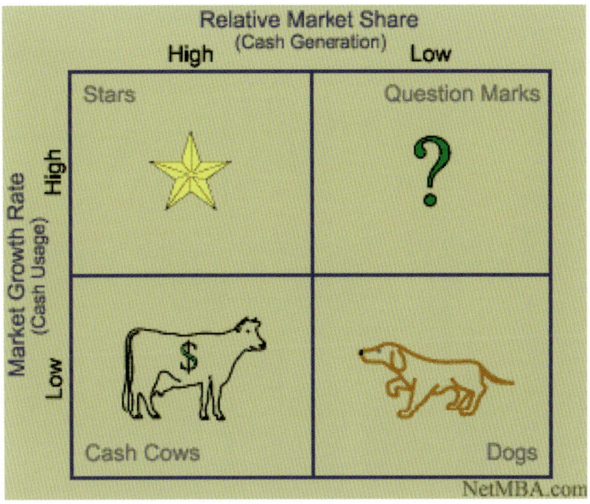

출처 : www.netmba.com / 인터넷 자료

Stars

- 높은 성장률 / 높은 시장점유율
- 시장에서 주도적 위치(leaders) 차지
- 촉진을 위한 투자가 필요함
- 추후 Cash Cows로 될 가능성 있음

예 : 하나투어, 모두투어, 호텔신라, 롯데호텔, Southwest Airlines

Cash Cows

- 낮은 성장률 / 높은 시장점유율
- 높은 수익성
- 촉진과 유통비용이 낮음

예 : 파라다이스카지노, 강원랜드, 미로공원, 롯데월드, 에버랜드

Dogs

- 낮은 성장률 / 낮은 시장점유율
- 투자와 촉진의 최소화
- 시장으로부터 탈퇴 요망

예 : JAL, 한성항공(2010년 티웨이항공으로 새출발), TWA, Eastern Airlines, Pan Am.

Question Marks

- 높은 성장률 / 낮은 시장점유율
- 신상품(새로운 기업)이며, 고객의 인지도 낮음
- 높은 수요 / 낮은 수익성
- 많은 투자가 요망됨

예 : 제주항공, Air Busan, Online 여행사, 테마호텔

[그림 6-12] Air Busan

출처 : english.busan.go.kr / 인터넷 자료

(3) 전략의 수단

① 성장전략(growth strategy)

성장전략은 기업의 성장이나 확장시 사용하며 기업의 성장전략을 논할 때 가장 널리 활용되는 모델은 Ansoff(1988)의 상품 · 제품–시장 매트릭스이다. Ansoff의 포트폴리오 전략(portfolio strategy)은 크게 〈시장침투전략〉, 〈상품개발전략〉, 〈시장개발전략〉, 〈다각화전략〉으로 나누어진다(Ansoff, 1988: 83). 아래 [그림 6-13]에서 보는 바와 같이 매트릭스를 구성하고 있는 두 변수는 상품 · 제품(product)과 시장(market)이다.

[그림 6-13] Ansoff 기업 성장전략 포트폴리오

Market / Product 시장 / 상품	Present 기존 상품	New 새로운 시장
Present 기존시장	Market penetration 시장침투전략	Product development 상품개발전략
New 새로운 시장	Market development 시장개발전략	Diversification 다각화전략

출처 : Ansoff(1988), The New Corporate Strategy, 83.

이를 기준으로 크게 4가지 성장전략 대안이 제시될 수 있다(Evans, Campbell & Stonehouse, 2003: 228-235).

첫째, 시장침투전략이다. 시장침투전략은 기업이 기존의 상품을 이용하여 기존 시장에 침투하는 전략으로 시장점유율을 높이는 데 목적을 둔다.

둘째, 상품개발전략이다. 상품개발전략은 기업이 신상품 혹은 개선된 상품을 이용하여 기존의 시장에 진입하는 성장전략이다.

셋째, 시장개척 · 개발전략이다. 시장개척 · 개발전략은 기업이 기존의 상품을 이용하여 새로운 시장에 진입하는 성장전략이다.

넷째, 다각화전략이다. 다각화전략은 새로운 상품으로 새로운 시장에 진입하는 성장전략이다.

사업다각화전략 사례 : 모두투어, 호텔예약시장 진출

모두투어네트워크는 100% 자회사인 모두투어에이치앤디를 설립하고 호텔예약 시장에 진출한다고 16일 밝혔다. 모두투어에이치앤디는 자본금 8억원 규모로 양병선 모두투어 상무와 박영민 전 부산조선호텔 마케팅소장이 공동 대표로 선임됐다.

모두투어는 해외호텔 예약 대행을 하거나 계열사인 인터파크투어를 통해 고객들이 온라인으로 호텔예약을 할 수 있도록 한 적은 있지만, 전문법인을 설립하고 본격적으로 호텔예약업 진출을 공표한 것은 이번이 처음이다. 여행상품 도매업체 중에서도 호텔예약 전문법인을 설립한 것은 모두투어가 유일하다.

모두투어에이치앤디는 우선 국내호텔 예약시장부터 집중 공략할 예정이다. 이후 호텔분야의 전문지식과 노하우가 풍부한 전문인력을 영입하고 공격적인 마케팅활동을 벌이는 등 조기에 국내호텔 예약시장의 선두 위치를 확보한다는 계획이다. 향후 해외 호텔예약 시장으로 영역을 넓힐 예정이다.

홍성근 모두투어 사장은 "지속적인 성장을 위해 새로운 수익모델의 발굴이 절실한 상황이었다"며 "국내호텔 예약시장 공략을 통해 국내관광 인프라개선과 외화획득에 앞장서겠다"고 말했다. 모두투어에이치앤디는 기업 오픈식을 갖고 호텔예약 홈페이지를 선보이는 등 본격적인 활동에 들어갈 예정이다.

출처 : www.edaily.co.kr / 2008. 09.16 기사 퍼옴

② 현상유지전략 · 안정전략(status quo)

현상유지(Status Quo)란 라틴어 'statu quo'에서 유래된 용어로 현상태(current or existing state)를 뜻한다. 마케팅 관점에서 보면 시장점유율(market share)을 확대하려고 하지 않고, 비용을 들어가면서 경쟁자와 직접적인 경쟁을 하지 않은 채 현 상태를 유지하려는 접근법(approach)이다.

③ 방어 · 축소전략(retrenchment strategy)

방어 · 축소전략은 기업수준의 전략의 하나이다. 축소전략은 기업의 운영규모(size) 혹은 다양성(diversity)을 줄이는 기업수준의 전략이며, 기업의 재무건전성을 확보하기 위해 지출(expenditure)을 줄이는 것이다. 기업이 상품제공을 그만두거나 특정 시장에서 철수(withdrawal)하는 전략이다. 전형적인 기업의 방어 · 축소전략의 유형은 다음과 같다.

- 대기업 혹은 경쟁기업에 귀속(captive company)
- 턴어라운드(turnaround)[5)]
- 파산(bankruptcy)
- 구조조정 및 사업축소(divestment)
- 기업분할 매각(liquidation)

[그림 6-14] 방어 · 축소전략과 TWA

출처 : www.widebodyaircraft.nl / 인터넷 자료, 1925년 출범한 TWA는 2001년 American Airlines에 합병되어 역사속으로 사라진 미국을 대표했던 항공사였다.

5) Turnaround. If your company is steadily losing profit or market share, a turnaround strategy may be needed. There are two forms of turnarounds : First, one may choose contractions (cutting labor costs, PP & E and Marketing). Second, they may decide to consolidate.
(출처 : http://wiki.answers.com/Q/Retrenchment_corporate_strategy, 인터넷 자료)

3) 기능 · 부서수준전략(functional level strategy)

기능 · 부서수준전략은 사업단위 내에서 각각의 부서에 적용되는 전략이다. 기능 · 부서수준전략은 사업부수준전략에 비해서 범위가 좁다. 기능 · 부서수준전략은 기업에서 전개되는 제반 사업활동과 관련이 있다. 사업수준전략(business level strategy)은 전략의 초점이 경쟁자이다. 반면에 기능 · 부서수준전략은 부서의 효율성(efficiency)과 목표달성(effectiveness)에 주안점을 두고 있다. 이 전략은 가용자원의 생산성을 초대화하는데 목적으로 두고 있다(Olsen, West & Tse, 2008 : 42-43). 가령, 재무부서(finance), 인적자원관리부서(human resources), 마케팅부서(marketing), 관리부서(administration), 운영부서(operations), R & D부서 등이 기능 · 부서수준의 전략을 수행한다.

[그림 6-15] 기능 · 부서수준전략

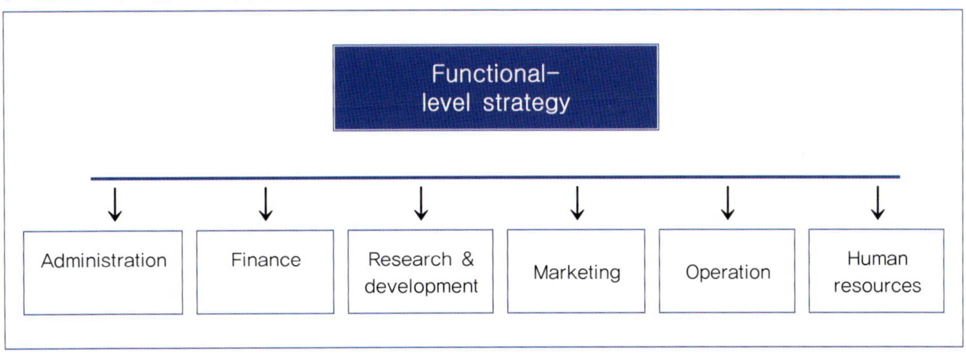

위의 [그림 6-15]에서 보는 바와 같이 기능 · 부서수준전략은 각 부서가 갖는 기능, 특성에 맞게 전략을 구사하는 것을 말한다. 통상 기업의 기능 · 부서수준전략은 크게 다음과 같이 나누어질 수 있다.

관리 · 총무부서(administration)

- 회계(accounting system)
- 정보시스템(information system)
- 전략기획(strategic planning)
- 법무(legal issues)
- 보험(insurance coverage)

재무부서 전략(finance)

- 자산관리(asset management)
- 배당결정(dividend decisions)
- 위기관리(risk management)
- 자산평가(asset management)
- 재무계획(financial planing)

연구 · 개발부서 전략(research & development)

- 상품개발(product development)
- 신사업개발(new business development)
- M&A(mergers and acquisitions)

마케팅부서 전략(marketing)

- 광고(advertising)
- 유통(distribution)
- 가격(pricing)
- 상품(product)
- 시장조사(research)
- 시장세분화(customer segments)

생산 · 운영관리 전략(manufacturing)

- 생산관리(product management)
- 품질관리(quality control)
- 자원확보(resource acquisition)
- 안전과 치안(safety and security)
- 공정관리(process management)

인사부서 전략(human resource)

- 인사관리(personnel management)
- 조직행동(organizational behavior)
- 노사관계(labor-management relations)
- 리더십(leadership)

제2절 시장세분화전략

1. 시장세분화의 개념

구매자(buyers)는 욕구, 자원, 지역, 구매 태도, 구매습관 등이 동일하지 않다. 기업은 이질적인 큰 시장을 더 작은 시장으로 나눈다. 마케터 혹은 기업이 전체시장을 작은 세분시장으로 나누면 고객의 독특한 욕구에 부응하는 상품과 서비스로 고객에게 더욱 효과 · 효율적으로 접근할 수 있다(Kotler & Armstrong, 2010 : 216).

시장세분화란 한 기업이 일정한 기준에 따라 몇 개의 동질적인 소비자집단으로 나누는 것을 말한다(유필화 · 김용준 · 한상만, 2008 : 138). 시장세분화란 전체시장(market)을 공통적인 욕구와 특성을 갖고 있는 '부분시장'(subset)으로 나누는 과정(process)이다(Schiffman & Kanuk, 2007 : 7). 시장세분화(市場細分化 : market segmentation)는 전체 시장을 공통의 욕구(needs & wants)를 갖고 있는 집단으로 나누는 과정(process)이다. 세분화된 집단은 기업의 마케팅소구(marketing appeal)에 유사하게 반응하는 특성을 보인다(Hsu & Powers, 2002 : 66).

세분시장의 식별 혹은 파악은 마케팅의 중요한 부분이다. 마케터는 시장식별과 파악을 통해서 얻은 정보를 바탕으로 시장을 세분화하여 선택된 표적시장(target market)에 적합한 마케팅프로그램을 개발하고 적용한다(Hawkins, Mothersbaugh & Best, 2007 : 422). 시장세분화전략은 소비자시장을 이해 · 파악하여 비슷한 소비자들을 집단으로 나누어서 마케팅활동을 하는 것을 의미한다(이수동 · 박상준 · 김주영 · 이형재, 2009 : 230). 구매자는 양적으로 많고, 널리 분포되어 있다. 또한 구매자의 욕구와 구매습관은 각양각색(各樣各色)이다. 이로 인해 기업과 마케터는 시장의 모든 구매자에게 소구(appeal)할 수 없다(Kotler, Bowen & Makens, 2006 : 261). 제아무리 큰 관광기업이라도 전체 시장을 목표로 하는 마케팅활동을 수행할 만한 자원을 갖고 있지 않기 때문에 세분시장을 선정하여 이에 집중하고, 자원을 최적으로 이용하는 전략이 필요하다(Seaton & Bennett, 1996 : 30).

Reader Service

Market segmentation is an attempt to pinpoint homogeneous groups within broad, heterogeneous population in order to develop and implement marketing programmes specifically designed for their needs. In one sense segmentation is a strategy used by vendors to concentrate, and thus optimize, the uses of resources within overall market. In another sense, it is also that group of techniques which are used by these vendors for segmenting their market.

Source : Seaton & Bennet(1996), The Marketing of Tourism Product, p.30.

시장세분화의 목적은 잠재고객이 가장 선호 혹은 많이 구매의향이 높은 부분(subsets)에 마케팅 프로그램을 집중시키는 데 있다. 만약 시장세분화가 잘 이루어지면 마케팅 · 판매비용(marketing / sales expenditures) 대비 높은 판매량 혹은 수익이 발생한다.

2. 시장세분화 주요 변수

시장세분화는 기업에 많은 비용을 유발시키고, 시장세분화 기준(base)을 선택하는데 어려움을 준다. 기업은 시장세분화를 통해서 경제적 가치가 있거나, 지속가능한 세분시장을 찾아내기가 힘들다. 따라서 마케터는 효과적인 세분화(effective segmentation)를 위해서 세분화 기준(criteria)이 필요하다. Morrison(2002)은 8가지 시장세분화 기준을 제시하였다(박시사, 2008 : 222 / 재인용).

- 측정가능성(measurable)
- 시장규모의 적정성(substantial)
- 접근가능성(accessible)
- 방어가능성(defensible)
- 지속성(durable)
- 경쟁력(competitive)
- 동질성(homogeneous)
- 기존시장과 양립가능성(compatible)[6)]

6) Compatible. When an organization selects a target market it must be sure that this market does not conflict in a nay way with the market it already serves. Marketers would say that this means ensuring that a new target market is compatible with the existing customer mix.
(출처 : Morrison(2002), Hospitality and Travel Marketing, p.176)

통상 시장을 세분화시키는 유일하고 최적의 방법은 없지만 시장을 의미있는 집단으로 나누는 방법은 있다. 본서는 우선 여러 학자들이 제시한 시장세분화 변수를 제시한 다음 서로 공통분모를 갖는 변수를 중심으로 설명하였다. 다음은 여러 학자들이 제시한 시장세분화 변수(variables)이다.

Shoemaker & Shaw 시장세분화 변수

- 지리적 시장세분화(geographic segmentation)
- 인구통계적 시장세분화(demographic segmentation)
- 사이코그래픽 시장세분화(psychographic segmentation)
- 사용목적 · 습관 시장세분화(usage segmentation)
- 편익추구 시장세분화(benefit segmentation)
- 가격기준 시장세분화(price segmentation)

Kotler & Armstrong 시장세분화 변수

- 지리적 시장세분화(geographic segmentation)
- 인구통계적 시장세분화(demographic segmentation)
- 사이코그래픽 시장세분화(psychographic segmentation)
- 행위형태별 시장세분화(behavioral segmentation)

Middleton & Morgan의 국제여행 · 관광 시장세분화 변수

- 여행목적(purpose of travel)
- 구매자의 욕구, 동기, 편익추구(buyers needs, motivations and benefits sought)
- 구매자의 상품사용 특성(buyer characteristics of product usage)
- 지리, 경제, 인구통계적 변수(geographic, economic and demographic profiles)
  - 사이코그래픽 변수(psychographic profile)
  - 지리통계적 변수(geodemographic profiles)

1) 지리적 시장세분화(geographic segmentation)

마케팅믹스의 중요한 요소는 바로 장소(place)이다. 지리적 요소, 즉 고객이 어디에 있는지, 기업 혹은 경쟁자의 위치는 중요한 고려사항이다. 지리적 시장세분화(geographic segmentation)는 국가, 주(도), 시 등을 기준으로 나눈다. 지리적 시장세분화는 고객의 '위치'(where)에 초점을 둔 세분화를 말한다.

〈표 6-1〉 NSW 방문 국적별 방문횟수별 프로파일(2010년 기준)

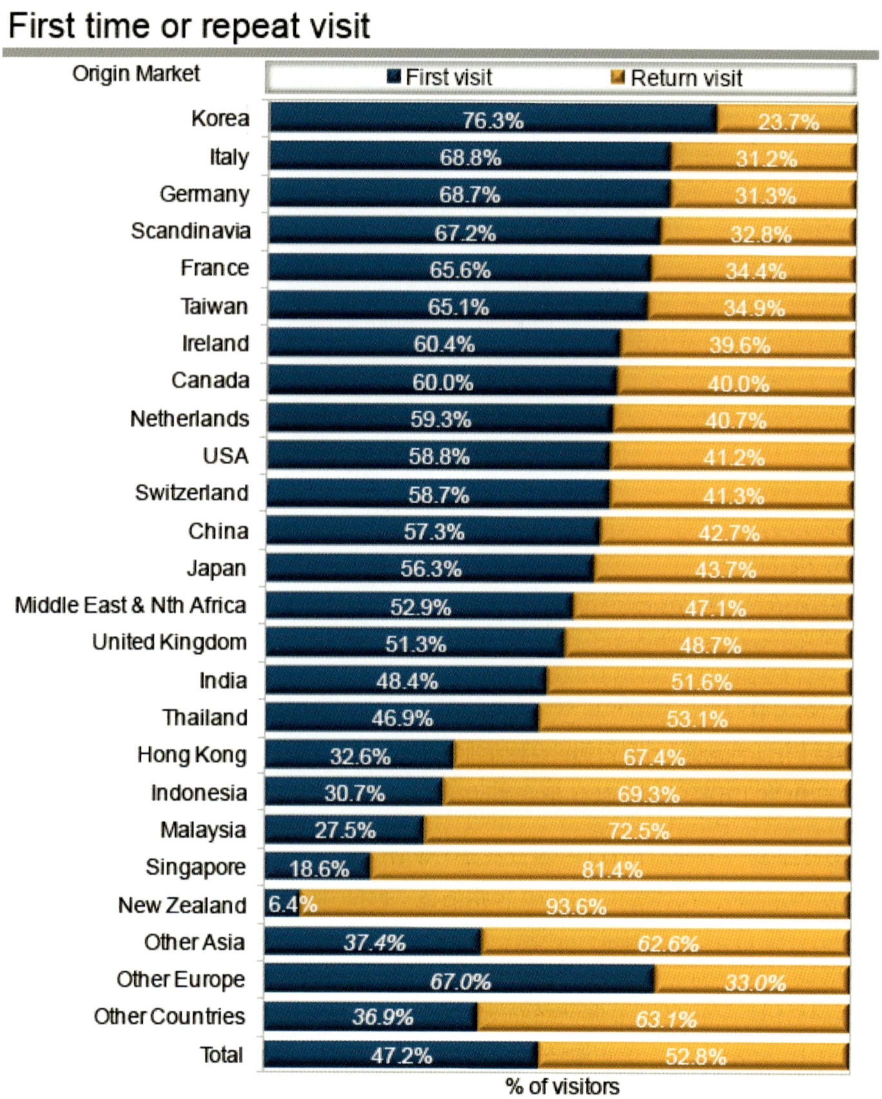

출처 : corporate.tourism.nsw.gov.au / 호주 New South Wales 자료

위의 〈표 6-1〉은 시드니를 포함한 New South Wales를 방문하는 국제관광객의 〈첫방문〉과 〈재방문〉의 분포를 보여주고 있다. 한국은 76.3%가 첫방문(first time visit)이며, 재방문(repeat visit)은 23.7%에 불과하다. 반면에 뉴질랜드는 재방문 비율이 93.6%를 차지하며, 첫방문은 6.4%이다. 한국과 뉴질랜드는 첫방문과 재방문의 비율에서 큰 대조를 이룬다.

2) 인구통계적 시장세분화(demographic segmentation)

지리적 시장세분화가 고객의 위치(where)에 초점을 둔 세분화이다. 반면에 인구통계적 세분화(demographic segmentation)는 고객이 누구(who)인가에 초점을 둔 세분화이다. 인구통계적 세분화를 이용되는 공통사항은 연령(age), 성별(gender), 가족규모(family size), 가족수명주기(family life cycle), 소득(income), 교육수준(education), 인종(ethnic background) 등이 있다(Hsu & Powers, 2002 : 69).

3) 사이코그래픽 시장세분화

1974년 Plog의 동기연구(motivation study)에서 비롯된 사이코그래픽 시장세분화(psychographic segmentation)는 다른 세분화에 비해 발전된 접근법(approach)이다. 사이코그래픽은 지리적, 경제 · 사회적 데이터에 의존하는 간단한 접근법을 보완할 목적으로 도입되었다(Page, 2009 : 103~104). 사이코그래픽 세분화는 시장세분화를 하기 위해 설문 응답자의 활동(activity), 관심(interests), 의견(opinions), 태도(attitude) 같은 변수를 활용한다(Seaton & Bennet, 1996 : 42).

사이코그래픽 세분화는 구매자를 사회계층(social class), 라이프스타일(lifestyle), 그리고 성격특성(personality characteristics)을 기준으로 집단을 구분하는 것을 말한다. Royal Caribbean 유람선은 성격(personality)에 따라 모험을 추구하는 〈high energy couple〉를

Royal Caribbean Cruise

대상으로 한 광고를 제작하였다. 반면에 Regent Seven Seas 유람선은 이국적이고 우아함을 추구하는 세분시장인 ⟨mature couple⟩에 소구(appeal)하는 광고 "luxury goes exploring"을 만들었다. Royal Caribbean과 Regent Seven Seas 유람선은 사이코그래픽의 요소 중의 하나인 성격특성을 활용하여 마케팅을 하였다(Kotler & Armstrong, 2010 : 220).

4) 행위형태별 세분화(behavioral)

행위형태별 세분화란 특정 집단을 지식(knowledge), 태도(attitude), 사용(uses), 또는 상품에 대한 반응(responses)을 기준으로 나누는 것을 말한다. 행위형태별 세분화의 변수(variables)는 다음과 같다(Kotler & Armstrong, Bowie & Buttle, Bowen & Makens, Middleton, Fyall & Morgan).

행위형태별 세부화 변수

- 구매이유(purchase occasion)
- 편익추구(benefits sought)
- 사용자 지위(user status)
- 사용빈도(user rates)
- 충성도(loyalty status)
- 상품에 인지 및 구매의향(readiness stage)
- 상품에 대한 태도(attitude toward product)

Shoemaker와 Shaw는 행위형태별 세분화를 용도별 세분화(usage segmentation)라 하였다. 용도별 시장세분화는 광범위한 범주를 포함하는 용어이다. 용도별 시장세분화의 범주에 포함되는 것은 다음과 같다(Shoemaker & Shaw, 2008 : 442).

- 사용목적(purpose)
- 빈도(frequency)
- 금전적 가치(monetary value)
- 고객의 최근 구매 유무(recency)
- 시점(timing)
- 구매속성(nature of purpose)
- 구매계기(purchase occasions)

(1) 구매계기(purchase occasion)

구매계기(purchase occasion) 혹은 구매이유란 구매자들이 상품이나 서비스를 구매하는 이유 · 원인 · 유인 등을 뜻하는데, 마케터는 이를 기준으로 시장을 세분화할 수 있다. 이는 구매동기와 관련이 있다. 가령, 특정 고객이 호텔 레스토랑에 생일(birthday) 혹은 기념일(anniversary)을 축하하기 위해 갈 수 있는데, 생일 혹은 기념일이 '계기'(occasion)에 해당한다. 여행업의 경우 신혼여행상품은 구매 계기 · 이유(purchase occasion)를 활용하여 기획한 대표적인 상품이다.

구매계기를 적용한 관광상품

- 신혼여행상품
- 결혼 30주년 해외여행상품(wedding anniversary)
- 정년퇴임축하 호텔 축하연
- 자녀 대학합격기념 "주부여행".
- 효도관광상품

신혼여행상품

(2) 편익추구 시장세분화(benefit sought)

편익추구 시장세분화는 고객이 상품과 서비스를 구매할 때 얻고자 하는 편익(便益: benefits)에 의해서 나누어지는 것을 말한다. 편익은 욕구충족(need satisfaction)과 관련성이 높다. 다음은 관광·환대산업에서 고객이 추구하는 일련의 편익들이다.

- 안락함과 편안함(comfort)
- 사회적 위상과 권위(prestige)
- 낮은 가격(low price)
- 인정과 존경(recognition)
- 로맨스(romance)
- 관심과 주목(attention)
- 조용함(quiet)
- 안전(safety)

편익추구 세분화는 마케팅 콘셉트에 가장 잘 부합하는 시장지향적 접근법(marketoriented approach)이다. 편익추구 세분화는 기업이 고객을 예측하는 방법을 제공한다.

[그림 6-16] Cox & King의 여행사의 여행상담과 로고

1758년 세계 최초로 설립된 여행사인 Cox & King는 경험과 전문성을 갖춘 여행상담사(tour consultant)를 보유하고 있으며, 열정과 지식이 있는 인솔자와 현지가이드를 보유하고 있다. Cox & Kings 여행사는 자사를 선택하는 고객인 여행자들은 다음과 같은 편익을 누릴 수 있다고 강조하고 있다(www. coxandkings.co.uk).

[그림 6-17] 영국의 Cox & Kings 여행사의 고객 편익(benefits)

OUR EXPERTISE

Our regional specialists have all travelled extensively in their regions meaning you can be reassured that your hotels, excursions and journeys have been fully considered by an expert.

OUR VALUE

Our buying power and long-standing relationships in the travel industry generated over many years by the network of associated Cox & Kings companies worldwide enables us to contract flights, hotels and ground services at highly competitive rates.

OUR SERVICE

Our regional specialists have all travelled extensively in their regions meaning you can be reassured that your hotels, excursions and journeys have been fully considered by an expert.

OUR HERITAGE

As the oldest travel company in the world, (established 1758) we have the experience to make travel arrangements of the highest calibre.
Read more about our history >

OUR ADDED EXTRAS

Other benefits of travelling with Cox & Kings include complimentary travel accessories, free subscription to our in-house magazine Compass and access to sponsored events such as the recent Royal Academy of Arts Van Gogh Exhibition.

OUR CHOICE

As well as offering a huge variety of destinations, our holidays range from our excellent-value small escorted group tours to completely flexible tailor-made holidays, luxurious city breaks and art history tours.
More about our holidays>

OUR PROMISE

We believe that our holidays should benefit the local people and their environments and we strive to ensure that the local culture and communities form an integral part of our trips. Read more about our Responsible Tourism policy and for a list of charities we support.

YOUR PROTECTION

We have full industry bonding, including ATOL , ABTA and AITO protection, meaning your money is safe with us.

YOUR EXPERIENCES

" Our holiday was wonderful! It was everything that we wanted our grandchildren to see and experience with enough spaces for them to catch their breath. We would like to thank Cox & Kings for delivering the perfect experience for our family." Mrs Yowerth

출처 : www.coxandkings.co.kr / 인터넷 자료

(3) 사용빈도(usage rate)

사용률 세분화(usage rate)란 고객이 특정기간 동안 방문하는 빈도 혹은 소비 · 구매량

을 기준으로 세분하는 것을 말한다. 사용 혹은 구매빈도는 저빈도(light user), 중빈도(mediun user), 고빈도(heavy user)로 나눈다. 빈도(frequency)란 반복구매, 다빈도 구매등과 같은 사용빈도의 규칙성(regularity)을 말한다. 가령 항공사가 비가격전략의 일환으로 채택하고 있는 상용고객우대제도(FFP : frequent fliers program)는 빈도에 준한 마케팅 사례의 하나이다.

advantage

(4) 금전적 가치

금전적 가치(monetary value)는 고객이 기업(organization)에 기여하는 금전적 기여 정도를 말한다. 카지노의 경우 특정 시간에 '베팅'을 하는 금액의 정도에 따라 'big spender or high spender'와 'low spender'로 나누기도 하고, 호텔 투숙객을 표준객실(standard room), 스위트(suite room), 레스토랑은 고가의 와인 주문자와 저가 와인 주문자로 나누어 시장세분화를 한다. 이와 같은 예가 금전적 가치에 준한 시장세분화이다.

(5) 최근 구매 유무(recency)

마케터는 고객 혹은 시장을 최근 구매 유무(recency)에 따라 세분화하기도 한다. 최근의 시점은 대략 '30일'을 기준으로 한다. 이 방법은 고객에게 DM(direct mail)을 활용하여 촉진하는데 사용되기도 한다. 고객을 요일(days), 주중 혹은 주말(weekdays or weekends), 월별(months), 그리고 계절(seasonal period)에 따라 구분하는 것을 시점(timing)별 시장세분화라고 말한다. 통상 구매속성(nature of purchase)은 크게 편의성(convenience), 충동성(impulse), 합리성(rational)으로 나눈다. 고객이 특정 상품이나 서비스를 구매 계기(purchase occasions)에 따라 세분화가 이루어질 수 있다.

시장세분화(market segmentation)는 관광산업에서 점점 중요성이 강조되고 있다. 왜냐하면 관광산업은 치열한 경쟁에 노출되어 있기 때문이다. 시장세분화는 기업의 성장과 발전에 필요한 전략이 되었다.

제3절 차별화전략

1. 차별화의 개념

차별화(差別化 : differentiation)란 자사의 상품과 서비스를 경쟁자의 상품 · 서비스와 구분시키는 것을 뜻하며, 기업은 차별화를 통해서 자사의 상품과 서비스를 고객에게 식별(identifiable)시키고, 의미(meaningful)있게 만든다. 고객은 차별화된 상품과 서비스를 선택하게 된다(Shoemake & Shaw, 2008 : 424).

2. 상품차별화(product differentiation)

관광 · 환대기업은 상품과 서비스를 경쟁기업으로부터 차별화시키려고 한다. 관광기업은 다음과 같은 기준에 의해서 차별화를 시도한다(Kotler, Bowen & Makens, 2006 : 284-287).

- 상품차별화 및 물리적 속성 차별화(physical attribute differentiation)
- 서비스 차별화(service differentiation)
- 종사원 차별화(personnel differentiation)
- 장소 차별화(location differentiation)
- 이미지 차별화(image differentiation)

첫째, 물리적 속성차별화, 즉 상품차별화이다. 관광상품은 유사성(parity)을 띠기 때문에 물리적 속성을 차별화시키기가 어렵다고 알려져 있다. 또한 관광상품은 모방(easy to copy)하기 쉬운 특성을 갖고 있어서 상품차별화의 장점을 살리기 쉽지 않다. 하지만 호텔, 항공사, 유람선 등 관광기업은 물리적 차별화를 통해서 경쟁력을 확보하고 비교우위(comparative advantage)를 누리려고 한다. 다음은 물리적 차별화를 통해서 성공한 기업의 예이다.

- The Venetian Macao Resort Hotel(베네치아 콘셉트의 호텔)
- Outback Steakhouse(호주의 대자연을 테마로 한 레스토랑)
- Air Bus 380(스위트 객실, 기내 전용라운지, 넓은 좌석, 샤워실, 카지노[7])
- Low Cost Carriers(염가의 항공권)

[그림 6-18] 관광상품 물리적 차별화 사례

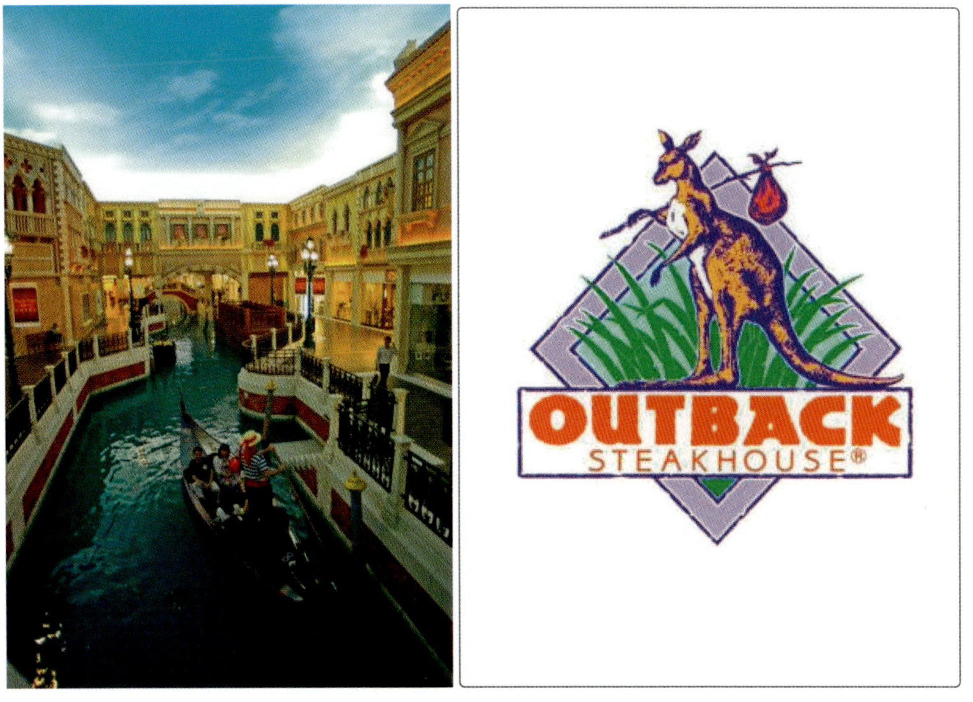

출처 : www.pentaxforums.com / dealforreal.wordpress.com / 인터넷 자료

특히 저가항공사의 대명사로 알려져 있는 Southwest Airlines는 상품차별화를 통해서 미국의 주요 항공사(trunk carrier)와 경쟁에서 비교우위를 확보하였다. Southwest Airlines는 다음과 같이 항공상품의 단순화(simple product)와 운영체계의 단순화(simple operation)로 대성공을 이루었다(Doganis, 2006 : 157).

7) 아랍에미레이트항공은 일등석고객(14석)들에게 기내에서 샤워를 할 수 있도록 하고 있으며, 샤워실만 관리하는 승무원을 두고 있다. 또한 A 380을 도입하려는 항공사는 카지노를 설치할 계획인 것으로 알려져 있다. 하지만 항공기내 카지노 설치는 게임중독 문제와 세금부과 문제가 해결되어야 할 과제이다.

상품단순화(simple product)

- 요금(fares)
  - 저가 / 단일요금제, 제약 없앰(low, simple)
  - 항공권 제약요건 완화(unrestricted)
  - 직항 / 경유지 없음(point-to-point)
  - 국내선 전문(no interlining)
- 유통구조(distribution)
  - 직접판매(direct sales)
  - '티켓리스'(ticketless)
- 기내제공상품(in-flight)
  - 일반석(single-class)
  - 고밀도 좌석(high density)
  - 좌석번호 없앰(no seat assignment)
  - 기내식 제공하지 않음(no meals)
  - 스낵과 음료제공(snacks and light beverages only)
- 빈도(frequency)
  - 높은 운항빈도(high)
- 정시성(punctuality)
  - 높은 정시성 유지(very good)

운영체계의 단순화(simple operations)

- 항공기(aircraft)
  - 단일기종(single type / Boeing 737)[8]
  - 높은 운항률(high utilization / over 11 hours per day)
- 공항(airports)
  - 제2공항 혹은 비혼잡공항 이용(secondary or uncongested)
  - 15~20분 내 이착륙(15~20 minute turn-rounds)
- 종사원(staff)
  - 능력제 급료(competitive wages)
  - 1973년부터 종업원과 이익공유(profit-sharing since 1973)
  - 높은 생산성(high productivity)

8) 아이랜드(Ireland) 더블린(Dublin)에 본사를 두고 있는 Ryan Air도 180여명을 수용할 수 있는 Boeing 737기종(Fleet)으로 운항하고 있다. Ryan Air는 1985년 출범한 후 지속적인 성장을 거듭하고 있다. Ryan Air는 Ireland, London, New York 주식시장에 상장되어 있고, 2009년 기준 6천 6백여만명 승객(passenger)을 운송한 유럽 최대의 저가항공사(low-cost carrier)이다. 참고로 유럽 제2위 저가항공사는 easyJet이다.

[그림 6-19] 항공상품 단순화와 저가항공사 기종

출처 : www.ryanair.com / website 자료

둘째, 서비스 · 품질 차별화이다.

에미레이트 A380은 모든 클래스의 승객들에게 최고로 호화로운 여행 경험을 제공합니다. Engine Alliance GP7200에서 제공하는 4개의 엔진으로 A380은 더욱 조용하고 친환경적인 여행을 가능하게 합니다. 퍼스트 클래스 승객들에게 제공하는 샤워 스파와 기내 라운지* 그리고 수상 경력의 빛나는 ice기내 엔터테인먼트 시스템에서 제공하는 1,200개의 채널로 다른 곳에서는 찾을 수 없는 최상의 비행 환경을 제공합니다

퍼스트 클래스

퍼스트 클래스로 여행하시고 진정한 호화스러움을 경험해 보십시오. 자신만의 전용 스위트를 이용하시거나, 전용 라운지에서 휴식을 취하시거나, 세계 최초의 기내 샤워 스파를 경험하십시오.

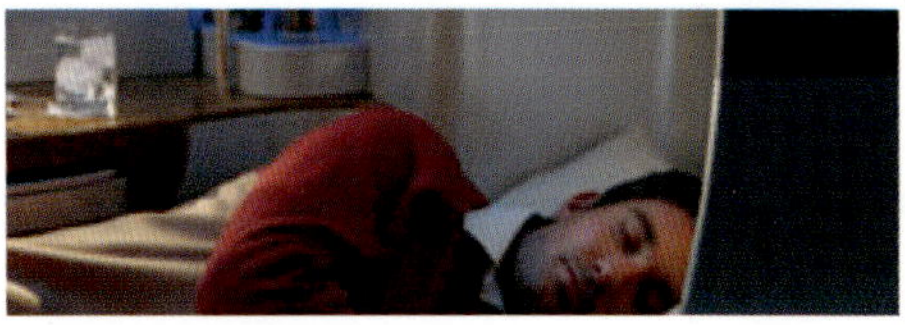

비즈니스 클래스

비즈니스 클래스 여행을 어떻게 즐길 것인지는 승객 여러분께 달려 있습니다. 마사지 좌석에 누워 휴식을 즐기시거나, 터치스크린 방식의 좌석에서 엔터테인먼트 제어장치를 이용하시거나, 미니 바를 사용하시거나 전용 기내 라운지를 이용해 보십시오.

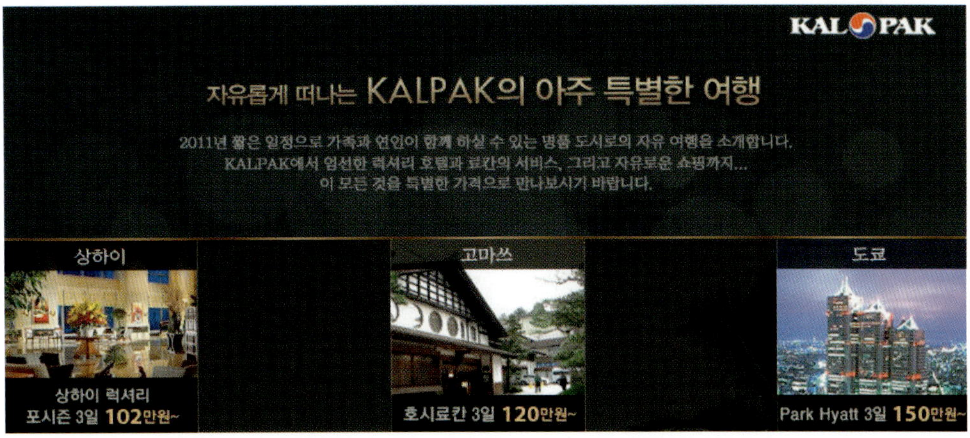

출처 : 고품격(luxury) 상품으로 품질차별화를 하는 대표브랜드 KALPAK 여행상품

셋째, 종사원 차별화이다. 서비스산업의 경우 서비스의 품질은 신뢰성(reliability), 반응성(responsiveness), 믿음(credibility), 확신(assurance), 그리고 공감(empathy)과 같은 요소에 의해서 결정된다. 고객은 종사원의 행동(behavior), 개성(character), 정보와 지식, 품격, 가정배경에 의해서 크게 영향을 받는다. 종사원 차별화(personnel differentiation)의 주요 요소는 다음과 같다(www.buzzle.com).

- 종사원의 지식, 자격(knowledge, qualification)
- 종사원의 경험과 기술(experience, skill)
- 종사원의 책임, 정직함, 의지(commitment, integrity, and willingness of personnel)
- 기술변화 대응능력(response to changing technology)
- 네트워크(social network)
- 일관성(consistent)
- 인내력과 겸손함(patience, tolerance and humbleness)
- 신체적 매력과 정신적 건강(attractive physical appearance and beauty of mind)
- 복장과 규칙준수(dress code and discipline)

출처 : www.southwest.com / 인터넷 자료

저가항공사의 대명사인 미국 Sourthwest 항공사는 종사원을 차별화하여 성공한 대표적인 관광기업이다. Gary Kelly Southwest Airlines CEO가 말한 "Our people are our single greatest strength and most enduring longterm competitive advantage"가 종사원의 중요성을 강조한

예이다. 또한 Southwest는 〈individual pride〉와 〈Company Spirit〉을 기업사명이 명시하였다.

싱가포르항공은 항공산업은 서비스업이며, 서비스는 종사원에 의해서 제공되기 때문에 종사원의 중요성을 인식하여 종사원 차별화를 하였다. 특히 승무원은 유명 디자이너 Pierre Balmain이 만든 옷을 입고 있으며, 승무원은 항상 미소를 띠면서 사소한 부분까지 정성을 다하여 서비스를 하였다.

넷째, 장소(입지) 차별화이다. 입지(location)는 고객의 접근성에 영향을 주고, 자본투자(capital investment)를 결정하는 데 고려해야 할 항목이며, 시설과 제공 상품의 '매력'(attractiveness)에 영향을 준다. 다음은 입지(location)를 기준으로 분류된 호텔의 유형이다(Bowie & Buttle, 2004 : 135-136).

호텔의 유형

- 도심호텔(capital city location)
- 지방 / 지역 호텔(provincial city location)
- 관문호텔 / 공항호텔(gateway location)
- 고속도로 호텔 / 모텔(highway location)
- 리조트호텔(resort location)
- 농촌호텔(rural locations)

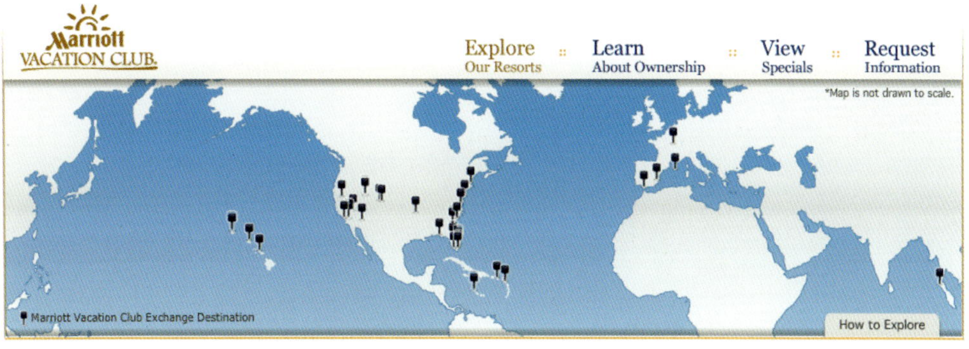

Marriot 호텔체인은 세계에서 가장 좋은 입지 · 장소(location)를 선정하여 resort를 만들어 차별화를 시도했다. 특히 인간의 흔적이 적은 '원시해변'(pristine beach), 세계1등급 스키장(world-class skiing), 챔피언십이 열리는 골프장, 그리고 이국적인 사파리(safaris)를 할 수 있는 곳에 〈Vacation Club〉을 만들었다. 이는 〈Marriott Difference〉, 즉 장소 · 입지 차별화의 대표적인 예이다(www.marriottvacationclub.com).

다섯째, 이미지 차별화이다. 이미지(image)란 고객의 마음속에 있는 지각(perception)이다. 관광목적지를 방문하는 고객, 항공사 항공권을 구매하는 승객, 여행상품을 선택하는 여행객, 그리고 특정 호텔에 투숙하는 투숙객은 대상(object)에 대한 이미지를 갖는다. 통상 관광 이미지는 뉴스, TV 프로그램, 신문기사, 광고와 같은 간접적인 매체(media)와 친구와 친인척의 구전광고(word of mouth)에 의해서 형성된다. 이를 〈induced image〉라 부른다. 또한, 관광 이미지는 고객이 목적지를 실제로 방문한 후 체험을 통해서 형성되기도 한다. 이렇게 형성된 이미지를 〈organic image〉라 일컫는다(Bowie & Buttle, 2004 : 144-145). 관광목적지 이미지는 〈icon〉 혹은 〈landmark〉와 관련이 있다. 이를 〈iconic image〉라 한다. 다음은 대표적인 관광목적지가 이미지 차별화를 성공한 도시의 예이다.

관광목적지 이미지 차별화

- Bejing(중국) : Great Wall(만리장성)
- Jaipur(인도) : Pink City
- San Francisco(미국) : Golden Gate Bridge
- Paris(프랑스) : Eiffel Tower
- Hong Kong(중국) : Shopping Paradise
- Rio de Janeiro(브라질) : Carnival
- Venice(이탈리아) : Gondola
- Pattaya(태국) : Gay Show
- Buenos Aires(아르헨티나) : Tengo Show

제4절 포지셔닝

1. 포지셔닝의 개념

시장은 시장세분화(market segmentation)를 통해서 세분시장으로 나누어진다. 세분시장은 기업이 접근하려는 표적(target)의 대상이 되며, 이후 기업은 세분시장을 포지셔닝의 대상으로 삼는다. 포지셔닝이란 마케터가 기업 혹은 제품을 고개의 마음(in the minds of consumers)속에 인식(perceived)시키는 방법(how)이다.

포지셔닝(positioning) 기법 혹은 전략은 1972년 Al Ries와 Jack Trout가 저술한 〈The Battle for Your Mind〉라는 책에서 소개된 후 알려진 개념이다. Ries와 Trout는 포지셔닝이란 "Positioning is what you do to the mind of the prospect", 즉 "고객의 마음에 마케터가 심어줄 수 있는 것"이라고 정의하였다(Morrison, 2002 : 221).

포지셔닝은 고객의 마음속에 특정 제품 혹은 서비스의 독특한 이미지를 만들어 내는 것이다. 제품 혹은 서비스 이미지는 경쟁자가 제공하는 '제공물'(offering)과 차별화될 수 있다. 마케터가 성공적인 포지셔닝을 수행하기 위해서는 고객에게 제품 혹은 서비스의 편익(benefit)이 효과적으로 전달되어 한다(Schiffman & Kanuk, 2007 : 7).

"마케터는 시장세분화가 이루어지고, 표적시장에 선정된 이후 포지셔닝을 고려해야 한다." 기업은 상품의 이미지(image)를 만들어내고 시장에서 위치를 차지하기 위해 많은 사람을 개입시킨다. 기업의 마케터들은 자사의 상품이 잠재고객(prospective customer)에 의해서 어떻게 인식되고 있는지에 대해서 정확하게 파악하려고 한다. 관광산업 마케터는 자사 관광상품이 갖는 독특성을 찾아내는 것은 중요하다. 고객에게 독특성(uniqueness) 있게 전달되고 자리잡은 이미지(image)는 포지셔닝과 관련이 있다. 관광마케터가 효과적인 포지셔닝을 하려면 다음과 같은 단계를 거쳐야 한다(Burke & Resnick, 1991 : 52~56).

첫째, 상품분석과 상품의 속성과 편익 파악이다.

포지셔닝 문구개발(positioning statement)은 자사상품의 분석에서 비롯된다. 통상 포지셔닝 문구개발은 크게 자사 상품 혹은 서비스의 속성(features)과 고객이 인식하거나 누리는 편익(benefits)을 토대로 만들어진다.

상품의 속성은 상품이 제공하는 기능성(functionality)과 관련이 있다. Pekar와 Ou는 호텔이 제공하는 상품의 속성을 나타내는 목록(lexicon)으로 입지(location), 음식(food), 객실(room), 서비스(services), 편의시설(facilities), 가격(prices) 등을 들 수 있다.

둘째, 기업(상품)의 현재위치 파악이다.

상품을 분석하여 자사 상품이 갖는 속성과 제공할 수 있는 편익분석이 끝나면, 기업의 현재위치를 파악한다. 현재위치의 파악은 효과적인 포지셔닝을 위해 반드시 필요한 단계이다. 일반적으로 기업(상품)의 현재위치 파악은 기업 혹은 상품이 갖는 소구(訴求 : appeal)와 특징 혹은 개성(characteristics)의 강점(strength)과 약점(weakness)을 파악하는 데서 시작된다. 마케터는 상품을 포지셔닝하기 위해 현재고객과 잠재고객에게 '어필'(appeal)하는 무엇인가를 파악하고, 상품이 시장에서 누리고 있는 이미지인 상품특성을 이해할 필요가 있다. 여기서 말하는 소구는 고객이 누리는 편익으로부터 파생된다. 반면에 특성은 상품이 고객에게 제공할 수 있는 물리적인 것을 말한다.

셋째, 기업(상품)의 현재위치와 마케팅목표의 비교이다.

관광기업의 상품 포지션은 현재와 미래 마케팅목표(marketing objectives)와 일치하고 부합하여야 한다. 기업의 마케팅목표가 설정되면, 기업목표를 성취하기 위해서 전략 혹은 기법(tactics)이 도입된다. 모든 마케팅전략은 표적시장의 점유율을 증진시키는데 있는데, 구체적인 전략은 현재 기업이 시장에서 차지하고 있는 위치(position)에 의해서 결정된다. 기업이 채택할 수 있는 대안은 크게 〈market leader〉, 〈market challenger〉, 〈market follower〉, 그리고 〈niche market player〉 전략이 있다(Burke & Resnick, 1991 : 63~65).

1) 시장선도(market leader)전략

시장에서 선도적인 위치에 있는 기업은 고객의 욕구를 파악 · 충족시키면서 앞선 지위를 누리고 있다. 하지만 시장선도기업이라고 해서 편안하게 우위(superiority)를 즐길 수는 없다. 왜냐하면 경쟁기업이 끊임없이 추격하고 있고, 선도기업과의 간격(gap)을 줄이고 있다. 따라서 시장선도기업(market leader)은 새로운 마케팅전략을 세우기 위해 시장조사(market research)를 수행한다. 첫째, 시장선도기업은 주로 'leader'로서의 위치를 유지하는 것이 중요한다. 이를 위해 선도기업은 기업의 이미지(image)를 유지시키는 것이 필요하다. 둘째, 시장선도기업은 시장점유율(market share)을 높이는 전략이 필요하다. 아울러 수익률을 증대해야 한다. 관광기업 중 시장선도전략을 구사할 수 있는 기업은 다음과 같다.

- Carnival Cruise Lines(유람선)
- Outback Steakhouse(family restaurant)
- Club Med(리조트 클럽)
- Hertz / Avis(렌터카)
- www.travelocity.com / www.expedia.com(online 여행사)
- Star Bucks(프리미엄 커피숍)
- 하나투어 / 모두투어(우리나라 여행사)
- JTB / 日本旅行(일본 여행사)
- 中国国际旅行社 / 青年旅行社(중국 여행사)
- 신라호텔/롯데호텔(우리나라 호텔)
- Marriot Hotel / Sheraton Hotel
- Korean Air(우리나라 항공사)
- American Airways(미국 항공사)

2) 시장도전(market challenger)전략

시장도전기업은 시장선도기업이 되길 원하며 현재 선도기업을 공격하여 시장점유율을 확대하려고 한다. 통상 시장도전자의 마케팅전략은 도전적이고 공격적이다. 시장도전기업이 1위(market leader)가 되기 위해 채택한 전형적인 전략은 바로 가격할인전략이다. 또한 시장도전기업이 빈번하게 사용하는 것은 고품질 혹은 경쟁기업에 비해 좋은 서비스를 제공하는 전략이다.

- Thifty / Alamo(렌터카)
- 롯데관광 / 자유투어(우리나라 여행사)
- Southwest Airlines(미국의 저가항공사)
- Ryan Air(유럽의 저가항공사)
- Jet Star(호주의 저가항공사)

[그림 6-20] 세계 주요 렌터카(Car Rentals)

[그림 6-21] 유럽 항공사의 현황(2010년 3월 승객 운송실적 기준)

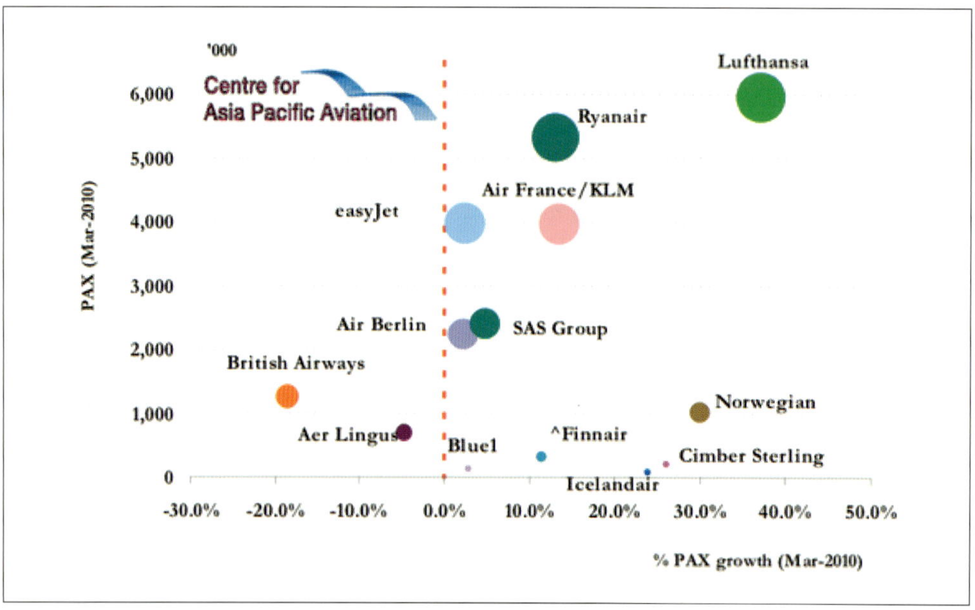

참고: 유럽 저가항공사(LCC)의 대표주자인 Ryan Air는 독일 국적항공사 Lufthansa에 이어 두 번째로 많은 승객 운송실적을 올렸다. 여기서 주목할 만한 것은 British Airways, Air France 등과 같은 유럽의 주요 Full Service Carrier를 앞서고 있다는 것이다.

시장도전전략을 성공적으로 수행하여, 시장에서 선도적인 위치에 오른 관광기업도 있다. 대표적인 예가 미국을 대표하는 저가항공사 Southwest Airlines와 아이랜드에 본사를 두고 있는 유럽의 저가항공사 Ryan Air를 들 수 있다. 다음은 [그림 6-21]은 Ryan Air의 현재의 위치를 보여주고 있다.

3) 시장추종(market follower)전략

시장추종전략이란 현재 시장에서 차지하는 위치에 만족하면서 현상유지(status quo)를 목표로 하는 기업의 마케팅전략이다. 시장선도기업이 경쟁력을 갖추어 도전하는 것 자체가 무의미할 때 채택되는 전략이기도 하다. 즉 시장추종자는 현재의 위치를 인정하고, 선도기업과 마찰을 피하면서 자신의 이익을 취하는 소극적인 전략을 취하는 것이다.

- Couples / Sandal / Hedonism(리조트 클럽)
- Jeju Air / Easter Jet(저가항공사 / 국내선 + 근거리 국제선)
- 세방여행사 / 대한여행사 / 세일여행사(우리나라 여행사)

4) 틈새시장(niche market player)전략

틈새(niche)란 독특하고 특별한 편익을 추구하려는 고객집단을 보다 정밀하고 좁게 정의한 것을 일컫는다. 마케터는 일반적으로 세분시장을 '미세세분시장'(sub-segment)으로 나누어 틈새시장을 찾아낸다(Kotler & Keller, 2009 : 249). 관광 · 여행시장은 다양하고 광범위해서 특정 기업은 시장의 일부만을 대상으로 상품을 판매한다. 이러한 일부 즉 틈새만을 대상으로 하는 기업이 채택하는 전략이 바로 틈새시장(niche market player)전략이다. 또한 특정 전문분야는 대형사 혹은 대기업(big company)이 관심을 두지 않아서 중소기업에게 기회가 주어지고 대기업과 직접적인 경쟁을 피하면서 사업을 할 수 있다(Burke & Resnick, 1991 : 65).

- Morgan Hotel(뉴욕의 boutique hotel)
- Crowne Plaza Hotel(가족여행 호텔)
- Lindblad Travel(미국 모험관광전문 여행사)
- 인하여행사(전시회, 박람회전문 여행사)
- 혜초여행사(문화탐방, 오지탐험 여행사)
- Star Cruise(아시아 시장)
- Captain Cook Cruise(호주 시드니 Harbour Cruise 전문)
- Southwest Airlines(저가항공사)

저가항공사의 대명사인 미국 Southwest Airlines는 승객에게 최소한의 서비스를 제공하여 운영효율성을 증대시키고, 비용을 절감하여 '저가항공사'(low cost carrier)로 포지셔닝(positioning)하는데 성공하였다(Gursoy, Chen & Kim, 2005).

2. 포지셔닝 문구개발

관광기업은 상품분석, 기업(상품)의 현재위치 파악, 그리고 자사가 추구하는 마케팅 목표와 현재위치의 비교가 완료되면, 바로 포지셔닝 문구(positioning statement)를 기획해야 한다. 마케터는 포지셔닝 문구를 기획할 때 상품의 이미지(image), 상품의 차별성(uniqueness / differentiation), 정서적 소구(emotional appeal) 등을 고려하여 표적시장 고객의 마음속에 문구(statement)가 '특별한 위치'(special place)를 차지하도록 한다(Burke & Resnick, 1991 : 56~57).

- Club Med. → All-Inclusive Resorts(표적시장 / baby boomers)
- Seven-Up → Un-Cola(상품차별화)
- Avis → We try harder(정서적 소구 : emotional appeal, 제2위 전략)
- Ace침대 → Ace는 가구가 아닙니다. 과학입니다(품질차별화)

제5절 마케팅믹스

마케팅믹스란 용어(term)는 1964년 Neil H. Borden이 발표한 〈The Concept of the Marketing Mix〉란 논문에서 처음으로 소개되었다. 이후 E. Jerome McCarthy는 다양한 마케팅 구성요소(ingredients)를 4개로 집단화하여 오늘날 사용하고 있는 마케팅 4Ps로 범주화하였다.

[그림 6-22] 마케팅믹스

마케팅믹스 4P는 마케팅 매니저들이 내부환경과 외부마케팅환경 제약요소를 통제하고 관리할 수 있는 '파라미터'(parameter)이다(www.netmba.com / marketing / mix). 마케터는 마케팅 프로그램을 짜고 기업의 목표를 달성시킬 계획을 수립하는 임무를 수행한다. 마케팅 프로그램(marketing program)은 가용할 마케팅 도구(tool)에 대한 다양한 의사결정(decisions)으로 구성되어 있다. 마케팅믹스는 기업의 표적시장(target market)에서 마케팅목표를 추구하기 위해 사용하는 '마케팅 도구들의 모음(set of marketing tools')'이다(Kotler, 2003). 마케팅 4Ps를 구성하고 있는 의사결정요소는 다음과 같다(www.netmba.com/marketing / mix).

제품 · 상품 요소(product decisions)

- 브랜드(brand name)
- 기능성(functionality)
- 스타일(styling)
- 우수한 품질(quality)
- 안정성(safety)
- 보장(warranty)

가격 요소(price decisions)

- 가격전략(pricing strategy : skimming, penetration, etc.)
- 소매상 판매가(suggested retail price)
- 도매상 판매가(wholesale pricing)
- 대량구매 할인(volume discounts)
- 지급조건별 할인(cash and early payment discounts)
- 계절별 가격조정(seasonal pricing)
- 일괄구매 할인(bundling)
- 가격 융통성(price flexibility)
- 가격차별화(price discrimination)

유통 요소(place decisions)

- 유통채널distribution channels
- 시장도달 · 접근(market coverage)
- 재고관리(inventory management)
- 유통센터 운영(distribution centers)
- 주문과정관리(order processing)
- 운송 및 물류(transportation and logistics)

촉진 요소(promotion decisions)[9]

- 촉진전략(promotional strategy(push, pull, etc.)
- 광고(advertising)
- 인적판매 · 판매원(personal selling & sales forces)
- 판매촉진(sales promotions)
- PR(public relations & publicity)
- 마케팅 커뮤니케이션 예산(marketing communications budget)

9) 촉진요소를 결정하는 데 중요한 요소는 크게 1) 예산(Money), 2) 메시지(Message), 3) 미디어(Media)로 나눌 수 있다. 이를 〈The 3Ms〉라 부르기도 한다. 예산, 메시지 그리고 미디어는 촉진의사결정을 하는데 반드시 고려되어야 할 요소이다.

Seoton과 Bennet는 항공사의 예를 들어 환대 · 관광산업 마케팅믹스를 구성하는 요소를 다음과 같이 제시하였다(Seaton & Bennet, 1996: 18-19).

제품 · 상품 믹스(product mix)

- 항공노선(routes)
- 운항빈도(frequency)
- 직항노선(direct flight)
- 공항위치(location of airline terminal)
- 공항형태 및 외관(appearance of terminal)
- 기내식(catering options)
- 기내시설 및 제공서비스(in-flights facilities)

가격믹스(price mix)

- 항공권 정상요금(basic ticket prices)
- 경쟁자와 비교한 항공료(price levels compared to competitors)
- 다른 교통수단과 비교한 항공료(price levels compared to other carriers)
- 표적시장별 차별화 요금(differential prices for different target markets)

유통믹스(place mix)

- 항공사 예약 · 판매점 위치(location of own offices)
- 여행사 위치(location of travel agent)
- 선택 가능한 예약 채널(character of booking options)
- 예약방법의 속도와 용이성(ease and speed of booking methods)

촉진믹스(promotion mix)

- 촉진대안선택(promotional options)
- 기업 아이덴티티(corporate identity)
- 광고(advertising decisions)
- PR활동(public relations campaigns)
- 판매촉진 인센티브(sales promotional incentives)
- 판매원요소(salesforce decisions)

4P는 전통적인 마케팅믹스이며, Middleton과 Morrison은 관광 · 환대산업에 마케팅믹스를 적용하여 7Ps와 8Ps를 제시하였다. Middleton은 4Ps 외에 People, Physical Evidence, Process를 추가하였으며, Morrison은 People, Packaging, Programming 그리고 Partnership

을 추가하여 8Ps라 명명하였다. Middleton과 Morrison 공히 People을 마케팅믹스 5번째 요소에 포함시켰다. 두 학자는 관광산업이 인적서비스(personal service) 의존도가 높음을 인정한 것으로 해석된다. 물적요소(physical evidence)는 관광기업의 유형적 요소들과 관련이 있으며, 이에 해당하는 것은 가구배치, 색상 그리고 소음 등이다. 과정(process)이란 서비스 연출과정에 발생하는 고객과 서비스 제공자 간 상호작용(interaction)을 일컫는다. 과정에서 중요한 것은 바로 고객의 관여(involvement)이다. 패키징은 다양한 여행상품 구성요소를 하나로 경합시키는 것을 말한다. 가령, '포괄여행'(inclusive tour)을 예로 들 수 있다. 프로그램밍은 고객이게 일련의 서비스를 전달하기 위한 조직화된 것이다. 마지막으로 동업자의식인데, 관광산업 동종업 혹은 이종업체 간 협력(collaboration & cooperation)이다. 항공사와 여행사 간 협력, 항공사와 유람선사와 협력, 호텔과 항공사, 여행사와 호텔, 그리고 여행사와 관광국(tourist boards) 간 협력 등이 있다(Seaton & Bennet, 1996: 19).

참고문헌

박시사(2018), 항공사경영론, 백산출판사.

유필화 · 김용준 · 한상만(2008), 현대마케팅론 제6판, 박영사.

이수동 · 박상준 · 김주영 · 이형재(2009), 전사적 관점의 마케팅 제3판, 학현사.

A.V. Seaton and M.M. Bennett(1996), The Marketing of Tourism Products : Concepts, Issues and Cases, International Thomson Business Press.

Alastair M. Morrison(2002), Hospitality and Travel Marketing 3rd ed., Delmar Thomson Learning.

Auliana Poon(1993), Tourism, Technology and Competitive Strategies, CAB International.

Cathay H. C. Hsu and Tom Powers(2002), Marketing Hospitality 3rd ed., John Wiley & Sons, Inc.

David Bowie and Francis Buttle(2004), Hospitality Marketing, Elsevier Butterworth Heinemann.

Del. Hawkins, David L. Mothersbaugh and Roger J. Best(2007), Consumer Behavior : Building Marketing Strategy 10th. ed., McGraw-Hill.

Dorgan Gursoy, Ming-Hsiang Chen and Hyun Jeong Kim(2005), The US airlines relative positioning based on attributes of service quality, Tourism Management Vol.26(1), 57~67.

James F. Burke and Barry P. Resnick(1991), Marketing & Selling the Travel Product, South-Western Publishing Co.

John Tribe(1997), Corporate strategy for tourism, International Thomson Business Press.

Leon G. Schiffman and Lesilie Lazar Kanuk(2007), Consumer Behavior 9th. Pearson International Edition.

Michael D. Olsen, Joseph J. West and Eliza Ching Yick Tse(2008), Strategic Management in the Hospitality Industry, Pearson Prentice Hall.

Nigel Evans, David Campbell and Goerge Stonehouse(2005), Strategic Management for Travel and Tourism,Elsevier Butterworth Heinemann.

Philip Kotler and Gary Armstrong(2010), Principles of Marketing 13th. ed., Pearson.

Philip Kotler and Kevin Lane Keller(2009), Marketing Management 13th ed., Pearson Prentice Hall.

Philip Kotler, John T. Bowen and James C. Makens(2006), Marketing for Hospitality and Tourism, Pearson Prentice Hall.

Rigas Doganis(2006), The Airline Business 2th ed., Routledge.

Roger A. Kerin, Steven W. Hartley and William Rudelius(2007), Marketing : The Core, 2nd. ed., McGraw-Hill Irwin.

Stephen J. Page(2009), Tourism Management, Elsevier.

Stowe Shoemaker and Margaret Shaw(2008), Marketing Essentials in Hospitality and Tourism, Pearson Prentice Hall.

Victor T.C. Middleton, Alan Fyall, Michael Morgan and Ashok Ranchhold(2009), Marketing in Travel and Tourism 4th ed., Elsevier.

제 7 장

관광마케팅상품 · 브랜드 믹스

Products are created in the factory, but brands are created in the mind

– Armstrong & Kotler –

제1절 관광상품믹스

1. 상품개념화(product concepts)

1) 상품의 개념과 유형

"상품(商品 : product)이란 소비자가 인지한 욕구(perceived needs)를 충족시키려고 획득하는 대상 혹은 실체(anything)이다."1) 소비자는 일반적으로 단순한 상품의 물리적 속성을 구매하는 것이 아니라 '욕구충족' 혹은 '욕구만족'(need satisfaction)을 추구한다. 상품이란 용어(term)는 유형상품(physical products)과 핵심 서비스(core service)를 포괄적으로 망라하는 의미를 포함한다(Hawkins, Mothersbaugh & Best, 2007 : 19). Kotler(2003) 등은 상품이란 관심, 획득, 사용 혹은 소비를 목적으로 시장에 제공된 것으로, 고객의 욕구를 충족시키는 유형재, 서비스, 장소, 기업, 그리고 아이디어를 포함한다고 정의하였다(Kotler, Bowen & Makens, 2003 : 302).

"상품이란 인간이 교환을 통해 획득한 호혜적(favourable) · 비호혜적인(unfavourable) 모든 것"2)이라고 정의될 수 있다. 상품은 유형재(tangible goods), 서비스, 아이디어 혹은 이 3가지의 결합물을 뜻한다. 대부분의 사람들에게 상품이란 용어(term)는 유형재를 뜻한다. 또한 서비스와 아이디어도 상품이다(Lamb, Hair & McDaniel, 2009 : 274). 즉 상품 = goods, 상품 = service, 상품 = idea, 상품 = good + service + idea의 등식이 성립된다.

상품을 광의적으로 정의하면 자동차, 컴퓨터, 전화기 등과 같은 유형재(tangible objects)뿐만 아니라 서비스, 이벤트, 사람(persons), 장소(places), 기업(organization), 아이디어(idea) 등을 포함한다(Armstrong & Kotler, 2009 : 230-231). 가령, Apple iPod, Starbucks, Las Vegas, Bali, Jeju Island, Lotte World, Venetian Hotel 모두 상품의 범주에 포함된다.

상품은 사용용도(intended use)에 따라 산업재(産業材 : business product)와 개인소비재

---

1) A product. A product is anything a consumer acquires or might acquire to meet a perceived need.
2) A product. A product may be defined as everything, both favourable and unfavourable, that a person receives in an exchange.

혹은 소비재(comsumer product)로 나눌 수 있다. 산업재란 다른 제품과 서비스를 생산하거나, 사업운영을 용이하게 할 뿐만 아니라 다른 고객에게 다시 판매(resell)할 목적으로 사용되는 상품이다. 반면, 소비재는 개인의 욕구를 충족시킬 목적으로 구매된 상품이다(Lamb, Hair & McDaniel, 2009 : 274). 소비재는 최종 소비 · 사용을 위한 제품 · 상품이며 산업재는 다른 제품의 생산에 투입되는 제품이다(이학식, 2009 : 229). 관광상품은 일반적으로 개인소비재(個人消費財)에 속한다.

여행사가 패키지여행상품을 기획하기 위해 항공권, 호텔객실, 현지 차량, 식사 등을 사전에 구입하여 Package를 만들어 관광객 혹은 Retailer를 통해서 재판매를 한다. 이런 경우 여행사는 항공사, 호텔과 같은 Supplier로부터 '산업재'를 구입한다고 해석할 수 있다. 왜냐하면 여행사는 여행상품 구성요소를 기획하여 이를 재판매(resell)하기 때문이다. 여행사의 예가 있음에도 불구하고 관광상품을 산업재(business product)라고 칭하기에는 무리가 따른다. 즉 관광상품은 소비재라 할 수 있다. 본서는 개인소비재 · 소비재를 중심으로 상품을 설명하였다.

Lamb 등(2009)은 소비재(consumer products)를 보다 세분화하여 구매과정(process)과 구매노력(effort)을 중심으로 상품을 편의상품(convenience products), 선매상품(shopping products), 전문상품(specialty product, 그리고 '미지상품' 혹은 미추구상품(unsought product)으로 나누었다((Lamb, Hair & McDaniel, 2009 : 274~276, Kotler, 2003 : 411).

[그림 7-1] 소비재의 유형(classification of consumer products)

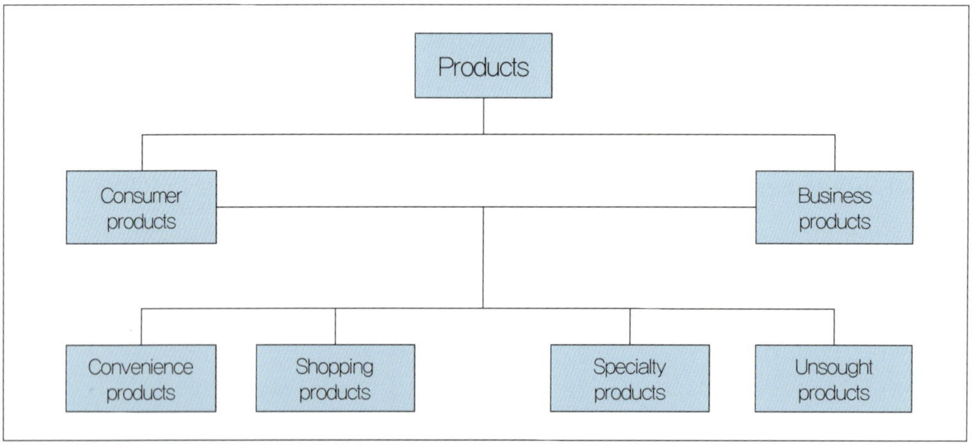

출처 : Lamb, Hair & McDaniel(2009), Essentials of Marketing, p.275.

첫째, 편의상품 혹은 편의품(convenience products)이다. 편의상품은 비교적 저가 품목이며, 적은 노력을 투여하여 구매하는 상품이다. 소비자는 상품구매계획을 세우지 않고 편의상품을 정규적으로 구매한다. 소비자는 편의상품을 언제 어디서든지 용이하게 구입할 수 있다. 소비자는 구매시 많은 노력을 들이지 않지만 유명 상표나 브랜드에 대해서 익숙하다. 가령, Coca-Cola, Bayer 아스피린, 대일밴드, 럭키치약(구), 신라면, 롯데껌, 칠성사이다(구), 박카스 등을 들 수 있다.

둘째, 선매상품 혹은 선매품(先買商品 : shopping product)이다. 선매상품은 편의상품에 비해 가격이 비싸고, 그 상품을 판매하는 곳이 비교적 적다. 선매상품은 소비자들이 경쟁상품과 비교하려고 시간과 노력을 투자할 만한 가치가 있다고 느끼는 상품이다(McCarthy, 1981 : 271). 소비자는 선매상품을 구매할 때 그 상품이 주는 편익(benefits)을 비교하고 평가하는 노력을 한다. 가령, 소비자는 브랜드, 스타일, 실용성, 가격, 자신의 라이프스타일 등을 고려하여 선매상품을 구매한다. 가령, 냉장고, 텔레비전, 가구, 옷, 세탁기 등이 이에 해당하며, 소비자는 선매상품을 몇 개월 혹은 몇 년에 한번씩 구매한다. 인터넷 환경이 도래한 이후 소비자들이 가격을 비교하는 능력을 갖춤에 따라 여행 · 관광상품도 선매상품(shopping goods)의 범주에 포함되게 되었다. 관광소비자들은 온라인을 통해 가격비교사이트에 접속하여 상품가격을 비교한 후 구매할 뿐만 아니라 홈쇼핑 TV에서 휴가여행상품을 구매하기도 한다.

셋째, 전문상품 혹은 전문품(specialty products)이다. 소비자들은 특정 전문상품을 구입할 때 정보를 폭넓게 활용하여 구매결정을 한다. 또한 소비자는 특정 브랜드를 대신하는 대체재(substitutes)[3]을 허락하지 않는다. 소비자들은 특정 브랜드의 전문상품이 갖는 매력과 독특함 때문에 구매를 위해 시간과 노력을 기울인다. 전문상품의 마케터는 상품의 '배타적 이미지'(exclusive image)를 유지하기 위해서 선택적이고(selective), 지위 · 위상의식 광고(status-conscious advertising)를 활용한다.

3) 한 상품(재화)의 가격이 하락함에 따른 다른 재화의 수요가 감소하는 경우 두 재화(상품)를 대체재(substitutes)라 한다. 가령, 라면값이 하락하면 소비자들은 수요의 법칙에 의해 국수를 더 많이 사 먹을 수 있다. 이런 경우 라면과 국수는 대체재의 관계라 할 수 있다. 반대로 한 재화(상품)의 가격이 하락함에 따라 다른 상품의 수요가 증가하는 경우 두 재화(상품)를 보완재(complements)라 한다. 햄버거와 콜라, 자동차와 휘발유, 감자튀김과 케첩 등이 보완재의 관계이다.

쇼핑

넷째, 미지상품 혹은 미추구상품(未追求商品 : unsought product)이다. 미지상품이란 잠재고객에게 알려지지 않거나 설령 상품이 알려져 있더라도 고객이 적극적으로 찾지 않는 상품을 말한다. 신상품(new product)은 광고나 유통망을 이용해서 상품인지도를 높일 때가지 미지상품 범주에 포함된다. 가령, 새로 나온 보험상품, 백과사전 등과 같은 미지상품(未知商品)은 판매되기 위해서 적극적인 인적판매(personal selling)와 고도의 설득 광고가 필요하다.

미지상품은 기업이 촉진을 통해서 그 가치를 보여주지 않으면 구매하지 않을 수 있다. 소비자는 미지상품의 필요성을 인식하지 못하거나 구매하려는 의도가 없다. 따라서 마케터는 촉진의 3대 기능인 정보제공(inform), 설득(persuade), 그리고 회상(remind)을 적극 활용하여 고객의 상품에 대한 욕구를 깨우쳐주어 구매하도록 해야 한다. 기업 혹은 마케터는 미지상품을 판매하기 위해 판매원, DM, 대면광고(direct- response ads) App, Blog, 그리고 SNS를 통해서 소비자와 접촉을 시도한다.

[그림 7-2] 미지상품과 해외신혼여행 브로슈어

출처 : 1991년 모두투어 신혼여행 안내 브로슈어

관광상품은 Lamb(2009)이 제시한 소비재 유형 중 어떤 유형에 속할까? 보는 시각에 따라 약간의 차이는 있을 수 있다. 본서의 저자는 관광상품은 선매상품(shopping product), 전문상품(specialty product), 혹은 미지상품(unsought products) 3가지 범주의 상품특성을 보여주고 있다고 생각한다.

〈표 7-1〉 소비재 유형과 관광상품 예

소비재 유형	관광상품 예	특 성
선매상품 (shopping products)	저가항공권 염가호텔(budget hotel) 전세기패키지	염가 제한된 서비스 제약조건이 있음
전문상품 (speciality products)	LGBT 호텔 오지탐험여행 테마여행	전문성 충성도 높음 틈새시장
미지상품 (unsought products)	Golfclub + Hotel 상품 해외리조트 회원권 크루즈여행	고가(高價) 배타성 / 회원제 과시적 소비

본 내용은 저자의 해석을 바탕으로 작성하였다. 관광상품의 예와 그 특성에 대한 해석상의 오류가 있을 수도 있음.

2) 관광상품의 특성

관광상품은 다른 산업제품(manufactured goods)과 상이한 고유한 특성을 갖고 있다. 관광상품의 특성으로 주목할 만한 것으로는 무형성(intangibility), 생산과 소비의 동시성(simultaneous production and consumption), 소멸성(perishability), 계절성(seasonality), 동질성(parity), 독특성(uniqueness), 보완성(complementarity)을 들 수 있다(김성혁, 1994 : 51~60). Page(2009)는 관광상품의 특성으로 무형성(intangibility), 소멸성(perishability), 변동성(dynamics), 이질성(heterogeneity), 비분리성(inseparability)을 제시했다(Page, 2009 : 324). 페이지(2009)가 말하는 변동성은 언제든지 가격이 인상되거나 인하될 수 있는 상태를 말한다. 김성혁(1994)이 관광상품의 고유한 특성으로 언급한 '계절성'과 유사한 개념이다.

관광상품(tourism product)은 일반적으로 서비스상품(service product)이며, 다음과 같은 9가지 독특한 특성을 제시하였다(Vellas & Becherel, 5~6).

- 무형성(intangibility)
- 소멸성(perishability)
- 보완성(complementarity)[4]
- 공급의 비탄력성(inelasticity of supply)[5]
- 수요의 가격탄력성(price elasticity of demand)[6]
- 생산과 소비의 비분리성(inseparability)
- 이질성 · 다양성(heterogeneity)
- 고비용성(high cost)
- 노동집약성(labour intensity)

그 외 관광상품의 특성에 대해서 연구한 학자는 많다. 본서는 여러 학자들이 제시한 관광특성 중 중첩되지 않은 몇 개의 특성을 다음과 같이 소개하였다.

4) The tourism product is not just one single service. It is composed of several complementary sub-products. Production of the overall service and its quality depend on the components complementing each other. A shortcoming in one of sub-products will undermine the final products. this remains one of the greatest difficulties for tourism marketers to contend with.

5) 관광상품은 현재 운영하고 있거나 확보하는 자원을 활용하기 때문에 공급의 비탄력성(inelasticity of supply)을 띤다. 가령, 특정 목적지의 리조트시설, 교통수단, 그리고 호텔객실 등은 짧은 시간 내에 수요에 대응하여 공급량이 증대될 수 없다.

6) 탄력성(彈力性; elasticity)이란 수요량이나 공급량이 그 결정변수(determinant)의 변화에 대해 대응하는 정도를 나타내는 지표를 말한다. 수요의 법칙에 의하면 재화(제품)의 가격이 내려감에 따라 제품의 수요량은 증가한다. 수요의 가격탄력성은 가격이 변할 때 수요량의 변화를 보여주는 지표이다. 특정 제품의 수요량이 가격의 높낮이에 대해 민감하게 반응하면 그 제품은 수요탄력적(elastic)이라 한다. 반면 가격이 변함에도 불구하고 수요량의 변화가 미미하면 이를 수요의 비탄력적(inelastic)이라 한다(김경환 · 김종석, 2006 : 104).

Evans 등(2003)은 관광상품의 독특한 특성으로 상대적인 높은 가격(high cost)[7)]을 제시했다. 이로 인해 소비자는 관광상품을 구매할 때 많은 생각을 하고 구매결정시 여러 대안(alternative)을 비교한 후 의사결정을 한다. 관광상품의 높은 가격은 마케터들이 마케팅전략을 실행하는데 중요한 요소로 작용한다(Evans, Campbell & Stonehouse, 2003 : 33). 또한 관광상품의 특성으로 일시성(temporal)을 들 수 있다(Olsen, Tse & West, 1992 : 7). 관광상품은 고객입장에서 보면 고관여(high- involvement), 고위험(high-risk)이다. 또한 관광상품은 마케팅관점에서 보면 공급자중심(supply-led) 상품이다(Seaton & Bennett, 1996 : 24). Resnick(1991)은 관광상품의 고유한 특성으로 무형성, 소멸성 그리고 보완성(complementarity)을 제시하였다(Burke & Resnick, 1991 : 96~97). 본 장(章)에서는 제2장에서 설명된 서비스의 여러 특성 5가지를 제외한 관광상품의 특성을 설명하였다. 왜냐하면 서비스의 특성과 관광상품의 특성이 중첩(重疊 : overlapping)되는 부분이 있기 때문이다.

(1) 시간가치성(time valued)

관광상품은 소요되는 시간에 따라 가격이 결정되기도 한다. 관광상품 가격은 소비시점 혹은 출발시점에 따라 가격의 차이가 크다. 이 두 가지를 가장 잘 설명해주는 예가 바로 항공권 가격이다. 특정 관광객이 특정 목적지를 갈 때 직항(non-stop)과 경유(1 or 2 stops)하는 항공료의 차이가 있다. 전 세계적으로 붐을 이루고 있는 저가항공사(low cost carriers)는 상대적으로 멀리 떨어져 있는 제2공항 혹은 제3공항을 이용하여 낮은 가격으로 항공권을 판매하고 있다. 승객들은 약간의 불편을 감수하면서도 항공료가 저렴하기 때문에 저가항공사를 이용한다. 이는 관광상품의 시간가치성을 잘 설명해주는 예이다. 또한 오전 이른 시간에 출발하는 항공권과 오전 혹은 오후 상대적으로 편한 시간에 출발하는 항공료의 차이가 많다.

(2) 보완성 · 상호보완성(complementarity / interdependence)

보완성이다. 관광상품은 통상 각각 분리되어 판매되는 것이 아니라, 함께 결합(combination)되어 하나의 상품을 이룬다는 뜻이다. 가령, 항공권, 렌터카, 리조트호텔, 현지관광(sightseeing)은 각각 독립상품이지만, 대부분의 경우 함께 결합되어 하나의 '휴가체험'(vacation experience)을 만들어 낸다(Burke & Resnick, 1991 : 97). 이는 관광상품이

7) 가령, 해외패키지여행, 미국왕복항공권 구입, 5성급 호텔 투숙 등은 많은 지출을 요한다. 소비자 입장에서 보면 해외여행과 같은 지출은 당해연도 지출 중에서 가장 돈이 많이 소요되는 항목일 수 있다.

갖는 고유한 특성인 보완성(補完性 : complementarity)을 보여주는 예이다. 보완성은 관광상품의 상호의존성(interdependence)과 관련성이 있다. 통상 패키지여행상품(tour package)은 숙박(accommodation), 관광대상(attraction), 관광교통(transport), 여행사(travel organizers), 그리고 관광목적지 여행업자(destination organization)의 상호작용이 있어야만 상품으로서 가치가 있다. 앞서 언급한 모든 구성요소가 '하나로 작용'(fit together)될 때 상품으로서 가치가 발현된다(Evans, Campbell & Stonehouse, 2005 : 35~36).

(3) 유사성(parity)

유사성(類似性 : parity)이란 관광 · 여행상품을 구성하는 요소가 비슷하다는 뜻이다. 관광 · 여행상품이 갖는 유사성 때문에 관광마케터는 자사의 상품을 차별화(differentiate)하기 힘들다. 즉 경쟁사의 상품과 차별화하기 힘들다는 의미이다. 관광기업은 이를 극복하고자 종사원 서비스, 어메니티(amenity), 개인화서비스(personalized service)와 같은 '소프트'(soft)한 부분을 활용하여 차별화를 시도하고 있다(박시사, 2003 : 170~171).

(4) 가격탄력성이 높음

관광 · 여행상품은 가격탄력성이 높다. 즉 가격민감도(price sensitive)가 높다는 뜻이다. 탄력성(彈力性 : elasticity)이란 가격(price)이 올라감에 따라 수요(demand)가 줄어드는 것을 말하는데, 대중관광과 휴가여행(mass tourism & vacation travel)은 가격탄력성이 높은 대표적인 상품이다. 반면 가격이 낮아지면 수요가 늘어난다. 비즈니스여행(business travel)은 휴가여행(leisure travel)에 비해 상대적으로 가격탄력성이 낮다(Hudman & Hawkins, 1989 : 160).

Air fares-항공요금

A normal fare is priced at a one-way amount and if it is to be used for a round-trip, the amount is doubled. Generally, normal fare carry very few, if any, restrictions or limitations and are the most expensive type of fare.

An excursion fare is priced at a round-trip amount and can never be sold on one-way basis for half the amount. Excursion fares are usually the least expensive type of fare, but they can be very restrictive. All excursion fares, with very few exceptions, have the following requirements.

- the same airline must be used on all segments.
- reservations must be made and travel purchased in advance.
- there are minimum stay requirement.
- there are maximum stay limitation.
- travel is non-refundable and there is a penalty for making changes.
- all flight segments must be confirmed(no waiting listings or open ticket)

출처 : Tood & Rice(2002), Travel Perspectives, 58

(5) 고관여 · 고위험성(high-involve / high-risk)

관광상품은 고객관점에서 보면 고관여(high-involvement)상품이자 고위험(high- risk)상품이다. 관광상품은 구매 전에 시각적으로 비춰지지 않고 평가될 수 없기 때문에, 고객이 의사결정(decision making)할 때 높은 관여도를 보여준다. 또한 실패한 즉 만족스럽지 못한 휴가의 기회비용(opportunity cost)은 다시 되돌릴 수 없다. 인간은 휴가(holiday)를 즐기면서 항상 미지의 목적지(destination), 익숙하지 않은 호텔, 교통수단, 식사, 심지어 범죄(crime)와 접촉(encounter)하게 된다. 이 모든 것은 필연적으로 위험(risk)을 수반한다(Seaton & Bennett, 1996 : 25).

관광 · 여행상품을 구매하는 고객은 비교적 높은 위험(high risk)을 가지고 있으며, 의사결정과정에 '높은 관여'(high involvement)를 한다. 특히 고객의 잘못된 선택은 다음과 같은 위험(risk)을 고객에게 준다(박시사, 2003 : 191).

관광 · 여행상품과 고객의 위험(tourism product & risks)

- 신체적 위험(physical risk)
  - 질병(disease)
  - 범죄(crime)
  - 안전문제(safety)
- 정신적 위험(psychological risk)
  - 자아이미지 손상(self-image)
  - 지위 및 위상(status)
- 경제적 위험(economic risk)
  - 금전적 손해(money)
  - 투자에 돈에 비례하지 않은 가치(value)
- 성취 · 목표달성 위험(performance risk)
  - 저품질 서비스에 노출(quality)
  - 편익추구 못함(benefits)

(6) 공급 · 공급자중심

관광상품은 마케팅관점에서 보면 공급자중심(supply-led)의 특성을 나타낸다. 대부분의 서비스 혹은 제조업의 마케팅은 고객분석을 바탕으로 시작된다. 하지만 관광산업 혹은 관광상품의 마케팅은 이와 반대 형태를 보인다. 즉 관광상품은 수요로부터 시작되기보다 공급이 우선이다(Tourism tends to be supply-side rather than demand-side led). 가령,

해외패키지여행(overseas package)을 기획하는 여행업자(tour operator)는 유치할 수 있는 고객(tourist)보다 항공사, 호텔과 같은 공급업자로부터 충분한 좌석과 객실을 확보할 수 있는가가 더 중요하다.

2010년부터 항공사들이 여행사에 지급했던 수수료(commission)를 폐지하기로 한 결정은 관광상품의 공급자중심의 특성을 잘 반영한 대표적인 예라고 할 수 있다. 이제 여행사는 항공사로부터 수수료를 받는 대신 TASF(Travel Agent Service Fee : 여행사 서비스수수료)를 고객으로부터 직접 받는 제도를 도입해야 한다. 대표적인 관광 공급업자(tourism suppliers / tourism principals)는 다음과 같다.

- 호텔(accommodations / hotels)
- 항공사(airlines / carrier)
- 유람선(cruise lines)
- 레스토랑(restaurants)
- 렌터카(rent car)

[그림 7-3] 관광산업 공급업자

출처 : www.flyasiana.com / 항공사는 항공권, 호텔, 리조트, 렌터카, 국내외여행상품 등 다양한 상품을 공급한다.

(7) 고비용성(high cost)

관광 · 여행상품은 소비자가 구매하는데 비용이 많이 소요되는 상품이다. 해외휴가상품, 항공권, 호텔투숙 등은 비싸다. 대부분의 경우 이러한 상품의 구매는 일년 중 소비자가 지출한 비용에서 가장 비용이 많이 드는 항목(item)이다. 관광상품의 고비용성 특성으로 인해서 소비자는 관광상품을 구매하는데 있어서 다양한 생각을 하고 다른 대안상품(alternative)과 비교한다. 또한 소비자는 다른 소비재 수매와 달리 충동구매를 하지 않는 경향이 있다. 따라서 관광마케터는 전략, 구체적으로 말하면 마케팅전략을 수립할 때 관광상품의 특성을 고려한 전략수립이 요구된다(Evans, Campbell & Stonehouse, 2005 : 33).

[그림 7-4] 관광상품의 고비용성과 package 여행상품 가격

(출처 : www.hanatour.com / 중남미 8개국 18박 21일 여행상품의 가격이 9백만원을 상회하고 있다. 여행상품가는 관광상품의 고비용성을 잘 대변해주고 있다.

Brunt 등(2001)은 Baker(1993), Cannon(1992), Vellas & Becherel(1999)의 연구를 종합하여 관광서비스의 특성을 다음과 같이 제시하였다(Page, Brunt, Busby & Connel1, 2001 : 235).

관광서비스의 특성(characteristics of tourism service)

- 무형성(intangibility)
- 비분리성(inseparability)
- 가변성(heterogeneity)
- 소멸성(perishability)
- 공급의 비탈력성(inelasticity of supply)
- 수요탄력성(elasticity of demand)
- 보완성(complementarity)
- 높은 고정비용(high fixed costs)
- 노동집약성(labour intensity)

3) 상품수명주기(PLC : product life cycle)

(1) 상품수명주기의 개념화

상품도 인간(consumer)과 같이 수명주기(壽命週期 : life cycle)가 있다. 상품은 상품수명주기를 겪기 때문에 상품기획과 마케팅믹스가 중요하다. 경쟁자는 항상 자사의 상품을 모방(copy)하여 상품을 개발한다. 또한 소비자의 태도와 욕구는 상품수명주기 단계에 따라 변할 수 있다(McCarthy, 1981 : 307). 기업 혹은 마케터가 개발한 신상품이 시장에 출시되면, 상품은 이른바 '상품수명주기'를 거치게 된다. 상품수명주기는 크게 도입기(introductory stage), 성장기(growth stage), 성숙기(maturity stage), 쇠퇴기(decline stage) 4단계로 나눈다.

첫째, 도입기이다. 도입기(introductory stage)는 가장 중요한 단계이다. 대부분의 상품은 이 단계를 넘지 못하고 판매가 부진하여 시장에서 철수한다. 통상 80% 정도의 신상품이 성장기(growth)로 진입하기 못하고 사라지는 것으로 알려져 있다(Shaw. 2011 : 164). 항공산업의 경우 상품도입기를 넘지 못하고 역사속으로 사라진 예가 바로 영국과 프랑스가 공동 개발하여 출범했던 초음속 여객기 '콩코드'(Concorde)기였다.

[그림 7-5] 상품수명주기

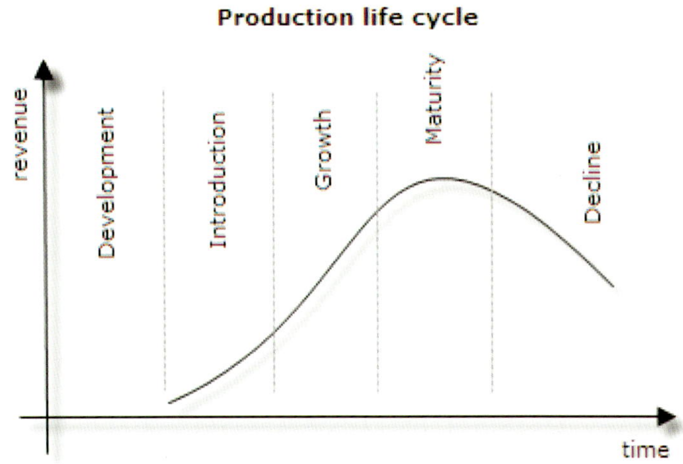

출처 : maxi-pedia.com / 인터넷 자료

[그림 7-6] 역사속으로 사라진 콩코드기

영국과 프랑스가 공동으로 개발한 콩코드기는 1969년 처녀비행 후 1976년 런던-뉴욕, 파리-뉴욕간 서비스를 시작(introduction)하였다. 콩코드기는 27년이라는 짧은 비행기록을 남기고 2003년 5월 30일 역사속으로 사라졌다.

둘째, 성장기이다. 상품수명주기 성장기(growth stage)에 들어서면 판매가 급속하게 증가하며, 수익이 늘어나는 단계이다. 경쟁자들이 시장에 진입하기 시작한다. 따라서 기업간 경쟁이 치열해지고 보다 좋은 상품을 만들거나 제공하려고 노력하는 단계이다. 또한 특정 경쟁자들이 성공한 상품을 모방하기도 한다. 이 단계 들어서면 전반적인 판매가 증대되고, 많은 고객들이 상품을 구매한다. 기업이 수익을 가장 많이 내는 단계이기도 하다. 아울러 경쟁자가 늘어나면서 수익이 줄어드는 초기단계이다(McCarthy, 1981 : 308).

셋째, 성숙기이다. PLC 성숙기(maturity stage)에 접어들면서 잠재구매자들이 신제품을 구매했기 때문에 신규구매가 줄어들어 성장률이 낮아지거나 감퇴하기 시작한다. 성숙기의 경우 성장기에 비해 시장수요 대비 기업의 공급능력이 늘어난 단계이다. 기업들은 경쟁자들이 많아짐에 따라 시장위치를 유지하고 경쟁에서 살아남기 위해 마케팅 비용이 증가한다. 성숙기는 성장기에 비해 시장점유율 확대가 어렵고 시장점유율을 늘리는데 다양한 마케팅활동이 필요로 할 뿐만 아니라 막대한 마케팅 비용의 지출이 요구된다. 이로 인해 불가피하게 수익이 줄어든다(이학식, 2009 : 280-286).

넷째, 쇠퇴기이다. PLC 마지막 단계이다. 상품수명주기 쇠퇴기에 이르면 소비자의 취향이나 선호도가 급격하게 변하거나 경쟁자가 비교우위를 확보하여 자사의 상품판매가 하향추세를 보인다. 그 결과 자사의 상품이 시장에서 사라지게 되는 경우도 많다. 기업은 이 단계에 이르면 광고를 비롯한 촉진예산을 감축하여 비용을 줄인다. 또한 마케터는 R & D, 상품개발에 소요되는 비용과 마케팅지원 프로그램을 최소화하여 비용을 줄이는 노력은 한다(Bagozzi, 1986 : 146).

(2) 상품수명주기와 마케팅요소의 변화

상품수명주기는 역동적이며, 계속적으로 변한다. 신상품을 출시한 기업은 상품의 가치가 하락하여 쇠퇴기에 접어들 때까지 앉아서 기다려서는 안된다. 기업은 선택을 해야 하며, 이 선택은 바로 상품을 개선 · 향상시키는 것이다. 혹은 상품의 경쟁력이 약화되면 쇠퇴기에 접어들기 전에 시장에서 철수해야 한다. McCarthy(1981)는 상품수명주기, 즉 도입기(introduction), 성장기(growth), 성숙기(maturity), 그리고 쇠퇴기(decline)에 따라 기업이 취해야 하는 마케팅믹스전략을 아래 [그림 7-7]과 같이 제시하였다(McCarthy, 1981 : 313-316).

[그림 7-7]에서 보는 바와 같이 상품수명주기 초기 단계인 도입기 경쟁상황은 경쟁자가 없는 독점(monopoly)적 지위를 누리는 상태이다. 성장기에 접어들면서 경쟁상황이 존재하는 독점적 위치에 놓이게 된다. 기업이 출시한 상품이 성숙기에 접어들면서 과점상황(oligopoly) 혹은 치열한 경쟁환경에 진입하게 된다. 마지막 단계인 쇠퇴기에 들어서면 완전경쟁(pure competition)단계에 도달하게 된다. 상품수명주기에 따라 시장의 경쟁상황과 판매량(sales)이 다르기 때문에 기업은 각 단계(stage)별로 상이한 마케팅믹스전략을 채택하여 변화에 대응하고 있다.

[그림 7-7] 상품수명주기와 기업의 대응전략

Product Life Cycle

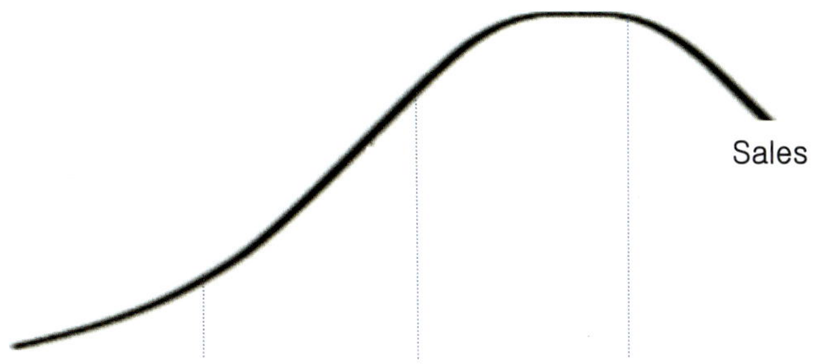

	Introduction	Growth	Maturity	Decline
Competitive situation	Monopoly	Monopolistic competition	Oligopoly monopolistic competition heading toward pure competition →	
Product	One	Variety-try to find best product	All "same" Battles of brands	Some drop out
Place	Build channels Selective distribution →		Move toward more intensive distribution →	
Promotion	Pioneering-Informing Build primary demand	Informing and persuading Build selective demand →		Persuading and reminding
Price	Skimming Penetration	Face competition → Price dealing → Price cutting →		

출처 : McCarthy(1981), Basic Marketing, p.313 참고

도입기(introduction)

- 상품 : 단일상품(독점)
- 유통 : 유통경로 구축 / 선별적 유통형태
- 촉진 : 정보제공 / 초기 수요창출
- 가격 : 초기고가 / 저가시장침투가격

성장기(growth)

- 상품 : 상품의 다양성 / 브랜드 친숙성 구축
- 유통 : 유통경로 구축 / 집약 유통형태
- 촉진 : 정보제공 / 설득 / 선택적 수요 창출
- 가격 : 경쟁자 고려 가격책정 / 가격협상 / 가격할인

성숙기(maturity)

- 상품 : 브랜드 전쟁
- 유통 : 유통경로 구축 / 집약 유통형태
- 촉진 : 정보제공 / 설득 / 선택적 수요 창출
- 가격 : 경쟁자 고려 가격책정 / 가격협상 / 가격할인

쇠퇴기(decline)

- 상품 : 시장 도태 / 시장 철수
- 유통 : 유통경로 구축 / 집약 유통형태
- 촉진 : 설득 / 회상
- 가격 : 경쟁자 고려 가격책정 / 가격협상 / 가격할인

4) 대중관광과 패키지여행상품 - 관광상품믹스

(1) 대중관광과 단체여행상품

대중관광(mass tourism)이란 일정한 경제적 · 시간적 여유를 가진 특권계급만이 가능했던 여행(관광)이 여행상품의 패키지화로 대중에게 싼 가격으로 보급됨을 뜻한다. 일반적으로 대중관광 과정은 1) 숙박을 하지 않는 당일여행(excursion tour), 2) 숙박도 수반하는 여행, 3) 남성 중심의 여행으로부터 여성이나 어린이도 참가할 수 있는 여행, 4) 단체여행에서 가족이나 소그룹도 참가할 수 있는 여행, 5) 국내여행으로부터 해외여행, 6) 여행의 일반화 등을 거쳤다. Poon은 유럽의 사례를 들어 '대중관광'을 촉진시킨 요인을 다음과 같이 제시하였다.

- 여행패키지상품 출시(highly structured packaged tours)
- 전세기 이용증대(charter flights)
- 유럽내 국가간 여행증대(intra-Europe travel)

- 휴가여행 활성화(holiday travel)
- 유급휴가제도(more paid holidays)
- 장기휴가(longer vacations)
- 매스마케팅 증대(mass marketing)
- 여행상품의 브랜드 출현(holiday branding)
- 여행사의 구매력(tour operator buying power)
- 호텔수와 객실수 증대(hotel over-construction)
- 여행사를 통한 안전한 여행정착(tour operators offer security)

상품개발 또는 상품기획(product development)은 변화하는 고객수요를 충족시키면서 장기적으로 수익성(profitability)을 확보하는 것이 선행조건(先行條件: prerequisite)이다. 여행업자는 여행상품을 개발할 때 시장관점(market perspective)과 여행상품 공급업자관점(supply side perspective)을 고려해야 한다(Smith, 1994). 본서는 단체여행과 개별여행을 나누어 여행상품을 개발하고 기획하는 경우 시장관점이며, 항공수배와 지상수배로 구분하여 여행상품을 기획하는 경우는 공급업자관점이 고려되었다.

단체여행(group tour)과 개별여행(foreign independent tour)의 구성요소는 크게 1) 항공수배(air arrangement), 2) 지상수배(ground arrangements)로 이루어진다. 여행사는 여행을 순조롭게 진행시키기 위해서 항공수배와 지상수배를 잘 조화시켜야 한다. 다음은 항공수배와 지상수배에 포함시켜야 할 구체적인 요소이다(Poynter, 1989: 11-20).

항공수배 구성요소(air arrangements)
- 항공편 예약, 발권(booking & issuing)
- 사전 좌석배정(pre-assigned seating)
- 공항내 서비스(airport-area ground arrangement)

지상수배 구성요소(ground arrangements)
- 미팅서비스(meet and assist service)
- 공항 트랜스퍼(airport transfers)
- 호텔숙박(accommodations)
- 식사(meal services)
- 엔터테인먼트(entertainment)
- 현지관광(sightseeing)
- 목적지 지상교통(ground transportation)
- 기타 지상수배(other ground arrangements)

호울셀러 여행사(tour wholesaler)는 교통, 호텔, 식사, 관광 등을 결합하여 고객이 필요로 하는 패키지를 만들어 리테일러(retail travel agency)에게 판매하는 회사 혹은 여행업자를 말한다. 호울셀러 여행업자(여행사)를 〈tour operator〉라 부르기도 한다. 호울셀러는 통상 아래와 같은 4단계를 거쳐서 패키지여행상품을 기획한다(Nickerson, 1996: 208-212).

[그림 7-8] 패키지 여행상품 개발 단계

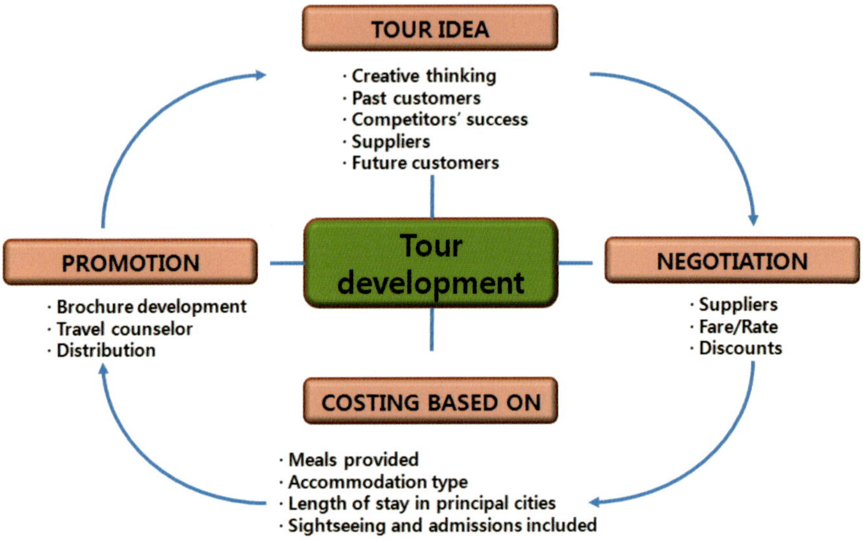

패키지투어는 하나 이상의 여행상품 구성요소를 결합하여 고객에게 제공된 여행상품이며, 패키지투어가 시장에서 경쟁력을 갖추기 위해서는 다음과 같은 요소가 고려되어야 한다(Morrison, 2002: 331-333).

성공적인 패키지투어 고려사항(successful tour package)

- 고객에게 소구하는 관광대상을 포함(include attractions)
- 고객이 지급한 돈 이상의 가치 제공(provide value to the customer)
- 일관된 품질 유지(offer consistent quality)
- 고객의 욕구를 반영한 기획(be well planned and coordinated)
- 독특한 편익제공(provide a distinctive customer benefit)
- 사소한 부분까지 포함 및 배려(cover all the details)
- 이익이 나야 함(generate a profit)

[그림 7-9] 관광상품 구성요소

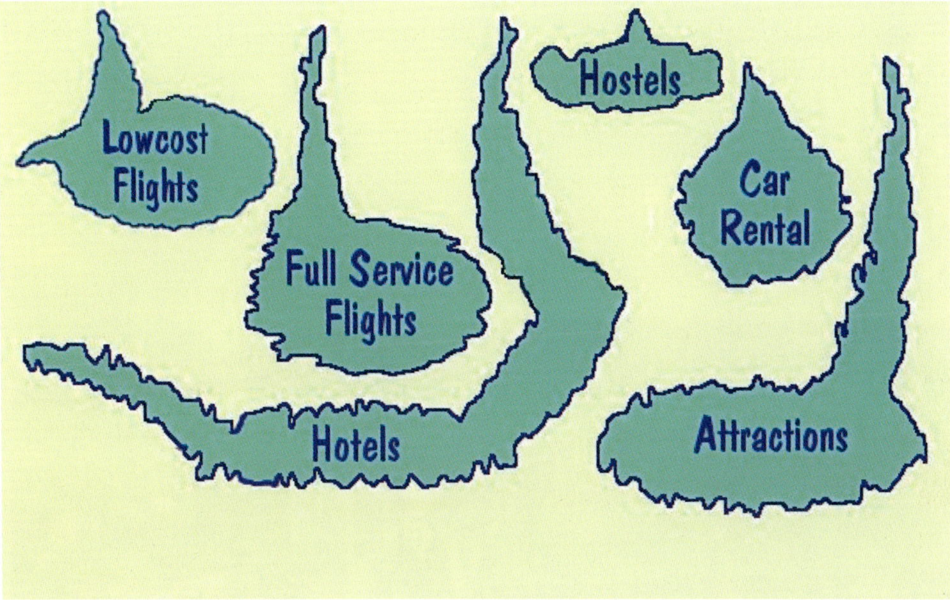

출처 : www.lowcost.com / 웹사이트 자료

(2) 패키지상품(packaged products)

패지지상품이란 다양한 여행 · 관광상품 구성요소를 사전에 수배하여 결합시켜서 상품화한 것을 말한다. 패키지는 두 개 이상의 관광상품 구성요소를 결합하여 하나의 상품(single item)으로 만들어 단일가격(single price)으로 판매하는 것이다. 패지지는 통상 고객이 빈번하게 구매할 활동(activity)과 서비스(services)로 구성되어 있으며, 비수기에 상품을 촉진시키는 수단(means)이 된다. 또한 패키지는 새로운 상품과 서비스를 고객에게 선보이는 방법(ways)으로 활용된다. 패지지상품은 고객서비스를 위해 기획 · 판매된다(Metleka, 1990 : 112). 패키지는 기업의 촉진프로그램의 일환이기에 응용범위가 무한하다. 구체적인 패키지 유형(types of package)은 다음과 같다(Nykiel, 1989 : 158~164).

- all-inclusive packages
- fly-hotel packages
- fly-drive packages
- fly-cruise packages
- weekend packages

- special interest packages
- special event packages
- special destinations / attraction packages
- theme packages
- holiday packages

패키지 여행상품

여행상품

항공+호텔 에어텔

호텔에서 제공하는 서비스를 항공권과 함께 예약하는 편리한 선택

고품격여행 KALPAK

The Luxury Travel Collection, 당신의 여행을 최고급으로 만들어 드립니다.

편리한 패키지여행

호텔을 고르기도, 일정 만들기도 번거롭다면, 패키지 여행을 선택하세요!

내맘대로 자유여행

호텔, 체류일, 여행일정까지 모두 내맘대로 선택이 가능한 여행입니다.

단 한번의 허니문

일생에 단 한번뿐인 허니문, 세상에서 가장 아름다운 여행이 가능해집니다.

티샷을 날리자 골프여행

수준 높은 필드와 아름다운 자연, 골프와 여행을 함께 즐길 수 있는 기회!

황홀한 선상여행 크루즈

육지와 바다에서 모두 즐기는 최고의 여행, 크루즈의 세계로 여러분을 초대합니다!

제주로의 초대 제주여행

가깝고 특별한 제주로의 초대, 에어텔, 패키지, 여행정보 등 다양한 제주를 만나러 오세요!

관광 · 여행상품을 구성하는 요소들이 결합되어 하나의 '종합상품'(comprehensive or unified whole)으로 판매되는 것을 패키지(package)라 한다. 패키지여행이 고객에게 어필(appeal)할 수 있는 것은 단일 여행상품으로 판매되는 것보다 여러 상품이 결합되어 판매될 때 그 가치가 증대되기 때문이다. 패키지투어는 관광상품의 특성 중의 하나인 보완성(complementarity)을 잘 반영한 상품이다. 그 전형적인 예가 〈all-inclusive package tour〉이다. 패키지투어(기획여행)는 상품을 구매하는 고객에게 다음과 같은 편익을 제공한다(Burke & Resnick, 1991 : 29).

- 고객의 편의와 가치증대(increased convenience and value)
- 고객의 걱정과 불안 감소(reduce the possibility of hassles and surprises)
- 고객의 안전 증대(increase sense of security and safety)
- 동반 혹은 함께하는 좋은 점(the social benefits of traveling with a group of people)

Takeshita Street
HARAJUKU
TAKESHITA
OPEN
营业中
星乃珈琲
HAND DRIP
COFFEE
¥480

제2절 관광브랜드믹스

1. 브랜드의 개념

브랜드(brand)는 특정 상품, 서비스 혹은 기업의 "정체성"(identity)이다. 브랜드는 상품, 서비스, 기업을 식별(identify)해주는 "개성"(personality)이다. 브랜드는 상표(name), 표식(sign), 상징(symbol), 색상(color combination), 슬로건(slogan) 등 다양한 형태로 나타난다.

오늘날 브랜드는 상표(name)와 상징(symbol) 그 이상의 무언가를 보여주고 있다. 브랜드는 기업과 고객과의 관계에서 중요한 요소이다. 브랜드는 특정 상품과 기업에 대한 고객의 지각(perception)이자 "느낌"(feeling)이다. 이제 브랜드는 상품과 서비스를 대변해주는 모든 것이다. "상품은 공장에서 만들어지지만, 브랜드는 고객의 마음으로 만들어진다(products are created in the factory, but brands are created in the mind)"는 문장은 많은 것을 함축해주고 있다(Armstrong & Kotler, 2009 : 242).

기업이 좋은 브랜드명(brand name)을 갖기는 쉽지 않다. 마케터들은 일단 '브랜딩'이 되면 기업에 많은 편익이 주어지기 때문에 자사의 상품뿐만 아니리 기업을 브랜드화하는 노력을 한다. 특히 경쟁력 있는 브랜드명(brand name)은 비용절감, 충성고객, 그리고 기업의 이미지 고양과 같은 편익을 기업에 제공한다. 본서는 McCarthy(1981)의 '성공 브랜드명'의 특성을 다음과 같이 제시하였다(McCarthy, 1981 : 296).

성공 브랜드명 특성(characteristics of a good brand name)

- 짧고 단순함(short and simple)
- 쓰기 · 읽기 용이함(easy to spell and read)
- 인식 용이성(easy to recognize)
- 기억 용이성(easy to remember)
- 발음 용이성(easy to pronounce)
- 시의성(always timely)
- 다국어 발음 가능성(pronounceable in all languages)
- 패키징과 라벨에 적용 가능성(adaptable to packaging / labeling)
- 법적 제약이 없음(legally available for use)
- 긍정적 / 비외설적 임(negative / not obscene)
- 상품의 편익을 제시(suggestive of product benefits)
- 광고매체에 적용 가능성(adaptable to any advertizing medium)

Hilton Hotel

Thomas cook 여행사

2. 브랜드의 편익

브랜드(branding)는 특정상품이나 기업을 식별하는 상품명(name), 심벌(symbol) 혹은 디자인(design) 그리고 이 모두를 포함하는 결합물(combination)이며, 브랜드 명(brand name)과 상표(trademark)로 주로 구성된다. 기업과 상품이 브랜드화가 되면 고객(customer)과 기업(branders)에게 다양한 편익(advantages)을 준다(McCarthy, 1981 : 291-293).

고객의 편익(advantages to customers)

- 구매의 용이성(makes shopping feasible)
- 구매의 효율성(makes shopping more efficient)
- 만족 보장(assures regular satisfaction)
- 품질에 대한 신뢰(dependable guides to quality)
- 신분 · 위상 욕구 충족(satisfy status need)

기업의 편익(advantages to branders)

- 반복구매 유도(encourage repeat buying)
- 비용절감(lower costs)
- 충성고객 구축(develop loyal customers)
- 기업이미지 형성(build corporate image)

2011 대한민국 100대 브랜드

순위	종목	등락	순위	종목	등락	순위	종목	등락	순위	종목	등락
1	삼성갤럭시	-	26	하나투어	▲20	51	KT금호렌터카	▼4	76	현대카드	▼26
2	네이버	▲2	27	삼성증권	▲12	52	현대홈쇼핑	신규	77	GS25	▼26
3	롯데백화점	▲3	28	쏘나타	▲2	53	대우증권	신규	78	삼성지펠	▼40
4	T	▲1	29	삼성생명	▼15	54	미스터피자	▲5	79	한국타이어	▲12
5	대한항공	▲3	30	다음	▲6	55	삼성화재	신규	80	KTX	▼46
6	이마트	▼3	31	아시아나항공	▼18	56	노스페이스	▲16	81	카페베네	신규
7	olleh	신규	32	롯데마트	▲3	57	세브란스병원	신규	82	놀부	▲7
8	신라면	▲8	33	롯데리아	▲31	58	삼성싱크마스터	▼5	83	서울우유	신규
9	롯데월드	▲19	34	하이트	▼7	59	메르세데스벤츠	▼28	84	LOUIS VUITTON	신규
10	KB국민은행	▲1	35	처음처럼	신규	60	나이키	▼38	85	롯데캐슬	신규
11	에버랜드	▼2	36	신한은행	▼17	61	하이패스	신규	86	모두투어	신규
12	아이폰	신규	37	웅진코웨이	▲15	62	옥션	▲19	87	세븐일레븐	신규
13	참이슬	▲2	38	동양CMA	▲2	63	화이트	▼9	88	T.G.I. FRIDAY'S	신규
14	인천공항	신규	39	신세계백화점	▼16	64	프로스펙스	▲19	89	11번가	▼7
15	카스	▲5	40	설화수	▲22	65	롯데호텔	신규	90	BC카드	▼61
16	래미안	▲5	41	페이스북	신규	66	롯데시네마	▲22	91	YBM어학원	신규
17	홈플러스	▼7	42	박카스	신규	67	e편한세상	신규	92	눈높이교육	신규
18	신한카드	▼1	43	BBQ치킨	▲5	68	GS샵	▲29	93	롯데면세점	신규
19	BMW	▼1	44	대한통운택배	▲19	69	빈폴	▲18	94	우리은행	▼61
20	삼성서울병원	▲21	45	크리넥스	▲15	70	던킨도너츠	신규	95	락앤락	신규
21	훼미리마트	▲5	46	교보생명	▼4	71	딤채	▼39	96	에이스침대	▼30
22	G마켓	▲23	47	캘리	신규	72	청정원	▲26	97	롯데슈퍼	신규
23	트위터	신규	48	오리온초코파이	신규	73	Kixx	▼18	98	휘센	▼74
24	제주삼다수	▲54	49	파리바게뜨	▲30	74	세콤	신규	99	베가	신규
25	그랜저	▲12	50	금강제화	▼1	75	코카콜라	▼50	100	신도리코	-

브랜드가치 평가전문회사인 브랜드스탁(www.brandstock.co.kr)이 '2011년 대한민국 100대 브랜드'를 발표하였다.

위의 100대 브랜드 중 관광기업으로 롯데월드(테마파크), 대한항공(항공사), 아시아나항공(항공사), 에버랜드(테마파크), 인천공항(공항), 롯데호텔(호텔), 하나투어(여행사), 모두투어(여행사) 8개 관광기업이 100대 브랜드에 선정되었다.

3. 관광기업의 브랜드전략 예

1) Marriot Hotel 브랜드

전 세계에 3,000여 개의 호텔을 거느리고 있는 Marriot Hotel은 다양한 브랜드를 소유하고 있다. 메리어트 호텔은 아래와 같은 브랜드(brand)로 직접 호텔을 운영함과 동시에 프랜차이즈(franchize)시스템도 채택하고 있다.

Marriott	Hilton HOTELS & RESORTS
HNT 하나투어	RoyalCaribbean INTERNATIONAL

Our Brands

Marriott International, Inc., (NYSE: MAR) is a leading lodging company with more than 3,000 lodging properties in the United States and 67 other countries and territories.

Marriott Lodging operates and franchises hotels under the following brands:

- Marriott Hotels & Resorts
- JW Marriott Hotels & Resorts
- Renaissance Hotels
- EDITION Hotels
- Autograph Collection
- Courtyard by Marriott
- AC Hotels by Marriott
- Residence Inn by Marriott
- Fairfield Inn & Suites by Marriott
- Marriott Conference Centers
- TownePlace Suites by Marriott
- SpringHill Suites by Marriott
- Marriott Vacation Club
- The Ritz-Carlton Hotel Company, L.L.C.
- The Ritz-Carlton Destination Club
- ExecuStay
- Marriott Executive Apartments
- Grand Residences by Marriott

참고문헌

김경환 · 김종석 옮김(2006), 맨큐의 경제학, 교보문고.
김성혁(1994), 관광마케팅론, 1994.
박시사(2003), 여행업경영, 대왕사.
이학식(2009), 마케팅 2판, 법문사.

A.V. Seaton and M.M. Bennett, The Marketing of Tourism Products, International Thomson Business Press.
Charles J. Metelka(1990), The Dictionary of Hospitality, Travel, and Tourism, Delmar Publishers Inc.
Charles W. Lamb, Joseph F. Hair and Carl McDaniel(2009), Essentials of Marketing 6th ed., South-Western.
Del I. Hawkins, David L. Mothersbaugh and Roger J. Best(2007), Consumer Behavior : Building Marketing Strategy 10th ed., McGraw-Hill.
E.Jerome McCarthy(1981), Basic Marketing 7th., ed., Richard D. Irwin, Inc.
Francois Vellas and Lionel Becherel(1999), The International Marketing of Travel and Tourism, Macmillan Press LTD.
Gary Armstrong and Philip Kotler(2009), Marketing 9th. ed., Pearson International.
James F. Burke and Barry P. Resnick(1991), Marketing & Selling the Travel Product, South-Western Publishing Co.
Michael D. Olsen, Eliza Ching Yick Tse and Joseph J. West(1992), Strategic Management in the Hospitality Industry, Van Nostrand Reinhold.
Nigel Evans, David Campbell and George Stonehouse(2003), Strategic Management for Travel and Tourism, Elsvier.
Philip Kotler(2003), Marketing Management 11th ed., Prentice Hall.
Richard P. Bagozzi(1986), Principles of Marketing Management, SRA Science Research Association.
Ronald A. Nykiel(1989), Marketing in the Hospitality Industry 2nd ed., Van Nostrand Reinhold.
Stephen J. Page(2009), Tourism Management 3rd ed., Elsevier.
Stephen J. Page, Paul Brunt, graham Busby and Jo Connell(2001), Tourism : A Modern Synthesis, Thomson Learning.
Stephen Shaw(2011), Airline Marketing and Management, 7th., ed., ASHGATE.
Susan Horner and John Swarbrooke(1996), Marketing Tourism, Hospitality and Leisure in Europe, International Thomson Business Press.

제 8 장

관광마케팅 가격믹스

다른 사람들이 당신에게 기회를 주는 것 비정상이다.
기회를 주지 않은 것이 정상이다.
기회가 없다고 불평하지 말고 다른 사람들 원망하지 마라.
다른 사람 원망하는 자 영원한 실패자일 것이다.

– Alibaba 창업자 마원 마카오 대학 연설 –

제1절 가격의 개념화

1. 가격의 개념과 기능

가격(價格 : price)이란 상품 혹은 서비스에 부과되는 '돈의 액수'(amount of money)이다. 보다 넓은 의미로 정의해보면 가격이란 소비자가 상품 혹은 서비스를 소유·사용함으로 인해서 누릴 수 있는 편익을 얻기 위해 교환(exchange)하는 가치의 총합(the sum of the values)이다(Kotler, Bowen & Makens, 2006 : 447). 가격이란 판매되는 제품 또는 서비스에 대한 가치이며, 구매자가 판매자에게 지급하는 금전적인 가치이다. 영리를 목적으로 하는 기업은 자사가 제공하는 상품과 서비스의 가격을 책정해야 한다. 관광산업의 경우 요금(fare)이라는 용어가 통상 사용된다. 관광상품과 서비스의 가격과 요금은 영어(English)로 〈Price〉, 〈Fare〉, 〈Rate〉로 표기된다(박시사, 2003 : 233). 가격책정(pricing)은 마케팅믹스의 한 부분이며, 가격책정은 기업 수익성(profitability)을 결정하는 직접적인 인자(determinant)일 뿐만 아니라 강력한 촉진수단(promotional tool)이다(Morrison, 2002 : 513).

가격은 중요한 마케팅믹스 요소의 하나이다. 가격은 특정 목적지(destination)로 관광객을 유치하는 '유인요소'(pull factor)로 작용할 수 있다. 항공사와 호텔은 통상 정적 수준의 탑승률(load factor)과 객실점유율(room occupancy)에 도달할 때가지 가격을 낮춘다. 하지만 가격이 낮아지면 반드시 고객이 늘어나는 것만은 아니다. 왜냐하면 소비자들은 가격을 품질(quality)을 평가하는 지표(indicator)로 활용하기도 한다. 고객은 저가의 상품과 서비스는 품질이 낮다고 평가하기도 한다. 기업의 저가전략은 부유하지 않은 특정 표적시장 즉 가격민감도가 높은 집단인 노년층, 학생, 그리고 청소년 등에 유효하다(Weaver & Lawton, 2002 : 224-225).

이제 관광소비자는 인터넷을 이용하여 가격비교사이트에 용이하게 접근할 수 있다. 인터넷은 소비자가 가격을 비교할 수 있는 권한을 제공하였을 뿐만 아니라 자신들이 원하는 관광상품 가격을 제시할 수 있게 만들었다. 이제 가격결정권이 소비자에 주어진 것이다.

[그림 8-1] 관광상품 가격비교사이트

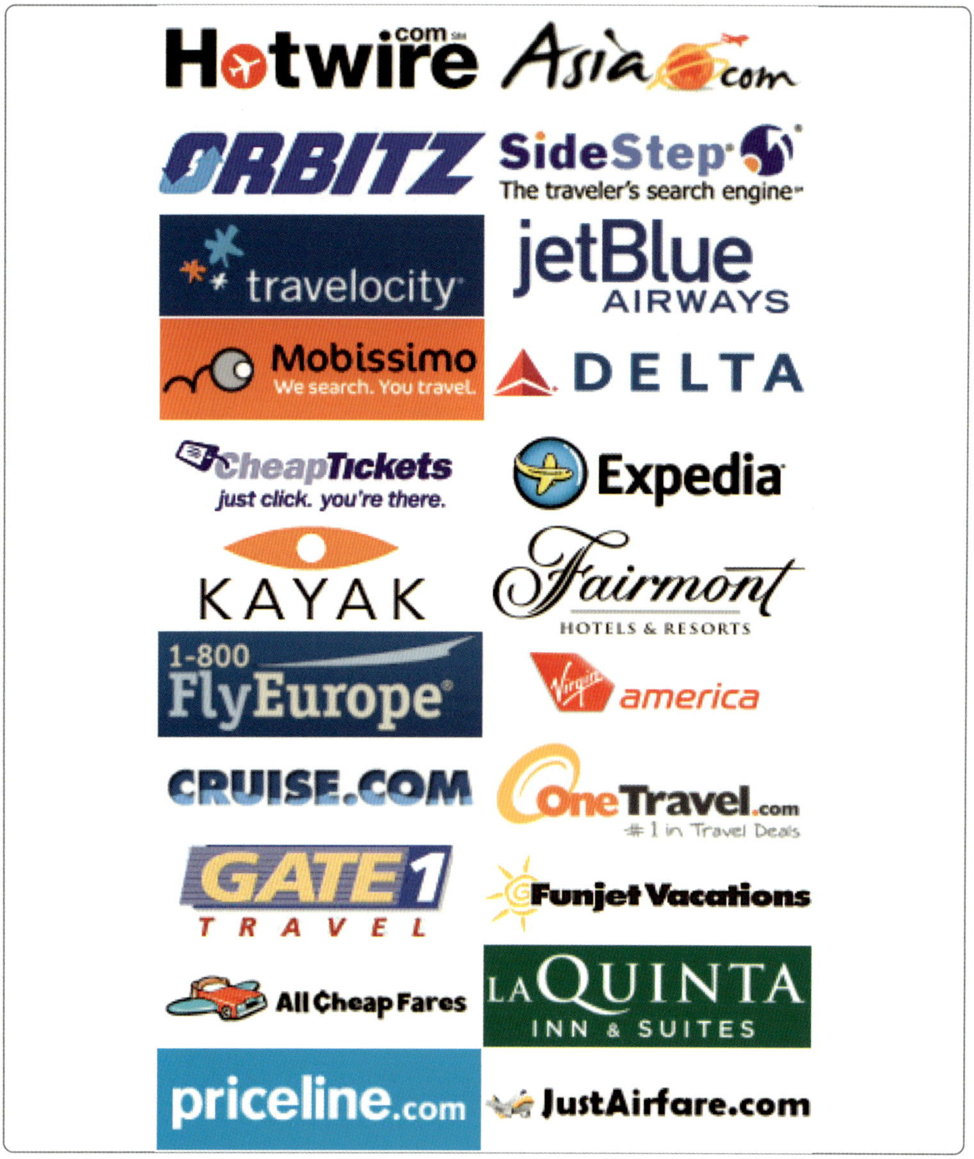

가격은 상품에 대한 고객의 수요를 통제(control)하는데 기여한다. 구체적으로 가격은 접근성의 최대화(maximize access), 접근성의 억제(restrict access), 시간대별 수요통제(control demand in time), 그리고 공간별 수요통제(control in space)기능을 한다(A.V Seaton & M.M Bennett, 1996 : 137-139).

가격은 마케팅믹스 4가지 구성요소 중의 하나이다. 가격책정(pricing)은 상품의 포지셔닝(positioning)과 직접적인 관련이 있기 때문에 중요한 전략 중의 하나이다. 또한 가격은 제품 특성(product features), 유통경로결정(channel decisions), 그리고 촉진과 같은 다른 마케팅믹스 요소에 영향을 준다.

가격은 관광산업의 성공을 결정하는 핵심 요소(key factor)이다. 마케터는 소비자가 관광상품을 구매하도록 하고, 유통업자가 상품을 촉진하도록 하기 위해서 가격은 일관성(consistent)이 있어야 한다. 또한 가격은 정확(accurate)하고 경쟁력(competitive)을 구비해야 한다. 관광기업의 마케터는 국내시장 및 국제시장을 표적시장으로 상품을 판매하려면, 총 상품가(total price)를 구성하는 구성요소들을 이해할 필요가 있다. 관광산업에서 가격을 〈Rate〉, 〈Fare〉라 한다.

2. 관광상품 가격결정 요소

1) 관광상품 가격결정 요소

상품과 서비스의 가격을 결정하는 기본요소로 수요(demand), 공급(supply), 그리고 경쟁자(competition)를 들 수 있다. Seaton 등(1996)은 가격에 영향을 주는 결정인자로 시장(market), 경쟁자((competition), 비용(costs)이라 하였다. 관광상품의 비용은 일반 제조업 상품에 비해 변동성이 크기 때문에 평가 · 산정하기 힘들다. 왜냐하면 호텔, 항공권과 같은 관광상품은 고정비용(fixed costs)이 높고, 변동비용(variable cost)도 높기 때문이다. 특히 관광산업은 인적 서비스(personal service)에 의존하는 상품을 제공하는 노동집약적 산업(labour-intensive industry)임에 따라 임금(wage costs)이 최종가격에 지대한 영향을 미친다(Seaton & Bennett, 1996 : 141).

Dibb 등(1994)은 가격결정에 영향을 주는 요소로 기업목표, 마케팅 목표, 가격목표, 원가, 마케팅 믹스, 경쟁자, 구매자 지각, 유통채널 기대치, 그리고 법률적 · 제도적인 문제 등이라 하였다(Horner & Swarbrooke, 1996 : 170-174).

- 기업목표와 마케팅 목표(organization objectives / marketing objectives)
- 가격목표(price objectives)
- 비용 · 원가(cost)
- 마케팅믹스 변수(marketing mix variables)
- 경쟁자(competition)
- 구매자 지각(buyers' perception)
- 유통채널 기대치(channel member expectations)
- 법률적 · 제도적인 문제(legal and regulatory issues)

첫째, 기업목표와 마케팅 목표이다. 상품가격은 기업목표(organization objectives)와 마케팅 목표(marketing objectives)에 의해서 영향을 받는다. 가령, 특정 기업의 목표가 브랜드 리더(brand leader)라면 이를 반영하여 고가의 가격전략을 채택할 수 있다. 고가의 가격정책을 구사한 기업은 한시적인 매출 감소를 경험할 수 있으나, 시간이 지나면 시장점유율을 증대시킬 수 있다.

둘째, 가격목표(price objectives)이다. 통상 기업은 장기적 가격목표와 단기적 가격목표가 있는데, 가격목표는 다른 마케팅믹스 구성요소의 목표와 부합해야 한다(Bowie & Buttle, 2004: 155). 가격목표는 SMART 즉

- Specific(구체적임)
- Measurable(측정가능함)
- Achievable(도달가능 혹은 달성가능함)
- Realistic(현실적임)

셋째, 원가 즉 비용(cost)이다. 기업은 가격을 결정할 때 상품과 서비스를 생산하는데 투여되는 원가를 고려해야 한다. 통상 기업은 원가에 이익을 더해(cost plus margin) 판매가(selling price)를 결정한다.

넷째, 마케팅믹스 변수(marketing mix variables)이다. 가격결정은 항상 마케팅믹스 구성요소와 관련성이 있다. 다시 말해서 가격을 상품 기획, 유통, 촉진 등의 요소에 의해서 영향을 받는다는 의미이다.

다섯째, 경쟁자 혹은 경쟁상황(competition)이다. 경쟁이 치열한 시장에서 상품과 서비스를 판매하는 기업은 상대기업(rivals)을 이겨서 고객을 확보하려고 한다. 기업이 경쟁자를 따돌리는 방법은 두 가지가 있는데, 경쟁 기업에 비해 상품 또는 서비스가격을 낮

게 책정하는 '가격경쟁'(price competition)이 있고, 또 다른 하나는 가격을 낮추지 않으면서 경쟁재자에 비해 고품질의 상품과 서비스를 제공하거나 다양한 편익을 제공하여 비교우위를 확보하는 '비가격경쟁'(non-price competition)이 있다. 기업이 가격경쟁 혹은 비가격경쟁 중 어느 방법을 선택하느냐는 시장상황에 의해서 결정된다. 예를 들어 독점적 지위 혹은 독과점 시장에 있는 관광기업은 경쟁자가 적기 때문에 가격경쟁을 통해서 얻을 수 있는 것이 제한적이다. 이러한 경우 관광기업은 비가격경쟁을 채택한다.

여섯째, 구매자 지각(buyers' perception)이다. 마케터는 상품과 서비스 가격을 결정할 때 표적시장(target market) 구매자의 지각을 반영해야 한다. 구매자 지각은 고객이 지급한 돈에 대한 가치(value for money)를 반영한다. 만약 구매자의 기대치가 높고 특별한 편익을 추구할 때 가격은 높게 책정된다. 항공사 1등석이 이에 해당한다.

반면 〈SMERF〉[1]는 가격민감도가 높은 집단이다. SMERF시장은 주로 비영리 조직이며, 이 집단의 여행담당자는 비수기에 염가로 여행하길 원한다. 따라서 SMERF를 표적시장으로 하는 마케터는 SMERF시장을 유치하기 위해서 낮은 가격의 항공권, 호텔 그리고 F&B 요금을 제시할 필요가 있다(Bowie & Buttle, 2004 : 82).

[그림 8-2] Price & Top Secret

출처 : leisure.travelocity.com / 인터넷 자료

1) SMERF is a North American expression that Stands for Social, Military, Educational, Religious and Fraternal organizations. This segment is generally very price sensitive.

일곱째, 유통채널 기대치(channel member expectations)이다. 마케터는 상품 또는 서비스 가격을 결정할 때 유통채널 내 '중개인'(intermediary)을 고려해야 한다. 여행도매업자(wholesalers)는 기획여행상품 즉 패키지투어를 기획할 때 여행소매업자(retailers)의 판매수수료(commission)를 고려하여 판매가를 결정한다. 또한 경쟁이 치열한 상품이나 서비스인 경우 소매업자들이 도매업자에게 '추가수수료'(override commission)를 요구하는 경우가 있으므로 이를 고려하여 판매가를 결정할 필요가 있다.

여덟째, 법률적 · 제도적인 문제(legal and regulatory issues)이다. 기업이 가격을 책정할 때 법률적 · 제도적 문제가 영향을 미치기도 한다. 중앙정부, 지방정부, 시민단체, 관련 협회 등이 기업의 가격결정과정에 개입한다. 특히 독과점 혹은 정부의 지원을 받은 기업은 가격을 결정할 때 외부 관련기관과 충돌하는 경우가 있다.

2) Goeldner의 관광상품 가격결정 영향요소

마케팅 결정 중에서 가장 중요한 요소는 바로 가격을 결정하는 것이다. 관광마케터들은 가격정책(price policy)에 영향을 주는 요소로 다음과 같은 사항을 고려해야 한다(Goeldner et al., 2000 : 627-628).

Goeldner의 관광상품 가격결정 영향요소

- 상품품질(product quality)
- 상품의 속성과 특성(product distinctiveness)
- 경쟁의 정도(extent of the competition)
- 유통방법(method of distribution)
- 시장의 상황(character of the market)
- 상품과 서비스 비용(cost of the product and service)
- 유통비용(cost of distribution)
- 예상되는 이윤(margin of profit desired)
- 계절성(seasonality)
- 특별 촉진 · 할인 가격프로그램(special promotional prices)
- 고객의 심리적 측면(psychological considerations)

첫째, 상품의 품질이다. 상품의 품질은 가격을 결정하는데 있어서 가격과 가치의 관계이다. 특정 상품이 고객에게 높은 효용(utility)을 주면 가격은 높게 책정될 수 있다.

둘째, 상품의 속성과 특성이다. 특정 상품이 독특한 특성이 없으면, 마케터는 상품의 가격을 통제할 수 없다. 반대로 특정 상품이 독특하고, 다른 상품과 상이한 점이 많으면 높은 가격으로 판매될 수 있다. 가령, Hyatt Hotel은 〈lobby atrium〉 즉 로비를 고대 로마 건축양식을 도입하여 "중앙홀"을 만들어 차별화하여 호텔의 매력을 높이고, 높은 가격으로 객실을 판매하고 있다.

셋째, 경쟁의 정도이다. 관광상품의 가격은 경쟁자 가격을 고려하여 결정될 수 있다. 또한 기업 혹은 브랜드가 시장에서 현재 차지하고 있는 "지위"(position)에 따라 가격이 결정되기도 한다.

넷째, 유통방법이다. 관광상품의 가격은 여행도매업자(tour operator), 여행소매업자(travel agents)에게 지급해야 하는 "수수료"가 포함되어야 한다. 또한 최근에는 on-line 혹은 off-line 판매 등 판매방법에 맞게 가격을 책정한다.

다섯째, 시장의 상황이다. 여기서 말하는 시장의 상황(character of the market)이란 고객의 유형과 고객의 수를 말한다. 만약 고객이 많지 않다면 가격은 필연적으로 높게 책정된다. 마케터는 제한된 시장에서 충분한 보상을 받으려면 높은 가격을 책정할 수밖에 없다.

여섯째, 상품과 서비스 비용이다. 상품의 가격은 투여되는 비용을 고려해서 책정된다. 만약 비용이 가격보다 높으면 사업의 영속성은 보장받을 수 없다. 비용과 시장상황은 가격책정의 척도로 작용한다.

일곱째, 유통비용이다. 유통비용은 가격책정에 반드시 포함되어야 할 항목이다. 하지만 다른 요소들과 달리 유통비용을 사전에 계산 · 평가하는 것은 쉽지 않다.

여덟째, 예상되는 이윤이다. 가격책정을 할 때 예상되는 이윤이 고려되어야 한다. 또한 유통, 판매과정에 수반되는 "위험요소"(risk involved)도 포함시켜 가격을 책정해야 한다.

아홉째, 계절성이다. 관광상품은 독특한 특성 중의 하나가 계절성(seasonality)인데, 대부분의 관광상품은 계절성에 영향을 받는다. 따라서 마케터가 가격을 결정하는데 있어서 계절성은 반드시 고려되어야 할 사항이다.

열째, 특별 촉진 · 할인 가격프로그램이다. 관광기업은 자사의 상품의 인지도를 높이고, 일시적인 판매를 늘리려는 목적으로 할인 프로그램을 활용한다. 하지만 기업의 할인제도는 고객들이 할인가격에 지나치게 익숙해지지 않도록 적절하게 활용되어야 한다.

열한째, 고객의 심리적 측면이다. 일반적으로 고객은 "홀수"(odd amount)가격을 선호하는 심리적 특성을 보이는 것으로 알려져 있다. 가령, 19.99달러, 49.99달러, 99.99달러 등과 같은 숫자 〈9〉로 끝나는 가격에 관심을 보인다는 것이다.

〈표 8-1〉 고객의 심리적 측면과 관광상품 가격 예

기업명	상품명	가격
하나투어	푸켓 5일	₩ 349,000
	캐나다 항공일주 8일	₩ 2,290,000
	사이판 PIC 4 / 5	₩ 899,000
Zuji.com.hk	4D / 3N Bangkok Package	$ 2,959
	3D / 2N Singapore Package	$ 1,619
Carnival Cruise	5 Day Eastern Caribbean from Orlando	$ 579
	4 Day Western Caribbean from Miami	$ 889
	5 Day Western Caribbean from Tampa	$ 1,229
Fare target(가격비교사이트)	The Allerton Hotel	$ 109
	Wyndham Lake Buena Resort	$ 79
	Regal Palm Resort	$ 69

위의 표에 제시된 가격은 websites에 나온 가격을 기준으로 작성한 것임. 저자가 임의로 가격을 정한 것이 아님.

3. 가격책정(setting the price) 순서

기업은 신상품을 개발하면 가격을 책정해야 한다. 기업이 가격을 책정할 때 다양한 요소를 고려해야 하는데, 통상 6단계를 거쳐서 최종가격을 결정한다(Kotler & Keller, 2009 : 423-437).

1) 가격책정 목표(selecting pricing objective)

기업의 목표가 명확하면 할수록 기업이 가격을 책정하기 용이하다. 기업이 선택할 수 있는 가격목표는 크게 5가지가 있다.

- 생존목표(survival)
- 수익 최대화(maximum current profit)
- 시장점유율 최대화(maximum market share)
- 초기가격 최대화(maximum market skimming)
- 제품 · 품질의 선도화(product-quality leadership)

첫째, 기업들은 과잉공급, 치열한 경쟁상황, 그리고 고객의 욕구가 변화하고 있을 때 생존(生存 : survival)을 가격책정 목표로 선택한다. 생존을 추구하는 기업은 가격이 변동비용(variable costs)과 고정비용(fixed cost)을 충당하는 수준에서 가격을 책정하여, 기업을 존속시키려고 한다. 하지만 생존목표는 기업의 단기적 목표에 지나지 않는다. 결국 기업은 부가가치를 높이는 방법을 강구해야 한다.

둘째, 기업은 수익의 최대화(maximum current profit)를 목표로 가격을 책정한다. 기업은 수요와 비용을 평가하여 현시점에서 최대의 수익을 달성할 수 있는 가격을 책정한다. 이 전략은 채택한 마케터는 마케팅믹스 변수, 경쟁자의 반응, 그리고 가격책정에 적용되는 제반 법적인 제한사항(legal restraints)을 고려하지 않으면서 가격을 책정한다.

셋째, 기업은 시장점유율(market share)을 최대화하려는 목표로 가격을 책정한다. 마케터들은 판매량이 높아지면 단위비용(unit costs)이 낮아지고, 수익이 증대된다고 생각한다. 특히 가격민감도가 높은 시장 혹은 상품인 경우 가격을 최저가(the lowest price)로 책정한다. 시장침투가격책정(market-penetration pricing)은 시장점유율 최대화 목표에 부합하는 대표적인 예이다.

미국의 Southwest Airlines과 아일랜드 저가항공사 Ryan Air가 저가(low fare)전략으로 수요를 촉진함과 동시에 가격민감도가 높은 관광 및 비즈니스 관광객을 유치하는데 성공하였다. 특히 Ryan Air는 특별 할일제도(special promotional fare campaign)를 전개하여 가격민감도가 낮은 시장의 점유율을 높였다(www.ryanair.com).

넷째, 초기가격 최대화(maximum market skimming)이다. 신기술 혹은 신상품을 출시한 기업은 초기에 가격을 높게 설정하여 수익을 최대화시킨다. 초기에 가격을 높게 설정하고, 시간이 지남에 때라 가격을 낮춘다. 초기가격 최대화 목표는 다음과 같은 조건이 충족되었을 가능하다.

- 고객의 높은 수요
- 소량을 생산하는 단위비용이 높지 않은 경우
- 초기에 가격을 높게 책정해도 경쟁자의 시장진입이 어려운 경우
- 높은 가격이 고급상품의 이미지를 보여주는 경우

다섯째, 제품 · 품질의 선도화(product-quality leadership) 목표이다. 특정 기업은 시장에서 제품과 품질의 선도화를 추구한다. 많은 브랜드는 고급제품(affordable luxuries), 높

은 품질(high level of perceived quality), 지위(status)를 표방하여 가격을 높게 책정함으로써 많은 소비자가 쉽게 접근하지 못하게 한다.

상품가격은 기업목표(organization objectives)와 마케팅목표(marketing objectives)에 의해서 영향을 받는다. 통상 기업에는 장기적인 가격목표와 단기적인 가격목표가 있는데, 가격목표는 다른 마케팅믹스 구성요소의 목표와 부합해야 한다. 가격목표는 SMART, 즉 구체적임(specific), 측정가능함(measurable), 달성가능함(achievable), 현실적임(realistic), 적용된 시간(within set timetable)이 고려되어야 한다. 가격목표는 (1) 마케팅지향 가격목표, (2) 수익지향 가격목표, (3) 비용지향 가격목표로 나누어지기도 한다(Bowie & Bottle, 2004 : 155).

[그림 8-3] 유람선 스파 스위트(spa suite)와 가격

출처 : www.cruiseweb.com / 인터넷 자료

2) 수요산정 · 파악(determining demand)

가격은 수요량에 영향을 미침과 동시에 기업의 마케팅목표에도 영향을 준다. 다음 [그림 8-4]는 가격(price)과 수요 간의 관계를 보여주고 있다. [그림 8-4]에서 보는 바와 같이

통상 가격이 높아지면 수요는 줄어든다. 즉 가격과 수요는 역(inverse)의 관계를 보인다. 단, '과시소비재'(prestige goods)2)의 경우 가격이 높으면 수요가 증대되기도 한다.

[그림 8-4] 베블렌과 수요곡선

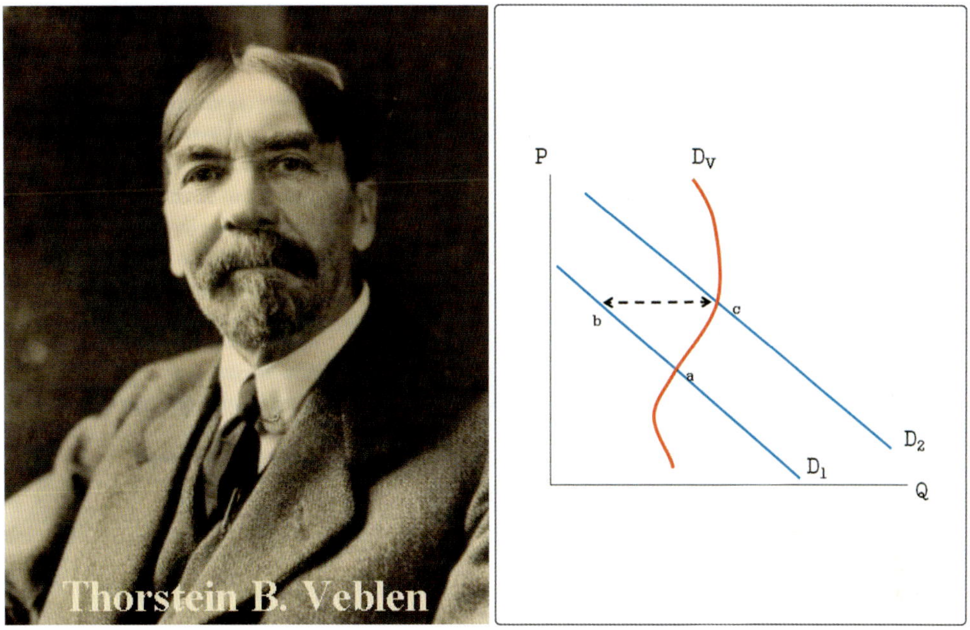

위의 그래프는 예외적인 수요인 베블렌 효과를 보여주고 있다. 우선 D_1 수요곡선에서 a점을 찾아보자. 가격이 상승할 경우 수요곡선 위의 이동이 일어나며, b점까지 가격(P)이 상승한다. 이 경우 수요(D)는 줄어드는 것이 일반적이나, 베블렌 효과가 발생할 경우, 수요가 b점까지 감소하지 않고 새로운 수요곡선인 D_2의 c점으로 증가한다. 즉 양쪽 화살표로 나타낸 부분이 베블렌효과로 인해 증가한 수요부분인 것이다.

(1) 가격민감도(price sensitivity)

수요곡선은 시장의 구매량을 보여준다. 또한 구매곡선은 상이한 가격민감도(price sensitivity)를 갖고 있는 소비자의 일련의 '반응'(reactions)이다. 수요를 평가하는 첫 번째

2) 미국의 사회학자 베블렌(Thorstein Bunde Veblen)은 그의 저서 〈유한계급론 / The Theory of the Leisure Class, 1899〉에서 상품의 가격이 오르면 일부 계층의 과시욕과 허영심이 수요를 증가시키는 현상을 언급하였다. 즉 일부 상류층은 필요성보다 자신의 부를 남에게 드러내기 위해서 '과시적 소비'(conspicuous consumption)를 한다고 주장하였다. 이를 '베블렌 효과'(Veblen Effect)라 부른다.

단계는 바로 가격민감도에 영향을 미치는 것이 무엇인지 파악하는 것이다. 고객은 저비용 상품에 대해서는 가격민감도가 낮다.

수요탄력성이란 가격이 변하는 정도에 따라 수요의 증가 또는 감소에 영향을 미치는 지수(index)를 의미한다(박시사, 2003 : 100). 여행상품은 가격민감도가 높은 특성을 갖고 있다. 여행상품의 수요는 가격의 변화에 민감하게 반응한다(Hudman & Hawkins, 1989: 160).

〈표 8-2〉 수요, 가격 그리고 가격민감도

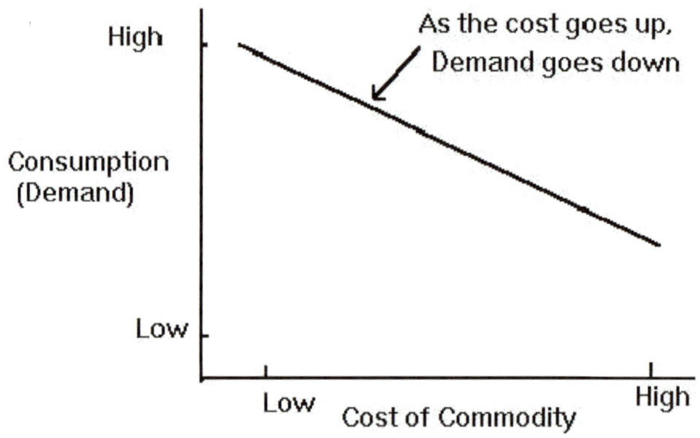

여행업을 포함한 관광산업에서 가격민감도가 높은 세분시장은 〈SMERF〉단체이다. SMERF조직의 여행담당자(organizer)는 항공권, 호텔 등을 예약할 때 최대한 가격이 저렴한 상품을 선택하는 경향을 보인다(Bowie & Buttle, 2004 : 82).

SMERF

- 사회봉사단체(S : social groups)
- 군인(M : military)
- 교육(E : educational)
- 종교(R : religious)
- 친목 · 동아리(F : fraternal)

(2) 수요곡선평가(estimating demand curve)

수요곡선(demand curve)란 일정기간에 성립하는 여러 가지 가격수준에 대응하는 수요량을 평면 위에 표시하고 양자 간의 조합들을 연결한 곡선을 말한다. 기업들은 다양한 방법을 이용하여 수요곡선을 평가한다. 가령, 기업들이 수요곡선 평가를 할 때 선택하는 방법은 다음과 같다.

- 설문조사(surveys)
- 가격실험(price experiments)
- 통계분석(statistical analysis)

(3) 수요의 가격탄력성(PED : price elasticity of demand)

수요의 가격탄력성이란 용어는 Alfred Marshall(1890)에 의해서 최초로 소개된 경제학 용어이다. 수요의 가격탄력성이란 가격의 변화율에 따른 수요량의 변화율을 보여주는 것을 일컫는다. 수요의 가격탄력성(需要 : 價格彈力性, Price Elasticity of Demand)이란 경제학에서 한 재화의 가격변화에 따른 수요의 변화 정도를 나타내는 것이다. 수요의 가격탄력성은 아래와 같이 수요변화율을 가격변화율로 나누면 구할 수 있다.

$$E_d = \frac{\%\ \text{change in quantity demanded}}{\%\ \text{change in price}} = \frac{\Delta Q_d / Q_a}{\Delta P / P}$$

[그림 8-5] Smith, Marshall, 그리고 경제학

Adam Smith[3], 1723-1790 / Alfred Marshall, 1942-1924

3) In economics, invisible hand or invisible hand of the market is the term economists use to describe the self-regulating nature of the marketplace.[1] This is a metaphor first coined by the economist Adam Smith

PED는 가격 변화에 따라 상품 혹은 서비스에 수요량의 반응(responsiveness)을 평가하는 지표이다. 관광상품은 가격민감도가 높아 수요의 가격탄성이 높은 것으로 알려져 있다. 관광산업은 성수기(peak season)와 비수기(low season) 간에 수요(demand)의 차이가 심한 산업적 특성을 가지고 있다. 관광산업은 가격이 높은 성수기에 수요가 높고, 가격이 상대적으로 낮은 비수기에 가격이 낮다. 따라서 Marshall의 수요의 가격탄력성으로 설명하기에는 어려운 점이 있다.

3) 비용평가(estimating costs)

통상 단위당 가격이 단위당 평균비용을 초과해야 수익 즉 이익이 발생한다. 따라서 관광기업의 마케터는 자사 상품의 평균비용을 예측·평가할 수 있어야 한다. 특정기업 혹은 상품의 단위당 평균비용을 결정하는 요소는 고정비, 변동비, 생산량 등이 있다. 가격결정에 중요한 평균비용은 고정비를 생산 수량으로 나눈 값에 변동비를 더한 것이다.

(1) 운영비용(operation costs)

기업의 운영비용은 통상 고정비용과 가변비용으로 구성되어 있다.

① 변동비용 / 가변비용(可變費用 : variable costs)

변동비용이란 기업의 생산량에 따라 증감하는 비용을 말한다. 변동비용의 산정은 제품생산비를 분석하는데 이용된다. 변동비용은 생산량 증감에 따라 변동하는 비용이다. 변동비용을 구성하고 있는 요소로 다음과 같은 항목이 있다.

- 변동비용 항목(variables costs)
  - 마케팅 조사(marketing research)
  - 광고(advertizement)
  - 촉진비용(promotions)
  - 브로슈어(brochures)
  - 관광객 혹은 업계종사자 행사(consumer or trade event)
  - Fam.tour
  - 급료(wages)
  - 전기료(electricity)
  - 금융비용(bank fee) 등

② 고정비용(固定費用 : fixed costs)

기업이 건물이나 기계 등 기존의 시설을 보유 · 유지하려면 생산량이 전혀 없더라도 일정한 비용이 필요하고 또 생산량의 증감에 관계없이 단기적으로는 변동이 없는 비용이 있다. 이것을 고정비용이라 한다. 고정비용을 '불변비용'(constant cost)이라 부르기도 한다. 즉 생산량의 변동 여하에 관계없이 불변적으로 지출되는 비용을 일컫는다.

- 고정비용
  - 임대료(rent)
  - GDS / Internet 사용료(machinery)
  - 보험료 등

③ 총비용(總費用 : total costs)

총비용이란 기업이 생산 · 판매를 통하여 생산활동을 지속시켜 나가는데 직 · 간접으로 필요로 하는 비용의 총액이다. 총비용은 고정비용과 가변비용의 합계이다.

단체패키지여행 상품가격을 책정하기 위해서 1) 고정비용(fixed costs), 2) 변동비용(variable), 3) '마크업(markup), 4) 유통망 운영비용(distribution network costs)이 고려되어야 한다. 고정비용은 참가하는 인원에 상관없이 소요되는 비용을 일컫는다. 고정비용은 여행이 시작되기 이전에 지출되어야 하는 비용으로 '선지급비용(upfront costs)이라 하기도 한다. 반면에 변동비용은 참가하는 인원의 많고 적음에 따라 유동적이며, 여행객 개개인에게 지출되는 비용이다. 만약 여행객이 현지에 참여하지 않는다면 여행사가 지급할 필요가 없는 비용이다. 단체패키지여행 가격책정 때 필요한 고정비용, 변동비용 그리고 마크업, 유통망 운영비용은 다음과 같다(Sarbey de Souto, 1985: 84-94).

- 고정비용(fixed costs)
  - 촉진비용(promotional charges)
  - 브로슈어 제작비용(brochures)
  - 인쇄비용(prints)
  - 광고비용(advertising)
  - DM발송비용(direct mail)
- Organizer여행비용(free tour for tour organizers)
  - 인솔자 비용(tour manager's salary and expenses)
  - 전세기비용(charters)

- 변동비용(variable costs)
  - 호텔숙박료(hotel charges)
  - 식사(meals)
  - 제반 팁(tips)
  - 현지 관광비용(sightseeing tours)
  - 입장료(entrance or admission fees)
  - 세금 및 보험료(taxes & insurance)
  - 항공료(airfares)
  - 유류할증료 등

유통망 사진

'마크업('markup)

- 여행상품 가격책정 때 이익을 포함시키는 것은 당연하다. 마크업은 여행사가 여행(단체여행)을 진행하는데 있어서 생명선(lifeblood)과 같다. 마크업 비율이나 양에 대해서 규정된 것은 없다. 여행사가 단체행사를 진행하면서 소요되는 시간(time), 지출(expense), 그리고 위험(risk)을 정당화시킬 정도의 이익(profit)을 원가에 더하면 적정한 markup이 된다.

유통망 운영비용(distribution network costs)

- 관광산업의 유통망은 소매여행사(retail agent), 국내여행 호울셀러, 해외여행 호울셀러, 그리고 인바운드 여행사 등으로 구성되어 있다. 유통망은 관광상품을 고객에게 전달하는데 도움을 준다. 특정 여행업자는 고객과 직접거래를 하기도 한다. 여행업자는 유통망을 이용하면 판매를 높이고, 수익을 증대시킬 수 있다. 또한 유통망을 이용하는 중간상인 혹은 중개인에게 커미션(commission)을 지급해야 한다. 중개인이 서비스 대가로 받는 커미션은 판매가 종결된 이후에 발생한다. 여행업자가 중개인에게 지급하는 커미션 퍼센트(commission rate)는 각양각색이다.

(2) 경쟁자의 비용, 가격 분석(Analyzing competitors' costs and prices)

마케터는 자사가 기획하고 개발한 상품을 시장에 출시하기에 앞서 경쟁상품 혹은 경쟁사의 가격을 검토하여 가격을 결정한다. 경쟁자의 가격과 자사의 가격변동에 따른 경쟁자의 반응 혹은 대응도 가격결정에 영향을 미치는 중요한 외부요소이다. 가령, 특정 목적지에 기업회의(meeting)를 기획하는 호텔 마케터는 경쟁호텔의 가격과 가치(value)를 점검해야 한다. 왜냐하면 경쟁자가 제시하는 가격, 품질 그리고 제반 사항(features)을 숙지하고 비교하여, 이를 토대로 가격결정을 할 수 있기 때문이다. 경쟁자의 가격은 자사의 가격결정에 시발점(starting point)이 될 수 있다(Kotler, Bowen & Makens, 2006 : 463).

4) 가격책정(selecting a pricing)

(1) 일반적인 가격책정 방법

① 원가기반 가격책정(cost-based pricing)

원가기반 가격책정은 가장 단순한 방법이다. 상품을 개발하고 판매하는 데 소요되는 비용(cost)에 이익(standard markup)을 더하여 가격을 결정한다. 원가기반 가격결정은 상품을 생산, 유통, 촉진하는데 드는 비용에 마진을 더해 가격을 책정하는 방법이다. 이 기법은 현재의 수요와 경쟁자의 가격을 고려하지 않고 가격을 결정하기 때문에 경쟁력 있는 가격을 책정하지 못하는 경우도 많다.

② 손익분기점 분석과 목표이익 가격결정법(break-even analysis and target profit pricing)

손익분기점 분석과 가격책정은 비용에 입각한 가격결정법의 한 유형이다. 고정비용(fixed cost), 단위당 변동비용(variable cost), 그리고 총비용(total cost)을 고려하여 판매가

(sales price)를 결정하는 기법이다. 목표이익 가격결정법은 판매자가 미리 정한 목표이익을 실현시키는 선에서 가격을 책정하는 방법이다.

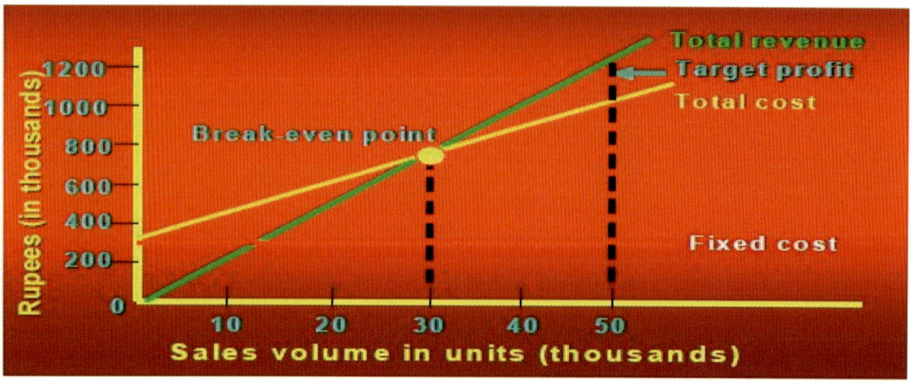

관광산업의 경우 호텔연회, 항공사 전세기(chartered flights), 패키지여행상품 등의 가격책정에 활용될 수 있다.

③ 경쟁자기반 가격책정법(competition-based pricing)

경쟁자기반 가격책정은 경쟁업자(competitors)의 가격을 토대로 가격을 정하는 기업의 가격전략이다. 이 전략은 비용(cost) 혹은 수요(demand)에 관심을 적게 둔다. 경쟁자기반 가격을 채택하는 기업은 경쟁자와 동일 수준의 가격 혹은 경쟁자보다 조금 낮은 가격으로 자사의 상품 혹은 서비스를 출시한다.

④ 가치기준 가격책정(value-based pricing)

가격이란 상품 또는 서비스에 부과되는 "금액"(amount of money)이다. 가격은 소비자가 특정 상품 혹은 서비스를 소유·사용함으로써 얻을 수 있는 편익(benefits)을 향유하기 위해 지급해야 하는 "가치의 총량"(the sum of values)으로 정의할 수 있다(Armstrong & Kotler, 2009 : 291).

가치기준 가격책정(value-based pricing)은 판매자가 상품 혹은 서비스를 생산·연출하는데 드는 비용(cost)에 맞추어 가격을 책정하지 않고, 가치에 대한 고객의 지각(perception)을 근거로 가격을 결정하는 것을 말한다. 따라서 효과적이고 고객지향 가격책정은 고객이 상품 혹은 서비스로부터 얻는 편익에 어떠한 가치(value)를 부여하는지 파악·식별하는 데서 출발한다.

제2절 관광상품 가격전략

1. 신상품 가격전략

1) 초기고가 가격전략(market-skimming pricing)

스키밍가격(skimming pricing) 즉 초기고가 가격전략은 신상품이 출시되었을 때 초기에 상품가를 아주 높게 책정한 다음, 시간이 흐르고 경쟁자가 시장에 진입하기 시작하면 점차적으로 가격을 낮추는 가격전략이다. 초기고가 가격전략은 가격차별화의 한 유형이다. 초기고가 가격전략은 주로 기술집약적 산업에서 활용되고 있고, 상품수명주기(PLC : product life cycle) 도입기에 적용된다. 대표적인 예로 1970~1980년대 Sony, 2000년대 Apple, Samsung 등 제품의 품질이 우수하고 기업의 이미지가 좋은 기업에서 채택한 가격전략이다.

기업이 초기고가 가격전략을 구사하기 위해서는 선결조건이 충족되어야 한다. 고객이 많은 돈을 지급하더라도 그 상품을 구매하기 쉽고, 경쟁자가 쉽게 시장에 진입할 수 없는 시장이어야 한다(Armstrong & Kotler, 2009 : 303). 또한 독과점시장(monopolistic or oligopolistic market)에서 소비자의 선택권이 없을 경우에도 초기고가 가격전략은 유효하다(Seaton & Bennett, 1996 : 144).

초기고가 가격책정과 관광상품

- 모두투어 : 중남미, 지중해여행 전문상품[4]

4) 해외여행자유화 원년 1989년에 출범한 모두투어는 남미일주여행(19박 20일), 남태평양 · 오세아니아여행(15박 16일), 지중해여행(18박 19일), 카나다 · 미국여행(19박 20일) 등 네 개의 전문상품으로 여행업 시장에 진입하였다. 모두투어는 초기 경쟁자들이 없을 뿐만 아니라 전문상품 노하우를 바탕으로 '초기고가 가격전략'을 채택하였다. 가령, 1989년 당시 남미일주여행(19박 20일)의 상품가는 400만원에 달했다.

(2) 시장침투 가격전략(market-penetrating pricing)

시장침투 가격전략은 초기고가 가격전략의 상대적 개념이며, 마케터는 가능한 단기간에 다수에게 상품을 판매하기 위해 저가로 상품을 시장에 제공하는 전략이다. 시장침투 가격전략이란 초기 시장진입시 새로운 고객을 확보할 목적으로 가격을 상대적으로 낮게 책정하는 것을 말한다. 시장침투 가격전략은 단기간에 수익을 내기보다 시장점유율 혹은 판매량을 증대시킬 목적을 둔다.

소비자는 품질, 부가가치와 같은 기업의 차별화요소(differentiation)보다 가격(price)에 민감한 반응을 보인다. 가격기반전략은 저가로 고객에게 접근하는 것을 말하는데, 원가를 절감하여 저가로 시장에 침투하여 성공한 예로 유럽의 저가항공사 〈easyJet〉[5]을 들 수 있다(Tribe, 1997 : 112-113).

시장침투 가격전략의 사례(항공사)

- Rynair(유럽)
- Southwest Airlines(미국)
- Tiger Airways(싱가포르)
- Jetstar(호주)
- easyJet(유럽)
- Jeju Air(한국)
- Air Asia(말레이시아)

5) 1995년 출항한 유럽의 대표적인 저가항공사(low-cost carrier)이다. 영국 런던에 본사를 두고 있고, London Luton Airport를 허브공항으로 사용하는 유럽 2위 저가항공사이다. 2011년 기준 200여대의 항공기를 보유하고 있고, 120여개 지역(destination)을 운항하고 있다. 현재 영국 런던주식시장에 상장된 항공기업이며, 유럽 제1위 저가항공사인 Rynair와 더불어 유럽의 저가항공사를 대표하고 있다.
(출처 : enwikipedia.org / 인터넷 자료 참고 / 필자 요약 재구성)

(3) 명성 · 위상 가격(prestige pricing)

명성가격(名聲價格; prestige pricing)이란 마케터가 특정 상품의 가격을 낮게 책정하면 오히려 판매량이 줄어들 것이라 생각하고 정상가격보다 높게 가격을 매기는 것을 말한다. 일반적으로 높은 상품가격은 상품의 이미지와 신분(status)과 관련이 있고, 소득이 높은 소비자는 가격민감도가 높지 않다. 또한 이러한 부류의 소비자는 자신의 이미지를 향상시켜주는 고급 상품을 구매하는데 관심이 있다(Masterson & Pickton, 2010 : 374). Channel, BMW, LOUIS VUITTON, Cartier 등이 명성가격을 채택한 예이다. 명성가격을 〈imaging pricing〉이라 하기도 한다. 대한항공 자회사인 한진관광은 〈The Luxury Travel Collection, KALPAK〉 고품격 해외여행패키지를 기획하여 판매하고 있다. 칼팩(KALPAK) 상품은 명성가격을 유지하고 있다.

소비자는 상품과 서비스를 구매하는 의사결정을 하는데 있어서 이성적 기준(rational decision)에 의존하는 경우도 있지만, 자신의 위상과 명성, 타인으로부터 인정, 과시 등 정서적 의사결정(emotional decision)을 하기도 한다. 정서적 의사결정에 의존하는 소비자들의 효과적인 가격전략이 바로 명성가격이다. 관광상품은 특성상 상대적으로 고가(高價)이며, 상품의 구매 혹은 체험 자체가 자신의 신분을 표출할 수 있는 표상(representative)으로 작용하며, 자신의 이미지를 고양할 수 있는 도구가 될 수 있다. 명성가격은 Maslow가 제시한 인간의 욕구발달단계 네 번째 단계인 〈esteem needs〉을 적용한 가격전략이라 할 수 있다. 명성가격을 적용한 관광상품의 예는 다음과 같다.

명성가격과 관광상품

- 한진관광–명품여행 KALPAK[6)]
- 항공사–일등석
- 호텔–Suite room / Club room
- 모두투어–전문상품
- 유람선–Suite room

---

6) 한진관광 명품여행 〈KALPAK〉은 KAL + Package Tour에서 유래한 해외여행 기획상품이다. KALPAK은 항공은 대한항공(KAL), 호텔은 5성급(5star rated hotel)을 사용하는 고품격 해외여행을 표방한 상품이다. 한국의 대표적인 호울셀러인 하나투어, 모두투어의 해외여행상품에 비해 가격이 높다. 본 상품은 가격민감도가 낮은 계층을 표적시장으로 하고 있다. KALPAK은 이른바 명성가격(prestige pricing)을 기저에 두고 가격을 책정한 해외여행상품이다.

[그림 8-6] 명성가격과 명품 브랜드

2. 기존상품 가격전략

1) 패키지 가격(product-bundle pricing)

패키지 가격이란 일반 제품의 경우 '묶음가격'이라 하기도 한다. 통상 두 가지 이상의 상품이나 서비스를 결합하여 패키지로 묶어 판매하는 특별가격을 일컫는다.

관광산업은 대부분 패키지 가격을 채택하여 활용하고 있다. 예를 들어 여행사의 기획여행 즉 패키지상품이 대표적인 예이다. '기획여행'이란 여행업을 경영하는 자가 국외여행(outbound)을 하려는 여행자를 위하여 여행의 목적지, 일정, 여행자가 제공받을 운송 또는 숙박 등의 서비스 내용과 그 요금 등에 관한 사항을 미리 정하고 이에 참가하는 여행자를 모집하여 실시하는 여행을 말한다. 항공사가 자사의 항공권과 호텔을 결합한 'AIRTEL' 즉 항공권과 호텔을 결합한 상품도 패키지 가격전략을 준용한 가격전략의 하나이다.

호텔과 리조트산업은 비수기 수요를 촉진할 목적으로 다양한 상품을 결합한 패키지 가격을 채택한다. 외식사업체들도 수요가 낮은 시간대 혹은 주중 비수기에 패키지 가격제도를 도입한다. 관광소비자들은 패키지 가격이 편의성(convenience)과 경제성이 있기 때문에 선호한다. 여행사는 이른바 기획상품, 즉 교통, 숙박, 관광, 식사 등을 결합한 패키지여행상품을 출시하는데 이는 패키지 가격의 대표적 예이다. 또한 휴양지에 위치한 리조트는 교통, 식사, 엔터테인먼트, 편의시설이용, 술, 음료수 등을 포함시키는 휴가여행상품 〈all-inclusive〉을 출시 · 판매하여 부가가치를 높이고 있다(Hsu & Powers, 2002 : 263).

관광산업 패키지 가격의 예

- 여행사 패키지상품(항공권 + 호텔 + 현지 투어 + 식사 등)
- 항공사 에어텔(항공권 + 호텔)
- 유람선(fly & cruise / 항공권 + 유람선)
- 호텔 + 골프 + 렌터카 패키지
- 리조트(숙박 + 시설 이용권)패키지 / all-inclusive

[그림 8-7] All-inclusive Package & Package pricing

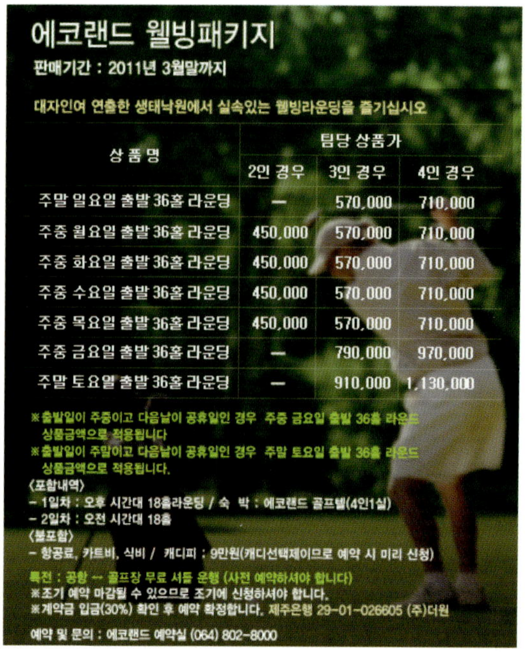

출처 : www.ecolandjeju.co.kr / 골프 36홀과 골프텔을 이용한 골프패키지 상품의 가격

2) 할인가격(discount pricing)

할인(discount)7)은 관광환대산업에서 광범위하게 통용되는 관행(practice)이다. 할인은 사전에 공지 혹은 광고된 가격(fare, rate, price)보다 낮은 가격으로 상품을 제공하거나 판매하는 것을 일컫는다. 통상 관광산업은 표적시장(target market), 서비스 형태(form of service provided), 장소(place) 그리고 시간(time)에 따라 할인전략을 구사하고 있다(Morrison, 2010 : 671-673).

항공권, 호텔, 유람선 등 공급업자가 사전에 결정한 가격보다 여행사가 여행상품 가격을 낮게 책정하여 판매하는 것을 말한다. 여행사는 가격전략의 일환으로 가격할인을 제한적으로 사용한다. 여행사가 가격할인을 하는 이유는 새로운 고객을 유치하고, 경쟁사와 가격경쟁에서 승리하기 위해서이다(G. Davidoff & S. Davidoff, 1994 : 149).

한국의 여행사들은 〈조기예약할인〉, 〈제휴카드 사용할인〉, 〈동반자할인〉, 〈창립 몇 주년 기념할인〉, 〈땡처리 할인〉 등의 할인제도를 주로 사용한다. 이중에서 가장 빈번하

7) Discount. A straight reduction in price on purchases under stated conditions or during a stated period of time.

게 사용되는 할인제도는 〈조기예약할인〉, 〈동반자할인〉이다. 조기예약할인의 경우 액수를 정해서 할인해주기도 하고, 판매가의 몇 %를 할인해준다. 동반자할인은 제2의 고객이 지급해야 하는 요금의 몇 %를 할인해주는 제도로 여행사들이 자주 사용하는 할인제도 중의 하나이다.

할인가격의 유형으로 현금할인(cash discount), 업계할인(trade discount), 비수기할인(seasonal discount), 대량구매할인(quantity discount) 등이 있다(Armstrong & Kotler, 2009 : 306). 통상 최종 이용자(end users)에게 제시된 가격을 '명시가격'(list price)이라 한다. 하지만 상품과 서비스는 중간유통망과 최종소비자에게 명시가격으로 판매되지 않고 할인요금(discounted fare)으로 판매된다. 기업이 선택할 수 있는 할인가격의 유형은 다음과 같다(www.netmbra.com)

- 대량구매 할인(quantity discount)
- 누적구매 할인(cumulative quantity discount)
- 성 · 비수기 할인(seasonal discount)
- 현금할인(cash discount)
- 사전예약 할인(book early and save)
- 동종업계 할인(trade discount)
- 기업할인(corporate discount)
- 단기 촉진 할인(promotional discount)[8]

[그림 8-8] 가격할인제도와 관광산업

출처 : www.cebupacific.com + www,travelocity.com / 인터넷 자료

8) 기업은 고객의 구매를 앞당기기 위해 다양한 가격책정 방법을 구사한다. 기업이 선택할 수 있는 대표적인 예로 (1) loss-leader pricing, (2) special-event pricing, (3) cash rebates, (4) low interest financing, (5) longer payment terms, (6) warranties, (7) psychological discounting 등을 들 수 있다.

3) 차별가격(discriminatory pricing)

차별가격이란 용어는 인종, 종교, 성별, 연령 등에 따라 차별을 하는 이미지를 연상시킨다. 특정 지역의 나이트클럽은 '성별 가격차별화'(sex-based price discrimination)를 도입하여 여성고객에게 입장료 할인, 음료수 무료, 쿠폰 등을 제공한다. 이는 차별가격의 일환이다. 제주도의 경우 도내 관광지 도민 무료입장제도를 시행하고 있는데, 이것 역시 차별가격의 일환이다.

기업은 고객간의 차이, 제품, 입지 등을 반영하기 위해서 가격을 조정한다. 기업은 고객에게 상이한 가격을 제시한다. 기업이 가격차별화를 도입할 때 고려하는 요소는 다음과 같다(Kotler & Keller, 2009 : 440-441).

가격차별화 고려요소

- 고객별 가격(customer-segment pricing)
- 상품구성별 가격(product-form pricing)
- 이미지별 가격(image pricing)
- 유통채널별 가격(channel pricing)
- 입지별 가격(location pricing)
- 시간별 가격(time pricing)

관광산업의 경우 호텔 객실유형, 항공사의 좌석, 유람선 객실 등에 따라 차별가격제를 널리 실시하고 있다. 차별가격제도는 기업 관점에서 보면 '수익관리'(yield management)를 적용한 기업전략의 하나이다(Kotler, Bowen & Makens, 2006 : 475). 항공사의 수익관리란 매 항공편에서 총수익을 극대화하기 위해서 등급별 좌석판매를 관찰 · 분석 · 통제하는 행위를 말한다. 수익관리의 주요 목적은 등급별 좌석수 조절을 효과적으로 하여 고운임 지급의사가 있는 여객에 저운임 항공권을 구매하는 것을 막거나, 저운임 이용자의 다량구매로 고운임 항공권판매가 불가능해지는 사태를 막아 수입을 극대화하는 데 있다. 관광산업의 차별가격제도는 시장세분화(market segmentation)에 바탕을 둔 가격책정방법이다.

4) 막판판매가격(last-minute pricing)

관광상품은 특정 기간에 판매되어 소비되지 못하면 그 가치가 사라지는 소멸성(perishability)을 갖고 있다. 또한 호텔, 여행사, 항공사 등 관광산업은 일정한 수준의 고정비용(fixed cost)이 필요하고, 변동비용(variable cost)은 기업의 실적(performance)에 따라 변한다. 관광기업은 관광상품의 고유한 속성인 소멸성을 극복하고자 막판판매가격, 즉 '땡처리판매가격'을 받아들이는 관행(conventional practice)이 있다.

5) 심리적 가격전략(psychological pricing)

심리적 가격전략이란 소비자의 구매력(buying power)에 영향을 주는데 활용되는 마케팅 개념이다. 심리적 가격은 대부분 '숫자 9'(9 digit)로 끝나는 가격을 결정한다. 가령, 99.99, 999.99, 9.999.99달러 등으로 가격이 표시된다. 설령 99.99달러의 상품가는 100달러와 차이가 없을지라도 심리적으로 소비자의 구매력에 영향을 끼친다는 논리이다. 왜냐하면 99.99달러는 소비자에게 100달러와 다른 'mind set'을 주기 때문이다.

[그림 8-9] 심리적 가격과 숫자 999의 비밀

출처 : niroshii.blogspot.com/

6) 판촉가격전략(promotional pricing)

판촉가격전략(promotional pricing)이란 단기적 매출과 시장점유율을 증대시킬 목적으로 일시적으로 가격을 인하하여 상품을 출시하거나 판매하는 가격전략을 말한다. 판촉가격은 일시적인 가격이며, 원가보다 낮은 가격으로 상품과 서비스를 판매하는 전략이다.

판촉가격은 부작용을 가져올 수 있다. 특정 기업이 판촉가격을 빈번하게 사용하면, 경쟁자들이 모방하여 사용하게 되며, 이로 인해서 소비자들이 평상시 구매를 미루다가 기업이 판촉판매를 시작하면 구매를 하는 현상이 발생할 수 있다. 또한 기업이 빈번하게 판촉가격을 채택하면 기업의 이미지 혹은 브랜드가치가 침해되기도 한다. 판촉가격은 동종기업 간 가격전쟁(price war)을 일으키는 부작용으로 작용하기도 한다(Armstrong & Kotler, 2009 : 309).

제3절 E-marketng과 관광산업 가격전략

ICT(information communication technology)를 기반으로 한 디지털 마케팅은 관광기업의 가격에 영향을 미쳤다. Jobber(2007)는 디지털 기술은 가격을 투명(transparent)하게 하였고, 고객은 인터넷을 활용하여 가격을 비교할 뿐만 아니라 다양한 염가상품(bargains)을 검색할 수 있게 되었다. 또한 관광기업은 수요의 변화에 따라 가격을 조정할 수 있다(Middleton et al., 2009 : 260). 이를 종합해보면 디지털 마케팅은 관광기업의 가격체계에 3가지 변화를 가져왔다.

E-marketing과 가격체계 변화

- 투명성(transparent)
- 변화대응성(dynamic)
- 융통성(flexible)

기업이 인터넷을 활용한 가격책정을 하면 마케터들이 경쟁자가 제공하는 가격에 맞추거나 고객의 수요와 공급에 따라 적절하게 대응할 수 있는 '변화가격제도'(dynamic pricing)[9]를 도입할 수 있다. 또한 관광기업은 고객이 원하는 'online bidding'에 부합하는 가격을 제시할 수도 있다(Strauss & Frost, 2009 : 53-54). 이는 E-marketing이 기업에 가져오는 변화인 가격투명성, 변화대응성, 그리고 융통성을 모두 수용하는 가격체계라 할 수 있다.

1) 가격투명성과 가격비교

가격투명성은 구매자와 판매자가 모두 가격에 대해서 알고 있는 상황을 말하는 판매용어(sales term)이다. 가격투명성(price transparency)이란 소비자가 시장에서 다양한 상품의 가격을 용이하게 찾거나 비교할 수 있는 것을 말하기도 한다. 고객이 상품, 서비스, 그리고 가격 등에 대한 정보를 축적하면서 시장에서 가격투명성이 실현되었다. 결국 가

9) Dynamic pricing. Prices that change based on supply and demand relationships at any given time.

격투명성은 인터넷의 등장으로 인해서 구매자가 판매자와 거의 동등한 상품정보를 갖게 되면서 비롯되었다.

관광소비자들은 인터넷을 이용해서 한두번 '클릭'(click)만으로 호텔 가격과 시설을 비교해서 최적의 상품을 선택할 수 있다. 이러한 가격비교는 온라인을 받아들이면서 가능해졌다.

[그림 8-10] 가격투명성, 소비자의 확대경 그리고 가격비교

출처 : flickblog.co.kr / cartoonstock.com / 인터넷 자료

관광 · 여행 관련 가격비교 사이트

- Travelocity.com Large US travel site
- Expedia.com Large US travel site
- Opodo.com Large travel site[10)]
- Openjet.com European budget airlines
- Orbitz.com Large US travel site.
- Hotels.com-Large international hotel finder.
- Venere.com-Mainly European hotel and B&B finder.
- Priceline.com-Travel comparison site
- Sidestep.com US search application that compares travel site prices
- Airstop.be Belgian travel comparison site.
- Travelprice.be Belgian travel comparison
- Flybillet.dk Danish travel site.
- Travellink.dk Danish travel site
- Travelstart.dk Danish travel site

2) 변화대응성과 인터넷경매

E-marketing 가격체계의 변화를 단적으로 보여주는 예가 e-auction 즉 '전자경매'(electronic auction)이다. 경매(auction)란 판매자가 구매자로부터 계속적인 '가격제시'를 받는 '전방경매'(forward auction)[11]와 구매자가 판매자로부터 '가격제시'를 받는 '후방경매'(reverse auction)로 나눌 수 있으며, 경매는 경쟁과정을 통한 하나의 시장 메커니즘(market mechanism)이다. 통상 가격은 가격제시(bid)에 의해서 결정된다. 온라인을 통해서 행해지는 경매를 e-auction이라 한다. 최근 대표적인 온라인 여행사인 미국의 Priceline(www.priceline.com)은 고객이 원하는 가격을 제시하는 경매모델 〈name-your-own-price model〉을 활용한 C2B(customer to business)를 처음으로 도입하여 큰 반향을 일으켰다(Turban, King & Lang, 2011 : 109-112).

[그림 8-11] Priceline의 E-auction 모델

출처 : www.priceline.com / name your own price 모델

10) Opodo is a leading pan-European online travel company specialising in worldwide travel. Founded by nine of Europe's airlines and now majority owned by travel technology company Amadeus, Opodo operates in nine countries, giving you the tools, information and inspiration. You need to easily plan and book all your travel requirements whether it is a flight, hotel, car hire or package holiday.
(Source : www.opodo.com / 인터넷 자료)

11) Forward auction. An auction in which a seller entertains bids from buyers. Bidders increase price sequentially.

관광상품 구매자는 가격민감도가 높기 때문에 많은 여행업자들은 가격이 중요한 시장 세분화 변수라고 생각한다(Middleton et al., 2009 : 114). 항공사, 여행사 등 관광기업은 정기적으로 차별화한 가격을 제시한다. 특히 항공사는 동일한 상품(좌석)을 다양한 제약 조건(restrictions), 예약 및 판매시점에 따라 다른 요금으로 판매한다.

3) 융통성과 Last-minute deals

관광상품의 전형적인 특성 중의 하나는 소멸성(perishability)이다. 관광상품과 서비스는 정해진 시간에 판매되어 소비되지 못하면 그 가치가 사라진다(Seaton & Bennett, 1996 : 23). 가령, 예약되지 않아 사용되지 않은 호텔 객실(hotel room)과 항공좌석(air seat), 모객되지 않은 패키지투어는 가치가 영원히 없어지고 만다. 따라서 관광마케터는 가격을 낮추어 객실점유율(occupancy rate)을 높이고, 항공사 좌석점유율(load factor)을 증대시키며, 패키지투어의 모객을 늘리려고 한다.

[그림 8-12] Priceline과 Last-minute deals

출처 : travel.priceline.com / 인터넷 자료

관광산업은 할인가격(discount pricing)을 광범위하게 받아들이고 있는데, 할인가격을 채택하는 기준으로 시간(time)을 들 수 있다. 관광마케터는 관광상품의 소멸성 요소를 고려하여 시간에 따라 할인제도를 도입한다(Morrison, 2010 : 673).

관광산업 last minute deal 예

- last minute flight
- last minute hotel
- last minute ticket
- 땡처리 항공권
- 땡처리 숙박
- 땡처리 패키지
- 땡처리 에어텔 등
- last minute travel
- last minute cruise
- last minute holiday
- 땡처리 여행
- 땡처리 해외여행
- 땡처리 호텔

참고문헌

박시사(2003), 항공관광론, 백산출판사.
이수동 · 박상준 · 김주영 · 이형재(2009), 전사적 관점의 마케팅 3판, 학현사.
이학식(2009), 마케팅, 법문사.

A.V. Seaton and M.M Bennett(1996), The Marketing of Tourism : Products, Concepts, Issues and Cases, International Thomson Business Press.
Alastair M. Morrison(2002), Hospitality and Travel Marketing 3rd ed., Delmar Thomson Learning.
Alastair M. Morrison(2010), Hospitality and Travel Marketing 4th. ed., Delmar Cengage Learning.
Cathay H. C. Hsu and Tom Powers(2002), Marketing Hospitality 3rd. ed., John Wiley & Sons, Inc.
Charles R. Goeldner, J.R. Brent Ritchie and Robert W. McIntosh(2000), Tourism : Principles, Practices, & Philosophies, 8th. ed., John Wiley & Sons, Inc.
Dave Chaffey, Fiona Ellis-Chadwick, Richard Mayer and Kevin Johnston(2009), Internet Marketing 4th. ed., FT Prentice Hall.
David Bowie and Buttle Francis(2004), Hospitality Marketing, Elsvier Buttlerworth Heinemann.
David Weaver and Laura Lawton(2002), Tourism Management, John Wiley & Sons.
Efrain Turban, David King and Judy Lang(2011), Introduction to Electronic Commerce 3rd. ed., Pearson.
Gary Armstrong and Philip Kotler(2009), Marketing An Introduction 9th. ed., Pearson Prentice Hall.
John Tribe(1997), Corporate Strategy for Tourism, International Thomson Business Press.
Judy Straus and Raymond Frost(2009), E-marketing 5th. ed., Pearson International Edition.
Philip Kotler and Kevin Lane Keller(2009), Marketing Management, 13th. ed., Pearson International Edition.
Philip Kotler, John T. Bowen and James C. Makens(2006), Marketing for Hospitality and Tourism. 4th. ed., Pearson International Edition.
Rosalind Masterson and David Pickton(2010), Marketing 2nd. ed., SAGE Publications.
Victor T.C. Middleton, Alan Fyall, Michael Morgan and Ashok Ranchhod(2009), Marketing in the travel and tourism. 4th. ed., Elsevier.

제 9 장

관광마케팅 유통믹스

If you do what is easy, your life is hard.
If you do what is hard, your life is easy.

– Les Brown –

제1절 관광산업 유통믹스

1. 유통과 유통믹스

유통의 사전적 정의를 보면 유통(流通 : distribution)이란 상품 따위가 생산자에서 소비자 및 수요자에게 도달하기까지 여러 단계에서 교환되고 분배되는 활동이다. 유통(physical distribution or place)은 마케팅믹스 4P's의 중요한 요소 중의 하나이다. 유통이란 특정 상품 · 서비스의 흐름을 돕기 위하여 참여하는 일련의 중개인 및 매개인으로 구성된 채널이다(박시사, 2003 : 213).

유통은 원래 유형재의 저장(storage)과 운송(transportation)에서 비롯되었다. 관광상품은 저장할 수 없는 소멸성(perishability)이 있으므로, 수요를 적절하게 관리하여 고객에게 전달시키는 유통시스템이 더욱 중요하다. 이제 유통은 비용절감과 서비스를 향상시켜줄 수 있기 때문에 기업의 경쟁우위를 확보하게 하는 주요한 수단이 되었다. 유통의 기능(function)은 특정 기업이 제공하는 상품이 잠재고객(potential customers)에게 "접근가능"(available)하게 하는 데 있다(Middleton, Fyall, Morgan & Ranchhod, 2009 : 279).

Sam Walton

Terry Jones

관광산업을 유통측면에서 보면 여행상품과 서비스 공급업자, 관광상품을 만들고 전달하는 사업체, 그리고 소비자인 관광객으로 이루어져 있다. 이들은 관광서비스의 생산과 소비에 적극적으로 참여하는 집단이다. 특히 수요와 공급의 연결고리(linking) 역할을 하는 여행사(tour operator)는 관광상품의 촉진, 상품의 유통, 정보공유를 용이하게 하는데 중요한 역할을 수행하고 있다(Sigala, 2008).

[그림 9-1] 관광산업 유통구조

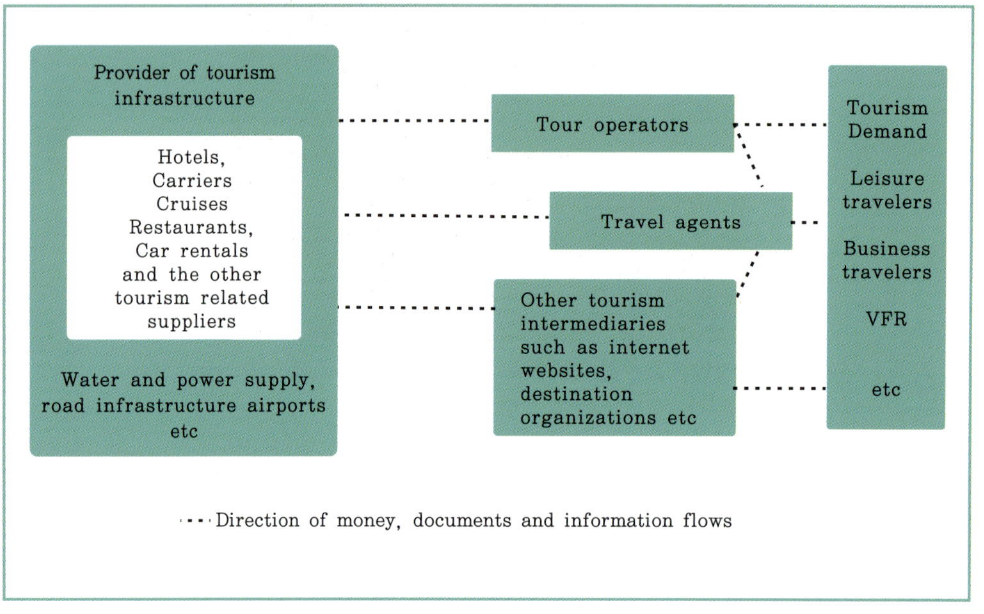

출처 : Sigala(2008), Journal of Cleaner Production, 16(16)

위의 [그림 9-1]에서 보는 바와 같이 관광상품공급 유통구조에서 호울셀러여행사(tour operators), 리테일여행사(travel agent), 그리고 여행중개인(tourism intermediaries)은 여행상품공급업자와 최종소비자 사이에서 촉매역할을 하는 것으로 나타났다. 여기서 말하는 촉매역할이란 수요(demand)와 공급(supply)간 연결고리를 말한다.

마케팅믹스 요소 중의 하나인 유통(place)은 상품이 고객에게 전달(delivered)되는 방법(how)을 의미하며, 유통의 목적 혹은 기능은 바로 상품의 저장, 운송비용을 최소화하면서 상품의 가용성(availability)을 최대화시키는 데 있다(Chaffey et al., 2009 : 306).

[그림 9-2] Tripadvisor[1]와 관광산업 유통채널

출처 : www.tripadvisor.com / Tripadvisor는 여행자에 신뢰할 수 있는 정보를 제공하고, 다양한 여행상품을 선택하게 하며, 고객이 손쉽게 접속하여 항공권 및 호텔예약을 할 수 있는 여행상품 예약 사이트이다. 이제 Tripadvosor와 같은 온라인 여행사 혹은 online portal은 관광산업의 중요한 유통채널로 자리를 잡았다.

2. 유통경로

1) 유통경로의 개념

유통경로(distribution channel)는 상품(제품)과 서비스가 생산자로부터 소비자 및 최종 소비자에게 옮겨가는 과정에 참여하는 개인 및 회사를 말한다(유필화 · 김용준 · 한상만, 2005 : 283). 유통경로란 제품(상품)과 그 소유권을 생산업체로부터 소비자에게 이전(transfer)시키고 그와 연관된 "경로흐름"(channel flows) 등 모든 활동에 담당하는 여러 기관(기구)의 결합이라 정의할 수 있다(반병길, 1988 : 501).

유통경로 혹은 유통채널은 관광기업이 자사의 상품과 서비스에 대한 정보를 전달하고 판매하는 '통로'(path)이다. 관광상품 공급업자(suppliers)는 상품을 유통시키는데 다양한 경로를 이용한다. 유통경로란 구매결정이 이루어지도록 구매 가능한 고객(people)에게

1) TripAdvisor® is the world's largest travel site, enabling travelers to plan and have the perfect trip. TripAdvisor offers trusted advice from real travelers and a wide variety of travel choices and planning features (including Flights search, TripAdvisor Mobile and TripAdvisor Trip Friends) with seamless links to booking tools.

적합한 장소(place)와 적절한 시간(time)에 정보를 제공하는 '메커니즘'(mechanism)이라 정의될 수 있다(Huang, Chen & Wu, 2009). 유통경로는 개인고객(consumer) 또는 기업고객(business users)에게 상품 혹은 서비스가 이용 혹은 접근할 수 있는 제반 과정(process)에 관여하는 '독립적 조직'(independent organization)이다(Kotler, Bowen & Makens, 2003 : 500).

자사의 상품과 서비스를 최종 소비자(final users)에게 직접 판매하는 공급업자(producers)와 호울셀러(wholesalers)는 많지 않다. 대부분의 관광공급업자(suppliers)와 호울셀러는 자사의 상품을 중개인(intermediary)을 통해서 판매한다. 따라서 관광기업은 마케팅 채널(marketing channel) 즉 유통채널(distribution channel)을 구축해야 한다(Kotler & Armstrong, 2010 : 363).

유통경로는 광의로 마케팅경로(marketing channel)로 해석되기도 한다. 마케팅경로란 상품과 서비스를 최종소비자가 할 수 있도록 하는 과정(process)을 수반하는 상호의존적 조직체(interdependent organization)를 일컫는다(Kotler & Keller, 2009 : 450).

관광유통경로는 여행상품 공급업자 즉 생산자의 시스템을 구매자에게 설명하고, 판매하며, 여행알선 및 수배(travel arrangements)를 확정 · 확인시키는 "관광사업체 연결고리"(organizational links)이다. 호텔, 항공사, 렌터카와 같은 관광상품 공급업자(suppliers)가 모든 도시에 판매망을 구축하는 것은 비현실적이고 경제성이 없다. 이러한 문제점을 해결시켜주는 것이 바로 유통경로이다. 항공사, 호텔 등은 미국을 기준으로 3~4만여 개의 여행사와 같은 유통경로를 활용하는 더욱 실용적이며(feasible), 생산적(productive)이다(Goeldner, Ritchie & McIntosh, 2000 : 207).

2) 유통경로 기능

유통경로(distribution channel)는 상품을 생산자(producers)로부터 소비자로 이동시키는 경로(經路)이다. 유통경로는 상품과 서비스를 소비하는 사람과 생산자 간에 존재하는 시간(time), 장소(place) 그리고 소유(possession)의 '갭'(gap)을 극복시켜준다. 다음은 유통채널의 주요 기능(functions)이다(Kotler, Bowen & Makens, 2006 : 501~502).

(1) 정보제공기능(information)[2)]
(2) 촉진기능(promotion)
(3) 고객접촉기능(contact)
(4) 고객욕구충족기능(matching)
(5) 가격 · 조건협상기능(negotiation)
(6) 운송 · 저장기능(physical distribution)
(7) 재원확보기능(financing)
(8) 위험감수기능(risk taking)

2) Informediary. Informediary is an online organization that aggregates and distributes information. Usually the informediary compensates the consumer for sharing information.

Distribution channel functions

1. Information : gathering and distributing marketing research and intelligence information about the marketing environment.
2. Promotion : developing and spreading persuasive communications about an offer.
3. Contact : finding and communicating with prospective buyers.
4. Matching : shaping and fitting the offer to the buyer's needs, including such activities as manufacturing, grading, assembling, and packaging.
5. Negotiating : agreeing on price and other terms of the offer so that ownership or possession can be transferred.
6. Physical distribution : transporting and storing goods.
7. Financing : acquiring and using funds to cover the costs of channel work.
8. Risk taking : assuming financial risks such as the inability to sell inventory at full margin.

Source : Kotler, Bowen & Makens(2006),
Marketing for Hospitality and Tourism, pp.501-502.

유통경로의 기장 기본적인 기능은 생산자(producers)의 상품을 소비자(consumer)에게 이동 · 전달시키는 것이다. Lamb(2002)는 유통경로의 3대 기능을 크게 거래기능(transactional functions), 물류기능(logistical functions), 시장조사와 결재기능(facilitating functions)으로 나누었다. Lamb이 제시한 유통경로의 구체적 기능은 다음과 같다(Straus & Frost, 2009 : 267-274; Kerin, Hartley & Rudelius, 2007 : 287).

거래기능(transactional functions)

- 구매자 접촉(contact with buyers)
- 구매와 판매(buying and selling)
- 마케팅 커뮤니케이션(marketing communication)
- 상품을 구매자의 욕구에 충족(matching product to buyer's needs)
- 가격협상 / 조정(negotiating price)

물류기능(logistical functions)

- 상품운송(transporting)
- 보관과 분류(storing and sorting)
- 상품분배(physical distribution)
- 상품의 취합과 집적(aggregating product)

시장조사와 결재기능(facilitating functions)

- 시장조사(market research)
- 결재(financing)
- 평가(grading)

유통경로 구성원들은 상품을 생산자로부터 소비자에게 이전하기 위해 다양한 기능을 수행한다. 통상적으로 유통경로에서 행해지는 기능은 다음과 같다(유필화 · 김용준 · 한상만, 2005 : 286~287).

유통경로의 기능

- 물적 소유 기능
- 촉진 기능
- 금융 기능
- 주문 기능
- 소유권 기능
- 협상 기능
- 위험부담 기능
- 지급 기능

[그림 9-3] 유통경로와 Priceline 온라인 여행사의 협상 기능

출처 : www.priceline.com / 인터넷 자료

[그림 9-3]은 관광기업의 유통경로의 거래기능 중의 하나인 '가격협상기능'을 잘 보여주고 있다. 〈NEGOTIATOR〉가 이를 대변해 주고 있다. Priceline은 Negotiator란 마케팅 슬로건으로 온라인여행사로 성장하였다. 현재 Travelocity, Expedeia, Orbitz 등과 경쟁하는 세계적인 인터넷을 통해 여행 · 관광상품을 판매하는 〈E-tailer〉여행사가 되었다.

3) 유통경로의 유형

기업은 상품과 서비스가 고객에게 전달될 수 있도록 상이한 유통경로를 기획하고 선택한다. 통상 유통경로는 직접유통경로(direct distribution channel), 간접유통경로(indirect distribution channel)로 나누어진다. 직업유통경로는 생산자(producer)와 소비자(consumer)가 중개인 혹은 중간상(intermediary)이 없는 구조이고, 간접유통경로는 생산자와 소비자 사이에 한 개 혹은 두 개의 중개인이 존재하는 체계이다.

여행 · 관광상품은 관광유통시스템을 통해서 고객에게 도달한다. 관광유통시스템의 주요 기능은 여행상품 공급업자(travel suppliers)가 잠재고객에게 접근하여 상품판매를 증대시키는 데 있다. 관광산업의 유통경로는 크게 1) 직접유통(直接流通 : direct distribution), 2) 간접유통(間接流通 : indirect distribution)으로 나눈다(Resnick, 1991 : 99).

(1) 직접유통(直接流通)

직접유통(direct distribution)이란 생산자(manufacturer) 혹은 공급업자(suppliers)가 개인고객 혹은 기업고객(business customer)에게 직접 판매하는 것을 말한다. 직접유통은 오프라인 환경에서 널리 인정되었으나, 인터넷으로 인해 생산자가 중개인(intermedairy)을 거치지 않고 상품을 유통시키는 데 더욱 용이해졌다. 직접유통은 고객의 비용을 절감시켜주고, 중개인을 거치지 않기 때문에 상품의 전달이 신속하게 이루어지는 장점이 있다(Strauss & Frost, 2009 : 266-267).

직접유통은 관광산업을 포함한 서비스산업에서 빈번하게 이용되는 유통 중의 하나이다. 특히 여행업을 비롯한 관광상품은 생산과 소비의 '비불리성'(inseparability)이 있기 때문에 직접 판매가 널리 이용되고 있다. 직접판매의 장점으로는 (1) 서비스 제공자의 통제력 유지, (2) 서비스 · 제품 차별화 가능, (3) 고객으로부터 직접적인 피드백 획득 등이 있다(Cowell, 1988: 183).

[그림 9-4] 여행기업, 신문광고, 그리고 여행인들

국내 3대 독립여행사인 씨에프랑스-삼홍-온누리 여행사의 사장단이 1996년 11월 5일 서울 코리아나호텔 3층에서 여행사 최고경영인협의회 발기식을 갖고 있다. 왼쪽부터 지길호 씨에프랑스 사장, 홍성호 삼홍여행사 사장, 최웅웅 온누리여행사 사장.

출처 : 조선일보 / 1990년대 중반 촉진믹스의 대명사인 신문광고를 통해서 여행업에 새로운 바람을 일으켰던 기업가들! 그 당시 혜성처럼 등장했던 3인. 오늘날 그 당시의 영광을 찾지 못하고 있다. 여행사 신문광고와 같은 직접판매 촉진수단이 여행기업(여행사)에 적합했는지에 대한 문제를 던져주었다. 하지만 1990년대 등장했던 여행인들의 야망과 도전만은 높이 평가할 만하다.

항공사의 경우 1996년부터 유통채널에 큰 변화가 생기기 시작했다. 인터넷이 항공권 유통에 있어서 지배적인 역할을 했던 여행사에 도전할 수 있는 '대안유통채널'(alternative distribution channel)로 등장하였다. Delta항공이 여행사에 주는 국내선 항공권 수수료 상한선을 최대 $50로 제한하기 시작하면서, 다른 항공사들도 동참하였다. 항공사들은 여행사를 통한 간접유통채널이 아니라 자사의 웹사이트, 콜센터, 인터넷유통 등 직접유통채널(direct distribution channel)을 통한 항공권판매에 중점을 두기 시작했다(Shaw, 2011 : 242-243).

여행업의 경우 중개인을 통하지 않고 직접 최종 소비자(end users)에게 여행상품이 판매되는 직접유통은 여행도매업자와 여행객(tourist)에게 다음과 같은 편익을 준다(박시사, 2003 : 221-222).

여행업도매업자의 편익(wholesalers)

- 유통과정의 단순성(simplicity)
- 판매기회의 확대(additional sales opportunity)
- 융통성(flexibility)
- 수익증대(increased profit)
- 소매업자 의존도 줄임(greater control)

여행객(tourist)

- 여행객의 자율권 증가(control)
- 시간절약(time-saving)
- 정확한 정보와 커뮤니케이션 오류 없앰(greater accuracy)

(2) 간접유통(間接流通)

간접유통(indirect channels)은 대리점(agent), 브로커(brokers), 지정판매점(repre- sentative), 도매업(wholesaler), 유통업자(distributors), 그리고 소매상(retailer) 등 제3자인 중개인(third-party intermediary)을 통해서 상품을 판매하는 것을 일컫는다(Keller, 2008 : 211).

〈표 9-1〉 Terms used for marketing intermediaries

Term	Description
Middlemen	Any intermediary between manufacturer and end-user market
Agent or broker	Any intermediary with legal authority to act on the behalf of the manufacturer
Wholesaler	An intermediary who sells to other intermediaries, usually to retailers; term usually applies to consumer markets
Retailer	An intermediary who sells to consumers
Distributor	Usually used to describe intermediaries who perform a variety of distribution functions, including selling, maintaining inventories, extending credit, and so on.
Dealer	Dealer mean the same as distributor, retailer, wholesaler, and so forth.

출처 : Kerin, Hartley & Rudelius(2007), Marketing the Core 2nd.ed., p.286.

소비자가 생산자로부터 상품과 서비스를 구매하는 직접유통에 의존하지 않고 간접유통을 이용하는 이유는 간접유통이 갖는 편익이 있기 때문이다. 중개인최종소비자가 중개인(intermediary)과 같은 마케팅채널(marketing channel)[3] 통해서 상품과 서비스를 구매하는 간접유통은 다음 같은 효능(utility) 즉 편익을 제공한다(Kerin, Hartley & Rudelius, 2007 : 287-288).

간접유통의 효능·편익(고객의 편익)

- 시간절약 효능(time utility)
- 접근 용이성 효능(place utility)
- 상품 · 서비스 부가가치 효능(form utility)[4]
- 소유와 배달의 용이성(possession utility)

[그림 9-5] 관광산업 전형적인 간접유통경로

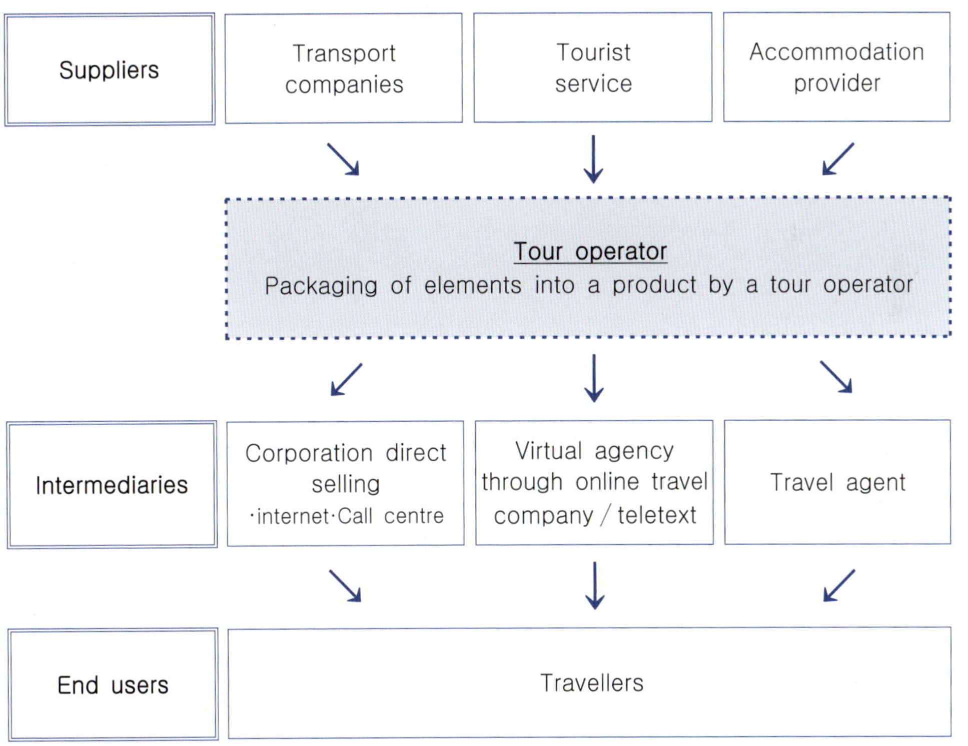

출처 : Page(2003), Tourism Management, p.186.

3) Marketing channel. Individuals and firms involved in the process of making a product or service available for use or consumption by consumers and industrial users.

4) Form utility. Form utility involves enhancing a product or service to make it more appealing to buyers.

관광산업은 상호의존적 산업이다. 여기서 말하는 상호의존적이라는 뜻은 호텔, 항공사와 같은 공급업자(suppliers)와 여행사(intermediary) 간에 협력 즉 동반자관계(partnership)가 필요하다는 말이다. 관광산업의 간접유통경로는 바로 〈partnership〉을 바탕으로 이루어진다.

관광산업의 파트너십은 관련 기업에 다음과 같은 편익(Morrison, 2010 : 354~355)을 제공할 수 있다.

파트너십의 편익(benefits of partnership)

- 새로운 시장에 접근(access to new market)
- 상품 · 서비스 믹스의 확대(expansion of product / service mixes
- 고객욕구 충족 능력 향상(increased ability to serve customer needs)
- 마케팅예산의 증대(increased marketing budget)
- 시설과 시설운영 비용 공유(sharing of facilities and facility costs)
- 이미지 향상(enhanced image)
- 포지셔닝 좋아짐(enhanced positioning)
- 고객 데이터베이스 활용(access to partners' customer database)
- 파트너의 전문성 사용가능(access to partners' expertise)

관광산업은 인터넷이 등장하기 이전에 간접유통경로에 대한 의존도가 높은 산업이었다. 1990년대 중반 산업 전반에 인터넷을 비롯한 정보통신기술이 도입되면서 간접유통경로 활용 비중이 줄어들었으나, 아직도 관광산업에서 간접유통경로는 중요한 위치를 점하고 있다. 관광산업의 전형적인 간접유통경로는 다음과 같다.

관광산업 간접유통경로 예

- 여행업(기획여행상품 소형여행사, 판매대리점 판매)
- 항공사(항공권 여행사 판매 / 항공권 인터넷 포털 판매)
- 호텔(여행사 호텔객실 예약 / 호텔예약 전문 사이트)
- 크루즈(여행사, 크루즈 전문판매점) 등
- 홈쇼핑(여행사 기획상품 홈쇼핑채널 판매)

[그림 9-6] 여행상품, 홈쇼핑 그리고 간접유통경로

출처 : 하나투어, 모두투어 웹사이트 자료 / 하나투어와 모두투어는 TV 홈쇼핑채널과 협력마케팅을 통해 자사의 '해외여행 기획상품'을 판매하고 있다.

4) 유통경로의 선택

통상 유통경로의 선택은 다음과 같은 4가지 기준에 준해서 선택하게 된다(Middeton et al., 2009 : 285~287).

소비자의 선호도와 습관(consumer preference and habit)

- 여행사(travel agent)
- 공급업자(supplier)
- 인터넷(internet)
- 전화(phone calls)

표적시장의 도달 범위(coverage of target market)

- 광역유통 / 백화점식 유통(extensive distribution)
- 집약유통 / 집중형 유통(intensive distribution)
- 독점유통(extensive distribution for one partner)

소요 비용(comparative cost)

- 인쇄물과 브로슈어(printing and physical brochure)
- 예약 사무소(reservations and enquiry office)
- 판매원(sale and trade support staff)
- 광고와 홍보 비용(advertising and publicity costs)
- 할인과 단체예약(discount for trade and group bookings)
- 커미션과 인센티브(commission and incentives for retailers)

경로의 통제력(control of channel)

- 대형여행사(multiple agency)
- 리테일러여행사(retail agency)
- 지점 담당자(branch manager)
- 소형여행사(independent tour operator)

5) 유통경로형태

유통경로형태는 시장노출(market exposure) 정도에 따라 크게 선별유통(selective distribution), 집약유통(intensive distribution), 그리고 광역 · 독점 유통(exclusive distribution)으로 나눌 수 있다. 선별유통이란 자사의 상품에 가치 · 관심을 줄 수 있는 2~3개의 중개인(middlemen)을 통해 판매하는 방식이다. 독점유통은 특정 지역에 단 하나의 중개인을 통해서 상품을 유통시키는 형태이다. 반면에 집중유통은 자사의 상품을 모든 도소매업자를 통해서 판매하는 형태이다(McCarthy, 1981 : 347).

제2절 E-유통과 관광유통믹스

1. 정보통신기술과 관광상품

관광상품의 유통은 정보기술(IT)과 관련성이 높다. IT는 관광산업에 생명력을 심어주었고, IT의 도움 없는 관광산업은 상상할 수 없을 뿐만 아니라, IT의 활용은 관광산업 여러 분야의 성공과 실패를 결정한다(Seaton & Bennet, 1996 : 167~169). 관광상품은 본질적으로 무형성(intangibility), 소멸성(perishability), 이질성(heterogeneity), 그리고 가변성(volatility)을 띠고 있다. 이러한 관광상품의 특성을 극복하기 위해서 마케터는 상품의 유형화를 시도하고, 탑승률과 객실점유율을 올려 소멸성을 최소화하고, 표준화를 시도하며, 가변성을 줄이는 데 IT를 활용한다.

정보기술은 산업과 교역을 급속하게 변화시켰고, IT는 점차 기업과 기업, 기업 부서간, 기업과 고객간 다양한 활동역역에 적용 · 이용되고 있다(박시사, 2008 : 290). 관광산업 영업활동과 방법은 정보기술의 발달로 큰 변화를 격고 있다. 이른바 e-travel, e-commerce, social network 등은 이를 대변해주고 있다.

2. E-유통의 대두

E-유통(Electronic channel)은 상품과 서비스를 유통시키는 마케터에게 기회를 확대시켜주었다. E-channel은 고객과 직접적인 대면을 필요로 하지 않기 때문에 기존의 전통적인 유통과 다르다. Zeithaml(2009) 등은 E-유통이 주는 장점과 단점을 다음과 같이 제시하였다(Zeithaml, Bitner & Gremler, 2009 : 428-431).

〈표 9-2〉 E-유통의 장점과 단점

장점(benefits)	단점(challenges)
• 표준화된 서비스의 일관된 전달 • 저비용 • 유통확대 • 고객선택권 확대 • 신속한 고객의 피드백	• 가격경쟁 • 대인접촉 결여 • 일관성 부족 • 고객의 불편함(실수 / 좌절감) • 보안문제

출처 : Zeithaml, Bitner & Gremler(2009), Services Marketing, p.429.

인터넷이 우리의 생활에 가져온 큰 변화는 바로 E-유통(electronic distribution)이다. 특히 E-유통은 공간(space)과 시간(time)의 제약을 없앴고, B2B(business to business), B2C(business to customer), C2C(customer to customer)형태의 유통을 촉진시켰다(Masterson & Pickton, 2010 : 346-347).

1) CRS / GDS 시대 관광산업 유통

컴퓨터예약시스템(CRS : Computer Reservation System)은 항공여행과 관련된 정보를 저장(store)하고, 저장된 정보를 다시 찾아 쓰며(retrieve), 거래(transaction)를 하는데 활용되는 컴퓨터기반 시스템이다(en.wikipedia.org). 특정 항공사만이 항공권을 예약하고 판매하는 것이 아니라 다수의 항공사(multiple airlines)가 항공권 예약과 판매기능을 수행할 수 있는 시스템을 GDS(Global Distribution System)이라 부른다. 대표적인 GDS 〈표 9-3〉은 다음과 같다.

CRS는 원래 "폐쇄 네트워크"(closed network)이기 때문에 공급업자와 중개인만이 정보에 접근할 수 있었다. 즉 인터넷 환경 이전에는 최종소비자(end-users)는 CRS에 접근할 수 없었다. 오늘날 CRS / GDS는 〈internet gateways〉를 통해서 고객 즉 소비자가 시스템에 접근할 수 있게 되었다. 이제 최종소비자인 관광객은 최신 GDS를 이용하여 호텔, 렌터카, 항공권 예약을 할 수 있게 되었다.

CRS는 원래 항공사가 개발하고 운영하였으나, 이 시스템의 활용이 확대되어 여행사들이 주로 항공권과 호텔예약을 하는 시스템으로 사용하였다. 1976년 United Airlines 그 당시 CRS인 〈Apollo〉를 최초로 여행사에 제공하기 시작했다. United Airlines의 뒤를 이어 Sabre 등이 여행사에 시스템을 이용하도록 하였으며, CRS는 1978년 항공규제완화(airline deregulation)[5]가 시행되면서 유통채널로서의 가치와 중요성이 부각되기 시작했다.

〈표 9-3〉 GDS

CRS / GDS	개발 항공사	주 이용자
Sabre	American Airlines	• Aeroflot • JetBlue Airways • Travelocity • Travel Guru • Priceline • Lastminute.com • Zuji.com • 13 cruise lines • 55,000 travel agencies • 88,000 hotels
Amadeus	• Air France • Iberia • Lufthansa • SAS	• Anyfare • CheapTickets • Expedia • Air-Savings • Over 86,000 hotels • Over 24 Rental cars
Galileo(Apollo)	• United Airlines	• Alitalia • Swissair • Olympic Airlines • Swissair • Flight Centre • Orbitz
Worldspan	• Delta • Northwest • TWA	• Expedia • Hotwire • Hotels • Priceline • Orbitz
Abacus	• All Nippon Airways • Cathay Pacific Airways • China Airlines • Singapore Airlines • Garuda Indonesia • Malaysia Airlines • EVA Arilines	• Over 255 countries in Asia Pacific • Over 80,000 hotels
SHARE	• Continental Airlines • Virgin Atlantic Airways • Aeromexico • US Airways	

5) The Airline Deregulation Act is a United States federal law signed into law on October 24, 1978. The main purpose of the act was to remove government control over fares, routes and market entry (of new airlines) from commercial aviation. The Civil Aeronautics Board's powers of regulation were to be phased out, eventually allowing passengers to be exposed to market forces in the airline industry. The Act, however, did not remove or diminish the FAA's regulatory powers over all aspects of airline safety.

CRS는 항공권의 예약과 관련하여 항공사가 내부적으로 효율적인 예약관리를 위해 개발하였다. CRS는 단순 예약 기록의 수록, 관리할 뿐만 아니라 각종 여행정보를 고객에게 제공해준다. 또한 CRS는 관광산업에서 중요한 유통경로(distribution channel)의 역할을 함과 동시에 항공사의 수입(revenue)을 극대화시키는 마케팅 수단(marketing tool)이었다(박시사, 2003 : 256~257).

[그림 9-7] CRS Amadeus와 항공사 유통

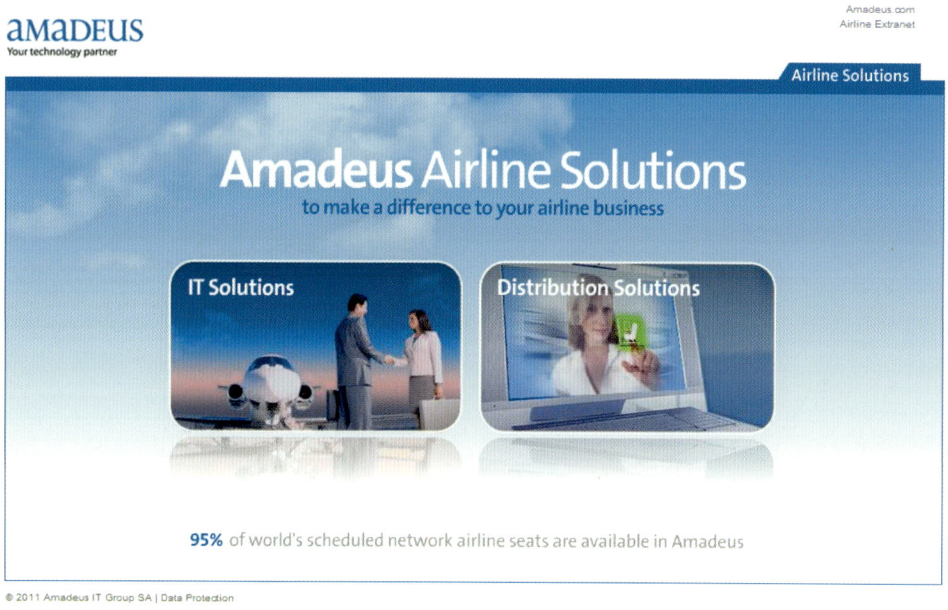

대형 항공사들은 유통전략의 일환으로 GDS를 이용하고 있다. 대형 항공사들은 CRS / GDS를 개발하지 못한 소형 항공사들에게 CRS 이용권을 주고 대가로 사용료를 받고 있으며, 여행사들은 예약과 발권을 위해서 CRS를 항공사로부터 임차하여 사용하고 있다. 물론 여행사는 〈Vendor〉인 항공사에게 이용료를 지급하고 있다. CRS / GDS는 관광산업에 있어서 중요한 유통수단으로 자리잡고 있으며, 그 자체가 하나의 산업이 되었다(박시사, 2003 : 259).

3. 인터넷 시대 관광산업 유통

인터넷은 관광산업에서 정보원(information source)임과 동시에 "거래의 근원지"(transaction source)이다. 결국, 인터넷은 대형 관광기업부터 소규모 여행사까지 모두 활용하는 새로운 마케팅매체(marketing media)이다(Goeldner, Ritchie & McIntosh, 2000 : 200).

인터넷은 CRS와 달리 "개방 네트워크"(open network)이다. 인터넷이 등장하면서 최종 소비자들은 호텔과 같은 공급업자(principals)의 예약엔진에 직접 접근(access)하여 정보를 획득할 수 있을 뿐만 아니라 직접 예약을 실행할 수 있다. 호텔기업이 인터넷 기반의 유통시스템을 도입하면 다음과 같은 장점(advantages)을 누릴 수 있다(Bowie & Buttle, 2004 : 189).

인터넷 유통의 장점

- 중개인의 커미션 절감(elimination of intermediaries' commision)
- GDS 비용 줄임(elimination of GDS book fees)
- 저비용 시스템 도입(Internet websites with limited capital)
- 고객정보통제(control over customer information)
- 양질의 정보제공(provide a quality information to customers)
- 24시간 / 365일 운영(24 hours a day / 365 days a year)
- 중개인 비용없이 고객에게 직접 재고판매 가능(sell distressed inventory directly to consumer without incurring intermediary costs)

"정보가 관광산업의 혈액(lifeblood)이라면, 인터넷은 그 혈액을 순환시키는 심장(Lee, Cai & O'Leary, 2006)이다." 이는 정보와 인터넷이 관광산업에서 차지하는 비중을 단적으로 보여주는 문구이다. Buhalis와 Licata(2002)는 관광산업 유통시스템에서 인터넷이 주는 장점(advantages)을 다음과 같이 제시하였다(박시사, 2008 : 294).

- 융통성과 편리성(greater flexibility & convenience)
- 시장침투력 증대(increased market penetration)
- 고객데이터베이스 구축(reach customer data base)
- 유통비용 낮춤(lower distribution cost)
- 고객과 상호작용 증대(increase customer interaction)
- 고객식별 및 표적고객 찾기 쉬워짐(easier to identify and target customer base)
- 상품의 세계화(globalization of product)
- 멀티미디어 활용 가능(use of multimedia)

종전의 직접판매는 공급업자가 판매원 혹은 전화를 통해서만 이루어졌다. 800 전화의 등장으로 직접판매의 매출액이 증가하였다. 컴퓨터 시대가 도래하면서 CRS(central reservation system)의 등장, Call center, Fax, Smart card, Videos, CR-ROMS 등이 관광산업 유통시스템에 영향을 미쳤다. 오늘날 인터넷은 중요한 유통채널이다. 인터넷은 공급업자(supplier)가 소비자에게 상품과 서비스를 직접판매(direct selling)가 가능하도록 했다.

인터넷 유통의 단점으로 대두되는 것은 (1) 인적접촉 결여(lack of human contact), (2) 판매시 대면접촉 없음(lack of face-to-face up selling), (3) 고객데이터베이스의 변동성(volatile of customer base), (4) 보안문제 대두(security issues), (5) 잠재고객이 떠나는 위험성(alienation of potential customers), (6) 거래의 효과성 문제(difficult to market effectively), (7) 최신 정보 업데이트 문제(difficulty of keeping records up-to-date) 등을 들 수 있다.

Home puse

[그림 9-8] 인터넷, 멀티미디어 그리고 e-Tourism

출처 : www.scoop.it / travel-retail / 인터넷 자료

인터넷 환경이 도래하면서 항공사–여행도매업자, 여행도매업자–여행소매업자 간 유통구조가 급속하게 축약(縮約)되었다. 호텔, 항공사를 비롯한 여행상품공급업자와 여행사(wholesalers)는 직접 인터넷으로 연결이 가능하게 되었으며, 여행도매업자와 소매업자 사이의 관계는 B2B(business to business)형태로 변하게 되었다. 여행사의 e-business 도입은 여행사의 운영비용(operation costs)을 절감시켰고, 전자상거래(e-commerce)는 여행사의 사업 운영형태에 영향을 미쳤다. 특히 시장에서 여행사가 여행상품을 유통시키는 방법에 큰 변화를 가져오게 했다(Wu & Chang, 2006).

인터넷이 여행거래를 용이하게 하며, 이 거래는 대부분 웹사이트(web site)를 통해서 이루어진다. 관광객은 가장 저렴한 가격으로 호텔예약, 항공권예약과 구매, 렌터카를 빌리기 위해서 웹사이트에 접속한다. 웹사이트는 고객의 욕구를 충족시켜주면서 상품 제공자와 고객 간의 거래를 성사시킨다(Laun, 2008 / www.airlinecreditcards.com).

4. 인터넷과 유통채널의 변화

1) 유통채널간 갈등

유통채널 갈등(channel conflicts)이란 인터넷이 등장하면서 종전에 협력을 해왔던 유통채널을 경유하지 않고 직접경쟁을 하거나 그로 인한 손해를 보는 상황을 뜻한다(Turban King & Lang, 2011 : 165). 인터넷 유통경로의 도입이 가져온 가장 큰 위협(threat)은 "탈중개인화"(disintermediary)이다. 탈중개인화는 공급업자(생산업자)가 최종소비자에게 상품을 직접 판매하여 수익성(profitability)을 증대시킬 수 있는 기회를 제공했다. 반면에 탈중개인화 현상은 기존의 파트너와의 관계를 위협하거나 갈등(conflicts)구조로 발전시켰다(Chaffey et al., 2009 : 311).

2) 유통채널의 다양화

하나투어는 고객기반 확대를 위해 "다양한 업체들과 제휴"를 하고 있다. 구체적으로 국내 유수의 금융사, 온라인 포털, 쇼핑몰, 방송매체 등 다양한 업체들과 제휴를 함으로써 유통 채널의 다양화를 하고 있다.

출처 : www.orbitz.com / Orbitz는 Mobile, Facebook, Twitter 등을 활용한 마케팅을 활발하게 하고 있다. 특히 orbitz mobile 사이트인 m.orbitz.com를 호텔, 항공기, 렌터카, 고객서비스 등 다양한 서비스를 구현하고 있다.

3) 의사결정과 주도권의 변화

인터넷은 관광유통경로(distribution channel)에 변화를 가져왔다. 특히 소비자들은 인터넷을 이용하면 항공권(air ticket)을 신속하고 편리하게 예약할 수 있을 뿐만 아니라 비용을 절감(price saving)할 수 있다. 또한 인터넷은 소비자들이 가격정보에 쉽게 접근하게 하고, '시장투명도'(market transparency)를 강화시키며, 소비자(e-customer)에게 더 많은 주도권(power)을 준다(Mafe, Blas & Manzano, 2009). 다음은 고객(관광객)이 가격을 결정하는 Auction의 예를 보여주고 있다.

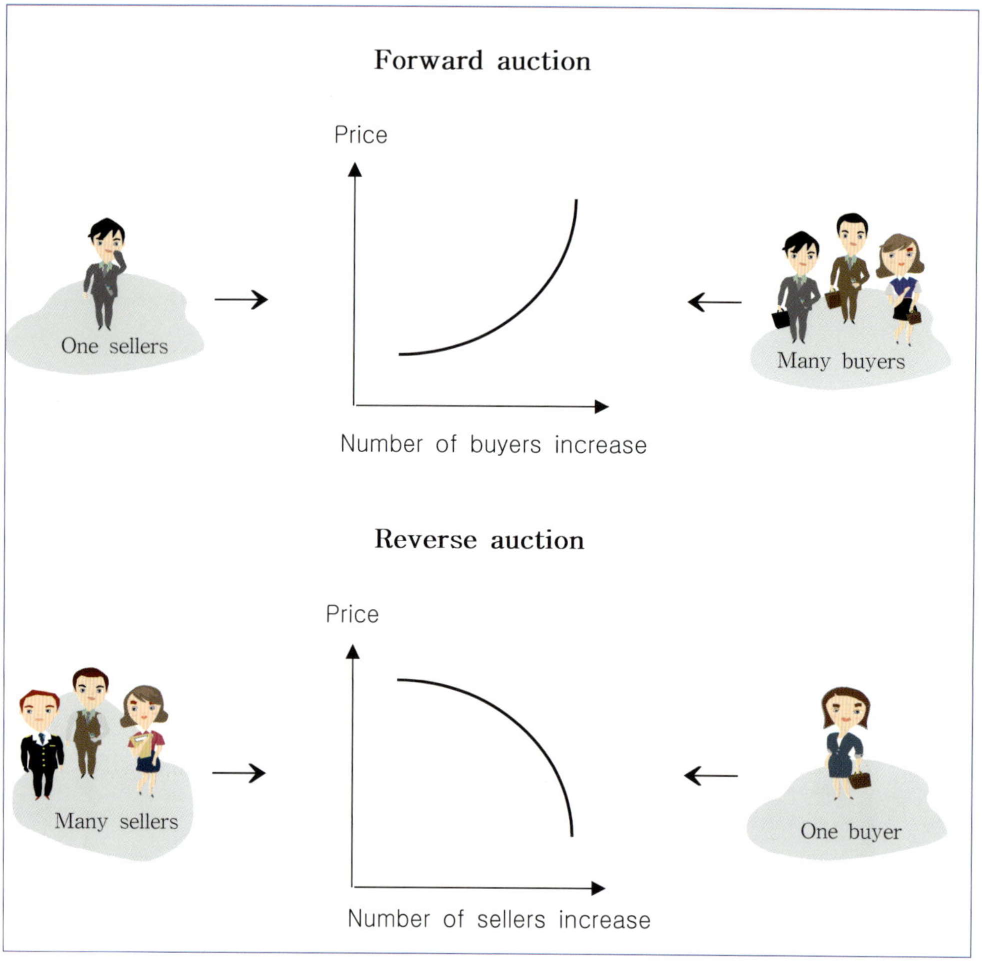

4) 관광산업 E-tailer 등장

관광공급업자(supplier)가 고객과 직접 소통할 수 있는 정보통신기술을 활용하면서 관광산업에 '탈중개인화'(disintermediation)란 용어가 등장하였다. 또한 종전 오프라인(off-line)환경에서 유통채널 역할을 수행했던 소매업자(retailer)를 대신할 〈e-tailer〉의 존재가 부각되고 있다(Page, 2003 : 217-218).

참고문헌

박시사(2003), 여행업경영, 대왕사

박시사(2003), 항공사관광론, 백산출판사.

박시사(2018), 항공사경영론, 백산출판사.

반병길(1988), 마아케팅관리론, 박영사.

유필화 · 김용준 · 한상만(2005), 현대마케팅론 제6판, 박영사.

A.V. Seaton and M. M. Bennett(1996), The Marketing of Tourism Products, International Thomson Business Press.

Alastair M. Morrison(2010), Hospitality & Travel Marketing 4th. ed., Delmar Cengage Learning.

Burke Resnick(1991), Marketing & Selling the Travel Product, South-Western Publishing Co.

Carla Ruiz Mafe, Silvia Sanz Blas and Joaquin Aldas Manzano(2009), Driver and barriers to online airline ticket purchasing, Journal of Air Transport Management, Journal of Air Transport Management, Vol.9, 294-298.

Charles R. Goeldner, J.R. brent Ritchie and Robert W. McIntosh(2000), Tourism : Principles, Practices, Philosophies 8th. ed., John Wiley & Sons, Inc.

Dave Chaffey, Fiona Ellis-Chadwick, Richard Mayer, and Kevin Johnston(2009), Internet Marketing 4th. ed., FT Prentice Hall.

David Bowie and Francis Buttle(2004), Hospitality Marketing, Elsevier.

Efraim Turban, David King and Judy Lang(2011), Introduction to Electronic Commerce 3rd. ed., Pearson.

Judy Straus and Raymond Frost(2009), E-Marketing 5th. ed., Pearson Prentice Hall.

Judy Strauss and Raymond Frost(2009), E-Marketing 5th.ed., Pearson Prentice Hall.

Jyh-Jeng Wu and Yong-Sheng Chang(2006), Effect of transaction trust on e-commerce relations between travel agencies, Tourism Management, 27(6), 1253~261.

Kevin Lane Keller(2008), Strategic Brand Management 3rd. ed., Pearson Prentice Hall.

Leo Huang, Kaung-Hwan Chen and Ying-Wei Wu(2009), What kind of marketing distribution mix can maximize revenues : The wholesaler travel agencies's perspective, Tourism Management, 30, 733~739.

Philip Kotler and Gary Armstrong(2010), Principles of Marketing 13th. ed. Pearson.

Philip Kotler, John T. Bowen and James C. Makens(2006), Marketing for Hospitality and Tourism 4th. ed., Pearson Prentice Hall.

Phillip Kotler and Kevin Lane Keller(2009), Marketing Management 13th., Pearson International Edition.

Roger A. Kerin, Steven W. Hartley and William Rudelius(2007), Marketing 2nd. ed., Mcgraw-Hill.

Rosalind Masterson and David Pickton(2010), Marketing 2nd. ed., SAGE Publishing.

Stephen J. Page(2003), Tourism Management, Butterworth Heinemann.

Stephen Shaw(2011), Airline Marketing and Management 7th. ed., ASHGATE.

Valarie A. Zeithaml, Mary Jo Bitner and Dwayne D. Gremler(2009), Services Marketing 5th. ed., McGraw Hill.

Victor T.C. Middleton, Alan Fyal, Michael Morgan and Ashok Ranchhod(2009), Marketing in travel and tourism. 4th. ed., Elsevier.

제 **10** 장

관광마케팅 촉진믹스

> The real source of wealth in this new era is not material things. It is the mind, the human spirit, the human imagination, and our faith in the future.
>
> – Steve Forbes –

제1절 촉진믹스와 관광산업

1. 촉진믹스

촉진믹스는 기업이 선택할 수 있는 촉진수단(promotional tools)의 결합이라 정의할 수 있다(Kerin, Hartley & Rudelius, 2007 : 338). 촉진믹스(promotional mix)란 잠재구매자에게 정보를 제공하고 설득시키며, 자사의 제품, 브랜드 혹은 서비스를 회상시키는 작용을 하는 커뮤니케이션 수단의 결합(combination)이다. 여기서 말하는 커뮤니케이션(communication)은 고객을 포함한 대상에게 메시지(message)를 전달하는 과정이다. 통상 커뮤니케이션 과정은 송신자(source), 메시지(message), 커뮤니케이션경로(channel of communication), 수신자(receiver), 송신자의 부호화과정(encode process), 수신자의 해석화과정(decode process) 6개의 구성요소가 필요하다(Kerin, Hartley & Rudelius, 2007 : 332-333).

[그림 10-1] 관광산업 커뮤니케이션 과정(communication process)

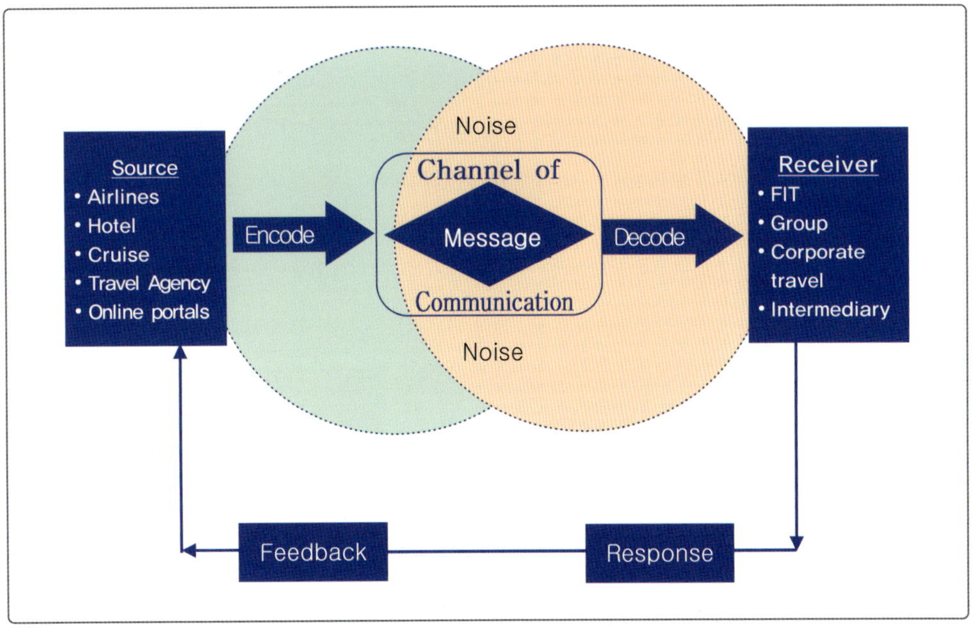

촉진이란 판매자(seller)가 상품을 판매할 목적으로 구매자(purchaser) 혹은 잠재구매자(prospective purchaser)를 설득하는 모든 커뮤니케이션 수단을 총칭하는 용어이다. 코틀러와 보웬 등(2006)은 기업의 전사적인 마케팅 커뮤니케이션활동을 촉진믹스(promotion mix)라 불렀다. 기업은 자사의 목표를 성취하기 위해 광고, 판매촉진, PR, 인적판매 활동을 한다(Kotler, Bowen & Makens, 2006 : 542).

- **Advertising** : Any paid form of nonpersonal presentation and promotion of ideas, goods, or services by identified sponsor.
- **Sales promotion** : Short-term incentives to encourage the purchase or sales of products or service.
- **Public relations** : Building good relations with the company's various publics by obtaining favorable publicity, developing a good corporate image, and handling or heading off unfavourable rumors, stories or events.
- **Personal selling** : Oral presentation in a conversation with one more prospective purchasers for the purpose of making sales.

마케팅 관점에서 촉진(促進 : promotion)이란 기업이 표적고객으로부터 원하는 반응을 얻기 위해 설득메시지를 인적 혹은 비인적 매체를 통해 커뮤니케이션하는 행위이다. 촉진은 마케팅 커뮤니케이션(marketing communication)이라고도 한다(이학식, 2009 : 399). 관광산업 마케터는 다양한 커뮤니케이션 수단과 접하게 되는데, 마케팅 커뮤니케이션믹스란 마케터가 유료(paid) 혹은 무료(unpaid)로 활용할 수 있는 '일련의 통신수단'(full set of communication tools)을 일컫는다(Lovelock & Wright, 2002 : 199) 촉진믹스가 관광산업에서 특히 중요한 이유로 6가지를 들 수 있다(Coltman, 1989 : 254~255). 첫째, 관광산업은 계절적 수요(demand)차가 크기 때문에 비수기에 수요를 촉진시키는 마케팅 노력이 필요하다. 둘째, 관광상품은 가격민감도가 높아서 경제환경의 좋고 나쁨에 따라 수요의 편차가 심하다. 셋째, 고객은 관광상품을 직접 보지도 않고 구매해야 한다. 이는 관광상품의 무형성(intangibility)과 관련이 있다. 넷째, 관광상품은 상표충성도(brand loyalty)가 강하지 않다. 관광상품의 상표충성도가 낮은 이유는 관광상품의 고유한 특성이 '모방용의성' 혹은 유사성(parity)과 관련이 있는 것으로 해석된다. 다섯째, 대부분의 관광상품은 치열한 경쟁상황에 노출되어 있다. 여섯째, 대부분의 관광상품 혹은 관광수요(tourism demand)는 다른 상품(수요)과 용이하게 대체(substituted)될 수 있다.

[그림 10-2] online 환경과 여행상품촉진

출처 : www.cheaptickets.com / online을 통해서 Cruise상품을 촉진하고 있는 online portal의 예. Sales end soon!라고 하면서 바로 예약(book now)을 강조하고 있다.

특히 관광상품은 정해진 시점에 판매되어 소비되지 않으면 상품의 가치가 없어지거나 사라지는 "소멸성"(perishability)이 있다. 따라서 관광상품과 서비스의 수요를 창출하여 상품의 가치가 유지되게 하는 촉진활동은 중요하다.

2. 관광마케팅과 촉진믹스의 목표

특정 기업의 촉진기획(promotional planning)은 촉진목표를 정확하게 이해하고 명확하게 하는 데서 출발한다. 촉진기획 시 중요한 것은 최소의 비용으로 최적의 유통수단을 이용하여 표적시장에 정확하게 자사의 상품 혹은 서비스 메시지가 전달되는 데 있다. 다음은 기업이 촉진믹스를 사용하여 얻을 수 있는 편익이다. 이는 기업의 촉진목표와 관련성이 있다(Palmer, 2009 : 396).

- 기업과 상품의 인식 증진
- 구매상품의 편익을 전달
- 기업과 상품의 좋은 이미지 구축
- 최종 구매에 영향
- 경쟁사와 차별화
- 경쟁상품과 차별화
- 기업과 상품의 존재를 고객에게 상기시킴

Shoemaker와 Shaw(2008)는 커뮤니케이션 즉 촉진의 목적으로 11가지를 제시하였다(Shoemaker & Shaw, 2008 : 344).

- 이미지 형성과 변화시킴(create or change an image)
- 편익제공(provide benefits)
- 문제해결(offer solutions to problems)
- 기업 · 상품 혹은 서비스에 대한 인식형성(create awareness)
- 감성자극(stir emotions)
- 평판, 지위, 순위 만들어냄(position)
- 믿음 줌(create belief)
- 태도 변화시킴(change attitudes)
- 기대형성(create expectation)
- 구매행동 유도(stimulate action)
- 구전광고효과(create word of mouth)

3. 촉진믹스전략의 단계

기업이 전략적 마케팅계획을 세우는데 촉진(promotion)은 중요한 변수이다. 촉진의 주요 기능은 거래를 장려 · 유도하는데 있으며, 특정 시장과 지역의 관광객이 마케터로부터 정확한 메시지를 받아 긍정적인 관계를 맺도록 하기 위해 촉진방법이 설계되어야 한다. 통상 촉진전략수립 단계는 다음과 같은 과정을 따른다(Health & Wall, 1992 : 153~155).

[그림 10-3] 촉진전략수립 단계(steps in developing promotional strategy)

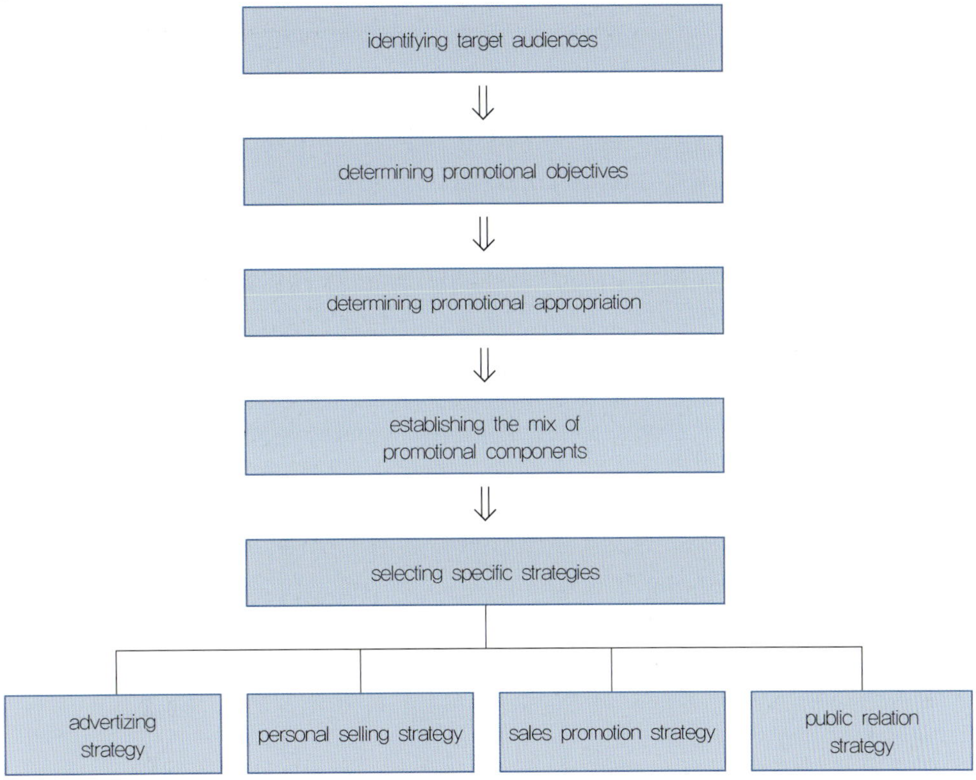

출처 : Health and Wall(1992), Marketing Tourism Destinations, p.155.

Kotler와 Bowen(2006)은 효과적인 커뮤니케이션을 위해서 기업의 커뮤니케이션 담당자는 다음과 같은 6단계를 밟아야 한다고 주장하였다(Kotler, Bowen & Makens, 2006 : 542-555).

- 표적시장의 식별(identifying the target audience)
- 커뮤니케이션 목표 설정(determining the communication objective)
- 메시지 구상 및 설계(design message)
- 커뮤니케이션 경로 선택(selecting communication chnanels)
- 메시지전달원 결정(selecting the message source)
- 커뮤니케이션 효과 측정 및 평가(measuring the communications' results)

4. 마케팅 촉진믹스 고려사항

마케팅전략의 초점은 표적시장에 최고의 고객가치를 제공하는 데 있으며, 마케터는 이를 실현할 목적으로 마케팅믹스를 활용한다. 마케터가 효과적인 커뮤니케이션 전략을 수립하려면 몇 가지 사항을 고려해야 한다.

첫째, 마케팅 커뮤니케이션의 대상이다. 마케터가 촉진믹스를 우선적으로 고려할 사항은 바로 표적시장(target market)이다. 통상 커뮤니케이션 대상은 개별고객과 유통채널로 나눈다.

둘째, 수단과 매체이다. 마케터는 표적고객(target audience)에 도달하기 위한 수단(means)과 매체(media)를 선택해야 한다. 마케터는 고객에게 정보를 제공하고, 설득하여 구매행동으로 전환시키기 위한 노력의 일환으로 대중매체(mass media)에 광고를 할 것인가, 아니면 DM을 발송할 것인가 혹은 인터넷 광고를 할 것인가를 결정한다.

셋째, 마케터는 광고에 활용할 메시지(message), 광고의 효과(effect) 그리고 광고를 하는 시점(when) 등을 고려한다(Hawkins, Mothersbaugh & Best, 2007 : 19~20).

넷째, 마케팅 목표(marketing objectives)를 고려해야 한다. 촉진믹스는 기업이 추구하는 마케팅 목표에 부합해야 한다.

다섯째, 경쟁자와 기존의 촉진 관행(practices)이 고려되어야 한다. 경쟁자들과 차별화하는데 주안점을 두어 나머지 독특한 촉진믹스를 구사하는 것은 위험이 따를 수 있다. 미국의 관광산업 경우 외식산업은 TV 광고, 호텔과 항공사는 〈frequent-traveler award program〉, 크루즈산업은 여행사 인적판매(personal selling) 의존도가 높았다(Morrison, 2002 : 383).

여섯째, 촉진예산이다. 마케터가 가용할 수 있는 촉진예산(promotional budget available)을 말한다. 중소 관광사업체는 마케팅 예산이 제한적이기 때문에 저비용 촉진(low-cost promotions)을 채택할 수밖에 없다. 가령, 홍보, 판매촉진이 대안이다. 반면, 대형 관광사업체와 선도업체(market leader)는 마케팅 예산상의 제약이 적기 때문에 광고와 인적판매와 같은 촉진수단을 선택할 수 있다. 이를 요약해보면 관광산업 마케터는 촉진믹스를 선택하는데 다음과 같은 4가지를 고려해야 한다.

Morrison의 촉진믹스 고려사항

- 표적시장(target market)
- 마케팅 목표(marketing objectives or promotional objectives)
- 경쟁자와 기존 촉진관행(competition and promotional practices)
- 촉진예산(promotional budget available)

관광기업 유인전략의 예

- 하나투어 신문광고 : 하나투어 "전문판매대리점"을 통해서 예약

관광기업 추진전략의 예

- 대한항공(suppliers) → 모두투어(wholesaler)
- 제주하루여행사(retailer) → Mr 박(consumer)

제2절 관광마케팅 촉진

1. 인적판매(personal selling)

1) 인적판매 개념화

인적판매란 판매원(salesperson)이 직접 고객과 대면하여 자사의 상품이나 서비스를 구입하도록 권유하는 커뮤니케이션활동을 말하며, 판매원판매라고 한다(유필화 · 김용준 · 한상만, 2008 : 362). 인적판매는 기업의 판매원이 상품이나 서비스를 판매하고 고객관계를 구축할 목적으로 일대일 혹은 판매원과 그룹을 대상으로 상품과 서비스를 설명하는 과정이나 활동이다(박시사, 2009 : 287).

인적판매란 판매자가 잠재구매자(perspective buyer)를 설득하여 자사의 상품과 서비스를 구매하도록 노력하는 대인커뮤니케이션(person-to-person communication)이다. 인적판매는 광고와 달리 대면접촉(face-to-face) 혹은 전화와 같은 텔레커뮤니케이션을 통해서 판매자와 구매자가 직접적인 접촉을 가능하게 한다. 판매자와 구매자 양자간 상호작용(interaction)으로 인해 마케터는 커뮤니케이션을 하는데 융통성 · 재량권(flexibility)을 누릴 수 있다. 마케터는 잠재고객의 반응을 듣고 보면서 상황에 맞게 조정할 수 있다. 또한 인적판매는 고객으로부터 직접적인 피드백을 받게 해주어, 고객의 구체적인 욕구나 상황에 맞게 커뮤니케이션할 수 있게 한다(E. Belch & A. Belch, 2004 : 23~24).

인적판매는 수요를 창출시키는 가장 널리 사용되고, 오래된 방법이다. 또한 인적판매는 잠재고객(prospect)에게 직접 적용할 수 있는 촉진수단이므로 효과적인 판매수단이다(Goeldner et al., 2000 : 634). 인적판매는 구매자의 선호도(preferences)를 파악하고, 고객에게 확신을 주며 고객의 구매행동(action)을 자극하는 효과적인 수단이다. 또한 인적판매는 고객의 피드백(feedback)을 받아 마케팅활동을 재조정 할 수 있는 다른 촉진수단에 비해 관계지향적(relationship-oriented)이다. 또한 인적판매를 수행하는 판매원은 고객에 대해 장기적인 책임과 열정(long-term commitment)을 보여줄 수 있다. 하지만 인적판매는 비용이 많이 드는 단점이 있다(박시사, 2009 : 287). 또한 인적판매는 판매원 간에 개인차가 있고, 판매원이 고객으로부터 받은 피드백이 좋지 않거나 자신에게 불리할 때 메시지를 왜곡할 수 있는 단점도 있다(Kerin, Hartley & Rudelius, 2007 : 336).

[그림 10-4] 판매원의 인적판매 흐름도

출처 : Shoemaker & Shaw(2008), Marketing Essentials in Hospitality and Tourism, 384-393 참고 / 저자 재구성함.

Morrison(2009)은 환대 · 관광산업에서 인적판매가 수행하는 역할(role)을 다음과 같은 6가지를 제지하였다(Morrison, 2010 : 581~586).

- 의사결정권자, 의사결정과정, 구매력 있는 고객을 파악함.
- 일반기업, 관광기업 그리고 특정 조직 및 단체에 촉진
- 구매시점 판매증대
- 관광기업에 상세하고 최신의 정보 제공
- 중요 고객과 관계유지
- 경쟁기업의 촉진정보 수집

2) 인적판매와 판매원(sales force)

인적판매(人的販賣)는 기업의 판매원(sales forces)이 자사의 상품 또는 서비스를 판매하거나 고객과의 관계구축을 목적으로 하는 인적'프리젠테이션'(personal presentation)을

하는 것을 일컫는다. 판매원은 회사를 대표해서 고객에게 다음과 같은 활동(activities)을 하는 사람을 말한다(Kotler & Amstrong, 2010 : 482~483).

판매원의 활동

- 고객찾기(prospecting)
- 판매(selling)
- 정보수집(information gathering)
- 커뮤니케이션(communication)
- 서비스(servicing)
- 관계구축(relationship building)

판매원의 역할은 기업에 따라 약간의 차이가 있으나, 주요한 역할로 기업과 고객간 연결고리(link)와 기업의 마케팅활동을 직접적인 판매로 연결시키는 역할을 수행한다. 종사원 혹은 판매원은 고객과 좋은 관계를 유지하기 위해서 종사원에게 필요한 자질과 자격요건을 갖추어야 한다. 고객이 종사원에게 기대하는 자질과 자격요건은 다음과 같다(Jon & Burton, 1994: 23-32).

- 전문가다운 매너(professional manner)[1)]
- 긍정적 태도(positive attitude)
- 공손함(politeness)
- 효율성(efficiency)
- 정확성(accuracy)
- 충분한 상품지식(good product knowledge)
- 책임감(taking responsibility as the salesperson)

2. 광고(advertising)

광고(advertising)는 특정 광고주(sponsor)가 기업, 상품, 서비스, 혹은 아이디어를 대중에게 알리기 위해 돈을 지급하면서 전달하는 '비인적 커뮤니케이션'(nonpersonal communication)이다. 여기서 말하는 비인적 커뮤니케이션은 TV, 라디오, 잡지, 신문, 인터넷 등을 말하

1) 종사원이 전문가다운 매너를 갖추기 위해서 다음과 같은 덕목이 필요하다.
- 정직성(integrity)
- 고객의 비밀유지 및 보안(confidentiality)
- 신뢰성(trustworthiness)
- 기업, 산업 그리고 행동에 대한 충성심(loyalty)

며, 광고주는 이를 통해서 자사의 메시지(message)를 개인 혹은 집단에게 동일시간에 전달한다. 광고는 설득력(pervassiveness) 때문에 가장 널리 활용되는 촉진믹스이다(E. Belch & A. Belch, 2004 : 16).

광고는 잠재적인 소비자에게 제품과 서비스에 대한 정보와 구입방법을 알리기 위한 목적을 가진 한 방향 통신(one-way communication)이다. "광고"(廣告)라는 한자어는 "널리(廣) 알리다(告)"라는 뜻을 가지고 있다. 광고(advertising)란 대중(audience)이 특정 상품 · 서비스에 대한 구매행동을 하도록 설득(persuade)하는 커뮤니케이션의 한 유형이다. 최근 광고는 크게 디지털 광고(digital advertising)와 '형체 광고'(physical advertising)로 나눌 수 있다(en.wikipedia.org / wiki / Advertising).

디지털 광고(digital advertising)

- TV 광고(TV commercial)
- 라디오 광고(radio ads)
- 온라인 광고(online advertising)[2]
- PP 광고(product placements)

형체 광고(physical advertising)

- 지면광고(press advertising)
- 이동 광고(mobile billboard advertising)
- 점포 혹은 사내 광고(in-store advertising)
- 노상 광고(street advertising)
- 유명인 광고(celebrity[3] branding)[4]

관광산업 마케터는 관광상품의 고유한 특성인 무형성(intangibility), 생산과 소비의 동시성 혹은 비분리성(inseparability), 그리고 소멸성(perishability)이 있으므로 마케팅 촉진믹스를 기획하고 활용하는데 특별한 주의를 해야 한다. 관광상품의 무형성은 광고주가

2) 온라인 광고의 대표적인 예로 검색광고(search engine), 베너광고(banner ads), 소셜네트워크광고(social network advertising), 이메일 마케팅(e-mail marketing) 등을 들 수 있다.

3) Celebrity is a person who is easily recognized in a society or culture, or of having a wide-span reputation. Generally speaking, a celebrity is someone who gets media attention and in certain circumstances show an extroverted personality.

4) 유명인사를 이용한 광고(celebrity branding)는 유명인의 영향력(power), 명성(fame), 인기(popularity)를 이용하여 상품의 인지도를 높이고, 특정상품을 촉진하는 방법이다. 광고주는 유명인사가 특정 상품과 브랜드를 사용하게 그 상품과 브랜드에 대해서 호의적 태도를 갖게 하거나 구매하도록 하는 데 초점을 맞춘다.

어떤 요소와 특성을 차별화하여 광고를 해야 하는지 어렵게 한다. 관광산업 마케터는 제공하는 상품과 서비스의 특성을 강조하기 위해서 '상징'(symbol)을 사용하기도 한다. 가령, 영국 최대여행사인 Thomson은 패키지여행상품 광고를 할 때 '새'(bird)를 상징으로 이용했다. 이 광고에서 새는 비행기를 타고 휴가여행을 떠나는 사람을 연상시키는 상징을 보여주고 있기 때문이다. 또한 날아가는 새는 자유(freedom)를 연상시키기도 한다 (Horner & Swarbrooke, 1996 : 214).

Masterson 등(2010)은 기업의 마케터들이 광고를 하는 주된 목적은 크게 차별화(differentiate), 회상(remind), 정보제공(inform), 설득(persuade)이라고 하면서 다음과 같이 구체적인 광고의 목적을 제시하였다(Masterson & Pickton, 2010 : 283-285).

광고의 목적(advertising objectives)

- 인식(recognition)
- 각성과 회상(recall & remind)
- 차별화(differentiation)
- 정보제공(information)
- 이미지변화(image change)
- 교육(education)
- 정보수집(information gathering)
- 태도변화(attitude change)
- 태도강화(attitude reinforcement)
- 상품, 브랜드, 기업에 대한 오해 수정(correction of misconcept)
- 상품 접촉 및 사용 유도(trial stimulation)
- 판매(sales)

기업의 광고는 다양한 기능(function)을 수행한다. 가령, 광고는 정보제공(informing), 설득(persuading), 회상(reminding), 그리고 부가가치 창조(adding value) 등의 기능을 한다. 기업이 광고전략을 수행하기 위해서는 광고목적 혹은 목표(objective)를 구체적으로 만들어야 한다. 마케터들이 광고목적을 위해서 반드시 고려해야 할 사항은 다음과 같다 (Shimp 2003 : 240-241).

기업의 광고목표 설정시 고려사항(requirements for setting good advertising objectives)

- 정확한 표현 / 언명(precise statement)
- 정량화 가능(quantitative)
- 일관성(internally consistent)
- 측정 가능(measurable)
- 현실적(realistic)
- 명확성(clear)

3) 광고 메시지

성공적인 광고는 'headline'[5])을 잘 만드는 것에 의해서 결정된다. 광고주는 표적고객의 주의(attention)를 끄는데 매우 제한적인 시간이 있을 뿐이다. 만약 광고가 고객의 관심을 끌면 잠재고객(potential customer)은 광고를 검토해본다. 따라서 마케터 혹은 광고주는 성공적인 광고 특히 '메시지'(copy)를 만들어 내는데 많은 시간을 할애하고, 노력을 경주한다. 광고 카피를 생성하는데 다음과 같은 〈AIDA〉가 필요하다(www.web-source.net).

- A–Attention : Grab your targets attention
- I–Interest : Create interest / curiosity
- D–Detail : Provide details
- A–Action : Call for action

[그림 10-5] 여행사의 인쇄광고의 예

출처 : www.modetour.com / 자격있는 여행전문가를 강조하는 모구투어 광고

5) Headline을 만들 때 특정 단어를 조합한다. 고객의 관심과 호기심을 자극하는 단어(power words) 즉 헤드라인에 자주 활용되는 단어(English words)는 다음과 같다. Breakthrough, Discover, Discovery, Easy, Free, Guaranteed, Hidden, Incredible, Love, Master, Money, New, Powerful, Profits, Proven, Results, Revealed, Safety, Save, Scientific, Secret, Shocked, Shocking, Ultimate, Uncovered, You, Your 등
(출처 : www.web-source.net 인터넷 자료)

3. PR(public relations)과 홍보(publicity)

PR(public relations)은 특정 기업이 고객이 살고 있는 지역사회, 지역주민, 단체 등과 우호적(友好的)인 관계를 형성하여 기업과 상품(브랜드)에 대한 긍정적인 이미지를 심어주어 장기적으로 자사의 상품과 서비스 판매를 증대시키려는 활동과 노력을 말한다. 기업 PR활동의 전형적인 예가 홍보(publicity)이다. 홍보(弘報)는 언론(media)을 이용하여 자사의 활동을 알리는 것이다(이학식, 2009 : 410).

관광기업의 PR의 목표는 미디어(media)의 관리이며, 관광시설 혹은 관광대상(tourism attraction)에 대한 지역주민의 인식(perception)을 관리하는데 있다. PR의 주요 활동은 자사 상품의 좋은 점을 부각시키고, 부정적인 이미지를 희석시키거나 아예 제거하는데 목적을 둔다(Shoemaker & Shaw, 2008 : 363).

기업의 PR활동의 구체적인 기능과 예는 다음과 같다(www.wikipedia.org).

- 지역사회관계(community relations)
- 종사원관계(employee relations)
- 동종업관계(industry relations)
- 언론 / 미디어관계(media relations)
- 보도자료(press release)
- 고객관계(customer relations)
- 정부관계(government relations)
- 투자자관계(investor relations)
- 위기관리(crisis management)

PR은 기업의 평판을 유지하는데 중요하다. 특히 기업이 위기에 처해 있는 경우 PR의 역할이 중시된다. PR는 다른 촉진믹스에 비해 상대적으로 저비용(relatively low cost)이고, 신뢰성(credibility)이 높은 수단이다. 기업이 주로 채택하는 PR의 유형은 다음과 같다(Palmer, 2009 : 440-441).

PR의 유형(the tools of public relations)

- 기자회견(press conference)
- 뉴스자료(press releases)
- 로비활동(lobbying)
- 교육과 훈련활동(education and training)
- 전시회 · 교역회(exhibitions and trade show)
- 사보(in-house journals)
- 스폰서(sponshorship)
- 인터넷(internet)

4. 판매촉진(sales promotion)

1) 판매촉진 개념과 목적

판매촉진(販賣促進 : sales promotion)은 마케팅 커뮤니케이션의 한 방법이며, 단기간에 판매를 촉진할 목적으로 인센티브(incentives)를 제공하는 마케팅활동이다. 관광산업의 경우 수요가 낮은 비수기에 빈번하게 적용되고 있다. 호텔산업은 객실점유율을 높이기 위해 비수기에 채택한다(Shoemaker, Lewis & Yesawich, 2007 : 436). 판매촉진은 단기적 목표를 성취하기 위해서 행해지는 촉진활동이다. 관광기업은 신상품 혹은 새로운 서비스를 도입, 비수기 판매 증대, 측정 이벤트 혹은 행사에 맞추어 판매를 늘림, 중개인(travel trade intermediary)의 판매활동 지원 및 인센티브를 제공하여 판매를 종결시킬 목적으로 판매촉진 활동을 한다(Morrison, 2010 : 547~548).

Bennett(1995)는 판매촉진이란 제한된 기간에 적용되는 마케팅활동이며, 기업은 고객의 첫 번째 구매 혹은 반복구매를 유도하고, 고객에게 신상품을 소개하며, 경쟁업체의 마케팅활동을 상쇄(trade-off)시킬 목적으로 시도하는 기업의 마케팅활동이라 정의하였다. 판매촉진은 즉각적인 구매와 반복구매를 유도하기 위한 촉진믹스이다. 관광기업이 판매촉진 활동을 하는 구체적인 이유는 다음과 같다(Hsu & Power, 2002 : 268).

- 구매 유도(encourage trial purchase)
- 반복구매(stimulate repeat buy)
- 보상을 통한 고객충성도 구축(build customer loyalty thru rewards)
- 특정기간 판매량 증대(increase sales during specific time period)
- 고객의 소비 늘림(increase customer spending)
- 방문기간 늘림(increase length of visit)
- 신상품 혹은 서비스 소개(introduce new products or services)
- 특별한 이벤트 활용(capitalize on special trends or events)
- 흥미와 즐거움 증대(add excitement)
- 종사원 동기부여(motivate employees)

판매촉진은 직접적인 촉진수단으로 짧은 시간에 구매를 유도할 수 있지만, 장기적인 상품충성도(product loyalty)를 증진시키는데 제한점이 있다. 판매촉진의 구체적인 효과로 상표의 교체(brand switch), 반복구매(repeat purchasing), 구매의 가속화(purchasing acceleration), 실제구매유도(actual purchase) 등을 들 수 있다(박시사, 2008 : 272).

관광마케터는 성공적인 판매촉진 프로그램을 기획할 때 몇 단계 과정을 거쳐야 한다. 본서는 성공적 판매촉진에 필요한 지침(guidelines)과 단계를 다음과 같이 제시하였다(Shoemaker, Lewis & Yesawich, 2007 : 437-445).

판매촉진 지침(guidelines for sales promotions)

- 하나의 목표에 충실(be single-minded)
- 정확한 표적시장 규명(define the target market)
- 판매촉진 대상 선정(decide what you want to promote)
- 최적 방법 결정(decide the best way to promote it)
- 수요충족 확인(make sure you can fulfill the demand)
- 기대와 현실간 차이 확인(make sure reality meets expectations)
- 종사원과 커뮤니케이션(communicate the promotion to employees)
- 성과평가(measure the results)

판매촉진 기획 단계(designing the successful sales promotion)

- '갭' 확인(identify the gap)
- 판매촉진 기획(design the sales promotion)
- 경쟁자 분석(analyze the competition)
- 자원배분(allocate th resources)
- 목표설정(establish goals)
- 조사와 연구(research the promotion)
- 손익분기점 파악(understand the break-even-point)
- 판매촉진 실행(execute the sales promotion)
- 판매촉진 평가(evaluate the sales promotion)

2) 판매촉진의 유형과 기법

판매촉진은 소비자와 유통업자(중간상 + 소매상)의 수요를 자극하는 광고, PR, 인적판매, 그리고 패키지 이외의 모든 촉진활동을 말한다. 판매촉진을 광고, PR, 인적판매 등을 이용한 간접적인 정의를 하는 것은 판매촉진의 방법이 매우 다양하기 때문이다(이학식, 2009 : 412~413). 판매촉진이란 단기적으로 매출을 늘리기 위하여 사용하는 모든 커뮤니케이션 수단을 통칭하는 개념으로 광고, PR과 같은 장기적인 효과를 보려는 다른 촉진수단과 구별된다. 통상 판매촉진은 크게 (1) 소비자판매촉진, (2) 중간상판매촉진, (3) 소매점판매촉진 등 3가지가 있다(유필화 · 김용준 · 한상만, 2008 : 413).

관광상품은 무형성(intangibility) 때문에 광고 효과성(effectiveness)이 다른 유형상품(tangible product)에 비해 떨어진다. 또한 관광기업은 마케팅예산의 제약성(pressure on marketing budgets), 시간부족(time pressure), 고객의 욕구변화(changing customer needs), 그리고 경쟁자의 행동(competitor action) 때문에 신속하게 대응할 수 있는 장점이 있는 판매촉진(sales promotion)을 활용하게 되었다(K. Peattie & S. Peattie, 1996). 관광기업이 주로 활용하는 판매촉진의 예는 다음과 같다.

- 추가수수료 지급(override commission / 여행사)
- 동반자 할인(get one half-price / 여행사)
- 경품(promotional competitions)
- 골프백 항공커버 + 볼세트 증정(골프투어)
- 싱글차지 무료이벤트(no single surplus charge)
- 210달러 현금선물!
- 어린이 무료(kids sail free)
- 20달러 호텔바우처 증정(free $20 hotel voucher)
- 사전예약 할인(advance purchase discount)
- 객실업그레이드(free one room upgrade)
- 3박 투숙 40% 할인(stay 3 nights save 40%)
- 2박요금 추가 1박 무료(stay 3 pay 2)

판매촉진의 대상은 크게 고객(customer segments), 유통채널(distribution networks), 그리고 판매원(sales forces)이다. 다음 [그림 10-6]은 통상 관광기업에서 채택해서 활동하는 전형적인 판매촉진 기법의 예이다.

[그림 10-6] 판매촉진 기법

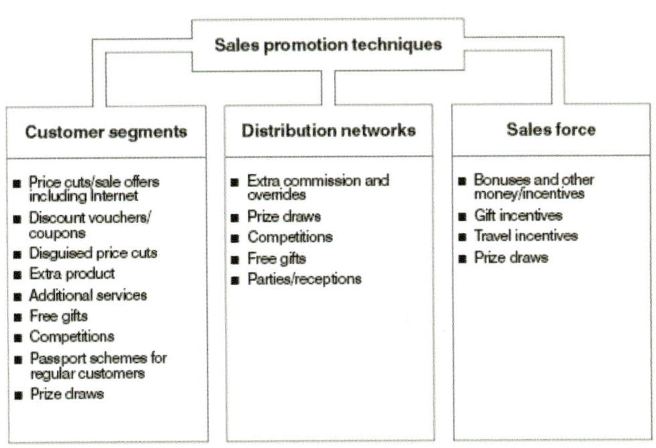

출처 : www.hotelmule.com / 인터넷 자료

위의 [그림 10-5]에서 보는 바와 같이 관광기업은 고객을 대상으로 가격인하(price cuts) 할인쿠폰(discount coupons), 부가서비스(extra service), 선물제공(free gifts)을 한다. 또한 관광사업체들은 유통채널에게 '오버라이드'(overrides), 즉 추가수수료와 선물, 파티참여 기회 등을 제공한다. 관광기업은 일선에서 판매를 담당하는 판매종사원(sales force)에게 보너스, 인센티브, 여행기회 등을 제공하는 판매촉진 활동을 한다.

This Week's Top Deals

- Celebrity's Caribbean Sale : Balcony Rates from $699 + Exclusive Bonus Offers
- Pack and Go : 3-Day Sale Starts Every Wednesday-Rates From $409
- Sail from New York on NCL : Rates from $149, Upgrades, and More
- Royal Caribbean : Sail on the World' Largest Ship, Get $100 Onboard Credit
- NCL's Bahamas Sale : Rates From $169 + Exclusive Bonus Offers
- Europe Cruise Sale : Low Rates + Exclusive Savings
- Disney Cruise Line® : Europe Sailings from $699

Last-Minute Cruises

- Incredible Deals on the Best Sailings : Last-Minute Cruises From $129
- Last-Minute Cruise Deals : Carnival Cruise Lines From $239
- Last-Minute Cruise Deals : Innovative Cruising on Royal Caribbean from $227
- Last-Minute Cruise Deals : Norwegian Cruise Line From $209
- Last Minute Cruise Deals : Celebrity Cruises From $299

Maximize Your Savings

- Carnival : Book Early and Save up to 20%-Rates Start From $179
- Royal Caribbean : Save More With Exclusive Resident Rates
- MSC Cruises : Low Rates + Kids Sail Free
- Special Rates from $209 for Passengers Aged 55 and Up
- Resident Rates-Exclusive Cruise Savings for Your State or Region
- Home Port Cruises-U.S. and Canada Ports Close to Your Home
- Explore the New Ships on the Block-Cruises From $299
- Cruises : Save $1,000 or More Compared to a Land Vacation

Cruisetours

- Royal Caribbean's Alaska Cruisetours : Get up to $700 Onboard Credit
- Celebrity Alaska Cruisetours : Up to $700 Onboard Credit
- Celebrity Cruises' Europe Cruisetours : Receive $800 Onboard Credit
- Royal Caribbean Europe Cruisetours : Up to $800 Onboard Credit
- Celebrity Cruises' South America Cruisetours : Get $300 Onboard Credit

출처 : www.leisure.travlocity.com / 주요 크루즈의 판매촉진 예

5. 관광촉진믹스 유형별 특성과 장단점

기업과 마케터는 고객과 커뮤니케이션을 위해 4가지 촉진요소를 받아들인다. 기업이 채택하는 대표적인 촉진요소(promotional elements)는 광고, 인적판매, PR, 그리고 판매촉진이다. Kerin(2007) 등은 촉진의 대상(mass versus customized), 촉진활동을 마케팅예산 지급방법(payment), 촉진요소의 장점(strength)과 단점(weakness)을 아래 〈표 10-1〉과 같이 제시하였다(Kerin, Hartley & Rudelius, 2007 : 335; Morrison, 2011 : 468-485).

〈표 10-1〉 촉진유형의 특성과 장단점

유 형	대 상	지 급	장 점	단 점
광고	대중 (mass)	• 공간에 준함 • 시간에 준함	• 광역 • 불특정 다수 • 메시지의 극화	• 고비용 • 피드백 어려움 • 고객의 광고 차단 • 판매종결의 어려움
인적판매	개인 (customized)	• 판매원(급료 / 커미션)	• 피드백이 빠름 • 설득성이 높음 • 표적고객 • 다양한 정보제공 • 고객관계 구축	• 고비용 • 판매원간 개인차 • 고객 접촉의 어려움
PR	대중	• 직접적 지급은 없음(미디어)	• 신뢰성 높음 • 상업적 메시지로 보이지 않음 • 극화가 가능	• 미디어와 협력 어려움 • 일관성 유지 힘듬 • 기업의 통제불가능
판매촉진	대중	• 다양함	• 단기간 효과 • 다양한 접근 • 피드백이 빠름 • 시간제약성이 적음 • 효율성이 높음	• 고객과 관계형성에 역효과 • 충성고객 만들기 힘듬 • 남용 가능성 • 경쟁자 부추김 • 경쟁자 모방

출처 : Kerin, Hartley & Rudelius(2007), Marketing, p.335; Morrison(2010), pp.468-485.

제3절 관광산업과 인터넷 촉진믹스

1. E-marketing 촉진믹스

인터넷을 기반으로 한 마케팅 커뮤니케이션은 기존의 전통적인 커뮤니케이션과 다르다. 특히 디지털 매체(digital media)는 새로운 형태의 상호작용을 가능하게 함과 동시에 새로운 형태의 정보교환이 이루어지도록 한다. McDonlad와 Wilson(1999)은 디지털을 토대로 한 e-marketing의 장점을 다음과 같이 대문자 〈I〉로 시작하는 6가지를 제시하였다(Chaffey, Ellis-Chadwick, Mayer and Johnston, 2009 : 31~38).

E-marketing 촉진의 장점(benefits of digital media / communication)

- 상호작용(I : interactivity)
- 정보 · 고객정보 획득 용이성(I : information)
- 개별화 · 일대일 촉진 / 서비스 가능(I : individualisation)
- 통합 · 협력의 용이성(I : integration)
- 산업의 재편성(I : industry restructuring)
- 공간제약성 약화(I : independence of location)

첫째, 상호작용(interactivity)이다. 전통적인 미디어(traditional media)인 TV, 인쇄매체, 라디오, DM 등은 기업(company) → 고객(customer)간 'monologue' 즉 단방향(one way) 커뮤니케이션이었다. 즉 기업에서 고객에게 단순히 〈Push〉하는 형태였다. 반면 디지털 커뮤니케이션은 기업과 고객이 서로 〈Push〉와 〈Pull〉을 하는 쌍방향 소통(two-way feedback)이 가능하다.

둘째, 정보 혹은 고객정보의 획득 용이성(information)이다. 기업은 인터넷을 활용하여 상대적으로 적은 비용을 들여 마케팅조사를 할 수 있다. 특히 고객의 상품과 서비스에 대한 지각(perception)과 선호도(preferences)를 쉽게 조사할 수 있다. 마케터들은 'web analytics'[6]를 활용하여 고객의 상품 선호도 및 구매행동에 대한 정보를 얻을 수 있다.

6) Web analytics, Techniques used to assess and improve the contribution of e-marketing to a business,

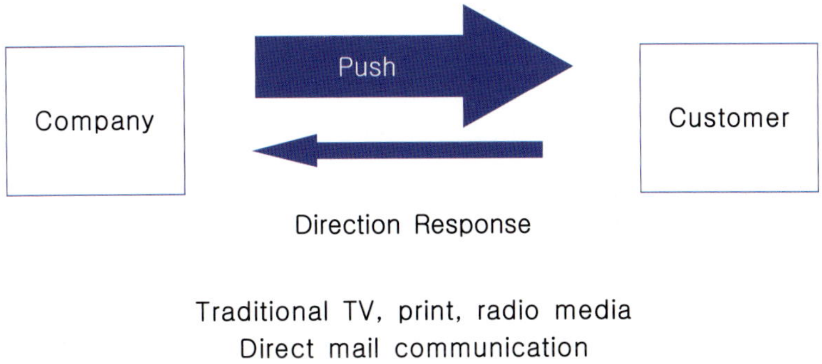

(a)

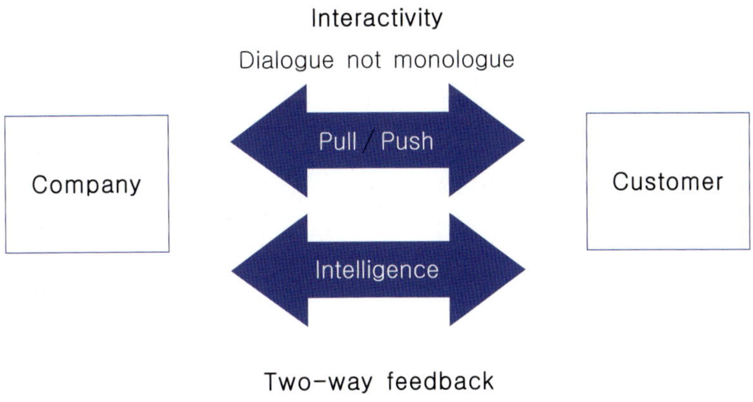

(b)

셋째, 개별화 · 일대일 촉진 / 서비스 가능(individualisation)이다. 인터넷을 기반으로 하는 마케팅 커뮤니케이션은 저비용으로 고객 개인에게 촉진 매시지를 전달할 수 있다. 마케터는 수집한 정보 즉 데이터베이스(database)를 활용하여 일대일 서비스(personalization)를 할 수 있다.

넷째, E-marketing 촉진수단은 통합 · 협력 마케팅 커뮤니케이션(integrated marketing communication)이 가능하도록 한다. 마케터는 인터넷을 활용하여 다채널 마케팅(multichannel marketing)을 수행할 수 있다.

including reviewing traffic volume, referrals, clickstreams, online research data, customer satisfaction, survey, leads and sales.

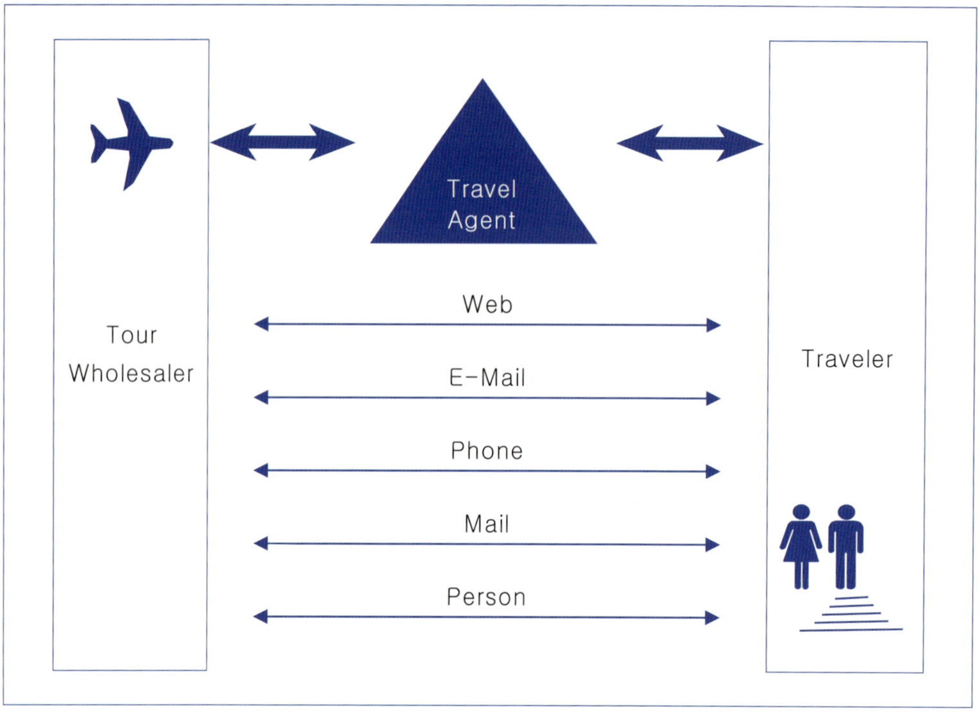

다섯째, 산업의 재편성(industry restructuring)이다. 산업의 재편성이란 시장구조의 변화를 일컫는다. 인터넷은 중개인(intermediary)[7]의 역할을 약화시키거나 그 기능을 축소 혹은 제거시켰다. 다시 말해서 '탈중개인화'(disintermediary)를 가져왔다. 또한 인터넷의 등장으로 새로운 형태의 중개인이 생기거나 그 기능이 강화되는 '신중개인'(reintermediation)[8]을 탄생하였다.

여섯째, 공간제약성 약화(independence of location)이다. 다시 말해서 입지의 의존도가 없어지거나 그 중요성이 줄어들었다. 기업은 인터넷을 비롯한 전자매체를 활용하여 자사의 상품과 서비스를 글로벌 시장에 소개시키고 진출할 수 있게 되었다. 이러한 점은 종전에 세계 시장(international market)에 진출할 수 있는 기회를 기업에 부여한 것이다. 또한 기업은 인터넷의 도움으로 판매원을 두지 않고, 판매대리점을 설치하지 않고서도 자사의 상품을 판매할 수 있다.

7) The removal of intermediaries such as distributors or brokers that formerly linked a company to its customers.
8) Reintermediation. The creation of new intermediaries between customers and suppliers providing services such as supplier search and product evaluation.

2. 관광산업, 인터넷 그리고 촉진

온라인 광고란 고객을 유치하기 위한 목적으로 인터넷(internet)과 www(world wide web) 활용하는 촉진(promotion)의 유형이다. 쉽게 표현하면 온라인 광고는 인터넷을 통해서 행해지는 광고를 일컫는다. Online 광고는 off-line 광고의 상대적인 개념으로 쓰이고 있다.

전 세계 관광사업체들은 기존의 전통적인 매체를 이용하는 대신에 새로운 대안(alternative)으로 효율성(efficiency)과 수익성(profitability)을 증대시킬 목적으로 새로운 매체(new medium)인 인터넷을 이용하고 있다. 인터넷 등장은 관광산업 유통채널(distribution channel)에 큰 변화를 가져왔으며(Maurer, 2003), 관광산업은 인터넷과 같은 '기술혁명'(technological revolution)에 의해서 불가피하게 영향을 받고 있고, 이른바 '정보고속도로'(information superhighway)인 인터넷은 고객(consumer)과 공급업자(supplier)간 상호작용(interactivity)을 증대시킨다(Buhalis, 1998). 인터넷은 오늘날 관광산업에 지대한 영향을 미치고 있으며, 관광산업은 인터넷을 통해서 구매되는 상위 3대 제품과 서비스 범주에 속한다(Heung, 2003). 인터넷을 이용한 광고(internet-based advertising)는 급속도로 성장하고 있으며 다른 미디어에 비해 높은 성장률을 보이고 있다(Johns, Bruner & Kumar, 2006).

전통적인 광고매체는 TV, 신문, 잡지 그리고 라디오였다. 소비자들이 인터넷을 사용하는 시간이 늘어나고 모바일(mobile) 이용자가 증가하면서 시장환경이 변화고 있다. 이제 인터넷은 광고시장에서 관심의 대상이 되었다. 인터넷을 이용해서 대중(mass)을 대상으로 광고를 하는 장점으로 정확한 표적시장 접근(precise targeting), 고객과 상호작용(interactivity), 비용절감(cost reduction), 효율성(efficiency), 적시성(timeliness) 등을 들 수 있다(Turban, King & Lang, 2011 : 191).

온라인 광고의 장점으로 시간과 공간의 제약성이 상대적으로 적고, 광고주 관점에서 보면 투자 대비 효율성(efficiency)이 높다. 또한 online 광고는 콘텐츠(contents)와 웹사이트(posted websites)의 '개별화'(customization)가 가능하다. Huang 등(2010)은 온라인광고(online advertizement)의 주요한 특징으로 표적시장 선정의 용이성(ease of targeting), 콘텐츠 개별화(personalized content), 그리고 고객과 상호작용(interactivity)을 제시했다(Huang, Chou & Lin, 2010).

1990년에 등장한 인터넷과 범세계적인 웹(world wide web : www)은 기존의 전통적인 마케팅 관행을 무용지물로(obsolete) 만들었다(Buhalis, 1998). 인터넷은 상호작용(Murphy & Tan, 2003; 박시사, 2003), 저비용(Heung, 2003), 국제성(global coverage) 등의 특성을 지니고 있기 때문에 광고업자와 마케터에게 더욱 다양한 기회와 폭넓은 응용기회(applications)를 제공한다. 인터넷을 통한 세계화는 '사업 패러다임'의 변화를 초래했다.

1) 관광산업 인터넷 온라인 광고

소비자의 관심을 얻고 우호적인 태도를 형성시키는 것은 광고의 주요한 목표이며, 인터넷 환경 하에서 기업은 다양한 인터넷 광고수단을 활용하고 있다(Moore, Stammerjohan & Coulter, 2005).

첫째, 인터넷 광고 형식으로는 배너 광고(박희석, 2000; 최민욱 · 한상필, 2006; 박원기 · 오완근 · 이승연, 2005; 이명천 · 김요한, 2005; Moore, Stammerjohan & Coulter, 2005; Hanson & Kalyanam, 2007)를 들 수 있다. 배너는 웹사이트의 일부에 노출시키는 띠 형태의 광고를 말하며, 인터넷이 상용화된 초기에 다른 유형의 광고보다 먼저 사용되기 시작했다(Shen, 2002).

둘째, 팝업 광고(pop-up advertising)를 들 수 있다(김소은, 2005; Edward, Li & Lee, 2002). 팝업 광고는 인터넷 이용자의 의사와 관계없이 웹 사이트에 접속하거나 동일 사이트 내에서 다음 페이지로 넘어 갈 때 자동적으로 이용자에게 노출(exposure)되는 광고를 말한다(이명천 · 김요한, 2005; Edward, Li & Lee, 2002; Burns & Lutz, 2006). Burns와 Lutz(2006)의 연구에 의하면 인터넷 이용자들은 배너 광고에 비해 비우호적인 태도를 보이는 것으로 나타났다. 이는 팝업 광고는 배너 광고를 비롯한 다른 광고 형식(format)에 비해 선택권이 제한적이기 때문이다. 따라서 온라인 광고 기획자는 팝업 광고를 하는데 주의를 필요로 한다(Burns & Lutz, 2006).

셋째, 협찬 광고이다(Kalyanam, 2007; Moore, Stammerjohan & Coulter, 2005; Rodgers, 2003). 협찬 광고(sponsorship advertising)는 협찬 형식을 통해 웹사이트의 콘텐츠에 광고 메시지, 브랜드, 제품을 삽입하는 광고형식을 말한다. 협찬 광고는 크게 세 가지 형태로 나누어 볼 수 있다(정보통 · 최환진, 1999). 첫째, 매스 미디어에 기업명이나 브랜드명을 명시적으로 나타내는 형태이다.[9] 둘째, 제품배치(PPL)로 이는 웹사이트의 콘텐츠 중에 특정 재품을 자연스럽게 노출시키는 형태이다. 셋째는 기사식 홍보인데, 이는 웹사이트 콘텐츠의 일부로 기업이나 제품에 대해 언급되는 경우로 웹 사이트의 콘텐츠와 광고 메시지의 구별이 쉽지 않다(이명천 · 김요한, 2005).

9) 한국을 대표하는 여행사 중의 하나인 모두투어(mode tour)가 SBS, MBC 각종 드라마에 협찬 광고를 하여 기업 이미지와 브랜드 인지도를 높이는 효과를 보았다. 특히 시청률 50% 정도 접근한 MBC 드라마인 '주몽'에 협찬하여 기업의 인지도가 높아졌을 뿐만 아니라 코스닥에 상장된 기업의 주가가 크게 올라가는 효과를 거두기도 했다. 최근 모두투어는 인터넷 기업인 인터파크의 여행 사업부의 지분을 20% 확보하여 off-line이 아닌 on-line 상에서도 협찬 광고를 할 수 있는 교두보(橋頭堡)를 마련했다.

마지막으로 키워드 검색광고다(Kalyanam, 2007; Moore, Stammerjohan & Coulter, 2005). 키워드광고는 인터넷 이용자들이 간단한 단어 입력만으로 원하는 제품이나 서비스를 얻을 수 있다는 유용한 매체이며, 어떤 특정 제품이나 서비스에 대한 정보가 검색되었는지를 알 수 있기 때문에 광고주들과 온라인 마케팅 담당자들이 선호하는 광고 유형이다(임해진, 2003).

Online Advertising Methods

- Banners ads
- Email ads
- Search engine ads
- Pop-up ads
- Classified ads
- Viral marketing[10)]

2) 인터넷 소셜네트워크 광고(SNA : social network advertising)

소셜미디어(social media)는 일반 대중이 의견, 경험, 지각, 식견 등을 서로 공유할 목적으로 사용하는 온라인상의 플랫폼(platform)이자 도구(tools)이다. 대중이 정보와 지식을 공유하는 대상은 사진, 음악, 비디오, 여행·관광 등 그 영역이 넓다. 소셜미디어는 '사용자 생성 컨텐츠'(user-generated content)를 만들어내고 교환하게 하는 Web2.0 기술에 바탕을 둔 인터넷기반 애플리케이션(internet-based application)이다. 소셜미디어는 웹기반 기술(web-base technology)과 모바일 기술(mobile technology)이 있다. 대표적인 소셜미디어는 다음과 같다.

- Wikipedia
- Youtube
- Myspace
- Twitter
- Facebook
- Second Life

소셜네트워크 광고(SNA : social network advertising)는 소셜네트워크 사이트에 초점을 둔 온라인 광고를 일컫는다. SNA의 장점은 광고주가 사용자의 인구통계적 정보를 활용하여 정확한 표적시장에 광고를 할 수 있다. 오늘날 SNA는 온라인 광고에 큰 변화를 가져올 것이고, 고객에 접근하는 새로운 광고 방식이다. 하지만 아직까지 시장에서 주목을 받지 못하고 있다. SNA와 같은 새로 부각되는 광고 유형은 기획(plan) 평가하기 어렵고 그 효과를 정량화(quantify)하기 힘들다(Turban, King & Lang, 2011 : 198).

10) Viral marketing or advertising refers to word-of-mouth marketing in which customers promotes a product or service by telling others about it.

[그림 10-7] Social Media와 관광산업

출처 : www.istwebdesigner.com / 인터넷 자료

참고문헌

박시사(2008), 한국 여행업의 해외여행상품 인터넷 키워드 검색광고 분석, 관광 · 레저연구, 제20권 제4호, 355~371.

박시사(2018), 항공사경영론, 백산출판사.

박시사(2009), 여행업경영론, 대왕사.

유필화 · 김용준 · 한상만(2008), 현대 마케팅론 제6판, 박영사.

이학식(2009), 마케팅 제2판, 범문사.

Adrian Palmer(2009), Introduction to Marketing 2nd ed., Oxford University Press.

Alastair M. Morrison(2010), Hospitality & Travel Marketing 4th. ed., Delmar Cengage Learning.

Ching-Yuan Huang, Chia-Jung Chou and Pei-Ching Lin(2010), Involvement theory in constructing bloggers' intention to purchase travel prodcuts, Tourism Management, Vol. 31, 513~526.

Christopher Lovelock(2002), Principles of Service Marketing and Management 2nd ed., Prentice Hall.

Dave Chaffey, Fiona Ellis-Chadwick, Richard Mayer and Kevin Johnston(2009), Internet Marketing 4th. ed., FT Prentice Hall.

Del. I. Hawkins, David L. Mothersbaugh & Roger J. Best(2007), Consumer Behavior : Building Marketing Strategy 10th ed., McGraw-Hill Irwin.

Efrain Turban, David King and Judy Lang(2011), Introduction to Electronic Commerce 3rd. ed., Pearson.

Ernie Health and Geofferey Wall(1992), Marketing Tourism Destinations, John Wiley & Sons, Inc.

George E. Belch and Michael A. Belch(2004), Advertising and Promotion, McGraw Hill.

Ken Peattie and Sue Peattie(1996), Promotional competitions : a winning tool for tourism marketing, Tourism Management, Vol.17(6), 433~442.

Michael M. Coltman(1989), Tourism Marketing, Van Nostrand Reinhold.

Philip Kotler and Kevin Lane Keller(2009), Marketing Management 13th ed. Pearson International Edition.

Philip Kotler, John T. Bowen and James C. Makens(2006), Marketing for Hospitality and Tourism 4th. ed., Pearson Prentice Hall.

Phillip Kotler and Gary Armstrong(2010), Principles of Marketing 13th. Ed., Pearson.

Roger A. Kerin, Steven W. Hartley and William Rudelius(2007), Marketing : The Core 2nd. ed., McGraw-Hill.

Rosalind Masterson and David Pickton(2010), Marketing 2nd. ed., SAGE Publications.

Stowe Shoemaker and Margaret Shaw(2008), Marketing Essentials in Hospitality and Tourism, Pearson Prentice Hall.

Stowe Shoemaker, Robert C. Lewis and Peter C. Yesawich(2007), Marketing Leadership in Hospitality and Tourism, 4th. Pearson Pretice Hall.

Susan Horner and John Swarbrooke(1996), Marketing Tourism, Hospitality and Leisure in Europe, International Thomson Business Press.

Terence A. Shimp(2003), Advertising, Promotion & Supplementals Aspects of Integrated Marketing Communications, 6th. ed., Thomson South-Westen.

제 11 장

관광소비자행동

A customer is not dependent on us, we are dependent on him. A customer is not an interruption to our work, he is the purpose of it.

– Mahatma Gandhi –

제1절 관광소비자행동

1. 관광소비자행동의 개념

소비자행동(론)은 개인이나 집단이 욕구와 욕망을 충족시키기 위해서 상품(products), 서비스(service), 아이디어(ideas), 혹은 체험(experiences)을 선택, 구매, 사용 혹은 처분(dispose)할 때 관여(involvement)하는 과정(process)이며, 과정을 연구하는 것을 일컫는다(Solomon, 2011 : 33). 여기서 말하는 과정은 바로 의사결정과정을 통칭한다. 통상 소비자는 문제인식, 정보탐색, 대안평가, 구매결정, 그리고 구매 후 평가 5단계를 거친다.

마케터들이 왜 소비자행동을 연구하는가? 소비자행동은 기업의 수익성(profitability)을 결정하기 때문이다. 기업의 수익은 오랫동안 상품을 꾸준히 구매해주는 충성도가 높은 고객을 창출해야 가능하다. 마케팅전략의 핵심은 바로 "충성고객"(loyal customer)을 만들기 위해서 고객의 욕구를 만족시키는 것이다. 기업의 마케터는 소비자의 욕구 충족은 기업의 수익성에 직접적인 영향을 미치고 있음을 인식해야 한다. 마케터는 소비자행동에 영향을 주는 요소들을 이해하면 할수록, 고객의 욕구에 부응하는 효과적인 마케팅전략(marketing strategy)을 개발할 수 있다(Assael, 2004 : 2).

소비자행동이란 소비자가 의사결정단위(decision-making roles & units)에 따라 상품, 서비스, 활동, 그리고 아이디어의 획득, 사용, 성향 및 습성에 대해서 보여주는 "의사결정의 종합"(totality of consumer decisions)이다. 이를 구체적으로 제시하면 다음과 같다(Hoyer & MacInnis, 2007 : 3).

의사결정의 종합(the totality of decisions)

- 의사결정 유무(whether)
- 왜(why)
- 언제(when)
- 가격(how much)
- 기간(how long)
- 무엇(what)
- 어떻게(how)
- 어디서(where)
- 빈도(how often)

소비(consumption) 유형

- 획득(acquisition)
- 사용(usage)
- 성향 및 습성(disposition)

소비의 대상(offerings)

- 상품 / 제품(products)
- 서비스(services)
- 활동(activities)
- 아이디어(ideas)

의사결정 역할 및 단위(decision-making units)

- 정보수집자(information gatherer)
- 영향력 행사자(influencer)
- 의사결정권자(decider)
- 구매자(purchaser)
- 사용자(user)

Hoyer와 Macinnis(2010)는 소비자행동은 구매(buying)뿐만 아니라 획득(acquiring), 사용(using), 처분(disposing)을 포함한 포괄적인 과정이며, 항상 변화와 역동성을 수반하는 과정(dynamic process)이고, 많은 사람들이 관여하며, 여러 가지 의사결정(decision making)을 수반(隨伴)한다고 하였다(Hoyer & Macnnis, 2010 : 4-5).

2. 소비자의 개념과 유형

1) 소비자(消費者 : consumer)

소비자(consumer)란 생산된 상품과 서비스를 소비하는 사람을 일컫는다. 소비자는 특정 국가의 경제시스템에서 중요한 역할을 한다. 만약 소비자의 유효수요(effective demand)가 발생하지 않으면 경제는 붕괴될 것이다. Mahatma Gandhi는 소비자(고객)는 우리 사업체를 방문하는 가장 중요한 존재라고 말하면서, 다음과 같은 명언(名言)을 남겼다(www.en.wikipedia.org).

"He is not dependent on us, we are on him. He is not an interruption to our work, he is the purpose of it".

소비자란 재화를 소비한 사람을 일컫는다. 소비자(消費者)는 구매동기, 구매방법 등 구매행동을 기준으로 크게 (1) 기업소비자 혹은 산업소비자, (2) 중간소비자, (3) 개인소비자로 나눌 수 있다.

[그림 11-1] 관광소비자 유형

출처 : www.bishnutoursandtravels.com / www.a3h.org / travelagent / Corporate trip + Family trip + Travel agent 3가지 소비자 유형

(1) 산업 · 기업소비자

인간의 생산활동을 풍요롭게 하기 위하여 재화나 서비스를 창출하는 생산적인 기업이나 조직을 산업(産業)이라 한다. 또한 영리를 얻기 위해서 재화나 용역을 생산하고 판매하는 조직체를 기업이라 한다. 산업소비자는 민간기업과 정부기관을 포함한다. 산업소비자의 구매행동은 합리적이며, 구매할 때 다음과 같은 점을 중시한다(반병길, 1988 : 78).

① 안정적 공급	② 경제성
③ 품질의 일관성 및 획일성	④ 공급업체의 신뢰성
⑤ 사후 서비스	

[그림 11-2] 항공사 GTR과 기업전문여행사

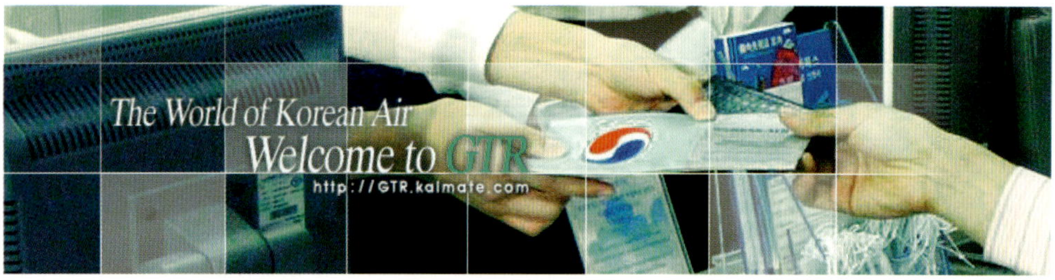

출처 : gtr.kalmate.com / www.btnikorea.com / 인터넷 자료

항공사의 산업 · 기업소비자는 여행사, 크루즈, 호텔, 정부기관 등이 있다. 인터넷을 통해서 기업과 기업 간에 거래가 이루어지는 B2B(business to business)는 전형적인 기업소지자의 예이다. 항공사의 경우 정부가 국영항공사의 항공권을 구매하는 GTR(government ticket request)시스템도 기업간 거래의 유형이다. 또한 호텔-여행사, 여행사-크루즈, 항공사-호텔, 호텔-렌터카, 여행사-렌터카 등 사이의 거래도 산업 · 기업소비자 거래의 유형들이다.

(2) 중간 소비자

항공사의 대표적인 중간 소비자는 여행사(travel agency)를 비롯한 〈intermediary〉이다. 물론 호텔의 중간 소비자도 여행사이다. 여행사는 관광산업에서 공급업자(suppliers)와 최종소비자인 관광객(travelers) 간에 매개인 역할을 함과 동시에 공급업자와 최종소지자 사이의 거래를 촉진하는 "촉매제"역할을 한다.

[그림 11-3] 1841년 Thomas Cook과 여행업

(3) 개인소비자

관광객이란 "노동을 하지 않는다는 조건하에서 한 장소에서 다른 장소로 여행하는 사람이다". 또한 관광객이란 "변화(change)를 체험할 목적으로 집 혹은 일상생활을 자발적으로 떠나 특정 목적지를 방문하고 돌아오는 사람"이다. 여기서 말하는 관광객, 영어로 표현하면 〈Tourist〉, 〈Traveler〉, 〈Excursionist〉, 〈Vacationer〉 등이 관광소비자이다.

Restoran
YUSOOF DAN

제2절 관광소비자행동 영향요소

1. 관광소비자행동 영향요소 개념화

관광소비자행동은 구매자가 관광상품과 서비스를 구매하는 전후(前後) 보여주는 선택, 사용, 그리고 행동하는 방식 및 방법을 일컫는다. 통상 개인소비자(individual customers)의 소비자행동에 영향을 주는 요소로 (1) 개인적 요소(personal factors), (2) 대인적 요소(interpersonal factors)가 있다(Morrison, 2010 : 98~99).

개인적 요소(personal factors)

- 욕구, 욕망, 동기(needs, wants and motivation)
- 지각(perception)
- 학습(learning)
- 성격(personality)
- 라이프스타일(lifestyle)
- 자아개념(self-concept)

대인적 요소(interpersonal factors)

- 문화(cultures)
- 하위문화(subcultures)
- 준거집단(reference groups)
- 사회계층(social class)
- 가족(family)

소비자 구매행동은 문화적 요소(cultural factors), 사회적 요소(social factors), 개인적 요소(personal factors), 심리적 요소(psychological factors)에 의해서 영향을 받지만, 대부분의 경우 마케터는 4가지 요소를 통제할 수 없다. 그럼에도 불구하고 마케터는 마케팅계획을 수립하고 마케팅전략을 채택할 때 소비자의 구매행동에 영향을 주는 4가지 요소를 고려해야 한다(Kotler, Bowen & Makens, 2006 : 199). 소비자 구매행동에 영향을 주는 요소는 다음 [그림 11-4]와 같다.

[그림 11-4] 소비자 구매행동 영향요소(factors influencing behavior)

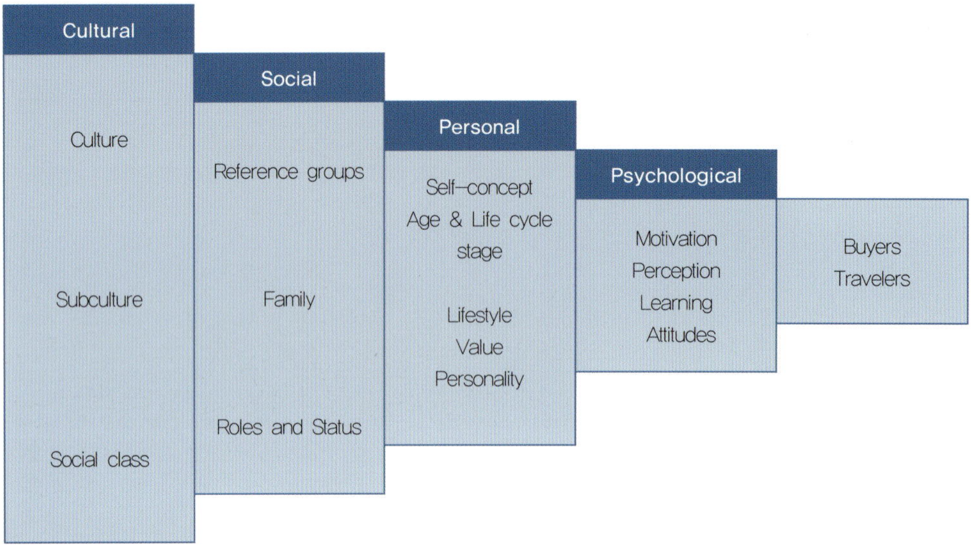

출처 : Kotler, Bowen & Makens(2006), Marketing for Hospitality and Tourism, p.199. 원저자의 모델을 참고하여 본 저자가 약간 첨삭하였다.

문화적 영향요소(cultural factors)

- 문화(culture)
- 하위문화(subculture)
- 사회계층(social class)

사회적 영향요소(social factors)

- 준거집단(reference groups)
- 가족(family)
- 역할과 지위(roles and status)

개인적 영향요소(personal factors)

- 연령과 라이프사이클(age and life cycle stage)
- 라이프스타일(lifestyle)
- 가치관(value)
- 성격(personality)

심리적 영향요소(psychological factors)

- 동기(motivation)
- 지각(perception)
- 학습(learning)
- 태도(attitudes)

본서는 〈소비자 구매행동 영향요소〉부분을 코틀러 등이 제시한 모델을 중심으로 기술하였다. 물론, 논문과 학자들이 저술한 책에 따라 약간의 차이는 보이고 있다.

2. 관광소비자와 외적영향요소(external factors)

1) 관광소비자와 문화

문화(culture). 문화는 소비자의 욕구와 행동(behavior)에 미치는 결정적인 요소이다. 문화는 인간이 한 사회에서 학습하는 가치(value), 지각(perception), 욕구(wants), 행동 등으로 이루어졌다(Kotler, Bowen & Makens, 2006 : 199). 문화는 개인을 사회의 구성원으로 소통(communication), 의미부여(interpretation), 그리고 평가(evaluation)를 하는데 도움을 주는 가치관(value), 사상(idea), 문명의 소산(artifacts)이다.

문화란 개인(individuals)이 사회가 어떻게 움직이고 있는가를 이해하는데 도움을 주는 공유가치(shared values)이자 믿음(beliefs)이다. 가치와 믿음은 인간에게 행동의 방향을 제시해준다. 또한 문화는 학습된 행동으로 강화되며, 문화는 사회화과정의 일환으로 한 세대에서 다른 세대로 이어진다. 학자에 따라 의견을 달리하나 문화는 다음과 같은 요소들로 구성되어 있다(Bowie & Buttle, 2004: 55).

- 인간의 욕구(human needs)
- 언어(language)
- 예술(art)
- 사회조직구조(social organization)
- 건축(architecture)
- 가족형태 및 음식(family and food)
- 관습과 습관(customs and habits)
- 역사(history)
- 종교(religion)
- 지리(geography)
- 경제(economics)
- 기후(climate)
- 교육체계(education)
- 태도(attitudes)

Blackwell(2006) 등은 문화 형성에 영향을 주는 요소와 문화의 유형을 다음 [그림 11-5]와 같이 제시하였다(Blackwell, Miniard & Engel, 2006 : 426).

[그림 11-5] 문화 형성 결정인자와 문화유형

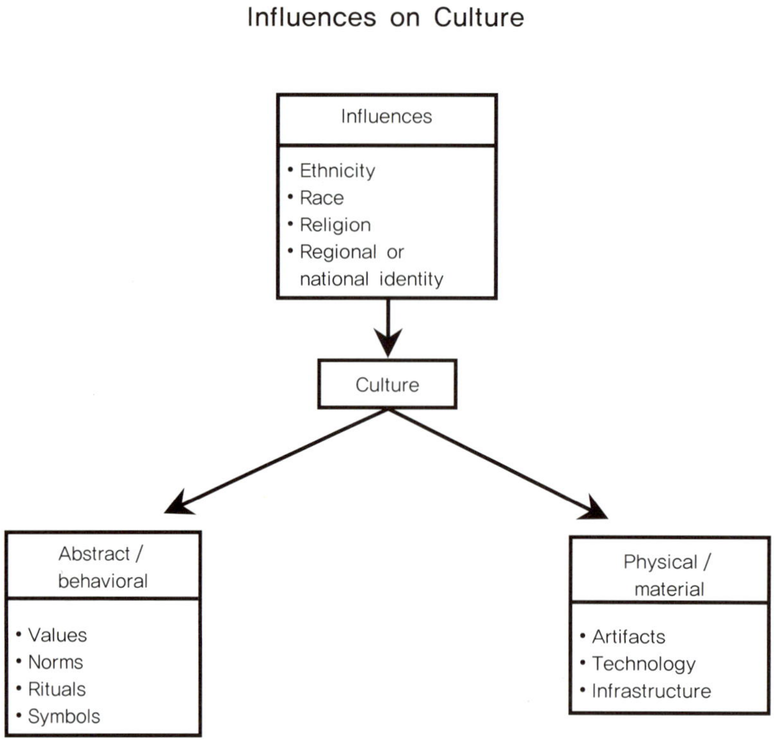

문화의 의미는 사용되는 맥락에 따라 다양하게 이해되고 있다. 통상적 의미에서 문화란 미술, 음악, 연극 등 예술 분야에서의 행위라고 정의된다. 또한 문화란 교양, 세련된 내용을 함축하기도 한다. M. Harris는 문화는 "한 사회 구성원들의 학습되어지고 사회적으로 획득된 전통과 생활방식"이라 정의내리고 있다. 또한 문화란 "어느 특정 사회나 집단에 특징적인 행위양식, 가치관, 태도, 인간행위의 결과물로서 학습되고 축적된 경험이며 사회적으로 전달되는 행위유형"으로 정의되기도 한다(김주희, 1999 : 31-32).

문화(culture)는 한 사회의 성격(personality)을 반영한다. 문화는 추상적인 사상, 가치관, 윤리뿐만 아니라 물질적인 상품과 서비스를 모두 포함한다. 문화는 특정 사회의 공유된 가치, 의례, 규범, 전통을 합쳐놓은 "축적물"(accumulation)이며, 문화는 개인의 "정체성"(identity)을 형성한다(Solomon, 2011 : 568).

인류학자인 타일러(Edward B. Tylor / 1832-1917)는 "문화(culture / civilization)란 한 사회의 구성원으로서 획득된 지식, 신앙, 예술, 도덕, 관습, 습관, 기술 등을 포함한 '총체'

(總體 : complex whole)이다"(en.wikipedia.org / Edward_Burnett_Tylor)라고 정의하였다.[1)]

[그림 11-6] Edward Burnett Tylor와 문화

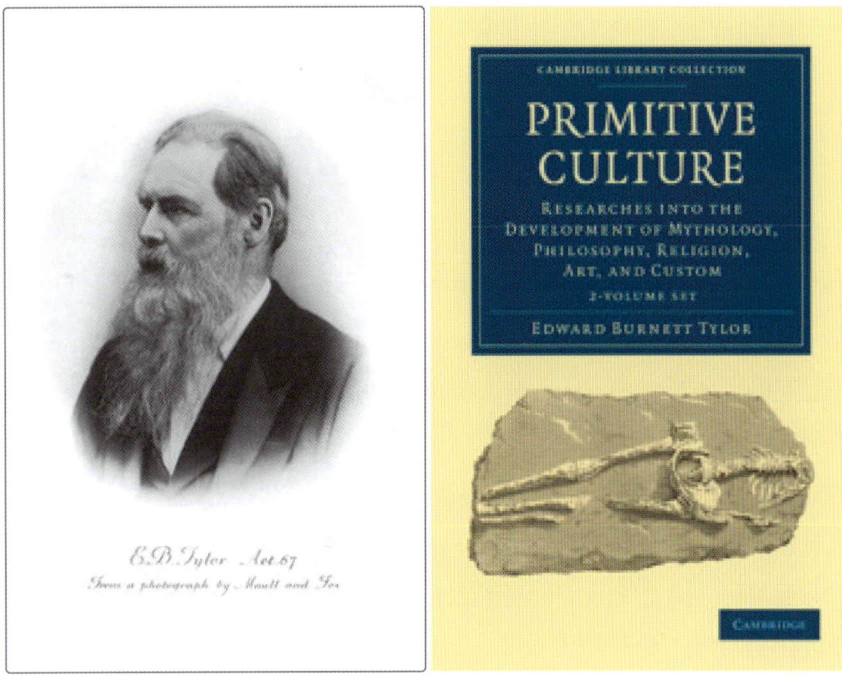

Tylor는 문화진화론(cultural evolutionism)으로 널리 알려진 영국 인류학자이다. 그의 저서 〈Primitive Culture, 1871〉에서 문화에 대한 정의를 내렸는데, 오늘날까지 널리 받아들여지고 있는 '고전적 정의' 중의 하나이다.

Herbig(1998)는 여러 학자들의 문화에 대한 정의와 특성을 종합하여 다음과 같이 10가지 문화의 특성을 제시하였다(Reisinger & Turner, 2003: 13-14).

첫째, 문화는 기능성(functional)을 갖는다. 모든 문화는 수행하는 역할과 기능이 있으며, 문화의 존재이유는 바로 집단구성의 행동에 가이드라인(guideline)을 제시하는 데 있다.

1) Tylor provides an all-inclusive definition which is one of his most widely recognized contributions to anthropology : "Culture, or civilization, taken in its broad, ethnographic sense, is that complex whole which includes knowledge, belief, art, morals, law, custom, and any other capabilities and habits acquired by man as a member of society."

둘째, 문화는 사회적 현상(social phenomenon)이다. 인간은 문화를 창출하고, 문화는 인간의 상호작용의 결과물이며, 문화는 사회마다 각각 다르다.

셋째, 문화의 규정성(規程性 : prescriptive)이다. 문화는 사회적 행동에 관한 제반 법(rules)을 규정한다.

넷째, 문화는 학습(learned)된다. 문화는 유전되는 것이 아니라 후천적으로 학습된다. 문화는 다른 사회의 구성원으로부터 배워서 학습되기도 한다.

다섯째, 문화는 가변성(arbitrary)을 갖는다. 문화적 행동, 관례, 습관 등은 판단의 대상이 된다. 특정 행동이 한 사회에서는 수용이 가능하지만, 다른 사회에서는 받아들여지지 않기도 한다.

여섯째, 문화는 가치판단척도(value laden)이다. 문화는 가치를 제공하여, 인간으로 하여금 무엇이 옳고(right), 무엇이 틀린(wrong)지에 대한 기준을 제시해준다.

일곱째, 문화는 소통(facilitate communication)이다. 문화는 소통 즉 커뮤니케이션을 원활하게 해준다.

여덟째, 문화는 적응성 · 변동성(adaptive / dynamic)을 갖는다. 문화는 새로운 환경과 상황에 적응하기 위해 끊임없이 변한다. 문화가 변함에 따라 사회도 변하고 발전한다.

아홉째, 문화는 지속성(long term)을 갖는다. 문화는 수천년 전부터 존재해왔으며, 오랫동안 인간에 의해서 축적되어 왔다. 이런 이유로 문화를 인간의 경험과 지식의 총합(sum; 總合)이라 정의하기도 한다.

열째, 문화는 욕구충족 매체(satisfy needs)이다. 문화는 사회구성원에게 방향과 지침(direction & guidance)을 제공하여 구성원의 욕구를 충족시키는 데 도움을 준다.

문화는 소비자가 상품을 사용하고 소비하는 방법에 영향을 미친다. 소비자는 효용(function), 위상(form), 그리고 의미(meaning)를 찾기 위해 상품을 구매한다. 따라서 마케터는 소비를 문화적 맥락에서 정의할 필요가 있다(Blackwell, Miniard & Engel, 2006 : 434).

2) 관광소비자와 하위문화

하위문화(下位文化 : subculture)란 어떤 사회의 지배적 문화와 별도로 특정 사회집단에서 생겨나서 발전한 독특한 문화를 일컫는다. 특정 하위문화 구성원은 동일사회의 다른 구성원과 다른 신념(beliefs), 가치관(values) 그리고 관습(customs)을 소유하고 있다. 하위문화는 사회 즉 복잡한 사회(complex society)에서 식별 가능한 세분시장(segment)으로 존재하는 독특한 문화적 집단(distinct cultural group)이다.

〈표 11-1〉 대표적인 하위문화 예

범주(category)	예(examples)
국적	한국인, 중국인, 미국인, 러시아
종교	기독교, 불교, 천주교, 힌두교, 회교
지역	미국(서부, 동부, 중부 등), 중국(동북, 화동, 화남, 연해 등)
인종	아프리카 흑인, 아시아인, 백인, 라틴 히스패닉(본서는 미국의 인종을 기준으로 함)
연령	청소년, 중년, 노년
성별	남, 여
직업	생산직, 사무직, 전문직
사회계층	하류층, 중산층, 상류층

미국 샌프란시스코(San Francisco)는 매년 6월 〈San Francisco Pride〉로 잘 알려진 Lesbian, Gay, Bisexual, Transgender(LGBT)를 위한 축제를 개최한다. 이 축제는 1970년 시작하여 1972년부터 매년 개최하게 되었는데, 1972년 5만 4천명이 참가하였으나, 2009년에는 1백 2십만이 참가하는 세계최대의 '동성애자축제'로 성장하였다. 한국 유명가수인 보아(BoA)

[그림 11-7] San Francisco Pride와 하위문화

출처 : www.sfpride.org / 인터넷 자료

는 2009년 2009 SF Pride LGBT에 초대가수로 참가하여 〈Energetic〉과 〈I Did It For Love〉, 〈Eat You Up〉를 불러 큰 호응을 얻기도 하였다. San Francisco Pride는 동성애자 하위문화(subculture)를 보여주는 대표적인 예이며, 동성애자의 축제를 활용한 관광객을 유치한 성공적인 사례의 하나이다.

3. 사회계층(social class)

사회계층(社會階層 : social class)이란 "특정 사회에서 거의 동등한 지위를 갖고 있는 다수의 사람들로 구성된 집단"이다(박시사, 2005 : 312). 사회계층을 결정짓는 대표적인 요소로 소득(income), 직업(occupation). 교육수준(education), 주거지(area of residence), 소유물(possessions), 가족배경(family background), 사회적 관계(social interaction) 등이 있다. 사회계층은 지위(status)와 관련이 있는데, 인간의 지위는 태어나면서 부모로부터 물려받은 '상속 지위'(inherited status)와 자신의 노력과 성취를 통해서 얻은 '획득 지위'(earned status)로 나눌 수 있다(Hoyer & Macinnis, 2010 : 330-331).

사회계층을 가장 단순하게 구분하면 크게 3개 집단(group) 즉 상류층(upper class), 중산층(middle class), 서민층(lower class)으로 나누어진다. 또한 사회학자인 Gilbert (2002)는 미국인을 소득(income), 교육수준(education), 그리고 직업(occupation)과 같은 특정 결정요소를 활용하여 사회계층을 다음과 같이 6개 집단으로 나누었다.

자본가계층(capitalist class / 1%)

- 최고경영자(top-level executive)
- 고위정치인(high-rung politician)
- 기업가 혹은 억만장자 상속인(heirs)
- IVY리그 졸업(Ivy league education common)

전문가계층(upper middle class / 15%)

- 대학원 이상 학력(highly educated with graduate degrees)
- 고액연봉(most commonly salaried)
- 전문직(professionals)
- 중간경영관리자(middle management with large work autonomy)

중산층(lower middle class / 30%)

- 준전문직(semi-professinal)
- 평균생활수준의 기능직 종사자(craftsmen with an average standard of living)
- 대학 혹은 전문대학 졸업(college education)
- 사무직 종사자(white collar)

노동자계층(working class / 30%)

- 단순사무직(clerical worker)
- 블루칼라 노동자(blue collar workers)
- 생활수준 평균이하(standard of living is just adequate)
- 고졸(high school education)

빈곤노동자(working poor / 13%)

- 비숙련사무직(low-rung clerical)
- 블루칼라 노동자(blue collar workers)
- 높은 경제적 불안정성(hi호 economic insecurity)
- 높은 빈곤위험노출(hi호 risk of poverty)
- 고졸 혹은 중졸(some high school education)

극빈층(underclass / 12%)

- 한시적 고용 혹은 실직(limited or no participation in the labour force)
- 정부의 보조금 의존(reliant on government transfers)
- 고졸 혹은 중졸(some high school education)

사회계층은 관광현상의 지각(perception)에 지대한 영향을 미친다. 사회는 부(wealth), 권력(power), 기술(skill)을 바탕으로 계층화되어 있고, 사회계층은 소득, 교육수준, 직업 등에 의해서 결정된다. 통상 유사한 사회계층에 속하는 구성원들은 추구하는 가치(value)와 태도(attitude)가 유사하고, 사회계층이 유사한 구성원은 서로 비슷한 행동성향을 보인다. 가령 중산층(middle class)에 속하는 사람들은 여행(travel)과 같은 무형적인 대상에 관심을 보이고, 돈을 소비하는 성향을 보인다. 반면에 서민층(lower class)에 속하는 구성원들은 비싼 가구나 냉장고, TV 등과 같은 유형재(something tangible)에 많은 관심을 보이고, 유형재를 구매하는데 소비를 하는 성향을 보인다는 연구도 있다(Mayo & Jarvis, : 31-32).

4. 준거집단(準據集團 : reference groups)

집단(集團 : group)이란 개인 혹은 공동의 목표를 성취하기 위해서 상호작용하는 2명 이상의 사람들이라 정의내릴 수 있다(Schiffman & Kanuk, 2007 : 302). 준거집단은 개인의 행동에 지대한 영향을 주는 개인 혹은 집단이며, 준거집단은 소비자의 라이프스타일(lifestyle), 행동(behaviors), 구매(purchase), 소비(consumption) 등에 영향을 준다. 대표적인 준거집단의 예로는 저명인사(celebrities), 운동선수(athletes), 정치지도자(political leaders), 록밴드(rock band), 유명 스포츠팀(sports team) 등을 들 수 있다(Blackwell, Miniard & Engel, 2006 : 522-523).

준거집단(reference group)이란 인간의 태도 · 의견 · 가치관 · 의사결정 · 구매행동 등에 영향을 주는 집단이라 정의할 수 있다. 준거집단은 개인이 존경(respect)하고, 동일시(identify)하거나 진입하고 싶은(aspire to join) 집단 혹은 조직(organization)이다. 인간은 자신과 자신의 행동을 평가하는 기준으로 준거집단을 활용한다. 준거집단은 자신의 정체성(self-identity), 태도(attitude), 사회적 유대 혹은 관계를 결정하기 때문에 중요하다. 준거집단은 크게 ① 대면 준거집단(對面 準據集團 : normative reference group), ② 비교 준거집단(比較 準據集團 : comparative reference group)으로 나룰 수 있다.

대면 준거집단은 소비자가 직접적인 관계 혹은 대면(face to face) 관계를 맺고 있는 집단이면서 소비자의 구매결정과 구매행동에 영향을 주는 집단을 말한다. 가령, 가족, 친구 등이 이에 속한다. 대면 준거집단은 개인의 행동강령(basic code of behavior)을 발전시키는데 영향을 준다.

비교 준거집단이란 소비자가 간접적인 관계 혹은 대면접촉에 의한 상호작용을 약하게 받는 집단을 일컫는다. 비교 준거집단은 모방하고 싶거나 선망의 대상의 되는 라이프스타일을 소유하고 있는 이웃집(neighboring family)일 수도 있다. 가령, 소비자는 이웃집의 가구선택, 패션 그리고 휴가형태 등을 모방하기도 한다(Schiffman & Kanuk, 2007 : 302). 대표적인 영화배우, 유명 가수, 스포츠스타, 유명인사(popular personalities)가 비교 준거집단에 속한다. 비교 준거집단은 특정 소비자의 태도와 행동을 표현(expression)하는 데 영향을 미친다.

[그림 11-8] 준거집단과 관광소비행동

출처 : media.daum.net 인터넷 자료/ 겨울연가 주인공인 '욘사마'를 보기 위해 한국을 찾은 일본인 관광객들. 욘사마 배용준은 일본인 관광객들에게 강력한 준거집단임에 틀림없다.

유명인사(celebrities) 특히 영화배우, TV 드라마 주인공, 유명 연예인, 스포츠 아이콘(sports icons) 등은 소구력(appeal)을 갖는 준거집단이다. 유명인사는 특정 제품과 서비스를 구매하고 사용하는데 있어서 관심(interest)을 유발하고 행동을 자극하는데 강력한 작용을 한다. 광고주들은 유명인사들이 자신들의 상품을 홍보하는데 막대한 예산을 사용한다. 왜냐하면 유명인사는 다음과 같은 유형의 '소구력'(appeal)을 갖고 있기 때문이다(Schiffman & Kanuk, 2007 : 311-312).

- 증언자(testimonial)
- 인증자(endorsement)[2)]
- 광고 배우(actor)
- 대변인(spokesperson)

한국관광공사 자회사인 그랜드코리아레저(주)가 운영하는 외국인전용 카지노 〈Seven Luck〉은 한류스타 〈이병헌〉과 광고계약을 체결하여 매출극대화를 시도하고 있다. 반면 워커힐카지노를 운영하는 파라다이스그룹은 영화 007시리즈에 출연한 하리우드 스타인 피어스 브로스넌(Pierce Brendan Brosnan)을 카지노 모델로 내새웠다. 국내여행사 1위업체인 하나투어는 유명 아나운서 〈김성주〉를 모델로 하고 있다. 모두투어는 영화배우 〈엄태웅〉과 〈김윤식〉 등과 손잡고 CF를 하고 있다.

마케터들은 표적시장에 영향을 주는 준거집단을 파악하려고 한다. 마케터가 준거집단을 파악하는 이유는 준거집단이 소비자의 행동, 라이프스타일에 노출되어, 개인의 태도와 자아개념(self-concept)에 영향을 주기 때문이다. 이로 인해서 준거집단은 소비자에게 일종의 압력(pressure)으로 작용하여 특정 상품과 브랜드의 선택에 영향을 줄 수 있다. 마케터는 이른바 'buzz marketing'[3)]을 채택하여 영향력 있는 '의견주도자'(opinion leader)[4)]를 '브랜드 대사'(brand ambassador) 혹은 '브랜드전도사'(brand evangelist)로 활용한다. 브랜드전도사는 잠재고객에게 강한 구전광고 영향력(word-of mouth influence)을 행사한다(Kotler & Armstrong, 2010 : 165).

2) Celebrity lends his or her name and appears on behalf of a product or service with which he or she may or may not be an expert.
3) Buzz marketing. Cultivating opinion leaders and getting them to spread information about product or service to others in their communities.
4) Opinion leader is a person within a reference group who, because of special skills, knowledge, personality, or other characteristics, exert social influence on others.

[그림 11-9] 준거집단과 관광산업

출처 : media.daum.net / 인터넷 자료

5. 가족(family)

가족이란 혈연(blood), 결혼(marriage), 입양(adoption)으로 함께 거주하는 2명 이상의 집단이다. 가족은 함께 사는 구성원에 따라 핵가족(nuclear family)과 확대가족(extended family)으로 나눈다(Blackwell, Miniard & Engel, 2006 : 482).

핵가족(nuclear family) 구성원

- 아버지(father)
- 어머니(mother)
- 자녀(children)

확대가족(extended family) 구성원

- 핵가족 구성원(nuclear family)
- 할아버지 / 할머니(grandparents)
- 사촌(cousins)
- 삼촌 / 이모 / 고모(uncles & aunts)

마케터는 가족구성원이 어떠한 형태로 상호작용을 하고, 서로에게 영향을 주어 가족 의사결정(family decision making)을 하는지에 대해서 관심이 있다. 특히 마케터는 가족 구성원이 구매선택을 하고 소비를 하는데 있어서 하는 사회적 역할(social roles)을 파악하고 분석할 필요가 있다. 일반적으로 가족구성의 사회적 역할은 다음과 같이 크게 5가지로 나눈다(Peter & Olson, 2008 : 346).

가족구성원의 역할유형

- 정보제공자(influencer)
- 정보통제자(gatekeeper)
- 의사결정권자(decider)
- 구매자(buyer)
- 사용자(users)

가족은 사회의 구매집단 중에서 가장 중요한 부분을 차지하며 구매자행동에 큰 영향을 미친다. 특히 마케터는 특정 상품과 서비스를 구매하는데 있어서 남편, 부인 그리고 가족의 역할과 영향에 대해서 관심을 가질 필요가 있다(Kotler & Armstrong, 2010 : 169).

[그림 11-10] 가족과 관광자행동

출처 : www.royalcarribbean.com / 가족여행은 가족 구성원 간에 결속(bond)을 강화시키고, "함께함"(toge-therness)의 즐거움을 제공한다)

6. 관광소비자 의사결정과 내적영향요소

내적영향요소(internal factors)는 소비자의 의사결정에 영향을 주는 구매자(buyer)의 속성이다. 잠재 관광객(potential visitor) 혹은 잠재 소비자가 외부 자극(stimuli)에 반응하는 정도와 경향은 개인적 혹은 사회적 요소에 의해서 결정된다. 관광객의 의사결정에 영향을 주는 요소로 욕구(needs), 동기(motives), 성격(personality), 태도(attitude), 지각(perception), 학습(learning), 개인적 환경(personal circumstances), 경제적 상황(economic circumstances), 사회 · 문화적 인자(social and cultural influences)이다(Middleton, Fyall, Morgan & Ranchhod, 2009 : 80~87).

1) 관광소비자와 지각(perception)

지각(perception)은 과정(process)이다. 구체적으로 표현하면 지각은 소지자가 마케팅 자극에 노출되어(exposure), 그 자극에 주의와 관심을 보인 후 마지막 단계로 소비자가 그 자극을 해석(interpretation)하는 과정이다(Hawkins, Mothersabaugh & Best, 2007 : 282). 다시 말해서 지각을 구성하는 3대 요소는 노출, 주의 그리고 해석이라 할 수 있다.

지각의 3개 요소

- 노출(exposure)
- 주의(attention)
- 해석(interpretation)

첫째, 노출이다. 노출은 소비자가 마케팅 자극에 물리적 접촉이 있을 때 생기는 과정이며, 둘째, 주의이다. 주의(attention)이란 인간이 노출되는 자극에 자신의 내적 활동(mental activity)을 하는 것을 일컫는다. 주의의 특성으로 선택성(selective), 분산성(be divided), 그리고 제한성(limited)을 들 수 있다(Hoyer & MacInnis, 2010 : 74-75). 셋째, 해석은 선택되어 주의를 기울인 메시지에 대해서 의미를 부여하는 것이다.

2) 관광소비자와 동기(motivation)

동기(motivation)는 인간이 욕구(need)를 충족시키고 싶을 때 생긴다. 동기이론에 의하면 인간은 끊임없이 안정화 상태, 즉 항상성(恒常性; homeostasis)을 이루려고 하는데, 인간이 욕구의 결핍을 인식했을 때 항상성은 손상된다(Goosens, 2000 : 301-321).

인간은 왜 여행을 하는가?라고 질문을 하면 다음과 같은 대답이 나올 수 있다. 이에 대한 대답은 개인과 개인의 문화적 조건(cultural condition)에 따라 다를 수 있다. 현대인은 자신의 지평을 넓히기 위해, 넓은 세상을 보기 위해, 무언가 배우기 위해, 다른 사람들을 이해하기 위해, 친인척을 방문하기 위해, 편안하게 휴식을 취하면서 즐거운 시간을 누리기 위해, 추운 겨울 날씨로부터 도피하거나 무료함을 달래기 위해 여행을 한다. 하지만 이러한 대답은 아주 피상적(superficial)이고 진부하게 보일 수 있다.

동기는 인간행동의 이면에 숨어 있는 '추진력'(driving force)이고, 동기는 학습, 지각 그리고 문화적 영향요인(cultural influences)에 의해서 지배를 받는다. 또한 인간의 동기는 개인의 성격과 관련성이 높다. 관광동기는 관광행동을 지배하는 '추진력'(driving force)이라 정의할 수 있다(Mayo & Jarvis, 1989: 146-147).

Lundberg(1974)는 "인간은 왜 여행을 하는가"(Why do people travel)에 대한 질문에 대한 대답(answers)은 자신이 이해하지 못하고, 인식하지 못하고, 표출하고 싶지 않을 수도 있는 내면 욕구(deeper needs)를 반영하는 관광동기(motivations for travel)와 직접적인 관련이 있다고 주장하였다(Mayo & Jarvis, 1981: 145-146).

McIntosh와 Goeldner(1986)는 인간의 여행 · 관광동기를 다음과 같이 4 가지로 범주화하여 제시하였다(Cooper, Fletcher et al., 1993 : 22 재인용)

물리적 동기 · 생리적 동기(physical motivators)

- 몸과 마음 재충전(refreshment of body and mind)
- 건강목적(health purposes)
- 스포츠 활동 참여(participation in sports)
- 즐거움, 로맨스, 엔터테인먼트(pleasure, romance and entertainment)

문화적 동기(cultural motivators)

- 외국문화 외국인에 대한 호기심(curiosity about foreign countries and people)
- 예술, 음악, 건축 그리고 민속에 대한 관심(interest in art, music, folklore)
- 역사 유적지에 대한 관심(interest in historical places)
- 이벤트 체험(experiencing specific events)

대인적 동기(interpersonal motivators)

- 친인척방문(visit friends and relatives)
- 새로운 사람과 만남(meeting new people)
- 색다른 환경에서 체험(seeking new and different experiences)
- 종교적 목적의 방문(visiting places for spiritual reasons)
- 일상으로부터 탈출(to escape form routine, family, or neighbors)

사회적 지위 및 명성 동기(status and prestige motivators)

- 타인으로부터 인정(desire for recognition)
- 자아 향상(ego enhancement)
- 좋은 평판(good reputation)
- 주위의 관심(attention and appreciation)

Hudman과 Hawkins(1989)는 인간의 관광동기를 크게 9가지로 나누어 제시하였다.

건강(health)

- 육체적 건강(physical)
- 정신적 건강(mental)

호기심(curiosity)

- 문화(culture)
- 사회(society)
- 물리적 대상물(physical features)
- 정치(politics)
- 공인 / 유명인(public figures)
- 재난(disaster)

스포츠(sports)

- 스포츠행사 참여(participation)
- 골프(golf)
- 낚시 / 사냥(fishing and hunting)
- 축구 / 야구 관전(football & baseball spectator)

쾌락추구(pleasure)

- 엔터테인먼트(entertaining)
- 도박(gaming)

종교 / 영적 동기(religious or spiritual)

- 순례여행(pilgrimage)
- 종교적 발상지(religious headquarters)
- 드라마, 영화 촬영과 제작 장소(drama and film productions)

비즈니스(professional and business)

- 과학적 탐구(scientific expeditions)
- 전시박람회(fairs & exhibitions)
- 인센티브여행(incentive travel)
- 컨벤션(convention)
- 사업목적여행(business travel)
- 팸투어(familialization tour)

친인척방문(visit friends and relatives)

근원 · 뿌리 찾기 동기(root syndrome)

- 고향방문(homeland)
- 가족사연구(family research)

존경과 위상(esteem)

3) 관광소비자와 성격(personality)

성격(personality)은 발생하는 다양한 상황(situations)에 대한 개인의 일관된 행동(behavior) 혹은 반응(response)이다. 인간의 동기가 소비자에게 목표지향적 행동을 하게하는 '원동력'(energizing force)이라면, 소비자의 성격은 행동방향을 결정해준다. 성격은 설명하고, 성격유형을 뒷받침하는 이론은 많이 있지만, 널리 받아들여지는 이론은 인간의 기질과 특성을 토대로 한 '기질 혹은 특성 이론'(trait theory)이다.

Plog(1974)는 미국의 관광객을 두 개의 집단으로 나누는 시도를 했다. 플로그(1974)는 관광객을 동기(motivation), 목적지선택(destination), 그리고 선호활동(activity preferences)을 근거로 한 성격유형(personality)에 따라 Psychocentrics과 Allocentrics 관광객 유형으로 양분하여 제안하였다(Seaton & Bennett, 1996 : 43). 본서는 사이코센트릭을 '안전 · 친숙추구형 관광객', 알로센트릭을 '모험 · 변화추구형 관광객이라 칭(稱)한다.

안전 · 친숙추구형 관광객은 일반적 성향은 지역적 제한성(territory boundness), 근심걱정(generalized anxieties), 무기력함(powerlessness)을 갖고 있다. 구체적인 관광행동패턴은 다음과 같다.

- 친숙한 관광목적지 선호
- 관광목적지에서 일상생활과 유사한 활동 선호
- 수동적 즐거움 추구
- 기분전환 목적
- 자동차로 관광목적지로 이동
- 대단위 관광숙박지(개발된) 선호
- 일상적 분위기 선호
- 일정이 짜여진 단체여행 선호

모험 · 변화추구형관광객(allocentric tourist)은 모험성(considerable adventure- someness), 자신감 · 사교성(self-confidence & outgoing), 두려움 없음(lack of anxieties)의 성향을 띠고 있다. 구체적인 관광행동패턴은 다음과 같다.

- 덜 개발된 관광목적지 선호
- 관광목적지에서 색다른 체험 추구
- 발견의 기쁨 추구
- 다른 사람들보다 먼저 관광목적지 방문 원함
- 새롭고 이국적인 관광목적지 선호
- 항공기로 관광목적지로 이동하는 경향
- 관광목적지에서 활동에 중점(activity)
- 덜 개발된 관광대상 선호
- 외국인 · 외국문화와 교류 욕구가 강함
- 여행일정을 스스로 관리하길 원함

[그림 11-11] Pschocentric-Allocentric 관광객

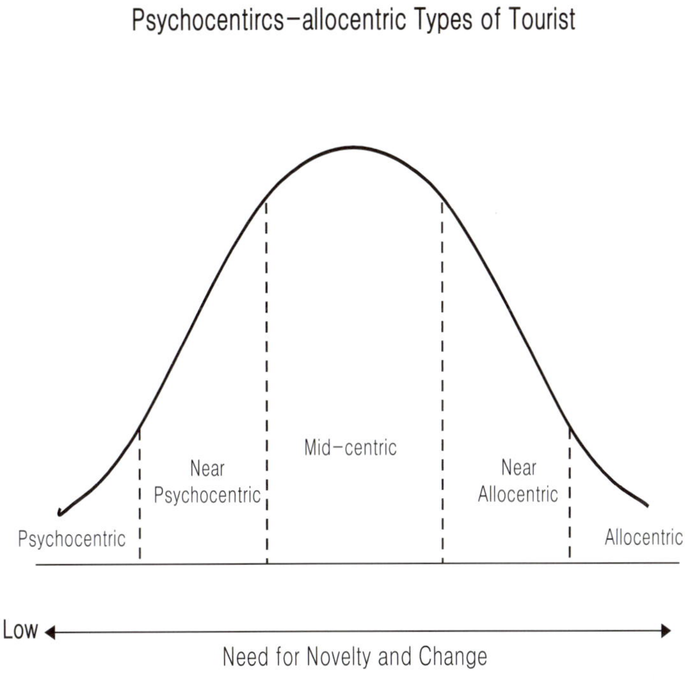

4) 관광소비자와 태도(Attitude)

(1) 태도의 개념과 기능

태도(態度 : attitude)란 특정 대상(entity)을 평가하여 선호 혹은 비선호 정도를 나타내 주는 '심리적 성향'(psychological tendency)이다(Okazaki & Hirose, 2009). 태도는 특정 대상(objects)에 대해서 소비자가 갖는 일관되게 호의적 혹은 비호의적인 형태로 반응하는 '학습된 성향'(learned predisposition)[5]이라고 해석되기도 한다. 태도는 브랜드, 상품, 서비스, 기업과 같은 특정 환경에 대해서 인간이 생각하고(think), 느끼며(feel), 행동하는(act) 방식(way)이다. 태도는 개인에게 다음과 같은 4가지 효능 혹은 기능(function)을 주기도 한다(Hawkins, Mothersbaugh & Best, 2007 : 396).

5) Attitude is a learned predisposition to respond in a consistently favourable or unfavourable manner with respect to a given object.

첫째, 가치표현 기능(value-expressive function)이다.

둘째, 공리적 기능(utilitarian function)이다.

셋째, 교육·학습 기능(knowledge function)이다.

넷째, 자기방어 기능(ego-defence function)이다.

① 가치표현 기능

태도는 개인의 가치표현 기능을 수행한다. 여기서 말하는 가치표현은 소비자의 중요 가치(central value) 혹은 자아 개념(self-concept)을 일컫는다(Solomon, 2011 : 282). 또한 태도는 자신의 이미지(self-image)를 표출해준다. 특히 여행, 고가 사치품과 같은 "고관여 상품"(high-involvement product)에 대한 고객의 태도는 가치표현 기능을 잘 보여주고 있다. 특정 상품의 구매 혹은 사용은 "자아 발전"(self-enhancement), 성취감(achievement), 독립성(independence) 같은 태도의 가치표현 특성을 반영해준다(Assael, 2004 : 221).

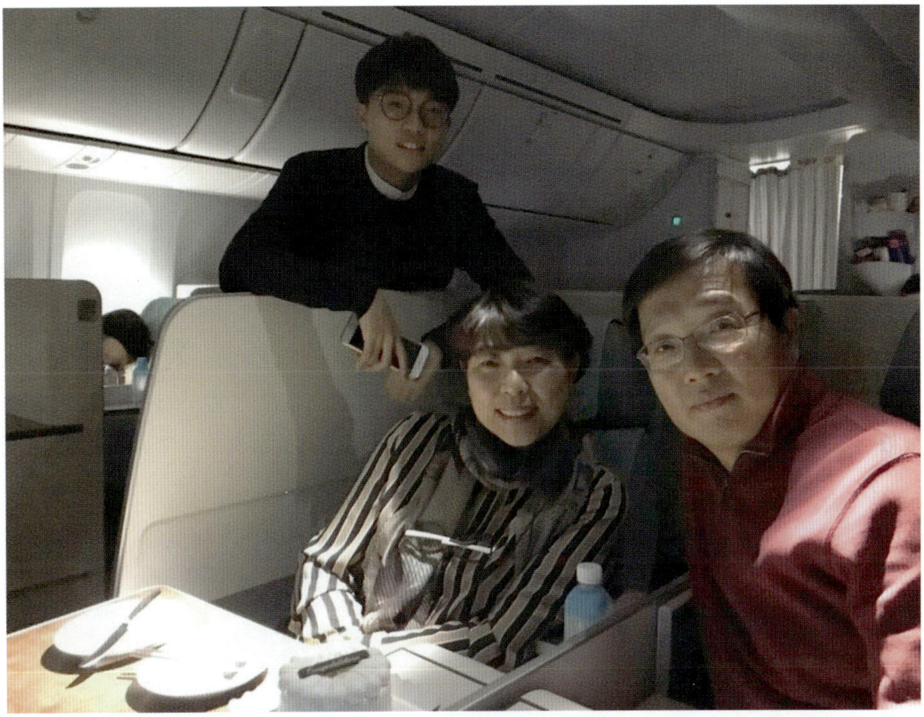

즐거운 여행, 쇼핑 관광객

② 공리적 기능

공리적 기능(utilitarian function)은 보상(reward)과 처벌(punishment)의 원칙과 관련이 있다. 인간은 특정 상품이 제공하는 "즐거움"(pleasure) 혹은 "고통"(pain)을 기준으로 상품(대상)에 대해서 태도(attitude)를 보인다. 가령, 관광객이 방문한 목적지에서 즐거웠으면 그 목적지에 대해서 호의적인 태도를 보인다. 반면에 특정 목적지에서 불유쾌한 여행체험을 했다면 관광객은 그 목적지에 대해서 부정적인 태도를 보인다. 대부분의 관광목적지(destination) 광고는 공리적 기능에 어필하는 관광지가 고객에게 제공하는 편익만을 강조한다(Solomon, 2011 : 282).

③ 교육 · 학습기능

인간은 질서(order), 체계(structure), 혹은 "의미 있는 무엇"(meaning)을 필요로 하기 때문에 특정 대상에 대해 태도를 형성한다. 인간은 다양한 정보를 분류하여 상대적으로 덜 중요하거나 관련성이 적은 정보를 무시하는 태도를 보인다. 태도의 교육 · 학습 기능은 불확실성과 혼란을 감소시킨다. 광고주들은 신상품 혹은 새로운 브랜드를 출시할 때 상품에 대한 충분한 정보를 제공하여 그 상품과 브랜드에 대해서 고객이 호의적인 태도로 보이도록 한다. 이는 태도의 교육 · 학습기능을 적용한 예이다.

④ 자기방어 기능

태도는 자신(ego) 두려움과 위협으로부터 보호해주는 기능을 한다. 태도는 외부의 위협 또는 내부의 불안감으로부터 인간을 보호하려고 형성된다. 가령, 1950년대 미국 주부들은 자신들이 맛있는 커피를 잘 만들 수 있는 주부임을 부정하게 하는 일회용 커피(instant coffee) 사용을 자제했다고 한다. 해외여행의 예를 들어보자. 1998년 IMF 외환위기에 직면했을 때 해외여행을 할 능력이 있었던 관광객들도 해외여행을 가지 않고 국내여행을 했다. 왜냐하면 해외여행자는 외화를 낭비하는 사람으로 여겨져서 국가를 사랑하지 않은 "비애국자"로 낙인(烙印)되는 것을 원치 않았기 때문이다.

(2) 태도의 3대 구성요소

태도의 3가지 구성요소로는 (1) 인지적 요소, (2) 정서적 요소, (3) 행동적 요소가 있다. Assael(2004)는 태도의 3가지 구성요소를 다음과 같이 설명하였다(Assael, 2004 : 216~218).

① 인지적 요소

태도의 인지요소(cognitive component)는 특정 브랜드, 국가, 목적지, 상품 등에 대해서 "믿음"(belief)에 바탕을 두고 있다. 태도의 인지적 요소는 대상(object)이 갖고 있는 물리적 속성(attributes)과 대상이 소비자에게 제공하는 편익(benefits)을 연상시키는 "단어"(vocabulary)와 관련성이 있다.

소비자의 태도는 좌뇌(左腦)의 분석적 사고(analytic thought), 논리성(logic), 언어구사능력(language), 과학 · 수학을 바탕으로 한 판단력(science and math) 등과 같은 인지적 요소(cognitive component)에 의해서 형성될 수 있다. 가령, 특정 관광목적지에 대한 태도는 관광지가 갖고 있는 물리적 속성(features / attributes)인 접근성, 가격, 시설, 청결함 등에 의해서 영향을 받아 형성된다.

② 정서적 요소

태도의 정서적 요소(affective component / feeling component))는 소비자가 특정 브랜드나 상품에 대한 전반적 평가를 하는데 활용된다. 가령, 특정 브랜드, 목적지, 상품 등에 대해서 〈선호〉, 〈비선호〉, 〈좋음〉, 〈좋지 않음〉 등과 같이 평가(evaluation)를 하는데 사용되는 것이 정서적 요소이다.

소비자의 태도는 우뇌(右腦)의 창의(creative), 직관(intuitive), 상상(imaginative), 감정(empathetic) 등과 같은 정서적 요소(affective component)에 의해서 형성될 수 있다.

[그림 11-12] 태도와 인간의 두뇌

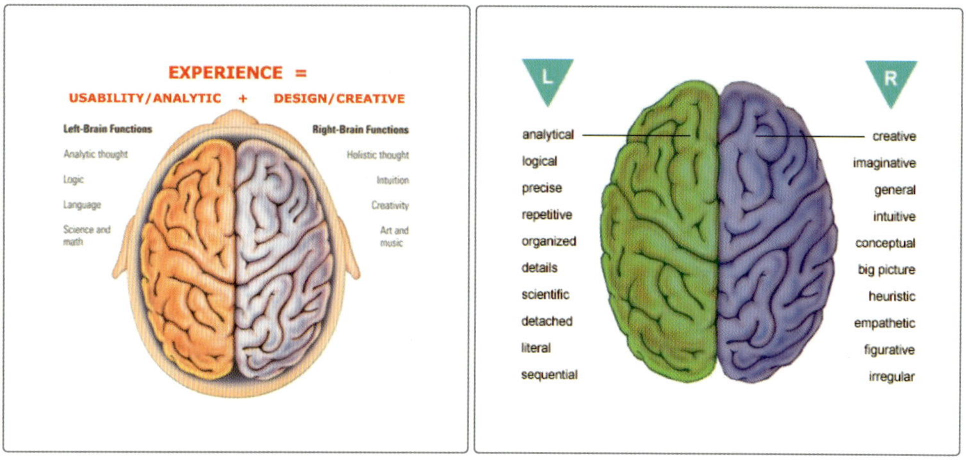

출처 : www.ninespv.files.wordpress.com / www.destroyerbeat.files.wordpress.com / 인간은 우뇌(右腦)의 기능과 좌뇌(左腦)의 기능이 각각 다르다. 인간의 특정 대상(object)에 대한 태도는 인지적 요소와 정서적 요소에 의해서 형성될 수 있는데, 이는 좌측 뇌와 우측 뇌의 기능과 작용에 의한 것이라고 해석할 수 있다.

③ 행동적 요소

태도의 행동적 요소(behavioral component)는 특정 브랜드, 상품, 목적지 등에 대한 소비자의 성향(consumers' tendency), 즉 구매의도(intention to buy)이다.

(3) 태도의 형태

인간은 대상 혹은 상품에 대해서 (1) 아주 좋아함(enthusiatic), (2) 좋아함(positive), (3) 보통 · 무관심(different), (4) 싫어함(negative), (5) 아주 싫어함(hostile) 등 5가지 형태의 태도를 보인다(Kotler & Lane, 2009 : 265).

5) 관광소비자와 학습

학습이란 반복 경험(repeated experience)과 추론(reasoning)의 결과로 얻어지는 행동(behavior)이다. 학습은 크게 '행위학습'(behavioral learning)과 '인지학습'(cognitive learning)으로 구분할 수 있다.

학습 유형

- 행위학습(behavioral learning)
- 인지학습(cognitive learning)

첫째, 행위학습은 인간이 특정한 대상에 반복적 노출을 통해서 형성되는 상황에 자동적 반응(automatic responses)을 하는 과정이며, 행위학습을 설명하는 4가지 요소로 동기 혹은 추동(drive), 단서(cues), 반응(response) 그리고 강화(reinforce)를 들 수 있다. 특정 관광객은 Marriot Hotel에 대해서 '브랜드 충성도'(brand loyalty)[6]가 높다. A라는 관광객이 Marriott 호텔에 투숙하여 만족하였다면, 같은 브랜드를 계속적으로 구매(투숙)함으로써 시간을 절약할 수 있고, 위험(risk)을 줄일 수 있다. A 관광객은 Marriott 호텔에 계속 투숙하게 될 것이며, Marriott 호텔에 호의적인 태도를 보일 것이다. 이는 소비자(A)가 학습 즉 긍정적 강화(positive reinforcement)이다. A 소비자의 사례는 행위학습(behavioral learning)을 잘 설명해주고 있다. 행위학습을 뒷받침하는 이론으로 〈stimulus generalization〉, 〈classical conditioning〉, 〈operant conditioning〉[7] 등이 있다.

둘째, 인지학습(cognitive learning)이란 인간은 직접적 경험을 하지 않고서 사고(thinking), 추론(reasoning), 정신적 문제해결(mental problem solving)을 통해서 학습하는 것을 말한다.

관광소비자행동은 하나의 학습된 행동(learned behavior)이므로 학습과 학습과정에 대한 연구는 중요하다. 관광객이 외부환경변화에 적응하는 학습과정은 관광소비자행동에 지대한 영향을 미친다(박시사, 2004 : 219). 학습(學習 : learning)은 지식의 증가이자 정보를 획득하는 것이다. 인간은 학습과정을 활용하여 정보를 저장해야 재생산이 가능하며, 인간은 학습을 통해서 '현실과 실제'(reality)를 해석하고 파악할 수 있다.

6) 관광소비자와 라이프스타일

라이프스타일(lifestyle)이란 개인이나 가족이 다양한 결정인자(determinants)에 의해서 나타나는 다양한 생활양식, 사고방식 그리고 행동패턴을 말하며, 이는 '인간이 어떻게 생활하고 있는가'(lifestyle is basically how a person lives)와 관련이 있다(Hawkins, Mothersbaugh & Best, 2007 : 441). 라이프스타일은 개인의 삶의 양식(person's pattern of living)이며, 삶의 양식, 즉 라이프스타일은 인간(소비자)의 "AIO" 활동(A : activities), 관심사항(I : interest), 그리고 의견(O : opinion)으로 표출된다. 라이프스타일은 마케터들이 고객의 변화라는 욕구와 구매행동에 어떻게 영향을 주는지를 이해하는데 도움을 준다(Kotler & Armstrong, 2010 : 171).

---

6) Brand Loyalty. Favourable attitude toward and consistent purchase of a single brand over time.

7) In operant conditioning, the patterns of rewards, punishments, and other consequences encourage, or discourage the behaviors they follow.

라이프스타일과 AIO

- 활동(A : activities) : 일, 취미, 쇼핑, 스포츠, 사회적 활동 등
- 관심사항(I : interest) : 음식, 패션, 가족, 레크리에이션 등
- 의견(O : opinion) : 자신, 사회이슈, 사업, 상품 등

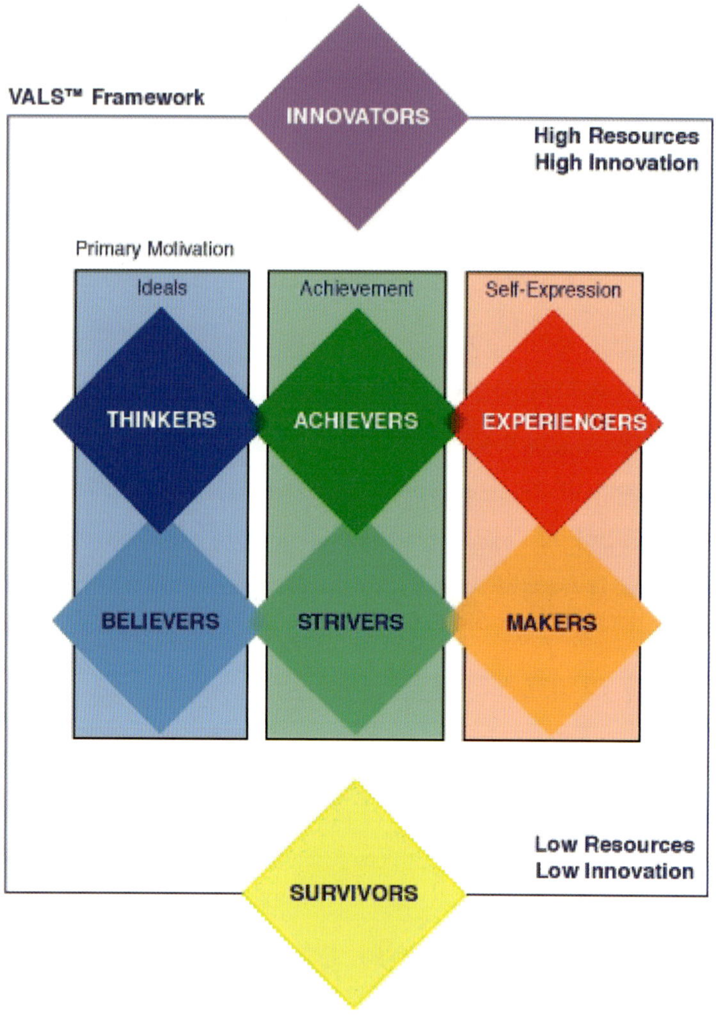

최영기 · 홍영호(2010)는 국내관광객(國內觀光客)을 대상으로 연구한 라이프스타일(life style) 선행연구를 바탕으로 관광객 유형을 다음과 같이 5가지로 제시하였다(최영기 · 홍영호, 2010).

전통추구형

- 비교적 전통을 고수하는 편
- 높은 삶의 목표를 가지고 있음.
- 비교적 규칙적이고 안정된 생활을 위해 노력
- 노후나 장래를 위해 보험이나 저축을 해두는 편
- 다양한 경험보다 안전한 상품을 구매

문화추구형

- 휴가때 주로 여행을 많이 하려고 한다.
- 모임이나 조직에서의 여행에 꼭 참가하는 편
- 가능한 다양한 여행을 즐기면서 변화 추구
- 모두가 인정하는 유명상품을 즐겨 입는다.
- 미술, 연극, 공연 등을 즐긴다.

건강추구형

- 규칙적으로 운동을 한다.
- 활동적인 일에 관심이 많다.
- 모험을 즐긴다.
- 단순 관광보다 활동을 수반하는 스포츠 선호

사회추구형

- 사회생활에서 약속을 지키는 편
- 주위환경에 쉽게 적응하는 편
- 매우 열심히 일을 한다.
- 자신의 일에 깊이 몰입하는 편
- 매사에 자신감을 갖고 일을 한다.

여가추구형

- 인생을 철저히 즐기며 산다.
- 외출을 자주 한다.
- 일상생활에서 여러 사람과 교류한다.
- 다른 사람과 대화하기를 좋아 한다.
- 동창회·사교모임에 적극적으로 참여한다.
- 유행에 관한 기사나 이야기에 관심이 많다.
- 지식함양을 위해 책을 많이 읽는다.

제3절 관광소비자 의사결정과정

마케팅 학자들은 이른바 구매의사결정과정 '단계모델'(stage model)을 개발하였다. 통상 소비자의사결정과정(consumer decision-makin process)은 문제인식(problem recognition), 정보탐색(information search), 대안평가(evaluation of alternative), 구매(purchase decision) 그리고 구매후행동평가(postpurchase behavior)를 거친다. 즉 고객은 5가지 과정을 거쳐서 상품을 구매한다는 것이다(Kotler & Keller, 2009 : 207-214). Engel(1978)은 소비자의사결정결정과정을 머리글자(acronym)를 따서 "PIECE"로 명명하였다.

소비자의사결정과정

- P : Problem recognition
- I : Information search
- E : Evaluation of alternative
- C : Choice of purchase
- E : Evaluation of post-purchase experience

반면에 Morrison(2010)[8]은 소비자 의사결정과정을 다음과 같이 제시하고 설명하였다.

Morrison의 관광소비자 의사결정과정

- 욕구인식(need recognition)
- 정보탐색(search for information)
- 구매전 대안평가(evaluation of alternatives)
- 구매(purchase decision)
- 소비후 평가(evaluation of post purchase)

8) Morrison은 자신의 저서에서 개인소비자의 구매과정을 7단계로 나누어 설명하였다. 하지만 마지막 단계인 〈Divestment〉 즉 처분이 환대산업에 부분적으로 적용될 수 있으나 관광상품과 서비스에 적용시키는데 어려움이 있어서 〈Divestment〉를 제외시켰다.

1) 문제인식(problem recognitions / need recognitions)

문제인식이란 소비자가 욕구(needs)를 인식하는 것을 말한다. 소비자는 이상적 상태(ideal situation)와 실재적 상태(actual situation) 간에 괘리 즉 차이를 인식할 때 문제인식을 하게 된다(Kerin, Hartley & Rudelius, 2007 : 100). 구매결정과정은 고객이 문제 즉 내부 혹은 외부자극(internal or external stimuli)에 의해서 야기된 욕구(needs)를 인식하는 데서 출발하며, 욕구(欲求)란 생리적인 결핍상태를 말한다(홍대식, 1982 : 339). 욕구(needs)는 육체적 혹은 정신적 불균형상태(imbalance)가 존재할 때 일어난다(Luthans, 1998: 161). 인간의 욕구는 일정한 강도(intensity)를 가지고 있어 일정기간 동안 지속되는 경향이 있으며, 욕구의 강도가 높고 지속될수록 탐색과정을 거쳐 제품을 구매하여 욕구를 해소·만족시키려 한다(반병길, 1988 : 146).

소비자는 현재 상태와 원하고 도달하고 싶은 상태(desired state) 간에 차이를 지각할 때 욕구(needs)를 느낀다. 소비자의 욕구의 인식 즉 문제인식이 소비자의 구매의사결정을 유발시키는 동기(motive or motivation)가 된다. 인간은 욕구를 충족시키기 위해 해결책을 선택하는 과정을 문제해결이라 할 수 있다(유필화 · 김용준 · 한상만, 2006 : 44).

가령, 대기업 기획부에 근무하는 Mr. 박이 매일 격무에 시달려 심신(心身)이 피곤함을 느꼈다. 이 상태로 계속 지속되면 쓰러지든지, 아니면 큰 병이 날 수도 있을 것이라고 문제를 인식하기 시작했다. 어느날 Mr. 박은 아침에 TV를 보고 있는데 세계적인 휴양지인 인도네시아 발리(Bali)의 모습을 방영하고 있었다. Mr. 박은 회사에 휴가를 신청하고 발리로 여행을 떠나 그곳에서 며칠 동안 아무것도 않고 편안하게 휴식을 취하면 심신의 피로가 사라질 것이라고 생각하였다. Mr. 박이 심신의 피로를 회복하고 재충전할 목적으로 여행을 생각하는 것은 바로 문제의 인식(need recognition)이다.

소비자의 문제인식(need recognition)은 다음과 같은 외부환경요소와 개인(소비자)별 차이(individual differences)에 의해서 영향을 받는다(Blackwell, Miniard & Engel, 2006 : 71-74).

[그림 11-13] 세계적 휴양지 Bali 아름다운 호텔 모습

출처 : www.ayanaresort.com / AYANA Resort & Spa는 구 Ritz Carlton Hotel이었다. 절벽 위에 세워진 이 호텔은 아름다운 해변, 환상적인 수영장, 최고의 호텔리어들이 서비스하는 Bali 최고의 호텔이다.

외부환경요소(environmental influences)

- 문화(culture)
- 사회계층(social class)
- 가족(family)
- 준거집단(reference group)
- 의견주도자(opinion leader)

개인별 차이(individual differences)

- 동기(motivation)
- 태도(attitudes)
- 성격, 가치관, 라이프스타일(personality, values, and lifestyle)
- 지식과 정보(knowledge)
- 소비자의 개인 역량 및 자원(consumer resources)9)

2) 정보탐색(information search)

(1) 정보의 개념

정보는 라틴어 〈informare〉에 근원을 두고 있으며, "알리다", "훈육하다", "가르치다", "특정 생각을 형성시켜주다" 등의 의미를 내포하고 있다. 정보란 계속 변화하는 시스템(dynamical system)에 영향을 주는 일련의 이벤트(event)로 해석되기도 하다. 정보는 다양한 의미를 함의하고 있으며, 오늘날 정보의 개념(concept)은 다음과 같은 단어를 내포하고 있다.

정보(information)

- 커뮤니케이션(communication)
- 데이터 가공 및 통제(data control)
- 지시 · 교육(instruction)
- 지식(knowledge)
- 의미 찾기(meaning)
- 패턴(pattern)
- 지각(perception)
- 표상(representation) 등

(2) 정보탐색(search for information)

소비자는 문제인식을 한 후, 다음 단계로 정보를 탐색하고, 충족되지 않은 욕구를 만족시킬 해결책(solutions)을 찾기 시작한다. 정보탐색은 개인의 기억 혹은 유전적 성향에

9) 소비자 역량은 의사결정에 활용하는 개인의 자원을 말한다. 가령, 시간(time), 돈(money), 정보 수용력(information reception), 정보 처리능력(information processing capabilities) 등이 소비자 역량에 포함된다.

의존하는 내부탐색(internal search)과 동료집단(peer), 가족, 그리고 시장(marketplace)으로부터 수집하는 외부탐색(external search)으로 나눌 수 있다(Blackwell, Miniard & Engel, 2006 : 74).

(3) 소비자의 정보원(sources of information)

소비자는 상품선택에 필요한 정보를 다양한 정보원으로부터 탐색한다. 정보원은 "마케터제공 정보원"과 "외부제공 정보원"으로 나눌 수 있다. 마케터제공 정보원(marketer-dominated)이란 상품 혹은 서비스 제공자(suppliers)가 정보제공과 설득 목적으로 소비자에게 제공하는 정보원을 일컫는다. 외부제공 정보원(non-marketer- dominated)은 마케터가 통제할 수 없는 정보원이다(Blackwell, Miniard & Engel, 2006 : 75-76).

마케터제공 정보원(marketer-dominated)

- 광고(advertising)
- 판매원(salespeople)
- 웹사이트(websites)
- 현장판매 자료(point-of-sale materials)
- 뉴스정보(informercial)

외부제공 정보원(non-marketer-dominated)

- 친구(friends)
- 가족(family)
- 의견주도자(opinion leader)
- 미디어(media)
- 소비자보고서(consumer report)
- 정부 / 산업체 보고서(government & industry reports)
- 인터넷(internet)

(4) 소비자의 정보가공과정(information processing)

소비자는 의사결정과정 동안 다양한 정보원으로부터 정보를 탐색하고, 획득한 정보를 가공 · 처리(processing)한다. 소비자의 정보처리 과정은 다음 [그림 11-14]와 같이 5단계를 거쳐 기억(memory)단계로 발전한다.

[그림 11-14] 소비자의 정보처리과정

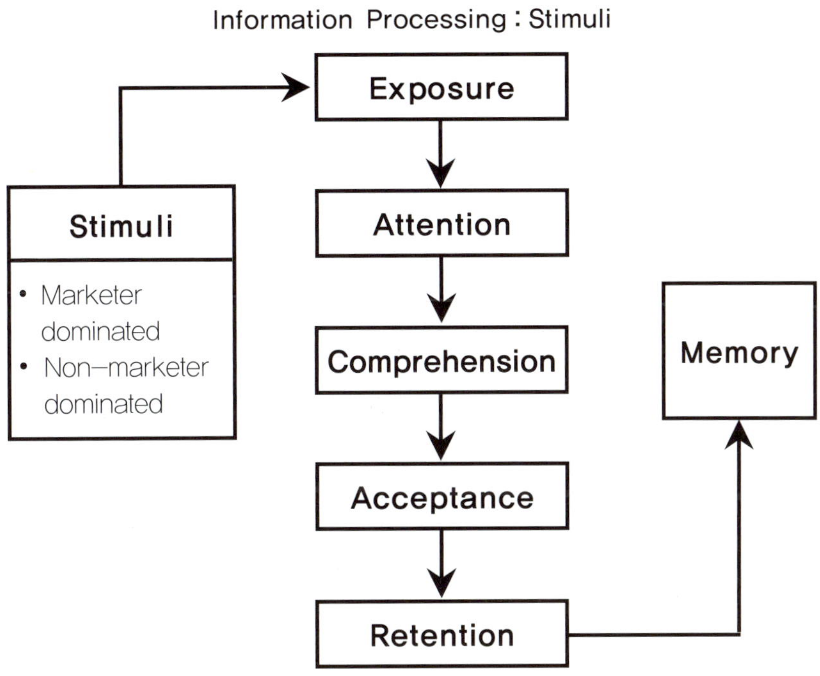

첫째, 정보의 노출(exposure)단계이다. 마케터는 소비자에게 정보와 소비자를 설득하는 커뮤니케이션을 제공하여 우선 정보를 노출(exposure)시킨다. 정보가 소비자에게 노출되면 일련의 감각기능(senses)이 작동하여 초기 정보처리과정이 시작된다.

둘째, 정보에 대한 주의(attention)단계이다. 정보가 소비자에게 노출되면, 다음 단계로 소비자는 입수된 정보를 가공할 자원을 배분하고, 자신과 관련성이 높은 메시지나 내용에 더욱 주의(attention)를 기울인다. 즉 소비자는 선택적 주의(selective attention)를 한다.

셋째, 정보의 이해와 의미부여(comprehension)단계이다. 소비자는 매력이 있는 정보와 메시지에 선택적 주의를 한 후, 다시 그 메시지를 분석하여, 의미를 부여하고, 기억속에 저장한다. 마케터는 자신들이 제공한 자극(stimuli) 즉 정보를 소비자들이 정확하게 이해하고 의미를 부여하길 바란다.

넷째, 정보의 수용(acceptance)단계이다. 소비자는 정보에 대한 이해와 의미부여 단계를 거치면, 소비자는 정보를 받아들일 것인지, 아니면 정보를 버릴 것인지 선택하는 수용(acceptance)단계에 이른다.

다섯째, 정보의 유지 혹은 기억(retention)단계이다. 마케터가 정보를 제공하는 목적은 소비자들이 정보를 수용하고, 그 정보를 기억하고, 다시 정보를 추후 사용하도록 하는데 있다.

3) 대안평가(evaluation of alternatives)

소비자는 구매전에 다양한 대안평가를 한다. 소비자는 대안평가를 하는 기준을 갖고 있다. 소비자가 일반적으로 활용하는 기준(criteria)에는 주관적 평가기준 혹은 객관적 평가기준이 있다. 주관적 평가기준(subjective criteria)으로는 기업의 이미지(image)와 같은 유형적 요소(intangible factors)를 들 수 있다. 객관적 평가(objective criteria)는 가격, 입지(location), 시설 혹은 관광목적지의 물리적 속성이다. 가령, 호텔의 객실수, 다양한 레스토랑(diversity of restaurant), 수영장 등이 호텔을 평가하는 객관적 평가기준에 해당한다(Morrison, 2010 : 125). 대안평가는 가치(value)를 평가하는 것이다.

[그림 11-15] 대안평가 고려사항

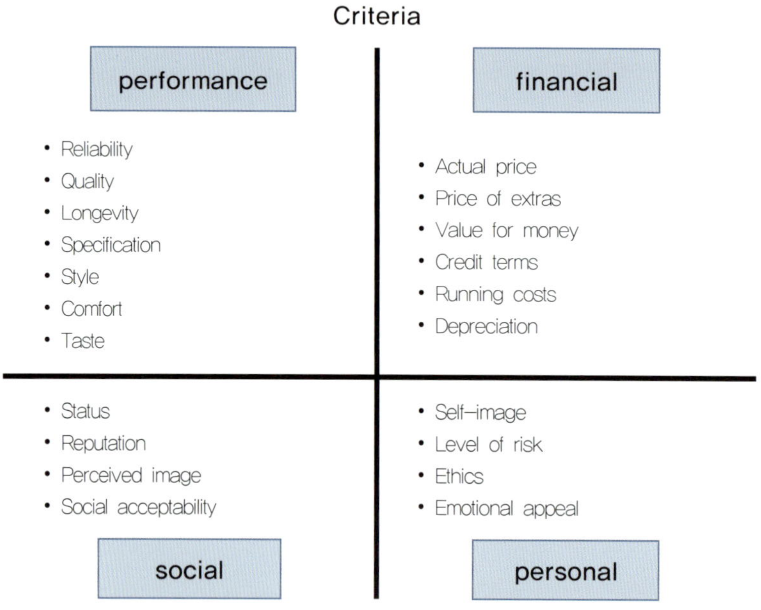

출처 : Masterson & Pickton, 2010, p.89.

4) 구매결정(purchase decision)

구매결정은 선택(choice)이며, 의사결정(decision making)이다. 대안평가 후 최적의 대안을 선택하는 과정이 구매결정이다. 소비자는 구매결정을 하는데 포괄적 의사결정(extensive decision making), 제한된 의사결정(limited decision making), 그리고 습관적 선택행동(routinized choice decision)을 보인다. 포괄적 의사결정은 최적의 선택을 하기 위해서 다양한 대안을 평가해서 결정하는 것을 말하고, 제한된 의사결정은 소비자가 의사결정을 하는데 포괄적 의사결정에 비해 제한된 정보와 선택기준(criteria)을 활용한다. 반면에 습관적 선택행동은 자신의 선경험, 학습, 기억에 의존해서 선택을 하는 것을 말한다(Peter & Olson, 2008 : 176). 소비자는 〈heuristics : mental shortcuts〉에 의존하여 신속하게 결정하는 경향이 있다. 가령, 가격이 높으면 품질이 좋다고 생각한다든가, 아니면 종전에 구매했던 브랜드를 선택하는 행위는 습관적 선택행동과 깊은 관련이 있다(Solomon, 2011 : 355). 통상 습관적 선택행동은 위험지각이 낮은 상품, 서비스 혹은 잘 알려진 상품과 브랜드를 구매할 때 적용된다.

구매결정은 가치(value)를 구매하는 것이며, 여기서 말하는 가치는 가격에 대비 누릴 수 있는 소비자의 편익(benefits)과 관련이 있다(Kerin, Hartley & Rudelius, 2007 : 102). Crompton(1979)이 제시한 〈Push Motives〉는 휴가를 가는 관광객의 욕망(desire)을 설명하는데 적합하다. 반면 〈Pull Motives〉는 관광객의 목적지선택을 설명하는데 유용하다(Goossens, 2000).

Goossen(2000)은 관광객의 Push 요인과 관광지의 특성을 반영한 Pull 요인을 적용하여 관광 · 휴가여행의 선택과정을 제시하였다. 관광객의 의사결정에 영향을 미치는 push 요인으로 욕구, 동기 그리고 충동(drives)과 같은 소비자의 특성 및 특질(dispositions)이 있으며, pull 요인은 관광, 목적지 매력성, 그리고 서비스를 들 수 있다. 이 세가지 요인은 '마케팅자극'(marketing stimuli)이다. 관광객이 의사결정을 하는데 있어서 push 요인과 pull 요인이 함께 작용하여 관여(involvement), 정보처리과정(information processing), 그리고 동기(motivation) 즉 행동의도(behavioral intentions)단계를 거쳐 최종적으로 여행(목적지)을 선택한다(Goossens, 2000).

[그림 11-16] 휴가 · 여가관광객 선택과정 모델

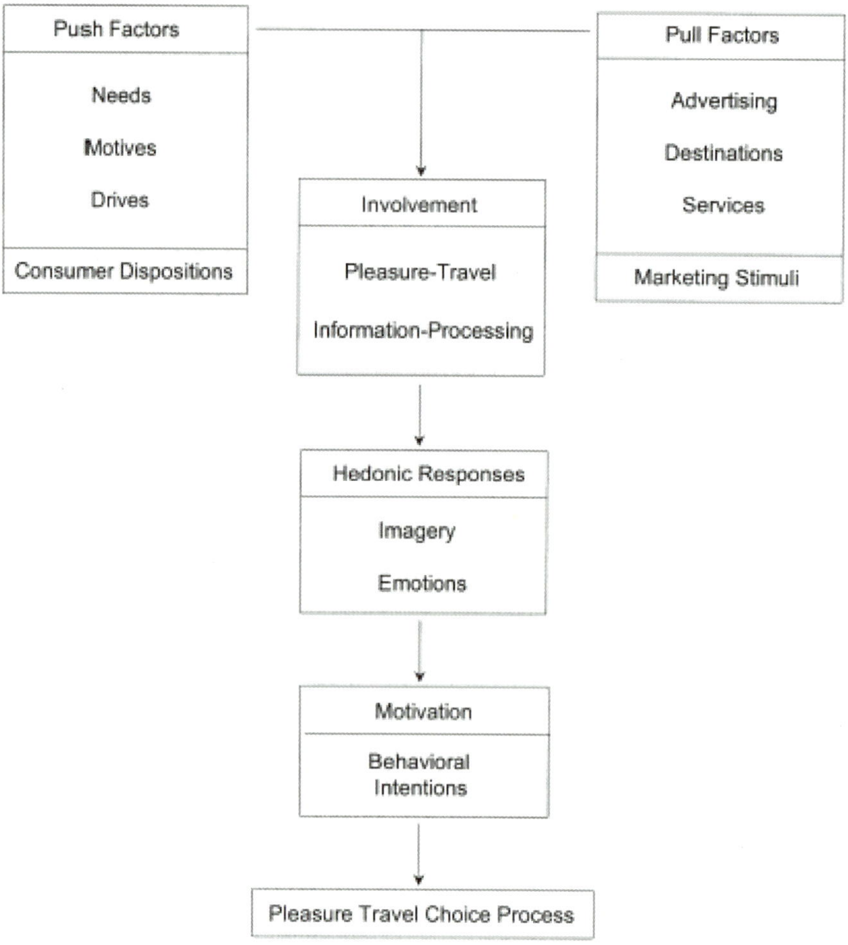

5) 구매후 평가(evaluation of post purchase)

소비자는 자신이 한 구매결정에 대해서 확신하고, 만족하지는 않는다. 자신이 정확한 결정을 했는지에 대해서 확신(確信)을 갖지 못하는 경향이 있다. 이로 인해 소비자는 구매후 부조화(post-decision dissonance)[10]와 구매후 후회(post-decision regret)[11]를 경험하게 된다(Hoyer & Macinnis, 2010 : 272-273).

10) Post-decision dissonance. A feeling of anxiety over weather the correct decision was made.
11) Post-decision regret. A feeling that one should have purchased another option.

마케팅의 주요 관심사는 고객만족(satisfied customer), 고객과 좋은 관계 맺음과 유지(good relationships with customers), 반복구매(repeat purchasing), 구전광고(word of mouth ads) 등을 유도하여 충성고객(loyal advocates)을 확보하는 것이다(Evans, Jamal & Foxall, 2009 : 129). 의사결정(decision making)은 마케팅과 소비자행동연구에서 가장 주목받는 논제이다. 관광상품선택과 구매는 독립적(dependent) 혹은 의존적인(independent) 의사결정과정을 수반한다(Kozak, 2010).

참고문헌

김주희(1999), 문화인류학의 이해, 성신여자대학교 출판부.
박시사(2004), 관광소비자행동론, 대왕사.
반병길(1988), 마아케팅관리론, 박영사.
유필화 · 김용준 · 한상만(2006), 현대 마케팅론, 박영사.
최영기 · 홍영호(2010), 특수목적관광객 라이프스타일 유형, SIT 선호유형, 정보원천 관계 연구, 관광학연구, 제34권 제6호, 351-374.

Alastair M. Morrison(2010), Hospitality and Travel Marketing 4th. ed., Delamar Cengage Learning.
Cees Goossens(2000), Tourism information and pleasure motivation, Annals of Tourism Research, Vol.27(2), 301~321.
Cees Goossens(2000), Tourism information and pleasure motivation, Annals of Tourism Research, Vol.27(2), 301-321.
Del I. Hawkins, David L. Mothersbaugh and Roger J. Best(2007), Consumer Behavior : Building Marketing Strategy 10th. ed., McGraw-Hill.
Edward J. Mayo, Jr. and Lancep. Jarvis( ), The Psychology of Leisure Travel, CBI Publishing Company, Inc.
Henry Assael(2004), Consumer Behavior : A Strategic Approach, Houghton Mifflin Company.
J. Paul Peter and Jerry C. Olson(2008), Consumer Behavior and Marketing Strategy 8th. ed., McGraw Hill.
Leon G. Schiffman and Leslie Lazar Kanuk(2007), Consumer Behavior 9th. Pearson International Edition.
Martin Evans, Ahmad Jamal and Gordon Foxall(2009), Consumer Behavior 2nd. ed., Wiley.
Roger A. Kerin, Steven W. Hartley and William Rudelius(2007), Marketing : The Core 2nd. ed., McGraw-Hill Irwin.
Metin Kozak(2010), Holiday taking decisions-The role of spouses, Tourism Management, Vol.31, 489~494.
Michael R. Solomon(2011), Consumer Behavior 9th ed., Pearson.
Philip Kotler and Gary Armstrong(2010), Principles of Marketing 13th. ed., Pearson.
Philip Kotler and Kevin Lane Keller(2009), Marketing Management 13th. ed., Pearson International Edition.

Philip Kotler, John T. Bowen & James C. Makens(2006), Marketing for Hospitality and Tourism 4th. ed., Pearson Prentice Hall.

Roger D. Blackwell, Paul W. Miniard and James F. Engel(2006), Consumer Behavior 10th, ed., Thomson South-Western.

Shintaro Okazaki and Morikazu Hirose(2009), Does gender affect media choice in travel information search? On the use of mobile Internet, Tourism Management, Vol. 30, 794~804.

Victor T. C. Moddleton, Alan Fyall, Michael Morgan and Ashok Ranchhod(2009), Marketing in Travel and Tourism 4th ed., Elsevier.

Wayne D. Hoyer and Deborah J. MacInnis(2007), Consumer Behavior 4th. ed., Houghton Mifflin Company.

Wayne D. Hoyer and Deborah J. MacInnis(2010), Consumer Behavior 5th. ed., South-Western Cenage Learning.

저자약력

박시사

한양대학교 관광학과 졸업
한양대학교 대학원 석사(관광학)
한양대학교 대학원 박사(관광학)
광주대학교 경상복지대학 관광학과 교수 역임
국일여행사 모두투어 해외여행사업부
중국전문랜드 유니온랜드차이나Union Land China 대표 역임
관광종사원 자격시험 면접위원
제주항공Jeju Air 설립 자문위원
한국관광학회, 한국관광레저학회 평생회원
한국관광학회, 한국관광레저학회 이사 역임
한국항공경영학회 이사 및 편집위원 역임
한국관광레저학회 학술심포지엄 위원장 역임
경희대학교 호텔관광대학 교류교수visiting professor 역임
BK21(Brain Korea 21) 단장
현) 제주대학교 경상대학 관광경영학과 교수

〈논문〉
항공산업의 환경변화와 마케팅 전략
전 세계 항공사간 전략적 제휴에 관한 연구
제주항공의 저가항공사 포지셔닝전략에 관한 연구 등 다수

〈저서〉
해외여행과 관광문화(1998, 백산출판사)
투어에스코트원론(1999, 백산출판사)
관광소비자행동론(2001, 대왕사)
여행업경영(2003, 대왕사)
항공관광론(2003, 백산출판사)
여행업 경영론(2009, 대왕사)
항공사경영론(2018, 백산출판사) 등 다수

오상훈

한양대학교 대학원 관광학과 석·박사
University of South Carolina 교환교수
사)한국관광레저학회 회장
제주관광학회 회장
제주대학교 경상대학 학장
제주대학교 경영대학원 원장
신라대학교 조교수
한국교통연구원(KOTI) 연구원
KBS 제주방송국 객원해설위원
제주일보 논설위원
제주도국제자유도시추진 실무위원회 부위원장
제주삼다수·농심재단 감사
현) 제주대학교 경상대학 관광경영학과 교수
제주관광포럼 공동대표
언론중재위원회 위원

〈논문〉
Cultural Festival and Sustainability, UNEP and UNWTO international symposium 외 70여 편

〈저서〉
관광객(The Tourist 역서)
관광과 문화의 이해
북한관광의 이해
현대여가론

저자와의
합의하에
인지첩부
생략

관광마케팅

2018년 8월 25일 초판 1쇄 발행
2020년 8월 30일 초판 2쇄 발행

지은이 박시사 · 오상훈
펴낸이 진욱상
펴낸곳 (주)백산출판사
교 정 조진호
본문디자인 오행복
표지디자인 오정은

등 록 2017년 5월 29일 제406-2017-000058호
주 소 경기도 파주시 회동길 370(백산빌딩 3층)
전 화 02-914-1621(代)
팩 스 031-955-9911
이메일 edit@ibaeksan.kr
홈페이지 www.ibaeksan.kr

ISBN 979-11-88892-74-7 93320
값 28,000원

• 파본은 구입하신 서점에서 교환해 드립니다.
• 저작권법에 의해 보호를 받는 저작물이므로 무단전재와 복제를 금합니다.
이를 위반시 5년 이하의 징역 또는 5천만원 이하의 벌금에 처하거나 이를 병과할 수 있습니다.